5110

ANALISIS DE ESTADOS FINANCIEROS

Segunda edición

ANALISIS DE ESTADOS FINANCIEROS

Segunda edición

Jesús Urías Valiente
Catedrático de Economía Financiera y Contabilidad
de la Universidad Nacional de Educación a Distancia

McGraw-Hill

MADRID • BUENOS AIRES • CARACAS • GUATEMALA • LISBOA • MEXICO
NUEVA YORK • PANAMA • SAN JUAN • SANTAFE DE BOGOTA • SANTIAGO • SAO PAULO
AUCKLAND • HAMBURGO • LONDRES • MILAN • MONTREAL • NUEVA DELHI • PARIS
SAN FRANCISCO • SIDNEY • SINGAPUR • ST. LOUIS • TOKIO • TORONTO

ANALISIS DE ESTADOS FINANCIEROS. **Segunda edición**

Edificio Valrealty, 1.ª planta
Basauri, 17
28023 Aravaca (Madrid)

ISBN: 84-481-0308-4
Depósito legal: M. 5.792-1998

Cubierta: Estudio F. Piñuela
Compuesto en: FER Fotocomposición, S. A.
Impreso en: LAVEL, S. A.

IMPRESO EN ESPAÑA - PRINTED IN SPAIN

Contenido

Presentación

El Análisis de Estados Financieros constituye el último eslabón en los estudios de Contabilidad dentro de la Licenciatura en Ciencias Empresariales de nuestras Universidades, así como en el currículum de otros Centros de Enseñanza de Administración de Empresas; y esto es así, por cuanto que el analista financiero ha de poseer suficientes conocimientos de contabilidad para poder interpretar la información sometida a su examen.

La presente obra va dirigida, por una parte, a estudiantes universitarios de la especialidad y de manera especial a los de la Universidad Nacional de Educación a Distancia, ya que responde a la primera parte del programa de la asignatura Análisis Contable Superior. El otro colectivo, no menos importante y que ha sido tenido muy en cuenta en su redacción, es el conjunto de profesionales que, por una u otra razón, necesitan comprender y usar la información financiera.

Lo anterior justifica que no se aborden en el libro los fundamentos de un sistema contable ni su desarrollo, pero sí el estudio del producto final o productos finales que se obtienen de tal sistema.

Así, en la primera parte se hace un repaso general de la información contable y de los Estados Financieros o Cuentas Anuales, haciendo hincapié en los aspectos de valoración y de exposición.

En la segunda parte se estudia el Análisis estructurado en:

— Análisis de la situación financiera a corto plazo.
— Análisis de la situación financiera a largo plazo.
— Análisis de los resultados y estudio de rentabilidad.

abandonando, de esta manera, la tradicional parcelación del Análisis en Patrimonial, Financiero y Económico. La intención ha sido la de que el lector aprenda a manejar la información de acuerdo con sus especiales intereses, sin ver en el análisis un conjunto monolítico de reglas inconexas unas con otras, sino que establezca una total interrelación entre ellas, y siempre desde el prisma de los objetivos que desea conseguir.

En la presentación de una obra de esta naturaleza es obligado abrir un apartado de agradecimientos a todos los que de una u otra manera han colaborado en su publicación. Quiero resaltar la ayuda recibida del Profesor Muñoz Merchante, responsable, conmigo, de la Cátedra de Análisis Contable Superior de la UNED, a quien debo, además de sus útiles sugerencias, la elaboración del capítulo dedicado a la Memoria. También he de reseñar el entusiasmo que en el trabajo pusieron los responsables de McGraw-Hill/Interamericana de España, S. A., Eduardo Susanna y Adriana Gómez-Arnau.

Finalmente, quiero reseñar la esperanza y el deseo de que el libro sea útil a quienes va dirigido, esperando de ellos su benevolencia y sus inestimables sugerencias.

Jesús Urías

Nota a la segunda edición

En esta segunda edición se ha incorporado una colección de casos prácticos, con objeto de que el lector aplique los conocimientos adquiridos con el estudio de los diferentes capítulos, conocimientos que han debido ser contrastados con las pruebas de autoevaluación. Los casos aparecen agrupados por grandes apartados y su solución se ofrece al final del texto. En este punto, la inclusión de una serie de casos, que no son estrictamente de análisis de estados financieros, se justifica por el hecho de que son antecedente necesario para llevar a cabo el mismo; tratan de ofrecer una visión lo más amplia posible de las diferentes alternativas contables que afectan a las magnitudes objeto de análisis.

Por otra parte, se recoge un caso de análisis del riesgo de cambio, debido al Profesor asociado Jorge Pérez Ramírez.

Se ha procurado que los casos tengan un grado progresivo de dificultad y no constituyan tan sólo la aplicación mimética de los conocimientos teóricos, sino que, además, su solución requiera cierta destreza.

Por último, quiero agradecer, nuevamente, la eficaz ayuda que he recibido del Profesor Angel Muñoz Merchante.

Madrid, julio de 1995.

Jesús Urías

CAPITULO

1

La información contable y el análisis de estados financieros

ESQUEMA/RESUMEN

Consideraciones previas

— Necesidad de conocer la naturaleza de la información contable.
— Enfoque externo del Análisis de Estados Financieros.
— La Contabilidad de Gestión como soporte del enfoque interno del Análisis de Estados Financieros.
— Presupuestos básicos sobre los que se desarrollan los Principios de Contabilidad.

Objetivos generales y cualitativos

— Proporcionar información para la toma de decisiones.
— Objetivos principales a cubrir:

- Relevancia.
- Objetividad.
- Comparabilidad.
- Claridad.
- Periodicidad adecuada.

Normalización contable

— Interrelación económica y de información.
— Influencia de las organizaciones profesionales norteamericanas.
— El Instituto de Contabilidad y Auditoría de Cuentas (ICAC) y la Asociación Española de Contabilidad y Administración de Empresas (AECA).

Usuarios de la información contable

— Diferentes enfoques:

- Propietarios.
- Gestores.
- Acreedores en general.
- Organizaciones sindicales.
- Administración pública.
- Mercado de valores, Asesores de inversión.

1. CONSIDERACIONES PREVIAS

El problema fundamental del Análisis de Estados Financieros (AEF) *está centrado* en la capacidad que el analista tenga para cuestionarse una serie de preguntas a las que la información contable, debidamente estructurada, debe dar respuesta. Así, pues, lo primero que ha de conocer dicho analista es la naturaleza de la información que va a utilizar en su trabajo, es decir, *cuál es la naturaleza* de los presupuestos y principios de la información financiera o información contable.

En el desarrollo del presente texto, vamos a enfocar fundamentalmente el AEF desde el punto de vista del analista externo, es decir, aquél que utiliza únicamente la información suministrada por la contabilidad financiera. Tan sólo de paso, o ante cuestiones pormenorizadas, haremos uso de la Contabilidad de Gestión. De igual manera, haremos tan sólo referencia al enfoque interno del análisis contable. Por todo ello, vamos a revisar, en este apartado, la naturaleza de la información suministrada por la rama de la contabilidad que ha dado en llamarse *Financiera, General, Externa* o para terceros.

El autor norteamericano Paul Grady, en su conocida obra *Inventario de los Principios de Contabilidad Generalmente Aceptados* editada por el Instituto Americano de Contadores Públicos (AICPA) enumera los presupuestos básicos sobre los que se elaboran dichos principios, lo que, en buena parte, constituye un marco conceptual contable, cuyo conocimiento es imprescindible para entender la información financiera, máxime dado el alto grado de internacionalización de las prácticas contables, fuertemente influidas por los organismos norteamericanos emisores de normas contables.

Estos presupuestos básicos son:

1. Un régimen socio-económico que respete los derechos de la propiedad privada.
2. Una entidad específica de las empresas.
3. La empresa como ente en marcha.
4. La expresión de las cuentas en unidades monetarias.
5. La uniformidad en los procedimientos seguidos por una misma empresa a través de los ejercicios.
6. La diversidad de los sistemas contables empleados por distintas empresas.
7. La práctica conservadora.
8. La fiabilidad de los datos, por medio de adecuados sistemas de control interno.
9. La importancia relativa.
10. El uso de estimaciones en el establecimiento de informes financieros.

Comentaremos, brevemente, cada uno de estos presupuestos.

1. Un régimen socio-económico que respete los derechos de la propiedad privada

Es el presupuesto válido en la sociedad occidental en la que estamos inmersos, si bien en este mismo ámbito, además del propietario de la empresa, tienen influencia otros estamentos, como son los poderes públicos o las organizaciones sindicales.

2. La entidad específica de las empresas

Ha de entenderse que las empresas tienen personalidad distinta —sujeto de derechos y obligaciones— que sus propietarios, incluso en la empresa individual. En las grandes organizaciones, además, la propiedad está sustancialmente separada de la gestión, por lo que los gestores han de informar —rendir cuentas— a los propietarios.

3. La empresa como ente en marcha

Con carácter general, los criterios que se aplican en la valoración de las diferentes rúbricas de los estados financieros, tienen como premisa que la empresa no va a ser liquidada, sino que tiene una vida indefinida.

4. La expresión de las cuentas en unidades monetarias

De los diferentes componentes que pueden tenerse en cuenta en la configuración de un elemento patrimonial, éste se traduce en unidades monetarias, lo que implica la necesidad de aplicar un determinado criterio de valoración, como se veía en el punto anterior.

5. La uniformidad en los procedimientos seguidos por una misma empresa a través de los ejercicios

Los criterios contables utilizados en la preparación de los diferentes estados financieros han de ser uniformes en los distintos ejercicios, para permitir su comparación. No obstante, estos criterios se pueden alterar, siempre que se dé cumplida información de los cambios y de sus efectos.

6. La diversidad de los sistemas contables empleados por distintas empresas

La aplicación de normativa contable admite diversidad en el uso de criterios entre las diferentes empresas. Si bien la emisión de tales normas trata de paliar esta diversidad, aún no se ha llegado a un grado de uniformidad que implique una limitación en la libertad por parte del empresario, en la aplicación de criterios pormenorizados.

7. La práctica conservadora

Las empresas actúan en un entorno que implica un elevado grado de riesgo e incertidumbre, por lo que la información ha de tratarse desde un prisma conservador. Esto implica el que los ingresos o beneficios no se anticipen, en tanto que las pérdidas o la existencia de pasivos se reconozcan, desde el momento en que se prevea su existencia y puedan ser objeto de cuantificación.

8. La fiabilidad de los datos, por medio de adecuados sistemas de control interno

La información contable será adecuada y fiable, en tanto en cuanto se sustente en un buen control interno. Esto conlleva la existencia de una organización que garantice la determinación de áreas de responsabilidad, con una segregación de funciones, además de procedimientos y personal que coadyuven a la calidad de la información financiera.

9. La importancia relativa

Este presupuesto implica admitir que, en toda organización, hay fallos, tanto de orden procedimental como de valoración y ello debe admitirse siempre que su importancia sea relativamente pequeña.

10. El uso de estimaciones en el establecimiento de informes financieros

La contabilidad, y esto es fundamental entenderlo, trabaja con estimaciones, necesidad que se hace más patente cuando se determinan los resultados periódicos, por la aparición de previsiones e imputaciones que hay que evaluar. El número de años de vida útil atribuido a los activos depreciables, el importe de los créditos vivos de dudosa realización o el importe a registrar como pasivo por garantías asumidas, son algunos ejemplos de estimaciones contables.

2. OBJETIVOS GENERALES Y CUALITATIVOS DE LA INFORMACION CONTABLE

La información contable ha de conseguir una serie de objetivos para lo cual ha de tener en cuenta ciertos requisitos o características que hagan posible el cumplimiento de esos objetivos.

Se suele distinguir entre objetivos generales y objetivos cualitativos. En tanto que los primeros son objetivos en sentido estricto, los denominados *cualitativos* son requisitos a cumplir por la información contable.

El Statement of Financial Accounting Concepts n.º 1 emitido en 1978 por el FASB (Financial Accounting Standard Board) estableció los objetivos generales de la información financiera, señalando que ésta debe proporcionar datos:

a) Que ayuden a los inversionistas, los acreedores y otros usuarios actuales y futuros a tomar decisiones racionales en materia de inversiones, créditos y otros asuntos similares. La información debe ser inteligible para quienes cuenten con un conocimiento razonable de los negocios y las actividades económicas.

b) Que ayuden a los inversionistas, los acreedores y otros usuarios actuales y futuros a estimar el importe, las fechas de cobro y la incertidumbre de las posibles entradas de efectivo provenientes del pago de dividendos o intereses y del producto de la venta, liberación o vencimiento de valores o préstamos. Puesto que los flujos de efectivo de los inversionistas y los acreedores están relacionados con los flujos efectivos de la empresa, los informes financieros deben proporcionar datos que permitan a los inversionistas, los acreedores y otras personas estimar el importe, la fecha y la incertidumbre de las posibles entradas de efectivo a la empresa de que se trate.

c) Sobre los recursos activos económicos de una empresa (activos), las obligaciones que afecten a esos recursos —pasivos— y los efectos de las transacciones, eventos o circunstancias capaces de introducir cambios en los recursos o en los pasivos que pesan sobre los mismos.

En resumen, la Contabilidad Financiera debe informar sobre la composición del patrimonio, así como sobre su evolución cualitativa y cuantitativa —resultados— de manera que dé un carácter proyectivo a esa información.

El Statement of Financial Accounting Concepts n.º 2 emitido por el FASB en 1980, relativo a las características cualitativas de la información contable, estableció los requisitos que ha de cumplir —objetivos cualitativos— y que se enuncian así:

Relevancia

La información financiera ha de dar satisfacción a los diferentes usuarios de la misma, para lo cual quien la elabora ha de conocer las necesidades de éstos. Es evidente que las necesidades varían según la óptica del usuario, por la cual, la contabilidad ha de seleccionar aquella información que satisfaga a un mayor número de éstos. Así, por ejemplo, parece lógico que el desglose de la cifra de venta por zonas sea interesante para el Director Comercial de la empresa, pero normalmente no tendrá un interés relevante para la gran mayoría de usuarios externos. Por contra, los componentes del resultado de las operaciones es información relevante para un mayor número de interesados en diferentes tomas de decisión.

Objetividad

La información contable constituye la base para la toma de decisiones varias, como es el caso de diversas valoraciones. Por ello, debe estar impregnada de la mayor objetividad posible, objetividad que es alcanzada, en gran parte, por la emisión de normativas contables a nivel tanto oficial como profesional. Esta objetividad colaborará en que la información sea neutral respecto a las tomas de decisión a las que antes se aludía. Como complemento de esta objetividad, la información debe ser verificable.

Comparabilidad

Como tendremos ocasión de ver, a lo largo del texto, una de las principales herramientas del Análisis de Estados Financieros es establecer comparaciones entre datos; para que esto sea posible, la información ha de ser comparable tanto en la forma —agrupación de partidas, denominación de las mismas, etc.— como en el fondo —criterios de valoración adoptados en el establecimiento de las diferentes rúbricas.

Claridad

Para que la información contable sea útil, ha de ser comprensible por el usuario y, por tanto, debe adoptar un lenguaje lo más asequible posible, dentro de la evidente complejidad de cualquier disciplina y la Contabilidad no escapa a esta complejidad.

Periodicidad adecuada

La información contable es útil si es suministrada en tiempo oportuno. Este objetivo se cubre hoy día fácilmente, gracias a los potentes equipos informáticos de proceso de datos existentes en el mercado.

3. NORMALIZACION CONTABLE

La normalización contable *está constituida* por el conjunto de normas y principios a que ha de ajustarse un modelo contable concreto para que permita la comparabilidad aludida anteriormente, comparabilidad tanto temporal como espacial.

El mundo empresarial, cada vez más complejo, necesita de esa armonización para evitar las malas interpretaciones, los sesgos o las ambigüedades a que puede estar sometida la información contable. Por otra parte, es un mundo cada vez más interrelacionado lo que implica esta necesidad de normalización.

La normalización puede venir impulsada por organismos públicos o por organizaciones profesionales privadas. Los paises latinos han elegido principalmente la primera vía, en tanto que los paises anglosajones se han inclinado por la segunda, siempre, por supuesto, con matices y con mixturas.

Las organizaciones profesionales norteamericanas y, en particular, el AICPA han ejercido y ejercen una notable influencia en la emisión de normas contables en el mundo occidental. El Comité Internacional de Normas Contables (International Accounnting Standard Committee —IASC—) creado en Londres en 1973, agrupa a un gran número de organizaciones profesionales de diferentes paises, pero es evidente la influencia norteamericana en la emisión de normas y de recomendaciones. El problema que con relativa frecuencia, se plantea es que no siempre son trasplantables los criterios norteamericanos a las condiciones socio-económicas de los otros paises, donde esta normativa tiene su adopción o su reflejo.

En el caso de España, la normativa contable viene dada, fundamentalmente, por el Instituto de Contabilidad y Auditoría de Cuentas, organismo del Ministerio de Hacienda (antes Instituto de Planificación Contable) si bien cada vez es más notoria la influencia de una organización profesional como es la Asociación Española de Contabilidad y Administración de Empresas —AECA—. En la actualidad, otro organismo público, la Comisión Nacional del Mercado de Valores, institución similar a la SEC (Securities and Exchange Commission) norteamericana, está dejando sentir su influencia en la presentación de determinado tipo de información contable requerida.

4. USUARIOS DE LA INFORMACION CONTABLE

Es obvio que el número de interesados en la información financiera va en aumento, a medida que esta información sirve de base o de punto de partida para un mayor catálogo de decisiones —de inversión, de negociación, de asesoramiento, de políticas monetaria y fiscal, etc.—. Sin perjuicio de que olvidemos algún colectivo interesado, entendemos que los principales usuarios son los que se consignan seguidamente:

- — **Propietarios:** Tanto actuales, como potenciales, en tanto que es la información contable la que deberán usar para establecer sus políticas de inversión.
- — **Gestores:** Su misión es la obtención de determinados objetivos previamente fijados y es la contabilidad la que mide el grado en el logro de esos objetivos y las posibles causas de desviación de los mismos.
- — **Acreedores en general:** La contabilidad ha de informar sobre la capacidad de la empresa para cumplir sus compromisos y, por tanto, cual es su capacidad de endeudamiento.
- — **Organizaciones sindicales:** Igualmente, es la contabilidad la que ha de suministrar datos sobre los que establecer premisas conducentes a la fijación de puntos de negociación.
- — **Administración pública:** Fundamentalmente, y esto es evidente, la Administración Fiscal está interesada en la información contable de las empresas, pues es la que cuantifica las magnitudes que configuran la base imponible de las diferentes cargas

impositivas. Igualmente, otras instituciones están interesadas en la información financiera, como en el caso español, la ya apuntada Comisión Nacional del Mercado de Valores.

— **Mercado de valores, Asesores de inversión y en general agencias informativas:** Por diferentes motivos, también es evidente el interés por parte de estos colectivos, por la información contable suministrada por las empresas, para poder llevar a cabo su trabajo.

Para terminar, digamos que los puntos de interés de estos usuarios no tienen por qué ser coincidentes. Hemos puesto algunos ejemplos de ese interés, pero, como es lógico, no de manera exhaustiva.

Sin embargo, sí quisiéramos resaltar que esta diversidad de intereses o de puntos de vista hace que la contabilidad, como ya apuntamos, deba cumplir con el objetivo de relevancia. Y, por otra parte, que, a veces, las rúbricas de un balance se usarán de manera distinta, según el enfoque del análisis. Dicho con otras palabras, estas rúbricas tendrán, o podrán tener, diferente naturaleza, según con qué objetivo se estén utilizando. Así, por ejemplo, una cuenta como *Accionistas* podrá ser considerada como de Activo Real, si estamos estudiando la capacidad de reembolso de pasivos de la empresa, en un momento dado; sin embargo, la consideraremos como de Patrimonio negativo, si lo que estamos estudiando es la rentabilidad del empresario.

ACTIVIDADES RECOMENDADAS

El lector leerá y resumirá adecuadamente el Documento de AECA n.º 1 sobre **Principios y Normas de Contabilidad en España**.

EJERCICIOS DE AUTOCOMPROBACION

Indique usted si son verdaderas (**V**) o falsas (**F**) las siguientes proposiciones:

1. El enfoque externo del Análisis de Estados Financieros toma como referencia la contabilidad financiera .... **V F**

2. Los criterios de valoración que se aplican en la formación de un balance de ejercicio difieren de los utilizados para un balance de liquidación .... **V F**

3. El papel de las diferentes rúbricas del balance es independiente del uso que se les dé en el análisis .... **V F**

4. La calidad de la información financiera tiene como garantía la calidad del control interno .... **V F**

5. La relevancia de la información es independiente del grado de desarrollo que ofrezca .... **V F**

SOLUCIONES A LOS EJERCICIOS DE AUTOCOMPROBACION

1. V
2. V
3. F
4. V
5. F

CAPITULO

2

La auditoría como análisis formal de los estados financieros

ESQUEMA/RESUMEN

Naturaleza de la auditoría

— El análisis formal entendido como paso previo al Análisis de Estados Financieros.
— La auditoría como función que agrega credibilidad a la información financiera, en un contexto de colisión de intereses.
— Extensión de la revisión del campo contable hacia la revisión empresarial.
— El carácter social de la auditoría.

Normas de auditoría

— Las normas como código de comportamiento del auditor.
— Normas generales:

- Formación técnica y capacidad profesional.
- Independencia, integridad y objetividad.
- Diligencia profesional.
- Cumplimiento de las normas.
- Confidencialidad de la información.
- Honorarios profesionales justos.
- Prohibición de publicidad.

— Normas de realización del trabajo:

- Planificación y supervisión.
- Estudio y evaluación del control interno.
- Obtención de evidencia suficiente y adecuada.

— Normas sobre Informes:

- Cuentas que se ajustan a Principios de Contabilidad Generalmente Aceptados (P.C.G.A.).
- Uniformidad de la información.
- Imagen fiel.
- Opinión sobre los estados financieros tomados en su conjunto.
- Concordancia del Informe de Gestión con las Cuentas Anuales.

Procedimientos y técnicas de auditoría

— Análisis.
— Confirmación.
— Estimación.
— Encuesta o indagación.
— Observación.
— Cálculo.
— Exploración.
— Rastreo.
— Procedimientos según diferentes áreas.

Los Informes de auditoría

— Estructura:

- Identificación de la entidad auditada.
- Párrafo del alcance.
- Párrafo de la opinión.
- Párrafo de énfasis.
- Párrafo sobre Informe de Gestión.

— Tipos:

- Informe limpio.
- Informe favorable con salvedades.
- Opinión negativa.
- Abstención de opinión.

Utilidad de los diferentes tipos de Informes de auditoría para el Análisis de Estados Financieros

— Observaciones determinadas e indeterminadas.
— Los ajustes en auditoría.
— Incertidumbres.
— Los hechos posteriores y su incidencia.

1. NATURALEZA DE LA AUDITORIA

En una clasificación tradicional y, en nuestra opinión, desfasada del Análisis de Estados Financieros se establecía como primer apartado del mismo el denominado **Análisis formal** que servía de nexo entre el Informe de Auditoría y el de análisis propiamente dicho. Conjuntaba tal parcela del análisis tanto los aspectos jurídicos como propiamente técnico-contables de la información a analizar. Entendemos que, en la situación actual, donde se cuenta con una normalización contable en creciente grado de desarrollo y con un auge palpable de la función auditora, tal análisis carece de utilidad.

Sin embargo, es indudable que la información a analizar debe ser veraz y, por tanto, necesita haber sido sometida a la revisión de un auditor independiente y, por otra parte, que algunas de las técnicas que utilizan tanto la Auditoría como el Análisis son coincidentes en enfoque y en finalidad.

Lo anterior justifica el que la auditoría de la información financiera constituya, sin duda, su primer análisis.

El propósito primario de la auditoría es aportar algún grado de validez al objeto de la revisión, en este caso la información contable.

Para la Commission on Auditor's Responsability Report, Conclusions and Recommendations del AICPA en 1978: «La Auditoría independiente es necesaria dado el conflicto potencial inherente entre la Dirección de la Entidad y los usuarios de la información financiera. Los usuarios de los estados financieros necesitan asegurarse de que la Dirección ha cumplido con sus responsabilidades de establecer y supervisar un sistema que proteja adecuadamente los activos y permita la preparación de información financiera de acuerdo con las normas. Una auditoría suministra seguridad razonable de que la Dirección ha cumplido con esta responsabilidad».

La naturaleza de la Auditoría viene dada por ser una actividad de atestiguamiento cualificado de lo registrado. Así la International Federation on Accountants (IFAC) en su Guía n.º 1 declara:

> «La opinión del auditor ayuda a establecer la credibilidad de los estados financieros. No obstante, el usuario no debe entender que la opinión del auditor supone una seguridad de la viabilidad futura de la entidad ni una opinión en cuanto a la eficiencia o efectividad con la que la Dirección ha llevado la gestión de la Sociedad».

Si bien la Declaración de la Guía del IFAC parece limitativa, no hay que entenderla en este sentido, sino simplemente de lo que se advierte es del hecho de que la Auditoría no supone una panacea que resuelva los problemas por los que puede atravesar una empresa en un momento y en unas circunstancias concretas.

El carácter analítico de la Auditoría a que hacíamos antes referencia, es puesto de manifiesto por P. E. CASSANDRO, cuando escribe:

> «La revisión empresarial no es simplemente un examen de anotaciones contables y documentos a ellas referentes para determinar su regularidad, sino un análisis de las condiciones estructurales y funcionales de la empresa, reflejadas por las manifestaciones contables y cualquier otro elemento válido. En otros términos, lo que interesa controlar no es tanto el documento (Balance, Cuenta de Resultados, etc.) cuanto los hechos, las

estructuras empresariales que están detrás de ese documento. En conclusión, la revisión se presenta como un proceso de análisis económico-empresarial con fines de control» [1].

Por tanto, el campo de la Auditoría se extiende más allá de la revisión meramente contable, para adentrarse en el área de la revisión empresarial.

En otro orden de cosas y sin pretender ser exhaustivos en un área que desbordaría los límites impuestos por el contenido del texto, hemos de poner de relieve el carácter social de la Auditoría, es decir, la proyección social de la misma. Este énfasis está presente en la definición que da de la Auditoría la Ley 19/1988, de 12 de julio de **Auditoría de Cuentas**, reforzado por la Ley de Reforma Mercantil. Así, en su artículo 1 declara:

«1. Se entenderá por auditoría de cuentas la actividad consistente en la revisión y verificación de documentos contables, siempre que aquélla tenga por objeto la emisión de un informe que pueda tener efectos frente a terceros».

Adicionalmente, este atributo de la Auditoría se destaca en la exposición de motivos de la misma Ley, donde se lee:

«La auditoría de cuentas es, por lo tanto, un servicio que se presta a la empresa revisada y que afecta e interesa no sólo a la empresa, sino también a terceros que mantengan relaciones con la misma, habida cuenta que todos ellos, empresa y terceros, pueden conocer la calidad de la información económico-contable sobre la cual versa la opinión emitida por el auditor de cuentas.»

2. NORMAS DE AUDITORIA

El auditor, en el desarrollo de su trabajo, aplica unas reglas y procedimientos conducentes a la formación de un juicio sobre los estados financieros que le permitan la emisión de una opinión profesional. Así, el auditor, en su informe, indica que ha aplicado **Normas de auditoría generalmente aceptadas**. Esta expresión tiene su origen en los Estados Unidos, donde desde 1917 el Instituto de Contadores Públicos Americanos —AICPA— está emitiendo normativa que tiene una gran influencia en el resto del mundo occidental y nuestro país no es ajeno a esta influencia.

En España emiten Normas de auditoría diversos organismos profesionales, teniendo gran similitud, derivada de la influencia antes indicada [2]. Así, el Instituto de Censores Jurados de Cuentas, en Noviembre de 1989, ha emitido una nueva versión de sus **Normas de Auditoría Generalmente Aceptadas**, de donde vamos a tomar algunos apuntes fundamentales.

Para el Instituto existen dos tipos de Normas:

— Eticas.
— Profesionales o Normas propiamente dichas.

---

[1] P. E. CASSANDRO: *Revisión Empresarial y Certificación de Balances, Técnica Contable,* pp. 241-252 y 258, julio 1976.

[2] Con posterioridad a la redacción de este capítulo, el Instituto de Contabilidad y Auditoría de Cuentas ha emitido las Normas Técnicas, de obligado cumplimiento para los profesionales y que, en general, no difieren de las aquí comentadas.

Las Normas Eticas están recogidas tanto en las denominadas **Normas Básicas Generales** como en el Código de Etica Profesional del Instituto.

Las Normas son definidas como **Los requisitos de calidad que serán exigidos por el Instituto a sus miembros**, al trabajo que desempeñan y al Informe que emitan en consecuencia.

Se distinguen las siguientes categorías o agrupaciones de Normas:

— Normas Básicas Generales y de Etica Profesional.
— Normas Básicas sobre la Realización del Trabajo.
— Normas Básicas sobre Informes de Auditoría Independiente de las Cuentas Anuales.

2.1. NORMAS BASICAS GENERALES Y DE ETICA PROFESIONAL

Estas Normas se refieren a la cualificación del auditor, a la calidad de su trabajo en el ejercicio de su profesión y a aspectos de ética profesional.

La primera Norma es:

«La auditoría debe llevarse a cabo por una persona o personas que tengan formación técnica y capacidad profesional como auditores de cuentas y tengan la autorización exigida por la legislación en vigor».

La autorización a la que alude esta Norma viene recogida en el artículo 6 de la Ley 19/1988, de 12 de julio, cuyo contenido es el siguiente:

«1. Podrán realizar la actividad de auditoría de cuentas las personas físicas o jurídicas que, reuniendo los requisitos a que se refieren los artículos siguientes, figuren inscritos en el Registro Oficial de Auditores de Cuentas del Instituto de Contabilidad y Auditoría de Cuentas».

Estos requisitos se enumeran en el artículo 7:

1. Para ser inscrito en el Registro Oficial de Auditores de Cuentas se requerirá:

a) Ser mayor de edad.
b) Tener la nacionalidad española o la de alguno de los Estados miembros de la Comunidad Europea, sin perjuicio de lo que disponga la normativa sobre el derecho de establecimiento.
c) Carecer de antecedentes penales por delitos dolosos.
d) Haber obtenido la correspondiente autorización del Instituto de Contabilidad y Auditoría de Cuentas.

2. La autorización a que se refiere el número precedente se concederá a quiénes reúnan las siguientes condiciones:

a) Haber obtenido una titulación universitaria.
b) Haber seguido programas de enseñanza teórica y adquirido una formación práctica.
c) Haber superado un examen de aptitud profesional organizado y reconocido por el Estado.

3. La formación práctica deberá extenderse por un período mínimo de tres años en trabajos realizados en el ámbito financiero y contable y se referirá especialmente a cuentas anuales, cuentas consolidadas o estados financieros análogos.

4. El examen de aptitud profesional que estará encaminado a la comprobación rigurosa de la capacitación del candidato para el ejercicio de la auditoría de cuentas deberá cumplir las condiciones y versar sobre las materias a que se refieren los artículos 5 y 6 de la Octava Directiva del Consejo de las Comunidades Europeas de 10 de abril de 1984, basada en la letra g) del apartado 3 del artículo 54 del Tratado CEE, relativa a la autorización de las personas encargadas del control legal de documentos contables».

A este respecto, las materias que en la Directriz se consignan son las siguientes, sobre las que el candidato habrá de probar sus conocimientos teóricos:

a) — Auditoría.
— Análisis y juicios críticos de los estados financieros anuales.
— Contabilidad general.
— Cuentas consolidadas.
— Contabilidad de costes y de gestión.
— Auditoría interna.
— Normas relativas a la preparación de cuentas anuales y consolidadas y métodos de valoración del balance de situación, así como determinación de resultados.
— Normativa legal y profesional relativa a la auditoría legal de los estados contables y la aplicable a los que efectúan dichas auditorías.

b) Siempre que tengan relación con la auditoría:

— Derecho de Sociedades.
— La Ley sobre insolvencias y procedimientos similares.
— Derecho fiscal.
— Derecho civil y mercantil.
— Ley de empleo y seguridad social.
— Sistemas de información e informática.
— Economía de empresa, general y financiera.
— Matemáticas y estadística.
— Principios fundamentales de gestión financiera de la empresa.

La segunda Norma General es:

«El auditor de cuentas, durante su actuación profesional, mantendrá una posición de absoluta independencia, integridad y objetividad.»

La independencia implica una actitud mental carente de prejuicios; la integridad supone una actitud honesta en su trabajo y, por último, la objetividad se traduce en el mantenimiento de una actitud imparcial, carente de sesgos de cualquier tipo.

Para el Instituto existen una serie de circunstancias que hacen al auditor incompatible con el ejercicio de su actividad. Así, serán en todo caso incompatibles en el ejercicio de sus funciones respecto a una empresa o entidad:

a) Quienes ostenten cargos directivos o de administradores o sean empleados de dichas empresas o entidades.

b) Los accionistas y socios de las empresas o entidades en las que posean una participación superior al 0,5 por 100 del nominal del capital social o que aquélla represente más del 10 por 100 del patrimonio personal del accionista o socio.

c) Las personas unidas por vínculos de consanguinidad o afinidad hasta el segundo grado, con los empresarios o con los directivos o administradores de las empresas o entidades.

d) Quienes resulten incompatibles de acuerdo con lo dispuesto en otras disposiciones legales, con el contenido y alcance que expresamente se establezca en las mismas.

Esta disposición es copia literal del artículo 8 de la Ley de Auditoría de Cuentas.

La tercera Norma General es:

«El auditor de cuentas en la ejecución de su trabajo y en la emisión de su Informe ejercitará la debida diligencia profesional.»

Esto se traduce en la aplicación correcta de las normas respecto a ejecución del trabajo y emisión de informes que veremos más adelante. Como si de una cadena de producción se tratara, el auditor ha de establecer unas medidas de control de calidad que aseguren la bondad de su trabajo, a lo largo de su ejecución.

Para el Instituto, el control de calidad debe cubrir los siguientes objetivos:

a) Independencia, integridad y objetividad
Proporcionar seguridad razonable de que todo el personal profesional de auditoría de la organización, a cualquier nivel de responsabilidad, mantiene sus cualidades de independencia, integridad y objetividad.

b) Formación y capacidad profesional
Proporcionar una seguridad razonable de que el personal profesional tiene la formación y capacidad necesarias que le permitan cumplir adecuadamente las responsabilidades que se le asignan. Este objetivo implica el asegurar que la asignación de personal a los trabajos, su contratación y su promoción y desarrollo profesional son adecuados.

c) Aceptación y continuidad de clientes
Permitir la decisión sobre la aceptación y continuidad de los clientes, teniendo en consideración la independencia del auditor y la capacidad para proporcionar un servicio adecuado, y la integridad de la dirección y accionistas del cliente.

d) Consultas
Tener una seguridad razonable de que, cuando sea necesario, el auditor solicita una ayuda de personas u organismos, internos o externos, que tengan niveles adecuados de competencia, juicio y conocimientos para resolver aspectos técnicos.

e) Supervisión y control de trabajos
Proporcionar, una seguridad razonable de que la planificación, la ejecución y la supervisión del trabajo se ha realizado cumpliendo con las Normas de Auditoria establecidas.

f) Inspección
Proporcionar mediante inspecciones periódicas, internas o externas, una seguridad razonable de que los procedimientos implantados para asegurar la calidad de los trabajos están consiguiendo los objetivos anteriores.

La cuarta Norma General es:

«El auditor de cuentas es responsable del cumplimiento de las Normas de auditoría establecidas, y a su vez, responsable del cumplimiento de las mismas por parte de los profesionales del equipo de auditoría.»

En pocas palabras, el auditor ha de prestar un servicio competente a sus clientes.

La quinta Norma General se enuncia así:

«El auditor debe mantener la confidencialidad de la información obtenida en el curso de sus actuaciones.»

El auditor no debe beneficiarse de la información que maneja y deberá conservar y custodiar la documentación de auditoría durante cinco años, a contar desde la fecha del Informe.

La sexta Norma General hace referencia a los honorarios en los siguientes términos:

«Los honorarios profesionales han de ser un justo precio del trabajo realizado para el cliente.»

Con independencia de lo ambiguo que, por fuerza, ha de ser una norma de este tenor, el Instituto hace referencia a una cuestión importante, cual es la del pago de comisiones:

— No se permite el pago de comisiones a terceros por obtener trabajos profesionales. Se entiende por comisiones los pagos en efectivo, la prestación de servicios gratuitos, los regalos o cualquier tipo de remuneración, incluyendo la participación en los honorarios de personas que no hubieran tomado parte de forma real y efectiva en el trabajo.

Por último, la séptima Norma General hace referencia a un tema siempre debatido y, hasta ahora nunca resuelto satisfactoriamente, cual es el de la publicidad.

«El auditor no podrá realizar publicidad que tenga por objeto la captación de clientes.»

Las firmas de auditoría, cuanto más potentes son, poseen fórmulas sutiles de publicidad que hacen inoperante esta norma.

El Instituto aclara lo siguiente:

— No se permite la publicidad que tenga por objeto o pueda producir, una captación de clientes a través de anuncios en la prensa o cualquier otro medio de comunicación. No obstante, se puede mencionar el nombre del auditor en conferencias, coloquios y artículos de prensa profesionales, y se permite la presentación de servicios a empresas, previamente solicitados a efectos informativos, mediante folletos u otros medios directos, siempre de forma y con un contenido que no perjudique la reputación, prestigio e imagen de la profesión frente a la sociedad.

2.2. NORMAS BASICAS SOBRE LA REALIZACION DEL TRABAJO

Tienen como objetivo enmarcar las pautas en la ejecución del trabajo, sin descender a la enumeración de procedimientos que el auditor llevará a cabo, en cada caso en concreto.

La primera norma operativa hace referencia a la planificación del trabajo:

«El trabajo se planificará apropiadamente y se supervisará adecuadamente la labor de los profesionales del equipo de auditoría.»

Es evidente que la auditoría de los estados financieros de una sociedad requiere un trabajo de estrategia, sin el cual el auditor invertirá una cantidad de tiempo innecesaria para llegar, muy probablemente, a un resultado insatisfactorio.

Es necesario prever lo que se va a hacer, cuándo se va a hacer, dónde va a hacerse y con quién.

El auditor necesita conocer bien la empresa que va a auditar, para lo cual necesitará hacer una serie de visitas, inspecciones y entrevistas previas que le suministren este conocimiento.

El auditor necesita conocer, a título de ejemplo:

— El tipo de negocio.
— El tipo de bienes o servicio que suministra la empresa.
— La estructura de su accionariado.
— Sus relaciones con otras empresas del mismo Grupo, caso de existir.
— Etcétera.

Una vez conocidos los antecedentes que se estimen necesarios, el auditor establecerá un plan de acción o programa de actuación que, normalmente, incluirá:

— Antecedentes de la sociedad.
— Objetivos de la sociedad para el ejercicio a auditar.
— Objetivos del trabajo de auditoría.
— Hechos más sobresalientes en el ejercicio.
— Antecedentes que se posean de auditorías anteriores [3].

La segunda norma operativa es la referente al control interno de la sociedad a auditar.

«Deberá efectuarse un estudio y evaluación adecuada del control interno como base fiable para la determinación del alcance, naturaleza y momento de realización de las pruebas a las que deberán concretarse los procedimientos de auditoría.»

El control interno de una empresa es todo el entramado organizativo, material y personal, que asegura la fiabilidad y corrección de la información financiera de una empresa en concreto, así como la salvaguarda de sus activos.

A título de ejemplo, el Instituto menciona algunos de los procedimientos de control interno que el auditor debe revisar y evaluar:

— Separación de funciones
Una misma persona no puede ser responsable de todos los pasos de una transacción de manera que ello pueda conllevar la posibilidad de ocultar errores o fraudes.
— Ejecución de las transacciones
Deben existir normas explícitas que aseguren que las transacciones se llevan a cabo tal como fueron emanadas de la Dirección y que todas ellas cuentan con la preceptiva autorización de órgano responsable.
— Registro de las transacciones
Las operaciones han de registrarse en los períodos que corresponde y de acuerdo a valoraciones correctas.
— Acceso a los bienes
Deben existir normas estrictas para limitar el acceso a los bienes a las personas autorizadas para ello, exclusivamente.

---

[3] Estas cuestiones pueden verse ampliadas en J. URIAS VALIENTE, «Auditoría Financiera», Editorial Tébar Flores, Madrid, 1986, Capítulo 11.

— Comprobación física de existencias contables
Una medida elemental de control es verificar, con regularidad, la realidad física de las existencias de bienes que arrojan los registros contables, así como comprobar la realidad de los créditos frente a terceros, mediante el contraste con los mismos.

La tercera norma operativa dice:

«Debe obtenerse evidencia suficiente y adecuada, mediante la realización y evaluación de las pruebas de auditoría que se consideren necesarias, al objeto de obtener una base de juicio razonable sobre los datos contenidos en las cuentas anuales que se examinan y poder expresar una opinión respecto de las mismas.»

Es fácil de entender que esta Norma es el centro del trabajo de auditoría y constituye su esencia. El auditor ha de respaldar su opinión en una evidencia suficiente, en cuanto a cantidad y adecuada, en cuanto a calidad.

En cuanto a la competencia o adecuación de la evidencia apuntar que la que se sustenta en fuentes ajenas a la empresa tendrá, en un principio, más calidad que la suministrada por la sociedad. Por otra parte, la suministrada por la empresa ha de estar respaldada por un correcto control interno y, por último, será evidencia más cualificada aquélla que obtiene el auditor por pruebas directas que la adquirida indirectamente.

2.3. NORMAS BASICAS SOBRE EL INFORME DE AUDITORIA INDEPENDIENTE DE LAS CUENTAS ANUALES

El Informe es el producto final del trabajo del auditor, donde éste transmite los resultados del mismo y expone su opinión profesional. Por todo ello, el Informe debe ser, ante todo, inteligible para el lector, lector que, a veces, no es técnico en el lenguaje usado por los auditores.

Más adelante, se verán cuáles son las características y formas de los Informes del auditor, ahora enumeramos las Normas que, según el Instituto de Censores Jurados de Cuentas, deben presidir su redacción.

Norma primera:

«El auditor debe manifestar en el informe si las cuentas anuales contienen la información necesaria y suficiente para su interpretación y comprensión adecuada y han sido preparadas y se presentan de conformidad a principios y normas contables generalmente aceptadas.»

Ya comentamos que la objetividad de la información contable se consigue, de manera preponderante, mediante la aplicación de una normativa que armonice la manera de hacer en materia de información financiera. Para ello, es preciso la elaboración de esa normativa en la que el auditor pueda apoyarse para emitir su opinión.

Independientemente de la aplicación de normas de general aceptación, la empresa debe informar de todos los aspectos que sean relevantes para la adecuada comprensión de los estados contables, debe ofrecer una información comprensiva de las transacciones realizadas y de las cuestiones que interesan a los diferentes usuarios para que éstos adopten decisiones sustentadas.

Norma segunda:

> **«El informe expresará si los principios y normas contables generalmente aceptados han sido aplicados uniformemente.»**

Otro de los objetivos de la información contable era la comparabilidad en el tiempo y en el espacio. Esa comparabilidad en el tiempo para su mejor comprensión, es la que evoca esta norma.

Norma tercera:

> **«La información contenida en las cuentas anuales debe considerarse, en todos los aspectos significativos, representativa de la imagen fiel del patrimonio y de la situación financiera de la entidad y de los resultados de sus operaciones y de los recursos obtenidos y aplicados, salvo que el auditor indique lo contrario en su informe.»**

Esta norma hace referencia, en realidad, a los estados financieros sobre los que debe opinar el auditor, a saber, Balance de Situación, Cuenta de Resultados y Estado de Origen y Aplicación de Fondos, así como a expresar su opinión sobre la razonabilidad con que esos estados traducen la realidad empresarial o, en expresión de la norma, representan la imagen fiel de esas situaciones.

Norma cuarta:

> **«El auditor expresará en el informe su opinión en relación con las cuentas anuales tomadas en su conjunto, o una afirmación de que no se puede expresar una opinión y, en este caso, las causas que lo impiden. Cuando se exprese una opinión con salvedades o adversa sobre las cuentas anuales tomadas en su conjunto, deberán consignarse las razones que existan para ello.»**

En otro apartado veremos con más detalle estas peculiaridades. En síntesis, esta norma trata de que la opinión del auditor tome las Cuentas Anuales como un todo y no opinar sobre la corrección o incorrección de una parte de las mismas en contraposición con otras. En definitiva, se trata de manifestarse sobre si tales estados muestran la **imagen fiel** del patrimonio y de sus cambios y no la de algunos de sus componentes.

Norma quinta:

> **«El auditor indicará en su informe si la información contable que contiene el informe de gestión concuerda con la de las cuentas anuales.»**

Esta es una exigencia que viene recogida en la Ley de Auditoría de Cuentas y no obliga al analista a manifestarse sobre dicho Informe de Gestión, sino tan sólo sobre la concordancia de los datos consignados en éste y en las Cuentas Anuales.

3. PROCEDIMIENTOS Y TECNICAS DE AUDITORIA

Se suelen distinguir las técnicas de los procedimientos, en el sentido de que éstos son los pasos a seguir en el curso de un examen o revisión, en tanto que las técnicas son los detalles o métodos que desarrollan el procedimiento. Dicho de otra manera, los procedimientos tomarán como base operaciones que hemos denominado **técnicas**.

LAWRENCE [4] agrupa así las diferentes **técnicas:**

Análisis

Se trata de establecer qué componentes forman un determinado saldo, descomponiendo o diseccionando el mismo, con el fin de comprobar la naturaleza y homogeneidad de sus partes. Así, se puede admitir la agrupación de elementos o proponer una agrupación diferente, reclasificando información heterogénea.

Confirmación

Se trata, con esta técnica, de contrastar un determinado importe, unos datos o una información, en general, con terceros ajenos a la empresa. Suele denominarse a esta técnica también con el nombre de **conciliación**. Se utiliza cuando la evidencia ha de ser suministrada por una fuente ajena a la empresa, caso de clientes, proveedores, bancos, abogados, etc.

Estimaciones

Con esta técnica, tratamos de comprobar la razonabilidad de un dato, poniéndolo en relación con otro. Así, podemos determinar la razonabilidad en los costes de amortización, en relación con los valores de base y los coeficientes a aplicar o la razonabilidad de los gastos de comisiones, al relacionar las ventas por este sistema con la remuneración a sus agentes, por poner algún ejemplo.

Encuesta o indagación

Se trata de ver, por medio de una serie de preguntas, cuáles son los procedimientos utilizados por la empresa objeto de auditoría y a la vista de su corrección o de sus defectos, establecer los criterios de actuación.

Observación

Cuando el auditor presencia la forma de operar del personal de la empresa en una tarea determinada. Tal es el caso de observar los inventarios o las técnicas de control de calidad.

Cálculo

Cuando el auditor, de forma selectiva, repite una serie de cálculos numéricos realizados por la empresa, con el fin de pronunciarse sobre la razonabilidad de una cifra.

Exploración

Consiste en el examen de un gran número de pruebas con el fin de localizar un concepto o partida excepcional. Es el caso, por ejemplo, de los descuentos sobre ventas, explorando los cobros en relación con los descuentos permitidos y deducir si hay alguno demasiado elevado respecto al resto. Esto exigiría una mayor investigación.

---

[4] CH. LAWRENCE: *Procedimientos de Auditoría,* Editorial Herrero Hermanos, México, 1971.

Rastreo

Es la reconstrucción de una transacción, o un ciclo en su totalidad, para cerciorarse de la precisión o fallos en los procesos de registro. Un ejemplo clásico puede ser el ciclo de compras; se reconstruyen los pasos seguidos desde que la empresa elabora el pedido hasta que se paga al proveedor y se comprueba si todas las etapas del ciclo han sido adecuadamente cumplimentadas y registradas.

Seguidamente vamos a enumerar algunos de los **procedimientos** usados en la auditoría.

Area de Disponibilidades o Tesorería

— Arqueos en las cajas de la empresa.
— Conciliación de los saldos de efectivo que se mantengan en bancos.
— Revisión de las transacciones, así como del corte de operaciones, para detectar si se han transvasado operaciones entre ejercicios indebidamente.
— Revisión de la valoración aplicada para la moneda extranjera existente a fin del período.

Area de Existencias

— Observación del levantamiento de inventarios
— Corte de operaciones, para verificar que no hay traslado de entradas o salidas entre ejercicios.
— Pruebas de recuento.
— Verificación de existencias de terceros en poder de la empresa, así como existencias propiedad de la empresa que estén en poder de terceros.
— Análisis de los materiales o mercancías incorrientes, es decir, sin consumo.
— Revisión de las valoraciones, así como otras pruebas aritméticas.

Area de Cuentas Personales Deudoras

— Análisis de la composición de las diferentes rúbricas.
— Conciliación de saldos con terceros.
— Corte de operaciones (ventas).
— Verificación de la razonabilidad del importe que alcance la provisión para deudores dudosos.

Area de Inversiones Financieras

— Confirmación por el depositario de los diferentes títulos propiedad de la empresa que estén en depósito.
— Arqueo de los títulos en poder de la empresa.
— Análisis de la rentabilidad de la inversión.
— Revisión de las valoraciones efectuadas y de las provisiones que, en su caso, haya que establecer.

Area del Inmovilizado Material e Inmaterial

— Inspección física de los elementos, para comprobar su estado de uso.
— Comprobación de los títulos de propiedad de la empresa.

— Revisión de los criterios de valoración aplicados.
— Comprobación de la existencia de cargas (hipotecas, prendas).
— Análisis de la cobertura de riesgos.
— Criterios de amortización o saneamiento por criterios legales, de rendimiento, etc.

Area de Pasivos

— Confirmación de saldos con los diferentes acreedores.
— Examen de hechos posteriores al cierre que puedan ocultar pasivos a esa fecha.
— Revisión de criterios de valoración de pasivos en moneda extranjera.

4. LOS INFORMES DE AUDITORIA

Los informes de auditoría conservan la forma de una carta, siendo el suscriptor el auditor y el destinatario aquél quien le encargó el trabajo: accionistas, consejo de administración, etcétera.

Están formados por una serie de párrafos que, en resumen, son los siguientes:

— Identificación de la entidad auditada

Figurará el nombre o razón social de la empresa cuyos estados financieros se han auditado.

— Párrafo del alcance de la auditoría

Contiene:

- Los Estados Financieros auditados.
- La mención que se han aplicado las Normas de Auditoría Generalmente Aceptadas.
- La mención de las normas o procedimientos básicos que no han podido aplicarse.

— Párrafo de la opinión

- Se expresará ésta, con o sin salvedades o se denegará la opinión, dando las razones para ello.
- Igualmente, se expresará si los principios y criterios aplicados por la empresa son uniformes con los aplicados en el ejercicio anterior.

El párrafo de la opinión puede verse afectado por la presencia de salvedades que, dependiendo de su importancia relativa y de su determinación o indeterminación, dará lugar a una redacción u otra. En resumen, tendríamos el siguiente cuadro de situaciones posibles:

— Párrafo de énfasis

En casos excepcionales, el auditor puede poner algún hecho de relieve, sin que ello implique que se afecte a la opinión.

Importancia relativa de la salvedad	Tipo de salvedad	
	Determinada	Indeterminada
Poco importante	Opinión favorable sin salvedades	
Importante	Opinión favorable con salvedades	
Muy importante	Opinión Negativa	Abstención de opinión

— **Párrafo sobre el Informe de Gestión**

Aquí el auditor expresará el alcance de su trabajo respecto de este documento, así como la concordancia o no del citado informe con las Cuentas Anuales.

Finalmente, el informe se firma y se fecha.

A continuación, transcribimos la adaptación de un informe-tipo editado por el Instituto de Censores Jurados de Cuentas de España. Este informe es sin salvedades, lo que viene en llamarse un **informe limpio** o con **opinión limpia** y en él pueden apreciarse los diferentes párrafos a los que hemos aludido.

Designación del Párrafo	Informe
Destinatario	A los Accionistas de la Sociedad XXX, S. A.
Parráfo del alcance	Hemos auditado las cuentas anuales de la sociedad XXX, S. A. que comprenden los Balances de Situación al 31 de diciembre de 19XX y 19XX-1, las Cuentas de Pérdidas y Ganancias y la Memoria correspondientes a los ejercicios anuales, terminados en dichas fechas, cuya preparación y contenido son responsabilidad de la Dirección de la Sociedad. Nuestra responsabilidad es expresar una opinión sobre las citadas cuentas anuales en su conjunto, basada en el trabajo realizado de acuerdo con las normas de auditoría generalmente aceptadas, que incluyen el examen, mediante la realización de pruebas selectivas, de la evidencia justificativa de las cuentas anuales y la evaluación de su presentación global, de los principios contables aplicados y de las estimaciones realizadas.
Párrafo de la opinión	En nuestra opinión, las cuentas anuales adjuntas expresan, en todos los aspectos significativos, la imagen fiel del patrimonio y de la situación financiera de la Sociedad XXX, S. A. al 31 de diciembre de 19XX y de 19XX-1 y de los resultados de sus operaciones y de los recursos obtenidos y aplicados durante los ejercicios anuales terminados en dichas fechas y contienen la información necesaria y suficiente para su interpretación y comprensión adecuada, de conformidad con principios y normas contables generalmente aceptados aplicados uniformemente.
Párrafo de énfasis	Tal como se indica en la nota n.º 10, la sociedad tiene un mercado de compra muy restringido, al no existir más que dos suministradores de entidad que puedan proveerle la materia prima fundamental en su proceso productivo.

Párrafo sobre el informe de gestión	El informe de gestión adjunto del ejercicio 19XX contiene las explicaciones que la Dirección considera oportunas sobre la situación de la Sociedad, la evolución de sus negocios y sobre otros asuntos y no forma parte integrante de las cuentas anuales. Hemos verificado que la información contable que contiene el citado informe de gestión concuerda con los de las cuentas anuales del ejercicio 19XX. Nuestro trabajo como auditores se limita a la verificación del informe de gestión con el alcance mencionado en este mismo párrafo y no incluye la revisión de información distinta de la obtenida a partir de los registros contables auditados de la Sociedad.
	Fecha y firma del Auditor

5. UTILIDAD DE LOS DIFERENTES TIPOS DE INFORMES DE AUDITORIA PARA EL ANALISIS DE ESTADOS FINANCIEROS

El analista necesita conocer el grado de calidad de la información que va a manejar para sus propósitos. En el apartado anterior hemos visto los diferentes tipos de Informes, en orden al tipo de **reparo** que se pretende comunicar.

Si el analista se encuentra ante un **informe limpio** puede utilizar con bastantes garantías la información, sirviéndose, además, de las notas aclaratorias al balance que figuran en todo informe de auditoría. Puede que existan salvedades, por ejemplo ajustes, pero que si son de poca importancia no figuren en el Informe, ya que no afectan a la representatividad de los estados financieros, tomados en su conjunto. Este tipo de pequeñas observaciones suelen incluirse en informe aparte, junto con reparos de tipo organizativo.

Si el analista se encuentra con un **informe con salvedades**, ha de conocer la importancia y el alcance de las mismas. Estas salvedades o reparos pueden ser de dos tipos:

— Determinadas.
— Indeterminadas.

Las salvedades **determinadas** han de informarse cuantificando su efecto, por lo que el analista **ajustará** la información suministrada por la empresa con esas salvedades. Si estas salvedades se refieren a que los principios y criterios contables no se han aplicado uniformemente, igualmente, el informe ha de cuantificar su efecto, por lo que el analista podrá disponer, mediante este **ajuste**, de información homogénea ya que, como tendremos ocasión de ver, una de las principales herramientas con que trabaja el analista es la comparación de datos.

Las salvedades **indeterminadas**, que informen sobre incertidumbres en la ocurrencia de ciertos hechos, habrán de tenerse en cuenta por el analista como nota precautoria, pero es evidente que si no han podido ser fijadas y cuantificadas por el auditor, aquél no tendrá oportunidad de hacerlo, a no ser que en el tiempo transcurrido entre el informe de auditoría y el análisis se haya disipado tal incertidumbre.

Una cuestión de gran importancia que puede presentarse en cualquier tipo de informe es la referente a las **transacciones posteriores**, entendiendo por tal, hechos que han tenido lugar en la empresa con posterioridad al cierre de los estados financieros y que, siendo conocidos por el auditor, han de ser informados, por ser relevantes para la comprensión de la situación de la empresa cuando esos estados, junto con el informe de auditoría, sean conocidos por los diferentes usuarios.

La existencia de estos **hechos o transacciones posteriores** puede hacer cambiar sensiblemente el análisis que hubiera podido hacerse inicialmente, ya que pueden mostrar situaciones que modifiquen sustancialmente las informaciones suministradas por los estados financieros analizados. Ejemplos de estos **hechos posteriores** son los siguientes:

— Ruptura de negociaciones iniciadas para la ejecución de un proyecto.
— Promulgación de legislación que afecte al futuro de la empresa.
— Quiebra de un cliente importante.
— Siniestro que afecte a una parte sustancial de los activos de producción.
— Etcétera.

ACTIVIDADES RECOMENDADAS

El lector tratará de imaginar diferentes **observaciones** determinadas e indeterminadas que den lugar a la redacción de los diferentes tipos de Informe. Seguidamente, redactará estos Informes siguiendo el ejemplo expuesto en este capítulo.

EJERCICIOS DE AUTOCOMPROBACION

Indique usted si son verdaderas (**V**) o falsas (**F**) las siguientes proposiciones:

1. Un informe de auditoría sin salvedades implica que la empresa no tiene problemas presentes ni futuros .... **V F**
2. Una empresa puede estar en dificultades, y sin embargo ofrecer un informe limpio .... **V F**
3. En España, la auditoría puede ser ejercida por un profesional que posea titulación universitaria y haya seguido cursos de auditoría .... **V F**
4. Cualquier observación, por poca importancia relativa que tenga, ha de figurar en el informe .... **V F**
5. El auditor puede proponer ajustes a los estados financieros, pero su informe no tiene fuerza coercitiva .... **V F**

SOLUCIONES A LOS EJERCICIOS DE AUTOCOMPROBACION

1. **F**
2. **V**
3. **F**
4. **F**
5. **V**

CAPITULO

3

Los estados financieros (I): El balance

ESQUEMA/RESUMEN

Naturaleza y significado del Balance

— Enfoque jurídico.
— Enfoque económico.

Estructura del Balance: Análisis de sus componentes

— Definiciones del FASB de activos, pasivos y neto Consideración de los ingresos futuros y pasivos.
— Activos y pasivos circulantes y no circulantes o fijos.

- Criterios de definición.

  Ejercicio económico.
  Período de maduración.
  Intencionalidad.

— Balance-tipo a efectos de análisis.

- Criterios de agrupación de rúbricas.

— Balance-tipo según la Cuarta Directriz Europea sobre Cuentas Anuales y el Plan General de Contabilidad Revisado.

Criterios de valoración en la determinación de las diferentes rúbricas

— Criterios generales.

- Coste histórico.

- Valor útil de reposición.
- Valor capitalizado.

— Diferentes rúbricas.

- Costes de adquisición.
- Costes de producción.
- Criterios de amortización.

— Tratamiento de las diferencias de cambio.

- Agrupación de diferencias.
  Por monedas.
  Por ejercicios de reembolso.
- Diferencias de cambio capitalizables.
  Condiciones para su capitalización.

1. NATURALEZA Y SIGNIFICADO DEL BALANCE

Cuando se habla de Balance sin ningún otro atributo, ha de entenderse Balance de Situación, es decir aquél que representa el producto terminado del proceso contable de un período de tiempo.

El Balance puede contemplarse desde un punto de vista jurídico, en cuyo caso representará, por un lado, los bienes y derechos a favor de la empresa en un momento dado de tiempo (activo), por otro, las obligaciones contraídas a esa fecha (pasivo) y, como diferencia, el patrimonio perteneciente a los propietarios.

Desde un prisma económico, mucho más operativo para nuestros propósitos, el balance muestra las fuentes de financiación existentes en un momento dado, procedentes tanto de terceros ajenos a la empresa, como de los propietarios de la misma (pasivo y patrimonio) y la inversión o aplicación que se ha dado a esa financiación (activo).

Con la teoría dinámica del Balance, se centró la atención del estudioso y del analista de la Contabilidad en el Estado de Resultados, dejando en segundo término y, en ocasiones olvidando, la información que arroja el Balance. En nuestra opinión, este enfoque debe cambiar (de hecho, estimamos que está cambiando), dado que el Balance ofrece una información de gran utilidad analítica, como es mostrar, entre otras relaciones, la liquidez, la solvencia y la capacidad de endeudamiento de una empresa, datos que obviamente no se pueden deducir del estudio de la Cuenta de Resultados.

Las críticas que se han hecho a la capacidad informativa del Balance se centran fundamentalmente en dos aspectos, cuales son el hecho de no informar sobre determinados activos, por ejemplo, recursos humanos y el que las valoraciones sean heterogéneas, no mostrando el valor actual de la entidad.

El primer aspecto o la primera debilidad apuntada, entendemos que puede ser atribuida a la limitación que tiene el lenguaje contable y que puede ser subsanada con notas al Balance o información complementaria. De hecho, el Anexo al Balance o Memoria según la legislación mercantil vigente es un documento de gran importancia y con un papel cada vez más relevante en el campo de la información financiera, como mostraremos en otro Capítulo.

Por su parte, el hecho de que normalmente la información financiera venga expresada aplicando **costes históricos** entendemos que aporta objetividad a la misma y que no hay inconveniente alguno en que sea, igualmente, complementada con otro tipo de información que subsane esta limitación.

2. ESTRUCTURA DEL BALANCE: ANALISIS DE SUS COMPONENTES

En el epígrafe anterior hemos enunciado desde una perpectiva tanto jurídica como económica los componentes del Balance.

El activo era contemplado como la aplicación que la empresa daba a la financiación que a ella afluía, siendo ésta la suma del pasivo y el patrimonio. Para los intereses del Análisis de

Estados Financieros, entendemos que es mucho más rica la definición que de estos componentes da el FASB en su Declaración de Conceptos n.º 6 [1].

En esta Declaración los Activos son definidos como:

> **«Beneficios económicos futuros probables obtenidos o controlados por una empresa particular como resultado de transacciones o sucesos pasados que afectan a esta empresa.»**

Representan, por tanto, desembolsos que aún no se han enfrentado contra ingresos, pero que, obviamente, se espera que generen ingresos en el futuro y de ahí que todo activo que no tenga esa capacidad ha de ser saneado, es decir, computado como resultado negativo.

Los Pasivos se definen como:

> **«Sacrificios futuros probables de beneficios económicos que surgen de obligaciones presentes de una empresa particular para transferir activos o proveer servicios a otras entidades en el futuro como resultado de transacciones o sucesos pasados.»**.

La liquidación de estos pasivos vendrá dada en forma de pago de dinero, entrega de productos o prestación de servicios. De igual manera a como hemos visto antes, todo pasivo que no tenga esta característica habrá que computarlo como resultado positivo.

Finalmente, el Patrimonio se define como:

> **«El interés residual en los activos de una empresa que permanece después de deducir sus pasivos.»** [2]

Así pues, el Patrimonio sólo es exigible en caso de liquidación de la empresa, una vez satisfechos los pasivos existentes.

La forma que adopta el Balance está en función del fin informativo que se dé al mismo. Como veremos más adelante, la exposición de los componentes es un tanto arbitraria y responde a diferentes modelos adoptados con carácter más o menos general. No obstante, desde un punto de vista analítico, está generalizada la agrupación de los activos y pasivos en dos grandes masas: CIRCULANTES o CORRIENTES y FIJOS o NO CORRIENTES:

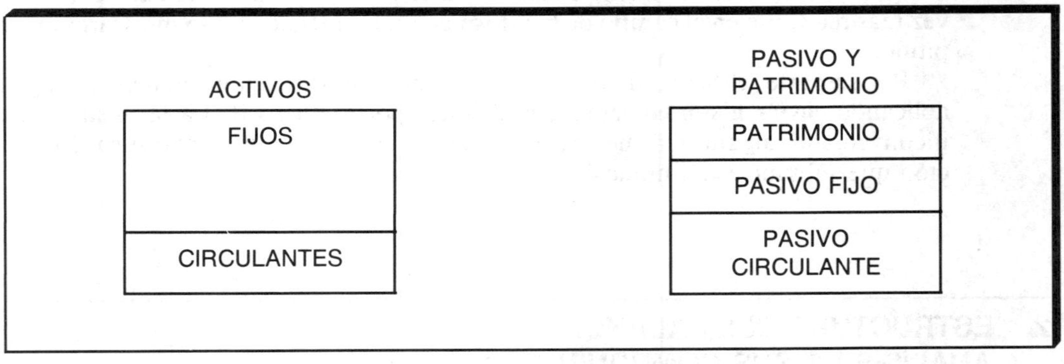

Cuadro 3.1.

[1] FINANCIAL ACCOUNTING STANDARDS BOARD. Statement of Financial Accounting Concepts n.º 6: «Elements of Financial Statements», Diciembre 1985. Traducción española en la obra de RIVERA FELICIANO, ALVAREZ, SMITH & SKOUSEN: «Contabilidad Intermedia», Ed. Scott, Foresman and Company, Illinois, U.S.A., 1986.

[2] El IASC da las siguientes definiciones de los anteriores términos:

Hay autores que aconsejan no hacer este distingo por la arbitrariedad que implica. No obstante respetar esta actitud, estimamos que es útil hacerlo.

Los **activos circulantes** son aquellos elementos patrimoniales que se convertirán en dinero en el mayor de los dos períodos siguientes:

— El ejercicio económico (normalmente el año).
— El período de maduración o ciclo normal de operaciones.

De igual modo, un activo puede clasificarse como circulante en atención a la intencionalidad con que la empresa retiene dicho activo; tal es el caso de las inversiones financieras temporales que, si bien pueden estar en poder de la empresa más de un ejercicio económico, la intencionalidad última es su conversión más o menos pronta en dinero y no forman, por tanto, parte del aparato productivo, entendido éste en el más amplio sentido del término.

Como tendremos ocasión de ver con más detalle en otro apartado del texto, el ciclo normal operativo o período de maduración es el tiempo que transcurre desde que la empresa invierte dinero en el proceso productivo hasta que lo recupera por el cobro a clientes de la venta del producto terminado. Gráficamente, tendríamos:

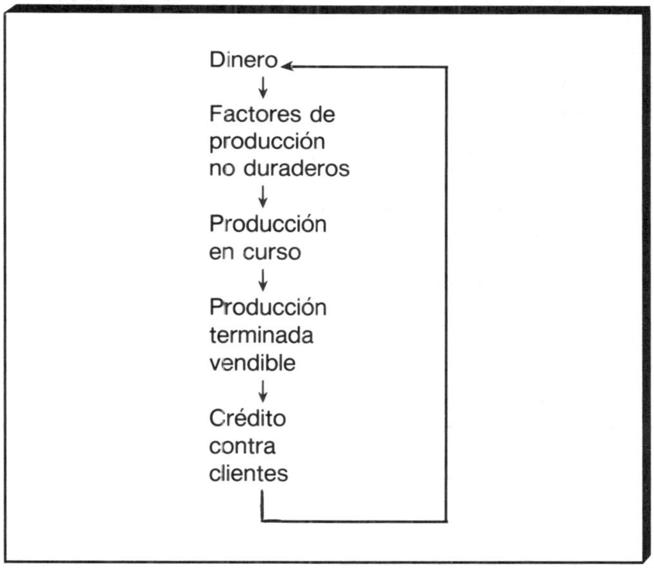

Cuadro 3.2.

Así, por ejemplo, en una empresa que vende mercancía que no ha elaborado, el factor temporal a tener en cuenta en la calificación de un activo como circulante será el año (ejercicio económico) es decir, será activo circulante aquel que razonablemente se prevea

---

«Un **activo** es un recurso controlado por la empresa como consecuencia de sucesos pasados, del cual se esperan obtener en el futuro beneficios económicos.» «Una obligación —**pasivo**— es una deuda actual de la empresa, surgida a raíz de sucesos pasados, al vencimiento de la cual, y para satisfacerla, se espera que la empresa se desprenda de recursos que incorporen beneficios económicos.»

«**Patrimonio neto** es la parte residual de los activos de la empresa, una vez deducidas todas sus obligaciones.»

que se transformará en dinero dentro de los doce meses siguientes a la fecha del establecimiento del Balance donde haya de ser registrado. Sin embargo, en ciertas industrias alimentarias o de enriquecimiento de uranio, por poner algún ejemplo, donde el ciclo de operaciones supera el año, será el tiempo que dure dicho ciclo el factor a tener en cuenta.

Consecuentemente con lo expuesto hasta ahora, un pasivo será clasificado como **pasivo circulante** si su vencimiento es inferior al año; pero, si es derivado de las operaciones normales y este ciclo es superior a los doce meses, se toma como referencia el período más largo.

Todo activo o pasivo que no se clasifique como circulante será agrupado como activo o pasivo fijo.

Con carácter general, las diferentes masas de activo y pasivo han de mostrarse agrupadas con un criterio homogéneo de liquidez, liquidez tanto activa como pasiva (grado de exigibilidad), lo que facilita visualmente su primera lectura. Así, si el Activo se clasifica en orden de menor a mayor liquidez, el Pasivo habría de agruparse de menor a mayor exigibilidad e inversamente.

A continuación, se muestra un ejemplo de agrupación siguiendo el primer criterio.

ACTIVO		
FIJO [3]	**Importes**	
– Inmovilizado material en funcionamiento	XXX	
– Inmovilizado material en curso de ejecución	XXX	
Suma de Inmovilizado material		XXX
– Inmovilizado inmaterial en funcionamiento	XXX	
– Inmovilizado inmaterial en curso de ejecución	XXX	
Suma de Inmovilizado inmaterial		XXX
– Inmovilizado financiero	XXX	
– Gastos amortizables	XXX	
Suma de Activo Fijo		**XXX**
CIRCULANTE [4]		
– Existencias	XXX	
– Deudores	XXX	
– Inversiones financieras temporales	XXX	
Suma Activo Realizable		XXX
– Disponibilidades	XXX	
– Transitorio		
Suma de activo circulante		**XXX**
TOTAL ACTIVO		XXX

Cuadro 3.3.

[3] Importes netos, es decir, deducidas amortizaciones y provisiones.

[4] Por sus importes netos, es decir, deducidas en su caso las provisiones dotadas.

PASIVO	Importes	
FONDOS DE FINANCIAMIENTO		
Propios o patrimonio		
– Capital social desembolsado [5]	XXX	
– Reservas	XXX	
– Subvenciones en capital	XXX	
– Parte no exigible del resultado del ejercicio	XXX	
Menos:		
– Resultados negativos	(XXX)	
Suma de Fondos propios		XXX
Ajenos o pasivo fijo		
– Deudas a plazo largo [6]	XXX	
Suma de Fondos Ajenos		**XXX**
Suma de Fondos de Financiamiento		**XXX**
CIRCULANTE		
– Deudas a plazo corto, incluida la parte exigible del resultado	XXX	
– Transitorio	XXX	
Suma de Pasivo Circulante		XXX
TOTAL PASIVO		XXX

Cuadro 3.3. (*Continuación.*)

Dentro del **Inmovilizado Material** se incluirán los elementos tangibles de carácter mueble o inmueble, en sus valores netos. Aquí se incluirán todos los elementos que compongan los activos de producción duraderos, tales como las edificaciones, la maquinaria e instalaciones, mobiliario, vehículos, etc.

En el **Inmovilizado Inmaterial** se incluirán, igualmente por sus valores netos, los derechos a favor de la empresa que sean susceptibles de valoración económica. Integran este apartado las patentes, marcas, fondos de comercio, derechos de traspaso, bienes en régimen de leasing, etc.

El **Inmovilizado Financiero** recoge, también por valores netos, las inversiones de este carácter con un propósito de permanencia y de control o, al menos, para ejercer una cierta influencia sobre la empresa emisora de los títulos. Ejemplos de este activo son títulos de

[5] Si la deuda de los accionistas por capital suscrito y no desembolsado ha sido exigida (dividendo pasivo) ésta ha de computarse dentro del apartado «Deudores» del Activo.

[6] Con el matiz ya apuntado.

cualquier clase a largo plazo y de créditos a favor de la empresa, igualmente con un vencimiento superior a los doce meses siguientes a la fecha de establecimiento del Balance.

Finalmente, en el apartado de Activo Fijo, los **Gastos Amortizables o Cargos diferidos** en general, recogen gastos necesarios que han de ser repercutidos en varios ejercicios, por cuanto que su proyección económica (coadyuvan indirectamente a la generación de ingresos) abarca más de un ejercicio económico, así como gastos a imputar a varios ejercicios y que vienen derivados de la existencia de pasivos. En este apartado incluiremos, por una parte, los gastos de establecimiento y, por otra, todos los gastos financieros diferidos que se recogerán en el Balance en tanto la deuda esté pendiente de ser reembolsada.

En la masa patrimonial de circulante, las **Existencias** recogerán, por sus valores netos, los materiales que se acopian para su posterior elaboración, así como los productos elaborados cualquiera que sea su grado de terminación y las mercancías que la empresa adquiere para su posterior venta, sin transformación.

En los **Deudores** se recogen, por su valor probable de realización, los créditos a favor de la empresa frente a terceros, cualquiera que sea su origen y con vencimiento a corto plazo.

Las **Inversiones Financieras Temporales** registran las inversiones poseidas con un carácter especulativo o de obtención de rentabilidad, así como los préstamos concedidos con vencimiento a corto plazo.

Las **Disponibilidades** vienen formadas por los activos útiles como medio de pago, sin que tal disponibilidad suponga ningún tipo de coste. En el caso de que esos activos estuvieran sometidos a cualquier tipo de restricción no podrán figurar en este apartado, sino en el correspondiente a Inversiones Financieras Temporales.

Finalmente, el Activo Circulante **Transitorio** tiene tal carácter, por cuanto que su existencia evita la salida de dinero; tal es el caso de seguros pagados y no vencidos a la fecha del Balance.

Por lo que respecta al Pasivo, con carácter general, el **Patrimonio neto** recoge la parte no exigible de los fondos de financiamiento, incluyendo las subvenciones no reintegrables que habrán de ir volcándose en los resultados de los diferentes ejercicios (Ingresos diferidos).

Los **Fondos Ajenos de carácter fijo** (pasivo consolidado) recogerán las obligaciones que vencen con posterioridad a los doce meses siguientes a la fecha del Balance y los **Fondos Ajenos de carácter circulante**, los derivados de las operaciones y los que vencen dentro de aquel plazo.

En Anexo a este capítulo se muestra el modelo de Balance adoptado por el Plan General de Contabilidad Revisado que, como se apreciará más adelante, sigue muy de cerca el prescrito en la Cuarta Directriz de la Comunidad Económica Europea sobre Cuentas Anuales, en su artículo 9.

Así, según lo establecido en este artículo, en el Activo se mostrará:

A. CAPITAL SUSCRITO NO DESEMBOLSADO

Señalando el importe reclamado

B. GASTOS DE ESTABLECIMIENTO

C. ACTIVO INMOVILIZADO

I. **Inmovilizaciones inmateriales**

1. Gastos de investigación y desarrollo.
2. Concesiones, patentes, licencias, marcas, así como los derechos y valores similares en el caso de haber sido:

   a) Adquiridos a título oneroso.
   b) Creados por la misma empresa.

3. Fondo de comercio, en la medida en que haya sido adquirido a título oneroso.
4. Anticipos.

II. **Inmovilizaciones materiales**

1. Terrenos y construcciones.
2. Instalaciones técnicas y maquinaria.
3. Otras instalaciones, utillaje y mobiliario.
4. Anticipos e inmovilizaciones materiales en curso.

III. **Inmovilizaciones financieras**

1. Participaciones en empresas ligadas.
2. Créditos contra empresas ligadas.
3. Participaciones.
4. Créditos entre empresas con las cuales la sociedad tiene un vínculo de participación.
5. Títulos con carácter de inmovilizaciones.
6. Otros préstamos.
7. Acciones o participaciones propias.

D. ACTIVO CIRCULANTE

I. **Existencias**

1. Materias primas y auxiliares.
2. Productos en curso de fabricación.
3. Productos acabados y mercancías.
4. Anticipos.

II. **Créditos**

(El importe de los créditos con vencimiento superior a un año se expresará por separado para cada una de las partidas que se indican a continuación).

1. Créditos procedentes de ventas y prestaciones de servicios.
2. Créditos contra empresas ligadas.
3. Créditos contra empresas con las cuales la sociedad tiene un vínculo de participación.
4. Otros créditos.
5. Capital suscrito no desembolsado, pero reclamado su desembolso.
6. Cuentas de ajustes por periodificación (salvo que figuren en el Apartado E).

III. **Valores mobiliarios**

1. Participación en empresas ligadas.
2. Acciones o participaciones propias.
3. Otros valores mobiliarios.

IV. **Efectivo en bancos, en cuenta de cheques postales, en cheques y en caja**

E. **CUENTAS DE AJUSTES POR PERIODIFICACION (TRANSITORIAS)**

F. **PERDIDA DEL EJERCICIO (si no figura en A-VI del pasivo)**

Por lo que respecta al Pasivo, su estructura será:

A. **CAPITALES PROPIOS**

I. **Capital suscrito**

II. **Primas de emisión**

III. **Reserva de revalorización**

IV. **Reservas**

1. Reserva legal.
2. Reserva para acciones o participaciones propias.
3. Reservas estatutarias.
4. Otras reservas.

V. **Resultados de ejercicios anteriores**

VI. **Resultado del ejercicio**

B. **PROVISIONES PARA RIESGOS Y GASTOS**

1. Provisiones para pensiones y obligaciones similares.
2. Provisiones para impuestos.
3. Otras provisiones.

C. **DEUDAS**

(El importe de las deudas con vencimiento no superior a un año se expresará por separado del de aquéllas en que dicho vencimiento sea más largo. Esta indicación debe aplicarse en cada una de las partidas que figuran a continuación, así como al conjunto de todas ellas.)

1. Empréstitos, expresando separadamente los convertibles.
2. Deudas con establecimientos de crédito.
3. Anticipos sobre pedidos, cuando no se deduzcan del importe de las existencias.
4. Deudas por compras y prestaciones de servicios.
5. Deudas representadas por efectos de comercio.
6. Deudas a empresas ligadas.

7. Deudas a empresas con las cuales la sociedad tiene un vínculo de participación.
8. Otras deudas, señalando las deudas fiscales y las de la seguridad social.
9. Cuentas de ajustes por periodificación (salvo que figuren en la letra D del pasivo).

D. CUENTAS DE AJUSTES POR PERIODIFICACION (TRANSITORIAS)

E. BENEFICIO DEL EJERCICIO

De forma esquemática, el Balance anterior será:

ACTIVO	PASIVO Y NETO
CAPITAL SUSCRITO NO DESEMBOLSADO	CAPITALES PROPIOS
GASTOS DE ESTABLECIMIENTO	PROVISIONES PARA RIESGOS Y GASTOS
ACTIVO INMOVILIZADO	DEUDAS
ACTIVO CIRCULANTE	
CUENTAS TRANSITORIAS	CUENTAS TRANSITORIAS
PERDIDA DEL EJERCICIO	BENEFICIO DEL EJERCICIO

Cuadro 3.4.

3. CRITERIOS GENERALES DE VALORACION EN LA DETERMINACION DE LAS DIFERENTES RUBRICAS

En este epígrafe vamos a repasar brevemente los criterios de valoración que se recogen en el Plan General de Contabilidad Revisado. No obstante ser estos criterios bastante semejantes a los utilizados por la normativa internacional, debido al acelerado grado de armonización contable que se produce en la actualidad, en algunos casos en concreto haremos referencia a otros criterios usados por las empresas y que tienen una sólida base teórica.

Con carácter general existen tres criterios de valoración, dependiendo del enfoque dado al problema:

— Valor o coste histórico.
— Valor sustancial o valor útil de reposición.
— Valor capitalizado.

Según el **criterio del coste histórico** las rúbricas se valoran tomando como base lo que se desembolsó por ellas. Con todas las críticas que se pueden hacer a este criterio o principio de valoración, es justo reconocer que es el más objetivo, a pesar de la dificultad y, por tanto, de las estimaciones, que su cálculo conlleva. El **valor sustancial** implica realizar un inventario de los bienes, asignándoles como valor el desembolso que habría que realizar para su adquisición u obtención en la fecha del Balance, teniendo en cuenta su estado actual de uso.

Por lo que se refiere a la **valoración por capitalización**, ésta sería función de los rendimientos futuros que se esperan del activo en concreto. Si el **activo** fuera el valor de la empresa en su conjunto, éste vendría dado por la actualización de los rendimientos futuros, durante la vida de la empresa a un tipo de descuento a determinar.

Digamos, antes de analizar las rúbricas, que el Plan General de Contabilidad consagra el coste histórico como criterio de valoración.

3.1. INMOVILIZADO MATERIAL

El criterio de valoración **cuando el bien se da de alta en patrimonio** implica asignarle el coste de adquisición o el coste de producción, dependiendo de si el bien ha sido adquirido a terceros o ha sido fabricado por la propia empresa. **A la fecha del Balance**, habrá que deducir de esa valoración las amortizaciones acumuladas, así como cualquier otra baja de valor de carácter reversible o irreversible.

Habrá de entenderse por **precio de adquisición** todos los desembolsos necesarios hasta que el bien esté en condiciones de funcionar, incluyendo los posibles gastos financieros que se hayan devengado antes de su puesta en funcionamiento y que hayan sido girados por el proveedor o correspondan a préstamos u otro tipo de adquisición. Como ejemplos de gastos adicionales, además de los devengados por el proveedor, se citan: gastos de explanación y derribo, transporte, derechos arancelarios, seguros, instalación, montaje, etc.

El **coste de producción** estará formado por el coste de todos los materiales consumidos, el coste de personal y los gastos indirectos de producción, así como por los posibles gastos financieros capitalizados hasta su entrada en funcionamiento.

En el caso en que un activo fuera donado a la empresa, es decir transferido a título gratuito, podría optarse por no asignarle valor (al no haber coste) o por asignarle el **valor venal**, entendiendo por tal «el precio que se presume estaría dispuesto a pagar un adquirente eventual teniendo en cuenta el estado y el lugar en que se encuentra dicho bien».

El P. G. C. trata de los bienes adquiridos o cedidos en *leasing* del siguiente modo:

— Cuando por las condiciones económicas del arrendamiento financiero se desprenda que se trata de una adquisición deberá registrarse como tal en las partidas del inmovilizado material que corresponda.

— Cuando por las condiciones económicas de una enajenación, conectada al posterior arrendamiento financiero de los bienes enajenados, se desprende que se trata de un método de financiación, no deberá ser considerado como una venta, sino que deberá registrarse como una operación de préstamo (*).

Lo anterior conlleva el que en el tratamiento dado a estas operaciones se toma más en consideración el aspecto o fondo económico que el meramente jurídico.

(*) Finalmente, el Plan General de Contabilidad incluyó dentro del inmovilizado inmaterial los «Derechos sobre bienes en régimen de arrendamiento financiero».

Por último, las partidas que han de capitalizarse **después de dar el activo de alta en patrimonio** son tratados así:

— Los costes de renovación, ampliación o mejora de los bienes de inmovilizado material serán incorporados al activo como mayor valor del bien en la medida que supongan un aumento en su capacidad, productividad o alargamiento de su vida útil y siempre que sea posible conocer o estimar razonablemente el valor neto contable de los elementos que, por haber sido sustituídos, deban ser dados de baja del inventario.

Consecuentemente, todo desembolso provocado por la tenencia de un activo material que no implique incremento de capacidad o alargamiento de su vida útil habrá de ser computado como un gasto de operación dentro de la Cuenta de Resultados [7].

3.2. INMOVILIZADO INMATERIAL

En particular se aplicarán las normas que se expresan con respecto a los bienes y derechos que en cada caso se indican:

a) Gastos de investigación y desarrollo
Serán gastos del ejercicio en que se realicen; no obstante, al cierre del ejercicio, podrán activarse como inmovilizado inmaterial cuando reunan las siguientes condiciones:

— Estar específicamente individualizados por proyectos y su coste claramente establecido para que pueda ser distribuído en el tiempo.
— Tener motivos fundados de éxito técnico y de la rentabilidad económico-comercial del proyecto o proyectos de que se trate.

Los gastos de investigación y desarrollo activados deberán amortizarse a la mayor brevedad posible y siempre dentro del plazo de cinco años desde que se concluya el proyecto de investigación o desarrollo que haya sido activado. En el caso en que existan dudas razonables sobre el éxito técnico o la rentabilidad económico comercial del proyecto, los gastos activados deberán llevarse directamente a pérdidas.

El legislador da un paso más en su visión conservadora del problema cuando prescribe que «hasta que estos gastos no hayan sido totalmente amortizados se prohibe la distribución de beneficios, salvo que el importe de las reservas disponibles sea, como mínimo, igual al importe de los gastos no amortizados».

b) Propiedad Industrial
Se contabilizan en este concepto, los gastos de investigación y desarrollo activados cuando se obtenga la correspondiente patente o similar, incluido el coste de registro y formalización de la propiedad industrial.
Así, pues, en el concepto primeramente examinado se registrarán los costes de investigación y desarrollo antes de su registro, ya que una vez efectuado éste, se computarán en la rúbrica de Propiedad Industrial.

c) Fondo de Comercio
Sólo podrá figurar en el activo cuando su valor se ponga de manifiesto en virtud de una adquisición onerosa.

---

[7] Estos temas pueden estudiarse con más detalle en J. URIAS VALIENTE: «Auditoría Financiera», Editorial Tébar Flores, Madrid, 1987, Capítulo 18.

Lo anterior quiere decir que la empresa no puede hacer lucir en cuentas su propio fondo de comercio, cualquiera que sea la base para su estimación.
Si el Fondo de Comercio es positivo, es decir cuando la empresa adquirente ha pagado a la vendedora más que lo que representan sus activos netos, habrá de amortizarse siguiendo los siguientes criterios:

— Si la empresa ha pagado un superbeneficio, en función del número de años que se estima que este superbeneficio tiene lugar, es decir el número de años sobre el que se proyecta, si bien este período no debe exceder de diez años.
— Cuando haya perdido valor por la razón que fuera, antes de llegar al plazo máximo de los diez años antes apuntado, se procederá al saneamiento total del valor residual que figure en cuentas.
— Cuando la empresa o parte de la empresa por la que se pagó el fondo de comercio se transfiere, el fondo de comercio se saneará en su totalidad, considerando su valor residual como una partida más del coste de lo vendido.

Cuando el Fondo de Comercio fuera negativo, es decir, cuando la empresa adquirente hubiera pagado a la vendedora menos de lo que suman sus activos netos, el importe se irá imputando a los resultados de los ejercicios futuros en un plazo no superior a los diez años.

d) Derechos de traspaso
Sólo podrán figurar en el activo, cuando su valor se ponga de manifiesto en virtud de una adquisición onerosa.
Los Derechos de traspaso deberán amortizarse de modo sistemático, no pudiendo exceder del período durante el cual contribuyan a la obtención de ingresos.
Finalmente, en cuanto a los costes de las aplicaciones informáticas, el Plan acepta su capitalización en las siguientes condiciones:

e) Programas de ordenador
Se incluirán en el activo los elaborados por la propia empresa utilizando los medios propios de que disponga, únicamente en los casos en que esté prevista su utilización en varios ejercicios.
En ningún caso podrán activarse los gastos de mantenimiento de la aplicación informática. Se aplicarán los mismos criterios de activación y amortización que los establecidos para los gastos de investigación y desarrollo.

3.3. INMOVILIZADO FINANCIERO

Los valores mobiliarios tanto incluidos en el Inmovilizado como en el Circulante y sean de renta fija o variable se valorarán, cuando se den de alta en patrimonio, por su precio de adquisición o compra. El coste total incluirá:

- Nominal por cambio de compra.
- Derechos de suscripción que, eventualmente, haya que haber adquirido.
- Gastos de intermediación (corretajes, comisiones, etc).

Cuando en el importe a satisfacer por la adquisición de títulos se incluyan ingresos financieros devengados por el anterior propietario, éstos habrán de lucir separadamente, asignando a este derecho de cobro el importe correspondiente.

En **el caso de venta de derechos preferentes de suscripción**, el importe del coste de los derechos enajenados disminuirá el precio de adquisición de los respectivos valores. Dicho coste se determinará aplicando alguna fórmula valorativa de general aceptación y en armonía con el principio de prudencia; al mismo tiempo, se reducirá proporcionalmente el importe de las correcciones valorativas (provisiones) contabilizadas.

Dentro de la teoría contable y de la práctica profesional existen dos fórmulas para el cálculo del coste (teórico) del derecho de suscripción, cuando éste se segrega del coste de la acción, a saber:

— Coste en función de la baja de coste de la acción.
— Coste en función de los precios de mercado del derecho o cupón y de la acción ex-cupón.

En el primer caso, se estima que, cuando hay una ampliación de capital, el coste del cupón o derecho es equivalente a la baja de coste medio de la acción, entendiendo por ésta la diferencia de coste de la acción antes y después de tener lugar dicha ampliación, ya que en este intervalo es cuando se desgaja el cupón representativo del derecho de suscripción.

De acuerdo con el segundo criterio, el coste asignado al cupón viene dado al aplicar la teoría de los **costes conjuntos**, por la cual cuando dentro de un precio único se adquieren dos clases distintas de bienes, el coste asignado a cada uno, para cumplir con el principio de **prudencia valorativa**, es proporcional a sus precios de venta. De esta manera, al bien que tiene un precio de venta alto se le asigna un coste alto, evitando que la contabilidad registre pérdidas ocultas, por cuanto que si se operara de manera inversa, el bien con un coste alto ocasionaría una pérdida cuando se transfiriese a terceros.

Por lo que se refiere al **coste a asignar a la acción que se dé de baja por venta**, el criterio a aplicar preferentemente es el del precio de coste medio ponderado.

En cuanto a la valoración a asignar a los títulos **en la fecha de establecimiento del balance**, la normativa se manifiesta así:

— Los *valores admitidos a cotización oficial* en un mercado de valores se contabilizarán, al final del ejercicio, por el precio de adquisición o el del mercado si éste fuese inferior a aquél.

En este último caso, deberán dotarse las provisiones necesarias para reflejar la depreciación experimentada. No obstante, cuando medien circunstancias de suficiente entidad y clara constancia que determinen un valor inferior al precio de mercado antes indicado, se realizará la corrección valorativa que sea pertinente para que prevalezca dicho valor inferior.

El precio de mercado será el inferior de los dos siguientes:

— Cotización oficial media correspondiente al último trimestre del ejercicio.
— Cotización oficial del día de cierre del balance o, en su defecto, la del inmediato anterior.

En definitiva habrá que adoptar la menor de estas alternativas, como criterio de valoración en la fecha del balance:

— Precio de coste.
— Cotización media último trimestre.
— Cotización último día.
— Valor estimado como inferior a los anteriores.

(En el caso, por ejemplo, en el que los precios de cotización no sean significativos.)

— En el caso de *valores mobiliarios no admitidos a cotización oficial* figurarán en el balance por su precio de adquisición. No obstante, cuando el precio de adquisición sea superior al importe que resulte de aplicar criterios valorativos racionales admitidos en la práctica, se dotará la correspondiente provisión por la diferencia existente.

Cuando los títulos sean acciones y no sean cotizados en Bolsa, en general, se adoptará como criterio el que arroje menor importe entre:

— Precio de coste.
— Valor teórico según el balance último disponible de la sociedad emisora de los títulos que se valoran.

3.4. GASTOS AMORTIZABLES

— Los gastos de establecimiento se valorarán por el precio de adquisición o coste de producción de los bienes y servicios que los constituyan.
— Los gastos de establecimiento deberán amortizarse sistemáticamente en un plazo no superior a cinco años. Como medida precautoria, dada la intangibilidad de estos costes, hasta que los gastos de establecimiento no hayan sido completamente amortizados, estará prohibida cualquier distribución de beneficios a los socios o accionistas, salvo que el importe de las reservas libres sea, como mínimo, igual al de los citados gastos pendientes de amortización, tal como vimos en otro apartado.
— Por lo que se refiere a gastos provocados por la existencia de pasivos, éstos deben amortizarse con un criterio racional y siempre dentro del período de reembolso de dichos pasivos.

3.5. EXISTENCIAS

La valoración a dar a las Existencias **en el momento de su alta en patrimonio**, viene dada al aplicar el precio de adquisición o el coste de producción.

Se entenderá por precio de adquisición todos los gastos devengados hasta que el bien esté en el almacén de la empresa (coste de factura más gastos de transporte, aduanas, seguros, etc.).

Se entenderá por coste de producción la suma de los costes necesarios para su elaboración, a saber:

— Coste de materiales.
— Coste de personal directamente imputable al producto.
— Costes indirectos relacionados con la producción.

En el momento de valorar las Existencias **en la fecha del Balance**, se tomará el menor valor entre:

— Precio de coste.
— Valor de mercado.

Entendiendo por **valor de mercado**, los siguientes, según el tipo de **existencia**.

Existencia	Valor de mercado
– Materias primas	El menor de: – *Precio de reposición* (lo que costaría adquirirlas en la fecha de Balance). – *Valor neto de realización* (el neto obtenido por su venta).
– Mercaderías y Productos Terminados	– *Valor neto de realización* (el neto obtenido por su venta, deducidos los gastos de comercialización que correspondan).
– Productos en curso	– *Valor neto de realización* Como **productos terminados menos** los costes pendientes para terminar y vender.

Por último, en cuanto a **la valoración asignada a las salidas de existencias** (consumos) se podrá aplicar cualquier método aceptable que tome como referencia los costes de entrada, es decir:

— Identificación específica.
— Coste medio ponderado.
— FIFO.
— LIFO.
— Etcétera.

3.6. DEUDORES

En general, se valorarán por su probable valor de realización, es decir, por sus nominales deducidas las posibles partidas fallidas. En el caso de que haya intereses incorporados a los nominales, éstos deben figurar como partida negativa de los mismos, dentro del concepto de **ingresos diferidos**.

3.7. PASIVOS EN GENERAL

Se valorarán por su precio de reembolso.

3.8. TRATAMIENTO DE LAS DIFERENCIAS DE CAMBIO EN MONEDA EXTRANJERA

Se trata de ver en este apartado, cómo han de valorarse las diferentes rúbricas del balance que fueron adquiridas en divisas, así como los pasivos a reembolsar, igualmente, en divisas.

a) Inmovilizado material e inmaterial
Como norma general, su conversión en moneda nacional se hará aplicando al precio de adquisición o al coste de producción en divisas el tipo de cambio vigente en la fecha en que los bienes se hubieran incorporado al patrimonio.

Las amortizaciones y las provisiones por depreciación deberán calcularse, como norma general, sobre el importe resultante de aplicar el párrafo anterior.

b) Existencias

Su conversión en moneda nacional se hará aplicando al precio de adquisición o al coste de producción el tipo de cambio vigente en la fecha en que se produce cada adquisición, y esta valoración será la que se utilice tanto si se aplica el método de identificación específica para la valoración de las existencias, como si se aplican los métodos de precio medio ponderado, FIFO, LIFO u otros análogos.

Habrá que dotar una provisión cuando el valor de mercado sea inferior al importe resultante al aplicar la regla anterior. Este valor de mercado puede venir fijado en:

— Moneda nacional.
— Moneda extranjera.

En este último caso se valorará por el importe resultante de multiplicar:

El precio de cotización en divisa por el tipo de cambio existente en la fecha del Balance.

c) Valores mobiliarios

De manera similar al caso de Existencias se valorarán al importe menor resultante de aplicar estos productos:

— El precio de adquisición en divisa por el tipo de cambio existente en la fecha de compra.
— El precio de cotización en divisa por el tipo de cambio existente en la fecha del Balance.

d) Tesorería

La moneda extranjera se valorará aplicando el cambio existente en la fecha del Balance.

c) Créditos y débitos

La conversión en moneda nacional de los créditos y débitos en moneda extranjera se realizará aplicando el tipo de cambio vigente en la fecha de la operación.

Al cierre del ejercicio se valorarán aplicando el tipo de cambio vigente en ese momento.

Las diferencias resultantes de la operación anterior que vendrán dadas por el producto:

— Importe pendiente a final de año (a cobrar o a pagar) X (Cambio actual - Cambio histórico)

representarán tanto beneficios como pérdidas potenciales.

Estas diferencias de cambio —positivas y negativas— se agruparán en función de:

— La moneda (comportamiento similar en el mercado).
— El ejercicio de vencimiento.

Si la agrupación da como resultado una pérdida potencial, ésta se reconocerá en el ejercicio al que se refiere el balance; por el contrario, si el resultado es un beneficio potencial neto, éste se diferirá, reconociéndolo como tal beneficio, a medida que los cobros y pagos se lleven a cabo.

f) Capitalización de las diferencias de cambio

Con carácter general, las diferencias de cambio de pasivos no son capitalizables en el activo que provocó dicho pasivo (Capitalización tanto positiva, es decir, mayor coste, como negativa, o sea, menor coste). No obstante, se podrán incorporar al coste del activo (como mayor o menor importe) cuando se trate de préstamos en moneda extranjera a plazo superior a un año y destinado a la financiación específica del inmovilizado, cuando se cumplan todas y cada una de las siguientes condiciones:

— Que la deuda generadora de las diferencias se haya utilizado inequívocamente para adquirir un activo inmovilizado concreto y perfectamente identificable.
— Que el período de instalación de dicho inmovilizado sea superior a doce meses.
— Que la variación en el tipo de cambio se produzca antes que el inmovilizado se encuentre en condiciones de funcionamiento.
— Que el importe resultante de la incorporación al coste no supere en ningún caso el valor de mercado o de reposición del inmovilizado.

ANEXO
BALANCE SEGUN EL PLAN GENERAL DE CONTABILIDAD REVISADO

ACTIVO

A) Accionistas (socios) por desembolsos no exigidos

B) Inmovilizado

I. Gastos de establecimiento

II. Inmovilizaciones inmateriales

1. Gastos de investigación y desarrollo
2. Concesiones, patentes, licencias, marcas y similares

   2a) Adquiridos a título oneroso
   2b) Creados por la empresa

3. Fondo de comercio
4. Derechos de traspaso
5. Aplicaciones informáticas
6. Derechos sobre bienes en régimen de arrendamiento financiero
7. Anticipos
8. Provisiones
9. Amortizaciones

III. Inmovilizaciones materiales

1. Terrenos y construcciones
2. Instalaciones Técnicas y Maquinaria
3. Otras instalaciones, utillaje y mobiliario
4. Anticipos e inmovilizaciones materiales en curso
5. Otro inmovilizado
6. Provisiones
7. Amortizaciones

IV. Inmovilizaciones financieras

1. Participaciones en empresas del grupo
2. Créditos a empresas del grupo

2a) Valores de empresas del grupo
2b) Otros créditos a empresas del grupo
2c) Créditos por intereses

3. Participaciones en empresas asociadas
4. Créditos a empresas asociadas

4a) Valores de empresas asociadas
4b) Otros créditos a empresas asociadas
4c) Créditos por intereses

5. Valores que tengan carácter de inmovilizaciones

5a) Participación en capital
5b) Valores de renta fija
5c) Intereses en valores de renta fija

6. Otros créditos

6a) Principal de crédito
6b) Créditos por intereses

7. Depósitos y fianzas entregados a largo plazo
8. Provisiones

8a) De empresas del grupo
8b) De empresas asociadas
8c) De otros valores mobiliarios
8d) De insolvencias

V. Acciones propias

Total B

C) Gastos a distribuir en varios ejercicios

Total C

D) Activo circulante

I. Accionistas por desembolsos exigidos

II. Existencias

1. Comerciales
2. Materias primas y otros aprovisionamientos
3. Productos en curso y semiterminados
4. Productos terminados
5. Subproductos, residuos y materiales recuperados
6. Anticipos
7. Provisiones

IV. Inversiones financieras temporales

1. Participaciones en empresas del grupo
2. Créditos a empresas del grupo

2a) Valores y créditos de empresas del grupo
2b) Créditos por intereses de empresas del grupo

3. Participaciones en empresas asociadas
4. Créditos a empresas asociadas

4a) Valores y créditos de empresas asociadas
4b) Créditos por intereses de empresas asociadas

5. Cartera de valores a corto plazo

5a) Participaciones en capital
5b) Valores de renta fija
5c) Intereses de valores de renta fija

6. Créditos

6a) Principal de créditos
6b) Créditos por intereses

7. Depósitos y fianzas entregados a corto plazo
8. Provisiones

8a) De empresas del grupo
8b) De empresas asociadas
8c) De valores mobiliarios
8d) De insolvencias

V. Acciones propias a corto plazo

VI. Tesorería

VII. Ajustes por periodificación

Total D

TOTAL GENERAL (A + B + C + D)

PASIVO

A) Fondos propios

I. Capital suscrito

II. Prima de emisión

III. Reserva de revalorización

IV. Reservas

1. Reserva legal
2. Reservas para acciones propias
3. Reservas para acciones de la sociedad dominante
4. Reservas estatutarias
5. Otras reservas

V. Resultados de ejercicios anteriores

1. Remanente
2. Resultados negativos de ejercicios anteriores
3. Aportaciones de socios para compensación de pérdidas

VI. Pérdidas y ganancias (Beneficio o pérdida)

VII. Dividendo a cuenta entregado en el ejercicio

Total A

B) Ingresos a distribuir en varios ejercicios

1. Subvenciones de capital
2. Diferencias positivas en cambio
3. Otros ingresos a distribuir en varios ejercicios

Total B

C) Provisiones para riesgos y gastos

1. Provisiones para pensiones y obligaciones similares
2. Provisiones para impuestos
3. Otras provisiones
4. Fondo de reversión

Total C

D) Acreedores a largo plazo

I. Emisiones de obligaciones

1. Obligaciones no convertibles
2. Obligaciones convertibles
3. Otras deudas representadas en valores negociables

II. Deudas con entidades de crédito

III. Deudas con empresas del grupo y asociadas

1. Deudas con empresas del grupo
2. Deudas con empresas asociadas

IV. Otros acreedores

1. Deudas representadas por efectos a pagar
2. Otras deudas

2a) Deudas transformables en subvenciones
2b) Proveedores de inmovilizado
2c) Otros

3. Fianzas y depósitos recibidos a largo plazo

V. Desembolsos pendientes sobre acciones no exigidas

1. De empresas del grupo
2. De empresas asociadas
3. De otras empresas

Total D

E) Acreedores a corto plazo

I. Emisiones de obligaciones

1. Obligaciones no convertibles
2. Obligaciones convertibles
3. Otras deudas representadas en valores negociables
4. Intereses de obligaciones y otros valores

II. Deudas con entidades de crédito

1. Préstamos y otras deudas
2. Deudas por intereses

III. Deudas con empresas del grupo y asociadas a corto plazo

1. Deudas con empresas del grupo

   1a) Préstamos y otras deudas
   1b) Intereses de deudas

2. Deudas con empresas asociadas

   2a) Préstamos y otras deudas
   2b) Intereses de deudas

IV. Acreedores comerciales

1. Anticipos recibidos por pedidos
2. Deudas por compras o prestaciones de servicios
3. Deudas representadas por efectos a pagar

V. Otras deudas no comerciales

1. Administraciones Públicas
2. Deudas representadas por efectos a pagar
3. Remuneraciones pendientes de pago
4. Otras deudas
5. Fianzas y depósitos recibidos a corto plazo

VI. Provisiones para operaciones de tráfico

VII. Ajustes por periodificación

Total E

TOTAL GENERAL (A + B + C + D + E)

ACTIVIDADES RECOMENDADAS

El lector estudiará los criterios de valoración recogidos en la Cuarta Directriz Europea y hará un resumen poniéndolos en relación con los comentados en el texto.

EJERCICIOS DE AUTOCOMPROBACION

Indique usted si son verdaderas (V) o falsas (F) las siguientes proposiciones:

1. Un pasivo se califica como circulante o como fijo, sólo en función de su plazo de vencimiento .... V F
2. Un valor capitalizado de un bien de activo viene dado por el valor final de las rentas que generará en el futuro, capitalizadas a un tipo de interés dado .... V F
3. La capitalización de gastos financieros en un activo fijo sólo es admisible en el período de tiempo en que éste esté en construcción .... V F
4. Los bienes poseídos en régimen de leasing figurarán como activos propios en la empresa arrendataria .... V F
5. El Fondo de Comercio sólo puede lucir en cuentas cuando responde a un valor realmente generado por la empresa .... V F
6. El coste teórico de un derecho de suscripción equivale a su valor teórico .... V F
7. El valor de mercado de un título es su cotización en Bolsa el último día del ejercicio .... V F
8. Las diferencias de cambio sólo son capitalizables en préstamos a largo plazo que financien activos en curso de ejecución .... V F

SOLUCIONES A LOS EJERCICIOS DE AUTOCOMPROBACION

1. F
2. F
3. V
4. V
5. F
6. F
7. F
8. V

CAPITULO

4

Los estados financieros (II): La cuenta de resultados

ESQUEMA/RESUMEN

Naturaleza y significado de la Cuenta de Resultados

— El cálculo del resultado bajo el enfoque económico.
— El cálculo del resultado bajo el enfoque contable.
— Ventajas e inconvenientes de cada uno.

Componentes de los resultados: los Ingresos

— Principio del devengo.
— Excepciones:

- Término de la producción.
- Cobro de los plazos.
- Grado de avance de la obra.

— Diferentes bases de cálculo.

Componentes de los resultados: los Costes

— Gastos y costes.
— Cambios en las estimaciones.

- Afectación o no de los resultados de ejercicios anteriores.

— Coste de la producción terminada y coste de ventas.
— Otros costes de explotación.

Diferentes presentaciones de la Cuenta de Resultados para su analisis

— Rentabilidad total.

- Gastos por naturaleza.
- Gastos por función.
- Costes variables por función.

— Rentabilidad individual.

- Coste total.
- Coste variable.

— Cuarta Directriz Europea y Plan General de Contabilidad Revisado.

1. NATURALEZA Y SIGNIFICADO DE LA CUENTA DE RESULTADOS

La Cuenta de Resultados muestra cuál ha sido el beneficio o la pérdida registrada en una entidad, en un período de tiempo. A pesar de la aparente simplicidad del cálculo del resultado, es una magnitud compleja, sobre la que es preciso establecer una serie de premisas para homogeneizar su significado y hacer posible el establecimiento de acuerdos que faciliten o hagan comprensible su análisis.

Es evidente que el resultado es una magnitud relativa, por cuanto su cálculo viene fijado por un conjunto de estimaciones, estimaciones que se derivan fundamentalmente de su carácter periódico. Haciendo abstracción de la incidencia del efecto inflacionista, el resultado sería objetivamente calculado como diferencia entre el patrimonio inicial de una empresa y el patrimonio al final de su vida, excluyendo las aportaciones y extracciones de sus propietarios, a lo largo de este tiempo.

Ahora bien, el cálculo periódico se hace necesario, tanto por imperativo legal, en especial desde el ámbito fiscal, como por imperativo meramente financiero, al tener que retribuir a los capitales comprometidos en la empresa, remuneración que ha de venir precedida del cálculo del excedente.

El problema inicial y básico para la determinación del resultado es su propia definición o configuración. Es sabido que existen dos enfoques en este problema:

— el enfoque económico o de valoración.
— el enfoque contable o transaccional.

Según el primero, el resultado sería la diferencia entre el patrimonio neto de la entidad en dos momentos diferentes de tiempo (excluyendo, como se dijo, aportaciones y retiros de los propietarios). Este enfoque económico responde a la definición de resultado propuesta por J. R. Hicks, en su obra **Valor y Capital**. Según esta propuesta, el resultado sería el valor máximo que una entidad puede distribuir durante un período de tiempo, y terminar igual que lo empezó. El problema que conlleva este enfoque es la definición del patrimonio neto a considerar, para lo cual habría que responder, entre otras, a las siguientes cuestiones:

— ¿Cómo valoramos el patrimonio, tomando como base costes históricos o costes actuales?
— ¿Computando sólo activos contabilizados o incluyendo posibles activos existentes y no registrados, por ejemplo, fondos de comercio?
— ¿Qué pasivos han de tomarse en consideración, únicamente los pasivos contabilizados o habría que incluir también los no registrados, por ejemplo, pasivos laborales?

Es justo reconocer que este enfoque es muy atractivo y desde un punto de vista conceptual absolutamente aceptable, pero de difícil aplicación en la práctica. En definitiva, se trataría de cuantificar cuál es el valor perteneciente a los propietarios de la empresa, siendo éste, desde otra óptica, el valor actual de los flujos de efectivo a su favor, pero insistimos en que es necesario tal cantidad de suposiciones que lo hace inviable, desde un punto de vista práctico.

El enfoque contable o transaccional toma en consideración el resultado de un período como la diferencia entre los ingresos del período considerado y los gastos o costes necesarios para su obtención. Para su determinación es necesario establecer una serie de premisas o supuestos básicos que han de responder a los dictados de lo que se ha dado en llamar **principios de contabilidad generalmente aceptados**.

Para la Cuarta Directriz Europea sobre Cuentas Anuales, el resultado ha de determinarse observando los siguientes requisitos (artículo 31):

a) Presunción de que la sociedad continuará sus actividades.
b) Los criterios de valoración no se modificarán de un ejercicio a otro.
c) Deberá observarse en todo caso el principio de prudencia y especialmente en estos puntos:
   — sólo podrán ser inscritos en el balance los beneficios realizados en la fecha de cierre del mismo;
   — deberán tenerse en cuenta todos los riesgos previsibles y las pérdidas eventuales con origen en el ejercicio o en otro anterior, incluso si tales riesgos o pérdidas se conocieran únicamente entre la fecha de cierre del balance y la fecha en que éste se formule;
   — deberán tenerse en cuenta las depreciaciones, tanto si el resultado del ejercicio fuese positivo como negativo.
d) Se considerarán los gastos y los ingresos que afecten al ejercicio al que las cuentas se refieran, con independencia de su pago o de su cobro.
e) Se valorarán separadamente los elementos de las partidas del activo y del pasivo.
f) El balance de apertura de un ejercicio corresponderá al de cierre del anterior.

2. COMPONENTES DE LOS RESULTADOS: LOS INGRESOS

El FASB define los **ingresos** así:

> **«Aumentos de los activos de una entidad o disminuciones de sus pasivos (o una combinación de ambos) durante un período, que surgen de la entrega o la producción de artículos, la prestación de servicios u otras actividades que constituyan las operaciones principales o centrales de la entidad.»** [1]

Con carácter general, pues, la entidad registrará un ingreso cuando nazca un derecho a favor de la misma (o se produzca la anulación de una deuda) que habrá de generar en el futuro una entrada de efectivo (o evitará la salida del mismo). De esta manera, se producirá una generación de ingresos cuando tengan lugar los siguientes hechos:

---

[1] El IASC da la pauta del reconocimiento del ingreso como sigue:

«Se reconoce un ingreso en el estado de resultados cuando ha surgido un incremento en los beneficios económicos futuros, relacionado con un incremento en los activos o un decremento en las obligaciones, y además el ingreso puede medirse con facilidad. En definitiva, esto significa que tal reconocimiento del ingreso ocurre simultáneamente con el reconocimiento de incrementos de activos o decrementos de obligaciones (por ejemplo, el incremento neto de activos derivado de una venta de bienes y servicios, o el decremento en obligaciones resultante de la renuncia al derecho de cobro por parte del acreedor).

Los procedimientos adoptados normalmente en la práctica para reconocer ingresos, por ejemplo el requisito de que la renta debe estar devengada, son aplicaciones de las condiciones para reconocimiento fijadas en este marco conceptual. Generalmente, tales procedimientos van dirigidos a restringir el reconocimiento como ingresos de aquellas partidas que pueden ser medidas con fiabilidad, y tienen un grado de certeza suficiente.»

— venta de productos.
— prestación de servicios.
— cesión de recursos a cambio de un precio.

Según el Organismo antes citado, se registrará un ingreso (siempre con carácter general, en aplicación del principio del devengo) cuando:

— se haya completado o virtualmente completado el proceso de generación de beneficio.
— se haya producido un intercambio.

Esta regla general, pues, se traduce en el hecho de que la empresa ha vendido algo o ha prestado algún servicio.

Por tanto, cualquier cobro efectuado antes de que estas transacciones se produzcan no implicará un ingreso, sino un anticipo del tercero con quien la entidad mantiene una relación económica. Por tanto, para registrar un ingreso no es sólo necesario el compromiso de la transmisión de propiedad, sino la entrega efectiva de la cosa (o la prestación efectiva del servicio o cesión del recurso). En el caso en el que se produzca un diferimiento en el tiempo entre ambas situaciones, la profesión contable da preferencia a la entrega física.

Como es sabido, este criterio, apoyado en el principio del devengo, tiene **tres excepciones** que toman como punto de referencia no la entrega (venta o prestación) sino los siguientes momentos:

— término de la producción.
— cobro de los plazos.
— grado de avance de la obra.

Término de la producción

En este caso, excepcional por otra parte, se considera que el ingreso se ha producido cuando la producción ha llegado a su final. Es evidente que sólo ha de poder ser aplicado este criterio para los casos en que esa producción represente prácticamente «dinero»; es decir, que su liquidez (capacidad de convertirse en dinero) es alta. En este caso, podemos citar, a título de ejemplo, la producción de ciertas industrias extractivas (minerales como el oro, plata, cobre, etc.) y agrícolas, cuando la venta y los precios de venta están asegurados.

Cobro de los plazos

Cuando por las condiciones de venta, el cobro se difiere mucho en el tiempo, el principio de prudencia valorativa recomienda reconocer el ingreso no cuando se produce la venta, sino a medida que se van realizando los pagos por parte de la sociedad compradora. El ejemplo más apropiado para esta excepción es el de la venta por cuotas o ventas a plazos.

En este caso el beneficio en la transacción se difiere para reconocerlo a medida que se va cobrando el precio de venta. Para el cómputo del beneficio, se siguen dos métodos que son los siguientes:

a) Reconocimiento del beneficio proporcionalmente a los cobros.
b) Reconocimiento del beneficio a partir del momento en que la sociedad vendedora ha cobrado el total coste de las mercancías vendidas.

Grado de avance de la obra

En este supuesto, válido para los casos en que la sociedad vendedora opera con productos cuyo período de fabricación supere el ejercicio económico, el beneficio no se reconoce en el momento de la venta, sino que se va reconociendo a medida que el producto va construyéndose.

Suele ser recomendable aplicar este sistema cuando se den las siguientes circunstancias:

— Que la obra haya alcanzado un determinado grado de terminación (generalmente a partir del 20-25 % de grado de avance).
— Que la sociedad cuente con un contrato en firme que asegure la venta del producto.
— Que la sociedad cuente con un sistema de presupuestación de costos que garantice la bondad de los cálculos conducentes al cálculo de beneficio presupuestado.
— Que la venta se vaya a liquidar con beneficio, dado que si la sociedad contrata con pérdida o ésta surge en el curso del contrato, la pérdida debe contabilizarse en su totalidad y no ya en función del grado de avance.

Para determinar el grado de avance se suelen tener en cuenta alguno de los siguientes factores:

— Número de horas de mano de obra directa utilizadas.
— Costes variables del trabajo.
— Costes totales del trabajo.

En el campo profesional suele utilizarse tan sólo el tercer factor de los expuestos.

3. COMPONENTES DE LOS RESULTADOS: LOS COSTES

Dos términos que se confunden y que a menudo se usan indistintamente son los de gasto y coste. Si vemos en los libros de texto definiciones de gasto y de coste, en unos podremos observar que el gasto viene definido por lo que en otros es coste y viceversa.

Nosotros vamos a adoptar el criterio de definir el **gasto** como la adquisición de un bien o servicio que origina una deuda en contra de la empresa y el **coste** como el consumo de un gasto ocasionado por la actividad de la empresa.

Es evidente que si el gasto no es almacenable, el momento de adquisición y de consumo se identifican, por lo que igualmente se identificarán los términos de gasto y coste.

En este sentido define el FASB **los costes** como:

«Salidas u otros empleos de los activos o la asunción de deudas (o una combinación de ambas) durante un período, originados por la venta o producción de artículos, la prestación de servicios o la realización de otras actividades que constituyen las operaciones principales o habituales de una entidad.» [2]

---

[2] De igual modo que vimos para los ingresos, el IASC da la siguiente norma para el reconocimiento del gasto:

«Se reconoce un gasto en el estado de resultados cuando ha surgido un decremento en los beneficios económicos futuros, relacionado con un decremento de los activos o un incremento en las obligaciones, y además el gasto

Así pues, en la Cuenta de Resultados incluiremos los ingresos y los costes en que se ha incurrido, directa o indirectamente, para obtener esos ingresos.

El principal problema en la medición (reconocimiento) de los costes es que éstos, en su práctica totalidad, son la consecuencia de una serie de estimaciones que, como tales, pueden sufrir cambios en el transcurso del tiempo. Un ejemplo muy clarificador de lo que decimos lo constituye el «coste de amortización» de los activos utilizados por la empresa en su actividad de explotación. El coste atribuido en cada periodo toma como función el tiempo de duración, tiempo que evidentemente es imposible predecir con exactitud cuando el activo se da de alta en patrimonio.

Así las cosas, la empresa debe actualizar permanentemente esas estimaciones y operar con las mejores posibles en cada momento.

El problema fundamental en el cambio de las estimaciones es la repercusión temporal de las mismas, es decir, si el cambio afecta a los resultados de:

— ejercicios anteriores, o al
— ejercicio actual (cuando tienen lugar los cambios) y futuros.

Como teoría general, cuando el cambio en las estimaciones se debe a errores de cálculo, los resultados de ejercicios anteriores deben ser afectados. Por el contrario, si el cambio obedece a que las circunstancias son diferentes a cuando se establecieron esas estimaciones, los resultados de ejercicios anteriores no deben afectarse, sino hacer repercutir las modificaciones sobre el ejercicio en que tienen lugar los cambios y en los ejercicios futuros.

Con carácter general, los costes a enfrentar a los ingresos para la determinación del resultado, los podemos clasificar en dos grandes apartados:

— Coste de la mercancía vendida.
— Otros costes de explotación (de carácter general, financiero etc.).

En una empresa de tipo comercial el coste de la mercancía vendida (coste de ventas) vendrá dado por el consumo, calculado de la forma que se indica en el Cuadro 4.1.

En caso de una empresa de tipo industrial, el concepto **compras** habrá de ser sustituido por el de **producción terminada** cuyo cálculo necesitará los siguientes pasos:

a) Cálculo del coste de la materia prima consumida del período.
b) Cálculo del coste de la producción del período.
c) Cálculo del coste de la producción terminada.

Veamos estos pasos con un ejemplo.

---

se puede medir con fiabilidad. En definitiva, esto significa que tal reconocimiento de incrementos en las obligaciones o decrementos en los activos (por ejemplo, el devengo de salarios o la depreciación de equipo).

Los gastos se reconocen en el estado de resultado en base a la asociación directa entre los costes incurridos y la obtención de partidas específicas de ingresos. Este proceso, al que se denomina comúnmente correlación entre ingresos y gastos, implica el reconocimiento simultáneo o combinado de unos y otros si surgen directa o conjuntamente de las mismas transacciones u otros sucesos. Por ejemplo, los diversos componentes de gasto que constituyen el coste de las mercancías vendidas se reconocen al mismo tiempo que el ingreso derivado de la venta de los bienes. No obstante, la aplicación del proceso de correlación, bajo este marco conceptual, no permite el reconocimiento de partidas, en el balance de situación, que no cumplan la definición de activo o de obligación.»

				u.m.
	COSTE DE LA MERCANCIA VENDIDA DEL PERIODO			
	Existencia de mercancías al principio del período			1.000
Más:	Compras netas de mercancías del período:			
	Compras	10.000		
	Devoluciones	(500)		
	Rebajas y descuentos	(800)	8.700	
	Más: Gastos de compra:			
	Transportes y fletes	400		
	Aduanas	1.000		
	Seguros de transporte	500	1.900	10.600
				11.600
Menos:	Existencias de mercancías al final del período			(1.600)
	COSTE DE LA MERCANCIA VENDIDA (COSTE DE VENTAS) DEL PERIODO			10.000

Cuadro 4.1.

a) **Coste de la Materia Prima consumida en el período**

				u.m.
	Existencias de materias primas al principio del período			100
Más:	Compras netas de materias primas del período:			
	Compras	1.200		
	Devoluciones	(50)		
	Rebajas y descuentos	(70)	1.080	
Más:	Gastos de compra:			
	Transportes y fletes	35		
	Aduanas	10		
	Seguros de transporte	25	70	1.150
				1.250
Menos:	Existencias de materias primas al final del período			(150)
	COSTE DE LA MATERIA PRIMA CONSUMIDA			1.100

b) **Coste de la producción del período:**

		u.m.
	Materia prima consumida	1.100
Más:	Mano de obra directa	10.500
Más:	Gastos indirectos de producción	7.350
	COSTE DE LA PRODUCCION DEL PERIODO	18.950

c) **Coste de la producción terminada del período:**

		u.m.
	Existencia de productos en curso de fabricación al principio del período	250
Más:	Coste de producción del período	18.950
Menos:	Existencia de productos en curso de fabricación al final del período	(400)
	COSTE DE LA PRODUCCION TERMINADA DEL PERIODO	18.800

Como es lógico, en este caso, el **Coste de Ventas** del período será:

d) **Coste de la producción vendida del período:**

		u.m.
	Existencia de productos terminados al principio del período	1.200
Más:	Coste de la producción terminada del período	18.800
Menos:	Existencia de productos terminados al final del período	(1.500)
	COSTE DE LA PRODUCCION VENDIDA DEL PERIODO (COSTE DE VENTAS)	18.500

En cuanto a los **otros costes de explotación** tendremos, con carácter general, los siguientes:

a) Gastos comerciales de venta.
b) Gastos generales o de administración.
c) Gastos financieros.

a) **Gastos comerciales de venta**

Se incluirán todos los devengados por la función de venta, tales como sueldos de vendedores, publicidad, comisiones, gastos post-venta, amortización del inmovilizado de la sección comercial, etc.
A veces, como en el caso de las garantías post-venta es necesario hacer cálculos estimativos (previsiones) por cuanto que es necesario computar su importe en el ejercicio en que tiene lugar la venta y no en el que la prestación de la garantía provoque un desembolso.

b) **Gastos generales o de administración**

Aquí se recogerán los gastos de estructura directiva o de administración general, tal como sueldos de personal de oficina, gastos de alquileres, seguros generales, etc., así como los costes de amortización de inmovilizado general.
Tal como vamos a ver en el epígrafe siguiente, hemos recogido en éste las partidas de una Cuenta de Resultados funcional y no de partidas clasificadas por naturaleza, por no ser ésta, en general, apta para el análisis.

c) **Gastos financieros**

Los derivados de deudas y que no sean capitalizables.

4. DIFERENTES PRESENTACIONES DE LA CUENTA DE RESULTADOS PARA SU ANALISIS

Dependiendo de las necesidades de información, la Cuenta de Resultados puede estructurarse de varias maneras, es decir, los datos pueden ser recopilados y expuestos de formas diversas.

Así, la Cuarta Directriz Europea, en sus artículos 23 a 26, muestra diferentes tipos de Cuentas de Resultados que responden a estos criterios:

— Adoptando forma de lista y computando los gastos por naturaleza (Art. 23).
— Adoptando forma de cuenta y computando los gastos por naturaleza (Art. 24).
— Adoptando forma de lista y computando los gastos por función (Art. 25).
— Adoptando forma de cuenta y computando los gastos por función (Art. 26).

El Plan General de Contabilidad Revisado ha optado por el criterio recogido en el artículo 24.

Los modelos recogidos por la Cuarta Directriz, así como por el Plan General de Contabilidad español se recogen en Anexos a este capítulo, dado su interés.

Con un carácter general, las formas en que se pueden mostrar los resultados vendrán dadas al combinar la siguiente información:

— Rentabilidad total o individual por productos.
— Gastos por naturaleza o por función.
— Coste de producción total (full-costing) o variable (direct-costing).

Así, tendremos:

I. Rentabilidad total.
   I.1. Gastos por naturaleza.
   I.2. Gastos por función.
   I.3. Costes variables por función.

II. Rentabilidad individual o parcial.
   II.1. Coste total.
   II.2. Coste variable.

Antes de continuar, hemos de advertir que el método del **coste variable** no es admitido a efectos de valoración de existencias, lo que no lo invalida como criterio de gestión. En los ejemplos que siguen no hemos tenido en cuenta esta limitación normativa.

I. Rentabilidad total

I.1. Gastos por naturaleza

La Cuenta de Resultados, agrupando los gastos por naturaleza tiene importancia primordialmente desde un punto de vista presupuestario, analizando las partidas por su origen y no por su destino, es decir, conociendo lo que se consume y no quien lo consume y, por tanto, en buena parte, por qué se consume. Así, pues, el potencial analítico de la Cuenta de Resultados así estructurada es bastante limitado. Analiza la información en especial desde el punto de vista de flujos externos, es decir de transacciones de la empresa con el mundo exterior.

Un ejemplo es el que se muestra en el Cuadro 4.2.

I.2. Gastos por función

En este caso, los gastos por naturaleza se distribuyen entre las diferentes funciones que tienen lugar en la empresa (compra, fabricación, venta y administración). Con ello, es posible determinar una serie de márgenes sobre ventas como son:

— Margen bruto en ventas.
— Margen neto en ventas.
— Resultado antes de gastos financieros e impuestos.
— Resultado antes de impuestos.

Siguiendo con los datos del ejemplo base, esta cuenta funcional tendría la forma que se indica en el Cuadro 4.3.

I.1. RENTABILIDAD TOTAL. GASTOS POR NATURALEZA

GASTOS	Importe u.m.	INGRESOS	Importe u.m.
Existencias iniciales:		Existencias finales:	
– Materias primas	1.000	– Materias primas	1.200
– Productos en curso	8.000	– Productos en curso	8.500
– Productos terminados	10.000	– Productos terminados	11.000
Compras de materias primas	40.000	Ventas	200.000
Gastos de transportes	5.400		
Gastos de personal	68.000		
Amortizaciones	16.000		
Provisiones	2.500		
Suministros	16.000		
Trabajos de terceros	16.000		
Gastos diversos	5.400		
Gastos financieros	3.000		
SALDO (beneficio)	29.400		
	220.700		220.700

Cuadro 4.2.

I.2. RENTABILIDAD TOTAL.–GASTOS POR FUNCION

					Importe u.m.
Ventas					200.000
Coste de Ventas:					
	Existencia inicial de Materias Primas		1.000		
Más:					
	Compras de Materias Primas	40.000			
	Gastos de transportes	2.700	42.700		
Menos:					
	Existencia final de Materias Primas		(1.200)		
	Materias primas consumidas			42.500	
Más:	Mano de obra directa			50.500	
Más:	Gastos de fabricación:				
	Gastos personal		4.000		
	Suministros		13.500		
	Trabajos de terceros		13.500		
	Amortizaciones		15.000		
	Gastos diversos		400	46.400	
	Coste de producción			139.400	

Cuadro 4.3.

Más: Existencia inicial de Productos en curso	8.000	
(Menos) Existencia final de Productos en curso	(8.500)	
Coste de producción terminada	138.900	
Más: Existencia inicial de Productos terminados	10.000	
(Menos) Existencia final de productos terminados	(11.000)	
Coste de ventas		(137.900)
MARGEN BRUTO EN VENTAS		62.100
(Menos) **Gastos de Ventas**		
Gastos de personal	5.400	
Suministros	1.500	
Trabajos de terceros	1.500	
Gastos de transporte	2.700	
Amortizaciones	100	
Gastos diversos	2.000	(13.200)
MARGEN NETO EN VENTAS		48.900
(Menos) **Gastos de Administración**		
Gastos de personal	8.100	
Suministros	1.000	
Trabajos de terceros	1.000	
Amortizaciones	900	
Gastos diversos	3.000	
Provisiones	2.500	(16.500)
RESULTADO DE EXPLOTACION ANTES DE GASTOS FINANCIEROS E IMPUESTOS		32.400
Menos: **Gastos financieros**		(3.000)
RESULTADO EXPLOTACION ANTES DE IMPUESTOS		29.400

Cuadro 4.3. (*Continuación.*)

I.3. Costes variables por función

Si bien la calificación de un gasto o coste como fijo o como variable es, en la mayoría de las veces, difícil y, en parte, arbitraria, la bondad del método estriba en la capacidad analítica del mismo para medir el margen de absorción de costes fijos que presenta la explotación.

Obviamente, en este caso, la valoración de la producción en curso y de la producción terminada no puede ser la misma que usando el método de coste completo, ya que sólo recogen costes variables, por lo que los datos de inventarios inicial y final de estas rúbricas no coincidirán con los expuestos en el supuesto base y, por ende, tampoco será coincidente el resultado.

La forma de la Cuenta de Resultados sería la siguiente (Cuadro 4.4):

I.3. RENTABILIDAD TOTAL.–COSTES VARIABLES POR FUNCION

					Importe u.m.
Ventas					200.000
Coste de Ventas:					
	Existencia inicial de Materias Primas		1.000		
Más:					
	Compras de Materias Primas	40.000			
	Gastos de transportes	2.700	42.700		
Menos:					
	Existencia final de Materias Primas		(1.200)		
	Materias primas consumidas			42.500	
Más:	Mano de obra directa			50.500	
Más:	Gastos de fabricación variable:				
	Suministros		10.000		
	Trabajos de terceros		13.500		
	Gastos diversos		400	23.900	
	Coste variable de producción			116.900	
Más:	Existencia inicial de Productos en curso (C. variable)			6.700	
(Menos)	Existencia final de Productos en curso (C. variable)			(7.100)	
	Coste variable de producción terminada			116.500	
Más:	Existencia inicial de Productos terminados (C. variable)			8.400	
(Menos)	Existencia final de productos terminados (C. variable)			(9.200)	
	Coste variable de ventas				(115.700)
	MARGEN BRUTO SOBRE COSTES VARIABLES				84.300
(Menos) **Gastos Variables de Ventas**					
Gastos de personal				4.320	
Suministros				1.500	
Trabajos de terceros				1.500	
Gastos de transporte				2.700	
Gastos diversos				500	(10.520)
	MARGEN NETO SOBRE COSTES VARIABLES				73.780
(Menos) **Gastos de estructura**					
Fabricación:					
Gastos de personal			4.000		
Suministros			3.500		
Amortizaciones			15.000	22.500	
Venta:					
Gastos de personal			1.080		
Amortizaciones			100		
Gastos diversos			1.500	2.680	

Cuadro 4.4.

Administración:			
Gastos de personal	8.100		
Suministros	1.000		
Trabajos de terceros	1.000		
Amortizaciones	900		
Gastos diversos	3.000		
Provisiones	2.500	16.500	(41.680)
RESULTADO DE EXPLOTACION ANTES DE GASTOS FINANCIEROS E IMPUESTOS			32.100
Menos: Gastos financieros			(3.000)
RESULTADO DE EXPLOTACION ANTES DE IMPUESTOS			29.100

Cuadro 4.4. (*Continuación.*)

II. Rentabilidad individual o parcial

II.1. Coste total

La ventaja de esta exposición radica en poder apreciar cómo colabora cada uno de los productos con que opera la empresa en la rentabilidad de la misma. En el primer caso, vamos a exponer el modelo cuando el cálculo de costes toma como base el concepto de coste total (fijo más variable).

Siguiendo con los datos del ejemplo base sería (Cuadro 4.5):

II.1. RENTABILIDAD INDIVIDUAL.–COSTE TOTAL

		Importes (u.m.)		
		Total	**Producto X**	**Producto Y**
Ventas		200.000	120.000	80.000
Coste de Ventas:				
	Existencia inicial de Materias Primas	1.000	700	300
Más:	Compras de Materias Primas	40.000	32.000	8.000
	Gastos de transporte	2.700	2.160	540
(Menos)	Existencia final de Materias Primas	(1.200)	(1.200)	–
	Materias primas consumidas	42.500	33.660	8.840
Más:	Mano de obra directa	50.500	35.350	15.150
Más:	Gastos de fabricación:			
	Gastos de personal	4.000	2.600	1.400
	Suministros	13.500	9.450	4.050
	Trabajos de terceros	13.500	9.450	4.050
	Amortizaciones	15.000	9.750	5.250
	Gastos diversos	400	200	200
	Costes de producción	139.400	100.460	38.940

Cuadro 4.5.

Más:	Existencia inicial de Prod. en curso	8.000	4.800	3.200
(Menos)	Existencia final de Prod. en curso	(8.500)	(5.100)	(3.400)
	Costes de producción terminada	138.900	100.160	38.740
Más:	Existencia inicial de Prod. terminados	10.000	7.000	3.000
(Menos)	Existencia final de Prod. terminados	(11.000)	(6.600)	(4.400)
	Coste de ventas	137.900	100.560	37.340
	MARGEN BRUTO EN VENTAS	62.100	19.440	42.660
(Menos)	**Gastos de venta:**			
	Gastos de personal	5.400		
	Suministros	1.500		
	Trabajos de terceros	1.500		
	Gastos de transporte	2.700		
	Amortizaciones	100		
	Gastos diversos	2.000		
		13.200		
	MARGEN NETO EN VENTAS	48.900		
(Menos)	**Gastos de Administración**			
	Gastos de personal	8.100		
	Suministros	1.000		
	Trabajos de terceros	1.000		
	Amortizaciones	900		
	Gastos diversos	3.000		
	Provisiones	2.500		
		16.500		
	RESULTADO ANTES DE GASTOS FINANCIEROS E IMPUESTOS	32.400		
(Menos)	Gastos financieros	(3.000)		
	RESULTADOS ANTES DE IMPUESTOS	29.400		

Cuadro 4.5. (*Continuación.*)

II.2. Coste variable

En este modelo de presentación, los costes fijos globales disminuyen, asimismo, el resultado sobre costes variables totales. Se puede analizar la capacidad de cobertura de gastos fijos de cada uno de los productos.

Siguiendo el supuesto base, la presentación de la Cuenta de Resultados sería (Cuadro 4.6):

RENTABILIDAD INDIVIDUAL.–COSTE VARIABLE

		Importes (u.m.)		
		Total	**Producto X**	**Producto Y**
Ventas		200.000	120.000	80.000
Coste en Ventas:				
	Existencia inicial de Materias Primas	1.000	700	300
Más:	Compras de Materias Primas	40.000	32.000	8.000
	Gastos de transporte	2.700	2.160	540
(Menos)	Existencia final de Materias Primas	(1.200)	(1.200)	–
	Materias Primas consumidas	42.500	33.660	8.840
Más:	Mano de obra directa	50.500	35.350	15.150
Más:	Gastos de fabricación variables:			
	Suministros	10.000	7.000	3.000
	Trabajos de terceros	13.500	9.450	4.050
	Gastos diversos	400	200	200
	Costes variables de producción	116.900	85.660	31.240
Más:	Existencia inicial de Prod. en curso	6.700	4.020	2.680
(Menos)	Existencia final de Prod. en curso	(7.100)	(4.260)	(2.840)
	Costes variables de producción terminada	116.500	85.420	31.080
Más:	Existencia inicial de Prod. terminados	8.400	5.880	2.520
(Menos)	Existencia final de Prod. terminados	(9.200)	(5.520)	(3.680)
	Coste variable de ventas	115.700	85.780	29.920
	MARGEN BRUTO S/COSTE VARIABLE	84.300	34.220	50.080
(Menos)	**Gastos de venta variable**			
	Gastos de personal	4.320	3.200	1.120
	Suministros	1.500	1.200	300
	Trabajos de terceros	1.500	1.500	–
	Gastos de transporte	2.700	1.620	1.080
	Gastos diversos	500	500	–
		10.520	8.020	2.500
	MARGEN NETO S/COSTE VARIABLE	73.780	26.200	47.580
(Menos)	**Gastos de estructura**			
	Fabricación	22.500		
	Venta	2.680		
	Administración	16.500		
		41.680		
	RESULTADO EXPLOTACION ANTES DE G. F. e I.	32.100		
(Menos)	Gastos financieros	(3.000)		
	RESULTADO EXPLOTACION ANTES DE IMPUESTOS	29.100		

Cuadro 4.6.

MODELOS DE CUENTA DE RESULTADOS EN LA CUARTA DIRECTRIZ DE LA CEE

ANEXO I. GASTOS POR NATURALEZA EN FORMA DE LISTA (Art. 23)

		Importe (u.m.)
	1. Importe neto de cifra de negocios (Ventas)	2.000.000
Más o menos	2. Variación de las existencias de productos terminados y en curso de fabricación	(100.000)
Más	3. Trabajos realizados por las empresas para su Inmovilizado	50.000
Más	4. Otros ingresos de la explotación	100.000
Menos	5. Gastos de materias primas y otras materias auxiliares	(400.000)
Menos	6. Gastos de personal	(500.000)
Menos	7. Correcciones valorativas de activos fijos y circulantes	(50.000)
Menos	8. Otros gastos de explotación	(100.000)
Más	9. Ingresos de participaciones	45.000
Más	10. Ingresos de otros valores mobiliarios	30.000
Más	11. Otros intereses e ingresos asimilados	25.000
Menos	12. Correcciones valorativas de inversiones financieras permanentes y temporales	(10.000)
Menos	13. Intereses y gastos asimilados	(5.000)
Menos	14. Impuesto sobre el resultado de las actividades ordinarias	(200.000)
	15. RESULTADO DE LAS ACTIVIDADES ORDINARIAS DESPUES DE IMPUESTOS	885.000
Más	16. Ingresos excepcionales	10.000
Menos	17. Gastos excepcionales	(50.000)
	18. RESULTADO EXCEPCIONAL	(40.000)
Menos	19. Impuesto sobre resultado excepcional	–
Menos	20. Otros impuestos no comprendidos antes	–
	21. RESULTADO DEL EJERCICIO	845.000

MODELOS DE CUENTA DE RESULTADOS EN LA CUARTA DIRECTRIZ DE LA CEE

ANEXO II. GASTOS POR NATURALEZA EN FORMA DE CUENTA (Art. 24)

A. GASTOS	Importe (u.m.)	B. INGRESOS	Importe (u.m.)
1. Reducción de existencias de productos terminados y en curso de fabricación .	100.000	1. Importe neto de la cifra de negocios (ventas)	2.000.000
2. Gastos de materias primas y otros materiales auxiliares	400.000	2. Aumento de las existencias de productos terminados y en curso de fabricación	–
3. Gastos de personal	500.000	3. Trabajos realizados por la empresa para su Inmovilizado	50.000
4. Correcciones valorativas de activos fijos y circulantes	50.000	4. Otros ingresos de explotación	100.000
5. Otros gastos de explotación	100.000	5. Ingresos de participaciones	45.000
6. Correcciones valorativas de inversiones financieras permanentes y temporales	10.000	6. Ingresos de otros valores mobiliarios	30.000
7. Intereses y gastos asimilados	5.000	7. Otros intereses e ingresos	25.000
8. Impuestos sobre el resultado de las actividades ordinarias	200.000		
9. RESULTADO DE LAS ACTIVIDADES ORDINARIAS, DESPUES DE IMPUESTOS	885.000	9. Ingresos excepcionales ..	10.000
10. Gastos excepcionales	50.000	10. RESULTADO EXCEPCIONAL	40.000
11. Impuestos sobre resultado excepcional	–		
12. RESULTADO DEL EJERCICIO	845.000		

MODELOS DE CUENTA DE RESULTADOS EN LA CUARTA DIRECTRIZ DE LA CEE

ANEXO III. GASTOS POR FUNCION EN FORMA DE LISTA (Art. 25)

	Importe (u.m.)
1. Importe de la cifra de negocios	2.000.000
2. Coste de producción de las prestaciones (incluidas correcciones valorativas)	(800.000)
3. RESULTADO BRUTO DE LA CIFRA DE NEGOCIOS	1.200.000
4. Gastos de distribución (incluidas correcciones valorativas)	(200.000)
5. Gastos generales administrativos (incluidas correcciones valorativas)	(100.000)
6. Otros ingresos de explotación	100.000
7. Ingresos de participaciones	45.000
8. Ingresos de otros valores mobiliarios	30.000
9. Otros intereses e ingresos asimilados	25.000
10. Intereses y gastos asimilados	(5.000)
11. Correcciones valorativas de inversiones financieras permanentes y temporales	(10.000)
12. Impuesto sobre el resultado de las actividades ordinarias	(200.000)
13. RESULTADO DE LAS ACTIVIDADES ORDINARIAS DESPUES DE IMPUESTOS	885.000
14. Ingresos excepcionales	10.000
15. Gastos excepcionales	(50.000)
16. RESULTADO EXCEPCIONAL	(40.000)
17. Impuestos sobre el resultado excepcional	–
18. RESULTADO DEL EJERCICIO	845.000

MODELOS DE CUENTA DE RESULTADOS EN LA CUARTA DIRECTRIZ DE LA CEE

ANEXO IV. GASTOS POR FUNCION EN FORMA DE CUENTA (Art. 26)

A. GASTOS	Importe (u.m.)	B. INGRESOS	Importe (u.m.)
1. Costes de producción de las prestaciones	800.000	1. Importe neto de la cifra de ventas	2.000.000
2. Costes de distribución (incluidas correcciones valorativas)	200.000	2. Otros ingresos de explotación	100.000
3. Gastos generales administrativos (incluidas correcciones valorativas)	100.000	3. Ingresos de participaciones	45.000
4. Correcciones valorativas de inversiones financieras permanentes y temporales	10.000	4. Ingresos de otros valores mobiliarios	30.000
5. Intereses y gastos asimilados	5.000	5. Otros intereses e ingreso asimilados	25.000
6. Impuesto sobre el resultado de las actividades ordinarias	200.000		
7. RESULTADO DE LAS ACTIVIDADES ORDINARIAS DESPUES DE IMPUESTOS	885.000	7. Ingresos excepcionales	10.000
8. Gastos excepcionales	50.000		
9. Impuesto sobre el resultado excepcional	–		
10. RESULTADO DEL EJERCICIO	845.000		

MODELOS DE CUENTAS DE RESULTADOS EN EL PLAN GENERAL DE CONTABILIDAD [3]

ANEXO V. CUENTA DE PERDIDAS Y GANANCIAS POR NATURALEZA

DEBE		HABER	
A) GASTOS		B) INGRESOS	
1. Reducción de existencias de productos terminados y en curso de ejecución	100.000	1. Importe neto de la cifra de negocios	2.000.000
2. Aprovisionamiento. Consumos de mercancias, materiales y otros gastos exteriores	400.000	2. Aumento de existencias de productos terminados y en curso de fabricación	–
3. Gastos de personal	500.000	3. Trabajos efectuados por la empresa para el inmovilizado	50.000
4. Dotaciones de amortizaciones de inmovilizado	40.000	4. Otros ingresos de explotación (subvenciones y otros)	100.000
5. Variaciones de las provisiones de tráfico	10.000		
6. Otros gastos de explotación	100.000		
I. BENEFICIOS DE EXPLOTACION	1.000.000	I. PERDIDAS DE EXPLOTACION	–
7. Gastos financieros y gastos asimilados	5.000	5. Ingresos de participaciones de capital	45.000
8. Variación de provisiones de inversiones financieras	10.000	6. Ingresos por otros valores negociables y de créditos del activo inmovilizado	30.000
9. Diferencias negativas de cambio	–	7. Otros intereses e ingresos asimilados	25.000
		8. Diferencias positivas de cambio	–
II. RESULTADOS FINANCIEROS POSITIVOS	85.000	II. RESULTADOS FINANCIEROS NEGATIVOS	–
III. BENEFICIOS DE ACTIVIDADES ORDINARIAS	1.085.000	III. PERDIDAS DE ACTIVIDADES ORDINARIAS	–
10. Variación de las provisiones de inmovilizado inmaterial, material y cartera de control	–	9. Beneficios en enajenación del inmovilizado inmaterial, material y cartera de control	5.000
11. Pérdidas procedentes de inmovilizado inmaterial, material y cartera de control	–	10. Beneficios en operaciones con acciones y obligaciones propias	1.000
12. Pérdidas por operaciones con acciones y obligaciones propias	–	11. Subvenciones de capital transferidas al resultado del ejercicio	1.000
13. Gastos extraordinarios	40.000	12. Ingresos extraordinarios	2.000
14. Gastos y pérdidas de otros ejercicios.	10.000	13. Ingresos y beneficios de otros ejercicios	1.000
IV. RESULTADOS EXTRAORDINARIOS POSITIVOS	–	IV. RESULTADOS EXTRAORDINARIOS NEGATIVOS	40.000

[3] Si bien el Plan General de Contabilidad establece Cuenta de Pérdidas y Ganancias del ejercicio comparada con la del ejercicio anterior, en estos anexos sólo se consignan datos de un ejercicio.

V. BENEFICIOS ANTES DE IMPUESTOS	1.045.000	V. PERDIDAS ANTES DE IMPUESTOS	–
15. Impuesto sobre Sociedades	200.000		
VI. RESULTADO DEL EJERCICIO (BENEFICIO)	845.000	VI. RESULTADO DEL EJERCICIO (PERDIDA)	–

MODELOS DE CUENTAS DE RESULTADOS EN EL PLAN GENERAL DE CONTABILIDAD

ANEXO VI. CUENTA DE PERDIDAS Y GANANCIAS ANALITICA

CONCEPTOS	IMPORTES	%
Ventas netas, prestaciones de servicios y otros ingresos de explotación	2.000.000	96,76
± Variación de existencias de prod. terminados y en curso	–100.000	–4,88
± Trabajos efectuados por la empresa para su inmovilizado	50.000	2,44
+ Subvenciones de explotación	100.000	4,88
= VALOR DE LA PRODUCCION	2.050.000	100,00
– Compras netas	–450.000	–21,95
± Variación de existencias mercaderías, materias primas y otras materias consumibles	100.000	4,88
– Gastos exteriores de explotación	–50.000	–2,44
= VALOR AÑADIDO DE LA EMPRESA	1.650.000	80,49
– Otros gastos	–100.000	–4,88
+ Otros ingresos	–	
– Gastos de personal	–500.000	–24,39
= RESULTADO BRUTO EXPLOTACION	1.050.000	51,22
– Dotación para amortizaciones de inmovilizado	40.000	–1,95
– Dotación fondo de reversión	–	–
– Insolvencias créditos variación provisiones de tráfico	–10.000	–0,49
= RESULTADO NETO EXPLOTACION	1.000.000	48,78
+ Ingresos financieros	100.000	4,88
– Gastos financieros	–5.000	–0,24
– Dotación para amortizaciones y provisiones financieras	–10.000	–0,49
= RESULTADO ACTIVIDADES ORDINARIAS	1.085.000	52,93
+ Beneficios procedentes inmovilizado e ingresos excepcionales ..	10.000	0,49
– Pérdidas procedentes inmovilizado y gastos excepcionales	–50.000	–2,44
– Variación de las provisiones de inmovilizado inmaterial, material y cartera de control	–	–
= RESULTADO ANTES DE IMPUESTOS	1.045.000	50,98
– Impuestos sobre Sociedades	200.000	9,76
= RESULTADO DESPUES DE IMPUESTOS	845.000	41,22

ACTIVIDADES RECOMENDADAS

El lector tratará de establecer ejemplos válidos para aplicar la problemática de cambios en las estimaciones contables (vida útil de activos, valor de realización de activos circulantes, etc.)

EJERCICIOS DE AUTOCOMPROBACION

Indique usted si son verdaderas (**V**) o falsas (**F**) las siguientes proposiciones:

1. En el cálculo del resultado según el enfoque contable no es necesario computar los retiros de fondos del propietario o propietarios de la empresa .... **V F**
2. Según el enfoque contable, el cálculo del resultado necesita considerar la empresa como un ente en funcionamiento .... **V F**
3. Cuando entre la firma del contrato de compra-venta y la recepción de la cosa comprada media tiempo, la compra se reconoce cuando tiene lugar la recepción .... **V F**
4. El método del «grado de avance» para el reconocimiento del beneficio es válido tanto para trabajos que arrojan pérdida como para los que arrojan beneficio .... **V F**
5. En el coste de la mercancía vendida han de tenerse en cuenta los rappels obtenidos en la compra .... **V F**
6. En el primer ejercicio, la aplicación del método de «coste variable» para el cálculo del coste de producción arrojará más beneficio que el método de «coste total» .... **V F**
7. El método de «coste variable» no es válido como criterio de valoración de Productos Terminados .... **V F**

SOLUCIONES A LOS EJERCICIOS DE AUTOCOMPROBACION

1. V
2. V
3. V
4. F
5. V
6. F
7. V

CASOS PRACTICOS. SERIE 1. CAPITULOS 1 AL 4

ENUNCIADOS

CASO PRACTICO N.º 1.1. Criterios de valoración. Reconocimiento de ingresos

A continuación se proporciona una serie de informaciones, independientes entre sí, referidas a la empresa ABC, S. A. Señale en cada caso si en la operación descrita las partidas involucradas han sido correctamente valoradas, así como, en su caso, el ingreso o ganancia a reconocer en el ejercicio 19X9, indicando el principio o principios contables que sustentan el criterio adoptado.

a) Un terreno adquirido en 19X4 por 15 millones de pesetas, se valora al término del ejercicio de 19X9 en 50 millones, de acuerdo con un criterio que se considera conservador, teniendo en cuenta los actuales precios de mercado. El incremento fue computado como beneficio.

b) En 19X9 se había construido, por la propia empresa, un edificio con un coste de 25 millones de pesetas después de estudiar y rechazar la oferta de dos empresas constructoras que presupuestaron esta obra en 30 y 35 millones de pesetas, respectivamente. Aplicando un criterio conservador, la empresa sólo contabilizó un beneficio de 5 millones, por el ahorro obtenido.

c) Un cliente que debía 500.000 pesetas, importe que había sido totalmente provisionado en 19X8, entrega en 19X9 como pago total de su deuda un paquete de acciones cuyo valor de mercado asciende en ese momento a 200.000 pesetas.

d) En diciembre de 19X9 se recibe de un cliente 2 millones de pesetas, correspondientes a mercaderías que se le entregarán en el próximo ejercicio.

e) Acciones de una sociedad que costaron 3 millones de pesetas cotizan en Bolsa al 31 de diciembre de 19X9 por el doble de aquel importe, valor por el que figuran en el balance de la empresa ABC, S. A., que ha reconocido como beneficio la diferencia.

f) En 19X9 se cobraron 750.000 pesetas por la venta de unos derechos de suscripción de acciones cuyo coste se estimó en 100.000 pesetas.

g) En 19X9 se cobraron 200.000 pesetas de un premio de lotería.

h) El 1 de noviembre de 19X9 se compró por 900.000 pesetas un pagaré de empresa. En la fecha de vencimiento del mismo, el 1 de marzo del próximo año, se percibirá un millón.

CASO PRACTICO N.º 1.2. Criterios de valoración. Reconocimiento de gastos e ingresos

Indique el importe que, en cada caso, correspondería contabilizar como ingreso o gasto del ejercicio 19X1, como consecuencia de las siguientes operaciones realizadas por la empresa XYZ, S. A., durante el ejercicio económico que termina el 31 de diciembre de 19X1.

a) El día 1 de diciembre recibió 120.000 pesetas del arrendatario de un local propiedad de la empresa, correspondiente al semestre que termina el 1 de junio de 19X2.

b) El 1 de julio de 19X1 vende uno de sus productos cuyo precio al contado es de 60.000 pesetas y recibe a cambio 10.000 pesetas en efectivo y una letra de cambio, aceptada por el cliente, de 56.000 pesetas con vencimiento el 1 de julio de 19X2.

c) Un cliente de la empresa XYZ atraviesa un período de dificultades financieras. Con objeto de mantener buenas relaciones con este cliente en 19X1 se le venden mercaderías, que normalmente se facturarían por 300.000 pesetas, en 250.000 pesetas, renunciando así a una parte del margen comercial normal.

d) En diciembre de 19X1 se vendieron mercaderías por 500.000 pesetas que tienen garantía por un año. Se estima, por la experiencia pasada, que el coste de las reparaciones o sustituciones de productos garantizados es igual al 3 por 100 de la cifra de ventas.

e) El día 25 de diciembre se registró la venta de una partida de existencias, por un importe de 100.000 pesetas, cuyo coste de ventas había sido 80.000 pesetas. Al 31 de diciembre el cliente no había retirado aún la mercancía, que se encuentra en los almacenes de la empresa XYZ, ya que la propiedad se transferirá el día 15 del próximo mes de enero.

f) En diciembre se recibió la notificación del Impuesto sobre Actividades Económicas, correspondiente al ejercicio siguiente, que habrá de pagarse en el mes de enero de 19X2.

g) De acuerdo con la experiencia acumulada, se estima que a finales de enero de 19X2 la sociedad XYZ habrá de pagar distintos recibos (teléfono, luz, comunidad de propietarios, etc.) por importe aproximado de 180.000 pesetas correspondientes, a partes iguales, a diciembre de 19X1 y enero de 19X2.

CASO PRACTICO N.º 1.3. Valoración de los inventarios de existencias[1]

Al preparar el inventario de la empresa ABESA, que comercializa el artículo «A» y fabrica y vende el artículo «B», se reúnen los datos siguientes relativos a los costes y precios unitarios de los distintos tipos de existencias:

Tipo de Existencia	Coste histórico	Coste de reposición	Precio de venta estimado	Gastos de venta estimados
Mercancía «A»	1.200	1.180	1.390	90
Materias primas	450	440	460	40
Materias auxiliares	95	110	115	15
Producto terminado «B»	1.020	—	1.260	200
Productos en curso	810	—	—	—

[1] Ejercicio propuesto en Oposición a Inspectores de Entidades de Crédito y Ahorro (Banco de España).

Los productos en curso están elaborados en un 75 por 100.

SE PIDE: Determinar la valoración adecuada de cada tipo de existencias, de acuerdo a principios y criterios de valoración aceptados.

CASO PRACTICO N.º 1.4. Registro, valoración y verificación de distintas operaciones

---

Ejercicio n.º 1

La empresa comercial RASA inició sus actividades en octubre de 19X1. Las operaciones realizadas hasta el 31 de diciembre de este año, directamente relacionadas con su objeto social, fueron las siguientes:

15-10-X1: Compra a crédito en la República de Irlanda 1.000 toneladas métricas (Tm) de mantequilla a 120 £/Tm (1 £ = 165 ptas.), a pagar a los tres meses. Por gastos de transporte y aduanas se pagaron 450.000 ptas. en efectivo.

20-10-X1: Venta a crédito de 750 Tm de mantequilla a 30.000 ptas/Tm. Los gastos de transporte, que RASA pagó en ese momento, importaron 120.000 ptas.; la mitad de esta cifra corre por cuenta del cliente.

10-12-X1: Compra de 100 Tm de harina de trigo, a 90.000 ptas/Tm, a pagar a los 90 días.

20-12-X1: Recibe una nota de abono del proveedor irlandés por 6.000 £, como bonificación por el volumen de compras realizadas. Tipo de cambio en esta fecha: 1 £ = 160 ptas.

28-12-X1: El proveedor de la harina comprada notificó un descuento comercial del 5 por 100 sobre el importe total de la factura.

31-12-X1: La libra irlandesa cotiza en esta fecha a 170 ptas. Se sabe también que el precio de la mantequilla en el mercado irlandés se mantiene estable desde que RASA efectuó la compra anteriormente descrita.

SE PIDE: Registrar, en forma de asientos de Diario, las operaciones relacionadas y determinar el resultado obtenido, tomando como fecha de cierre del ejercicio el 31-12-19X1.

Nota: Prescíndase de cualquier tipo de incidencia fiscal (IVA, Impuesto sobre sociedades, etc.).

Ejercicio nº 2

La empresa RISA, fabricante de maquinaria para uso industrial, ha construido en el ejercicio de 19X1 unas instalaciones para uso propio, cuyos componentes de coste imputados han sido los siguientes [en unidades monetarias (u.m.)]:

Materiales diversos	30.000
Coste de personal de producción	20.000
Costes indirectos de producción	30.000
Costes de administración	4.000
Costes financieros	2.520
Combustible consumido en el período 1-7-19X1 al 31-12-19X1	13.480
Total	100.000

Los trabajos se iniciaron el 1 de marzo y fueron financiados en 24.000 u.m. por los suministradores de materiales, quienes cargaron el 1,5 por 100 mensual en concepto de intereses. Dichos trabajos terminaron el 30 de junio y, por necesidades del Servicio de Producción, las instalaciones construidas entraron en funcionamiento a primeros de octubre.

Al regularizar el ejercicio de 19X1 la sociedad abonó la cuenta *Gastos activados* por 100.000 u.m., dotando la amortización de tres meses a razón del 12,5 por 100 anual.

SE PIDE: Verifique si es aceptable la valoración registrada por la sociedad (100.000 u.m.) y proponga, en caso contrario, los ajustes a realizar referidos al 31-12-19X1.

NO **Ejercicio n.º 3**

La empresa ROSA contrató en diciembre de 19X0 con un Ayuntamiento, la construcción de un aparcamiento subterráneo, obra que habrá de realizarse en los 24 meses siguientes. El precio se fijó en 45.000 u.m. y el coste total estimado por la Sociedad fue de 35.000 u.m.

La siguiente información resume la evolución de dicha obra a lo largo de 19X1 y 19X2:

Ejercicio	Costes devengados	Costes pendientes estimados
19X1	15.000	32.000
19X2	24.000	—0—

Los costes devengados a lo largo del ejercicio se registran atendiendo a la naturaleza de los mismos.

SE PIDE: Cálculos y anotaciones contables a realizar al 31 de diciembre de 19X1 y 19X2, fecha de cierre del ejercicio, al objeto de valorar la obra realizada y reconocer el resultado imputable, de acuerdo con el criterio del «porcentaje de terminación» o «grado de avance».

NO **Ejercicio n.º 4**

El examen de la Cartera de valores, propiedad de la empresa FINSA, a 30 de noviembre de 19X1 proporcionó la siguiente información:

— *Acciones S. A. «X» con cotización oficial.* Saldo acreedor, 150 u.m.
— *Acciones sin cotización oficial.* Saldo deudor, 5.020 u.m., siendo ésta su composición:

Sociedad emisora	Número de acciones	Nominal acción	Porcentaje de participación	Coste (u.m.)
«A»	200	10	80	2.500
«B»	420	5	70	2.520

En diciembre, la sociedad «B» duplicó su capital social emitiendo las nuevas acciones a la par totalmente liberadas. FINSA renunció a acudir a esta ampliación cediendo los derechos de suscripción que le correspondían a una fundación benéfica.

Al 31 de diciembre se dispone de la siguiente información relativa a la Cartera de valores:

a) FINSA no tiene ya en su poder ninguna acción de la Sociedad Anónima «X».

b) El Balance de situación de la sociedad «A» en esta fecha es (cifras en unidades monetarias):

Activo		Pasivo	
Gastos de establecimiento	100	Capital social	2.500
Inmovilizado material neto	3.500	Reserva legal	500
Investigaciones a amortizar	500	Reservas voluntarias	2.000
Investigaciones en curso	600	Provisiones de circulante	350
Activo circulante	1.050	Pasivo exigible	2.150
Resultados	1.750		
	7.500		7.500

c) El Balance de situación que la sociedad «B» presenta en esta fecha es (cifras en unidades monetarias):

Activo		Pasivo	
Inmovilizado material	5.500	Capital social	6.000
Gastos de I + D en curso	2.750	Reservas	1.000
Activo circulante	1.750	Pasivo exigible	2.900
		Resultados	100
	10.000		10.000

SE PIDE: Presentar los cálculos y las anotaciones contables a registrar en los libros de FINSA derivados de la información anterior.

CASO PRACTICO N.º 1.5. Revisión de criterios de valoración: Ajustes (I)

En el curso de la revisión de los Estados Financieros de la S.A. COLIBRI, referidos al 31-12-19X5, se ponen de manifiesto los siguientes hechos y circunstancias:

a) La sociedad adquirió el 1 de julio de 19X5 una maquinaria a pagar a crédito, en cinco mensualidades iguales, contabilizando un total de 10 millones de pesetas, importe que incluye 1 millón de gastos financieros de aplazamiento. La maquinaria por razones del servicio de producción, no entrará en funcionamiento hasta junio de 19X6.

b) La sociedad amortiza sus vehículos en un 20 por 100 anual, en razón a la vida útil estimada de los mismos. El cargo por amortización se eleva a 15 millones de pesetas todos los años, dado que el parque no sufre variaciones. A la vista de los buenos resultados del año 19X5, se ha amortizado, por este concepto, un total de 22 millones de pesetas.

c) La sociedad mantiene en cuentas un importe de 5 millones de pesetas, en la partida *Fondo de comercio*, por la plusvalía satisfecha al adquirir la División de fertilizantes en 19X0. Esta División ha sido abandonada durante 19X5 por falta de rentabilidad.

d) Igualmente, a los activos fijos afectos a dicha División de fertilizantes, que totalizan 150 millones de pesetas, se les estima un posible valor de realización de 50 millones.

e) La cuenta *Préstamos recibidos en moneda extranjera*, por 120 millones de pesetas, recoge el préstamo de 1 millón de dólares U.S.A. Esta divisa tiene un tipo de cotización al 31-12-19X5 de 155 pesetas. El préstamo vence el día 3 de marzo de 19X6.

f) La sociedad tiene en explotación, desde primeros de diciembre de 19X5, una línea de autobuses de viajeros. Con el objeto de estimular el uso de la línea, COLIBRI ofrece tarjetas que dan derecho a 25 viajes a un precio por tarjeta de 10.000 ptas. Durante el mes de diciembre de 19X5 se vendieron 1.000 tarjetas, habiéndose utilizado, en el citado mes, un total de 20.000 viajes. Por este concepto la sociedad ha contabilizado un ingreso de 10 millones de pesetas.

SE PIDE: A la vista de la anterior información, establezca, de manera razonada, los ajustes que estime usted, oportunos, para que los Estados Financieros de COLIBRI, S. A., reflejen adecuadamente la situación financiero-patrimonial de la sociedad al 31-12-19X5.

CASO PRACTICO N.º 1.6. Revisión de criterios de valoración: Ajustes (II)

El auditor externo de la sociedad RUISEÑOR, en su análisis de las cuentas anuales referidas al 31-12-19X7, recoge la información que seguidamente se detalla:

a) El saldo de *Tesorería* tiene la siguiente composición:

Conceptos	Unidades monetarias
Caja:	
Billetes y monedas	100
Efectos timbrados	20
Anticipos a justificar	10
Saldo	130
Bancos, cta. cte.:	
Saldos en cuentas corrientes a la vista	3.000
Descubiertos en cuentas corrientes	(200)
Imposiciones a dos años	300
Saldo	3.100

b) En el ejercicio 19X7 la cuenta de *Maquinaria* había recibido cargos por importe de 2.022,50 u.m. de acuerdo con el siguiente detalle:

Coste de terceros	1.500
Gastos de puesta en marcha	200
Intereses de financiación ajena	322,5
	2.022,5

Para financiar la máquina de referencia, la sociedad había obtenido un préstamo el 1 de julio de 19X7 de 1.000 u.m., a pagar dentro de dos años, con un coste financiero del 15 por 100 anual acumulativo.

c) La sociedad contrató en 19X7 con un cliente la realización de una obra cuyo período de ejecución abarca desde el 1 de julio de 19X7 al 30 de junio de 19X9. Los costes e ingresos totales previstos fueron los siguientes para la totalidad de la obra:

Ingresos	3.000
Costes totales	2.500
Beneficio estimado	500

Durante 19X7 la sociedad devengó costes de obra por 750 u.m. En principio pensó aplicar el «criterio de obra terminada» para el cómputo de beneficios, por lo que no registró ningún resultado al 31-12-19X7. No obstante lo anterior, se estima que ha de aplicar el «criterio del grado de avance o porcentaje de terminación» para periodificar los beneficios.

d) La sociedad, en su actividad de venta de productos, mantenía como criterio cargar a resultados el importe debido por los clientes en el ejercicio en que se estimaba que éstos eran totalmente fallidos. La sociedad concede un plazo de hasta 24 meses para el pago a sus clientes. Las ventas y los saldos de clientes cancelados en los cuatro últimos ejercicios son:

Ventas anuales		**Saldos cancelados y año de venta**	
19X4	10.000	480	19X4
19X5	12.000	200 350	19X4 19X5
19X6	14.000	50 300 350	19X4 19X5 19X6
19X7	16.000	250 100	19X6 19X7

e) La sociedad arrendó en enero de 19X7 una flota de camiones de reparto. El período de arrendamiento es de tres años. La sociedad puede acondicionarlos para sus necesidades con la obligación de que los camiones, al final del arrendamiento, queden con la misma estructura que al principio. Los costes totales de acondicionamiento fueron de 3.600 u.m., estimándose el mismo coste para su reacondicionamiento al final de los tres años. Por esta operación la sociedad se ha limitado a registrar como gasto del ejercicio 19X7 el desembolso total ocasionado por el acondicionamiento de los camiones.

f) La sociedad incluyó en el inventario de 31-12-19X7 mercancía por un importe de 5.000 u.m., sin que practicara ninguna anotación a la recepción de la misma.

g) La sociedad ha incrementado, durante 19X7, su inversión en acciones en 11.000 u.m., como consecuencia de una operación de permuta de mercancías. Los datos son:

Coste de la mercancía permutada	10.000 u.m.
Precio de venta de la mercancía	12.000 u.m.
Valor de mercado de las acciones, según cotización del día de la operación	11.000 u.m.

SE PIDE: Proponga, de manera razonada, los ajustes que estime oportunos, para que los Estados Financieros de RUISEÑOR, S. A., reflejen adecuadamente la situación financiero-patrimonial de la sociedad al 31-12-19X7.

CASO PRACTICO N.º 1.7. Revisión de criterios de valoración: Ajustes (III)

En el curso de la auditoría de las Cuentas Anuales de la empresa TUCAN, S. A., referidas al 31-12-19X9, se ponen de manifiesto los siguientes hechos y circunstancias:

1. La sociedad posee el 90 por 100 de las acciones de EL PAPAGAYO, S. A., valoradas a precio de coste que ascendió a 18.000 u.m. Al 31-12-19X9, la sociedad EL PAPAGAYO presentaba la siguiente situación en unidades monetarias (u.m.):

Activo		Pasivo	
Activos fijos netos	20.000	Capital social	20.000
Activos circulantes netos	12.000	Amortización acelerada	4.000
Pérdidas de ejercicios anteriores	6.000	Otros pasivos	14.000
Total Activo	38.000	Total Pasivo	38.000

2. La empresa mantiene al 31-12-19X9 un saldo de 13.000 u.m. en la cuenta de inmovilizado inmaterial *Gastos de investigación y desarrollo*. La composición de este saldo es la siguiente:

• Costes imputables a trabajos de investigación general, no identificados por proyectos concretos	2.000
• Costes imputables a la investigación n.° 400B	6.000
• Costes imputables a la investigación n.° 400A	2.000
• Costes imputables a la investigación n.° 410B	3.000

El análisis del saldo arroja la siguiente información:

— El proyecto n.° 400B está en curso y se espera que finalice con éxito.
— El proyecto n.° 400A recibió cargos por última vez en junio de 19X6.
— El proyecto n.° 410B está finalizado, estimándose que del mismo se obtendrá un producto con aceptación comercial. No obstante, las estimaciones de costes indican que el producto derivado de esta investigación se comercializará con margen negativo.

3. La empresa suscribió en 19X9 un contrato consistente en la fabricación de 60 equipos de tratamiento de datos, a un precio cerrado de 1.000 u.m. cada uno. En 31 de diciembre se habían entregado 50 equipos, de los cuales 40 habían sido cobrados en su totalidad.

   El coste total de producción del año asignado a este contrato fue de 47.250 u.m., estando los equipos pendientes de entrega terminados en un 25 por 100 en todos sus componentes.

   Las cuentas relativas a esta operación arrojan los siguientes saldos al 31-12-19X9:

— Ventas de equipos	60.000
— Coste de los equipos vendidos	39.375
— Clientes, por equipos contratados	20.000
— Coste de equipos en curso	7.875

4. Al 31-12-19X8 había en existencias mercancías que costaron 12.000 u.m., pero no se incluyeron en el inventario de esa fecha, aunque sí se había registrado su compra y el pasivo resultante. Además, en este mismo inventario se omitió otra mercancía por 1.000 u.m. cuya compra no había sido contabilizada.

   A su vez, el inventario al 31-12-19X9 incluyó mercancías vendidas en 19X9 por 4.200 u.m., que fueron devueltas el 10 de diciembre de este mismo año. No se hizo asiento por la devolución y las mercancías se incluyeron en el inventario a precio de venta, que era el 120 por 100 del coste.

5. La cuenta *Inversiones financieras temporales* presenta, en el ejercicio de 19X9, el siguiente movimiento:

Saldo al 1-1-19X9	2.100.000
Abono al 10-7-19X9	120.000
Saldo al 31-12-19X9	1.980.000

El análisis de esta cuenta a fin de ejercicio ha puesto de manifiesto:

- Que estos títulos (2.000 acciones de la S. A. «X» de 500 u.m. nominales) fueron comprados en Bolsa el 30-9-19X7 al cambio del 210 por 100, siendo la cotización media del último trimestre de ese año el 225 por 100.
- Que la cotización media en el último trimestre de 19X8 de las mencionadas acciones ascendió al 140 por 100.
- Que en julio de 19X9 la S.A. «X» procedió a ampliar su capital en un 20 por 100 emitiendo las nuevas acciones a la par. Los derechos cotizaron en Bolsa a 60 u.m. y, en este período, las acciones sin derecho de suscripción lo hicieron al 135 por 100.
- Que la cotización media de estas acciones durante el último trimestre de 19X9 fue el 120 por 100, siendo su cotización el 110 por 100 en 31-12-19X9.

SE PIDE: Señale las objeciones que puedan formularse y proponga, en su caso, los ajustes que procedan de acuerdo con los principios contables y normas de valoración vigentes en España.

CASO PRACTICO N.º 1.8. Revisión de criterios de valoración: Ajustes (IV)[2]

A continuación se presentan situaciones inconexas entre sí, de distintas sociedades, sobre las cuales ha de efectuar usted los asientos de Diario que, en su caso, proceda realizar o bien opinar sobre si la contabilidad de los hechos descritos se adapta a principios de contabilidad generalmente aceptados; en caso contrario, deberá usted proponer ajustes para que las situaciones resultantes estén de acuerdo con dichos principios.

Supuesto n.º 1

La sociedad PISA cuenta con unas instalaciones adquiridas el 1 de enero de 19X2 por un valor de compra de 120.000 ptas., a las que aplica un porcentaje constante de amortización del 10 por 100 anual. A principios de 19X7 estas instalaciones fueron sometidas a una fuerte revisión, cuyo coste fue de 20.000 ptas., revisión que ha supuesto, según estudios técnicos, un alargamiento de la vida útil de la instalación de tres años, sobre la inicialmente prevista. Al 31 de diciembre de 19X7 la instalación en cuestión figura por los siguientes importes:

— Instalación	140.000
— Amortización acumulada de instalación	70.000

Supuesto n.º 2

A finales de 19X4, la sociedad POSA construyó, con medios propios, cierta maquinaria, cuyo coste total fue de 5.500 ptas., según el siguiente detalle:

[2] Estos supuestos han sido tomados de diferentes exámenes propuestos en la Oposición de Inspectores de Entidades de Crédito y Ahorro (Banco de España).

— Materiales directos	3.000
— Gastos de personal directo	1.000
— Gastos indirectos de fabricación	1.500

Los componentes de costes de producción totales (excluidos los materiales) durante el ejercicio arrojan los siguientes importes:

— Gastos de personal directo	350.000
— Gastos indirectos de producción	490.000

Los gastos indirectos se imputan de acuerdo con un porcentaje sobre el coste de personal directo. Por otra parte, se obtiene la información de que una máquina de idénticas características a la fabricada por la empresa, tiene un precio de mercado de 5.450 ptas.

Supuesto n.º 3

La sociedad MABEL compró, a principios de 19X4, un edificio (incluido el terreno) por 200.000 ptas. a la sociedad BELMA. En los libros de esta última sociedad, esta propiedad estaba representada por las siguientes cuentas:

— Terrenos	80.000
— Edificios	180.000
— Amortización acumulada de edificios	160.000

MABEL derribó el edificio para construir uno nuevo. Los costes del derribo fueron de 14.000 ptas., con una recuperación de 10.000 ptas., por venta del material de derribo.

El edificio nuevo se inició el 1 de julio de 19X4 y se finalizó el 30 de diciembre de ese mismo año. El coste de obra fue de 500.000 ptas. y se financió con un préstamo a dos años, con un 18 por 100 de interés anual. El coste de personal de MABEL dedicado a la gestión de la edificación (no participó directamente en la construcción) se estimó en 20.000 ptas.

La sociedad estimó la vida útil del edificio en 50 años.

Al 31 de diciembre de 19X5, el balance arroja los siguientes datos relativos al activo de referencia:

— Edificios	779.000
— Amortización acumulada de edificios	15.580

Supuesto n.º 4

La sociedad MABEL cuenta con un activo fijo industrial que en 1 de enero de 19X5 ofrecía los siguientes datos:

— Activo industrial	3.500.000
— Amortización acumulada de activo industrial	2.300.000

El coste de producción del año 19X5 ha tenido la siguiente composición:

	Pesetas
— Materias primas	1.300.000
— Gastos personal de fábrica	200.000
— Amortización activo industrial	400.000
— Otros gastos de fabricación	200.000
	2.100.000

No existe producción en curso al 31 de diciembre de 19X5.

El movimiento anual de productos terminados fue el siguiente en 19X5:

	Pesetas
— Saldo inicial	100.000
— Producción del año	2.100.000
— Costes de productos terminados vendidos	2.150.000
— Saldo final	50.000

La sociedad deprecia su activo industrial a razón del 10 por 100 anual, en función de su utilización. No obstante, este año ha incrementado esa dotación para conseguir una más alta autofinanciación.

El movimiento de productos terminados responde al método FIFO.

Supuesto n.º 5

La sociedad MABEL cuenta con un local alquilado donde vende parte de sus productos al público. Alquiló el local el 1 de enero de 19X5 por un período improrrogable de 10 años, comprometiéndose a pagar 37.500 ptas. de alquiler anual. MABEL invirtió 75.000 ptas. en acondicionar el local para sus necesidades, con unas reformas cuya vida útil se estimó en 20 años.

Al 31 de diciembre de 19X5, los saldos que ofrece este elemento son:

— Acondicionamiento local alquilado	75.000
— Amortización acumulada de acondicionamiento del local alquilado	3.750

CASO PRACTICO N.º 1.9. Revisión de criterios de valoración: Ajustes (V)[3]

A continuación se presentan situaciones inconexas entre sí, de distintas sociedades, sobre las cuales ha de efectuar usted los asientos de Diario que, en su caso, proceda realizar o

[3] Estos supuestos han sido tomados de diferentes exámenes propuestos en Oposiciones al Cuerpo Superior de Inspectores de Finanzas del Estado. En todos ellos, prescinda usted de las posibles incidencias impositivas.

bien, opinar sobre si la contabilidad de los hechos descritos se adapta a principios de contabilidad generalmente aceptados; en caso contrario, deberá usted proponer ajustes para que las situaciones resultantes estén de acuerdo con dichos principios.

Supuesto n.º 1

En el balance de situación de la sociedad «C» al 31-12-1991 la cuenta *Productos en curso* arroja un saldo de 7.300 u.m. Se le pide a usted que verifique la correcta valoración de esta cuenta o, en caso contrario, proponga los ajustes pertinentes, para lo cual dispone de la siguiente información:

Producto	Costes incurridos al 31-12-1991	Presupuesto de costes pendientes hasta su terminación	Precio estimado de venta	Costes comerciales estimados
Producto 1	1.000	500	1.800	100
Producto 2	2.000	600	2.500	100
Producto 3	2.500	200	2.000	400
Producto 4	1.800	1.000	3.500	150

Supuesto n.º 2

La sociedad «D» tiene como objeto social la realización de obras públicas para Organismos del Estado. Estas obras tienen, por lo general, una duración superior a 36 meses, por lo que la Sociedad ha optado por contabilizar la valoración de las obras y, en consecuencia, el cálculo del resultado, con el criterio de «grado de terminación de obra».

Al 31-12-1991 tiene tres obras en curso, cuyos datos son los siguientes:

Obra	Costes incurridos al 31-12-1991	Presupuesto de costes pendientes hasta su terminación	Precio estipulado de venta	Beneficio a cuenta contabilizado en años anteriores
Obra 1	4.000	8.000	15.000	750
Obra 2	8.000	12.000	18.000	500
Obra 3	5.000	5.000	12.000	—

SE PIDE: Contabilizar el resultado en obras, correspondiente al ejercicio 1991.

Supuesto n.º 3

La sociedad «E» tiene una actividad productiva marcada por una fuerte estacionalidad. Por ello, en los meses de baja producción utiliza sus medios productivos en la fabricación de activos fijos, tales como instalaciones, mobiliario industrial, etc.

Durante el ejercicio 1991 ha llevado a cabo la construcción de carretillas y otros equipos móviles de transporte interno, cuyos componentes de coste han sido cifrados por la sociedad de la siguiente manera:

	Unidades monetarias
Materiales	15.000
Coste de personal de producción	10.000
Costes indirectos de producción	15.000
Costes de administración imputados	2.000
Costes financieros devengados	1.260
Total	43.260

Siendo este importe (43.260 u.m.) el que la sociedad imputó a la cuenta *Trabajos realizados para el inmovilizado*, al regularizar el ejercicio 1991.

Los trabajos se iniciaron en 1 de marzo y fueron financiados en 12.000 u.m. por los proveedores, quienes han cargado 1,50 por 100 de interés mensual, en concepto de intereses. Dichos trabajos finalizaron en 1 de julio y los equipos entraron en funcionamiento a primeros de octubre.

SE PIDE: Verifique si es correcta la valoración facilitada por la sociedad (43.260 u.m.). Si dicha valoración no la considera usted correcta, proponga los ajustes necesarios para que la contabilidad recoja la valoración correcta de los activos fijos construidos al 31-12-1991.

Supuesto n.º 4

La sociedad «H» adquirió en 31-12-1989 5.000 acciones de la sociedad «Z» de 100 u.m. de nominal cada una a un coste de 140 u.m. por acción. Dichas acciones cotizan en Bolsa.

La sociedad «H» percibió a principios de 1990 un dividendo, acordado el 20-12-1989 por estas acciones, de 10 u.m. cada una, efectuando el siguiente asiento:

50.000	*Caja*			
		a	*Ingresos financieros*	*50.000*

Al 31-12-1990 la cotización de las acciones era de 125 u.m. cada una, por lo que se hizo el siguiente asiento:

75.000	*Dotación provisión acciones*			
		a	*Provisión depreciación acciones*	*75.000*

Durante el ejercicio 1991 la sociedad «Z» amplió capital, ofreciendo una acción de 100 u.m. de nominal al 110 por 100 por cada 5 acciones antiguas de igual nominal. La sociedad «H» sólo ejercitó la mitad de los derechos de suscripción, vendiendo el resto a 7 u.m.

cada uno. Las operaciones anteriores tuvieron el siguiente reflejo en el Diario de la sociedad «H»:

25.000	*Derechos de suscripción*			
		a	*Acciones*	
	(Por los 5.000 derechos)			*25.000*
67.500	*Acciones*			
		a	*Caja*	*55.000*
		a	*Derechos de suscripción*	
	(Por la compra de las acciones)			*12.500*
17.500	*Caja*			
		a	*Derechos de suscripción*	*12.500*
		a	*Beneficio en inversiones financieras*	
	(Por la venta de derechos)			*5.000*

SE PIDE: Opine usted sobre la contabilización de los anteriores asientos y, en su caso, proponga los ajustes a los mismos que considere necesarios al 31-12-1991.

Supuesto n.º 5

La Sociedad Anónima LUGO adquirió el 1 de enero de 1992 el 75 por 100 de las acciones de la sociedad BETA, a un coste de 210 u.m.

Con anterioridad a la compra de las acciones, la sociedad LUGO encargó una auditoría de las cuentas anuales de la sociedad BETA, referidas al 31 de diciembre de 1991. La auditoría suministró, entre otra, la siguiente información:

— El patrimonio neto contable de BETA ascendía a 250 u.m.
— Los valores contables de los activos respondían a criterios de precio de coste, de acuerdo con el Plan General de Contabilidad, debidamente amortizados, siendo sus valores de mercado sensiblemente iguales a los de coste.
— La rentabilidad normal en el sector donde opera la sociedad BETA es del 15 por 100 sobre el patrimonio.
— Los beneficios que se esperaban en la sociedad BETA para los próximos ejercicios 1992, 1993 y 1994 eran de 45 u.m. año.

Durante el ejercicio 1992, BETA obtuvo un beneficio de 50 u.m., cuyo 10 por 100 lo destinó a reservas y el resto a pago de dividendos.

SE PIDE: Sabiendo que la valoración por la que figuran las acciones de BETA en el Balance de la sociedad LUGO, al 31 de diciembre de 1992, es de 210 u.m., indique la corrección o no de la misma. En caso negativo, cuantifique cuál sería la valoración correcta. (Se estima que el tipo de interés para la operación de compra de las acciones es el 12 por 100.)

Supuesto n.º 6

La Sociedad Anónima PONTEVEDRA, constituida en marzo de 1992, cuenta con una factoría y una delegación comercial en dicha ciudad. Fabrica un único producto, en diferentes presentaciones, que vende en la citada delegación, donde almacena toda la producción terminada.

Los inventarios de productos terminados han sido contabilizados a precios de venta y valorados con ese criterio, por considerar que es más conservador, a la vista del coste de producción resultante en el ejercicio.

Las ventas durante el ejercicio finalizado el 31 de diciembre de 1992 han ascendido a 50.000 u.m. El coste de ventas calculado por la empresa, correspondiente al mismo ejercicio, tiene la siguiente composición y estructura (en unidades monetarias):

	Unidades monetarias
Compras netas de materias primas	20.000
Variación materias primas	–1.000
	19.000
Gastos personal directo de fábrica	13.500
Gastos indirectos de fabricación	30.000
	62.500
Variación de productos en curso de fabricación	–2.500
	60.000
Variación de productos terminados	–8.000
COSTE DE PRODUCTOS VENDIDOS	52.000

Con objeto de calcular el coste del producto de manera más adecuada, la sociedad incluye en los gastos de producción diferentes costes de oportunidad (entre ellos, el interés del capital propio invertido), práctica que ha seguido en el ejercicio, por entender que no influye en el resultado de la empresa, al compensar esos gastos con ingresos.

A tal efecto, la sociedad ha contabilizado el siguiente apunte resumen para el ejercicio 1992, respecto a estos costes de oportunidad:

5.000	*Gastos indirectos de fabricación*			
		a	*Ingresos diversos*	*5.000*

(Mediante las oportunas cuentas de gastos por naturaleza.)

SE PIDE: A la vista de la anterior información, indique si procede o no rectificar el saldo de Pérdidas y Ganancias de la sociedad PONTEVEDRA para el ejercicio 1992. En caso afirmativo, cuantifique y contabilice en el Libro Diario de la sociedad la diferencia positiva o negativa.

CASO PRACTICO N.º 1.10. Preparación de estados contables ajustados a principios y criterios generalmente aceptados[4]

Usted es el auditor de la Sociedad Anónima «H», cuyos estados financieros al 31 de diciembre de 19X5 se muestran en el Anexo. En el transcurso de la revisión, usted aprecia los siguientes hechos y circunstancias:

1. La sociedad concertó con su único proveedor, la sociedad «J», un contrato de compra para todo el ejercicio 19X5, lo que ha supuesto un precio constante para todas las adquisiciones del ejercicio y un rappel del 10 por 100 del coste de las adquisiciones. El número de unidades compradas fue de 4.500, al precio unitario de 10.000 pesetas. La sociedad utiliza el criterio FIFO para dar salida a sus existencias, arrojando el inventario a fin de ejercicio una existencia de 500 unidades.

   Al revisar las existencias de mercaderías en 1 de enero de 19X5, usted observa que la sociedad inventarió como propias, unidades recibidas en consignación del comitente, señor X, por un importe de 1.000.000 de pesetas, mercancía que no ha sido vendida a fin de 19X5 por la sociedad y que, por consiguiente, figura en su poder a esta fecha.

2. La sociedad poseía, al 1 de enero de 19X5, 4.000 acciones, de 1.000 pesetas de valor nominal cada una, de la sociedad «L», adquiridas a la par y que registró en la cuenta *Acciones sin cotización oficial.* Esta última sociedad ha distribuido un dividendo del 10 por 100 en acciones durante 19X5, exigiendo a los accionistas una prima del 20 por 100.

3. El arqueo de Caja a 31 de diciembre de 19X5 arrrojó la situación:

	Pesetas
— Billetes y monedas	5.000
— Anticipos de viajes pendientes de justificar	3.000
— Efectos timbrados	2.000
	10.000

4. El extracto de la cuenta corriente mantenida con el banco «Z» arroja un saldo a favor de la sociedad, al 31 de diciembre de 19X5, coincidente con el de los libros de la empresa. Usted examina la conciliación preparada por el personal de la empresa, que ofrece la siguiente información:

[4] Ejercicio propuesto para ingreso en el Cuerpo de Contadores Diplomados del Tribunal de Cuentas (adaptado).

	Pesetas
— Talones girados a favor de proveedores no presentados al cobro	50.000
— Efectos descontados devueltos en poder del banco	45.000
— Intereses a favor de la sociedad no registrados en los libros de ésta	5.000
— Remesas de fondos no contabilizados por el banco	10.000

5. El banco «Z» tiene concedido un límite de descuento de efectos a la sociedad «H» de 1.500.000 pesetas. Al 31 de diciembre de 19X5, la sociedad podría descontar efectos por un nominal de 1.000.000 de pesetas.
6. La sociedad «H» emitió, el 1 de enero de 19X5, un empréstito de 8.000 obligaciones de 1.000 pesetas de valor nominal cada una, al 90 por 100 y reembolsables en 4 años, a partes iguales, al 120 por 100. El interés nominal es del 15 por 100, pagadero el 1 de enero de 19X6, 19X7, 19X8 y 19X9, conjuntamente con el reembolso del capital.
7. La sociedad adquirió, a principio de 19X5, mobiliario de oficina por un importe bruto de 2.000.000 de pesetas, obteniendo un descuento por pronto pago del 10 por 100.
8. Los coeficientes de amortización anual aplicados en el ejercicio han sido:

	Coeficiente %
— Edificios	2
— Instalaciones	10
— Mobiliario y enseres	20

SE PIDE: A la vista de la anterior información,

a) Proponga, de manera razonada, los ajustes y reclasificaciones que estime necesarios para que los estados financieros de la sociedad «H» presenten la situación financiero-patrimonial de la misma, al 31 de diciembre de 19X5, de acuerdo con principios de contabilidad generalmente admitidos.

b) Presente los estados financieros ajustados.

ANEXO

SOCIEDAD ANONIMA «H»
BALANCE DE SITUACIÓN AL 31-12-19X5
(En miles de pesetas)

Activo		Pasivo	
Terrenos y bienes naturales	1.000	Capital social	21.200
Depreciación de terrenos	(100)	Reservas	3.800
Edificios y construcciones	33.400	Obligaciones en circulación	8.000
Instalación comercial	8.000	Proveedores	10.000
Mobiliario y enseres	4.000	Entidades públicas	800
Amortización acumulada inmovilizado material	(18.000)	Pérdidas y ganancias	3.100
Gastos por intereses diferidos de obligaciones	800		
Acciones sin cotización oficial	4.480		
Depósitos a plazo fijo	1.800		
Mercaderías	6.000		
Clientes	4.000		
Efectos comerciales a cobrar	1.000		
Provisión para insolvencias	(100)		
Caja, ptas.	10		
Banco Z, c/c.	500		
Gastos anticipados	110		
Total Activo	46.900	Total Pasivo	46.900

SOCIEDAD ANONIMA «H»
CUENTA DE RESULTADOS DEL EJERCICIO 19X5
(En miles de pesetas)

Debe		Haber	
Inventario inicial de mercaderías	4.000	Inventario final de mercaderías	6.000
Compras de mercaderías	45.000	Ventas de mercaderías	53.668
Gastos de personal	10.000	Comisiones	200
Gastos por descuento de efectos	500	Rappel por compras de mercaderías	4.500
Amortizaciones	2.268	Ingresos financieros	100
Provisiones	100	Descuentos por pronto pago en compras de mobiliario	200
Depreciación de terrenos	100	Acciones liberadas	400
Saldo	3.100		
Total Debe	65.068	Total Haber	65.068

CAPITULO

5

Los estados financieros (III): El estado de origen y aplicación de fondos

ESQUEMA/RESUMEN

— Diversas acepciones del término **fondos**: las más utilizadas.
— Variaciones patrimoniales y financieras:

- Balance de movimientos.
- Configuración del Capital circulante y Capital fijo.
- Financiación e inversión: Elementos integrantes.

— Técnicas de elaboración del Estado de origen y aplicación de fondos:

- Ajustes motivados por la representatividad de los movimientos.
- Ajustes motivados por la composición de los movimientos.

— Recapitulación.
— El Cuadro de Financiación en el Plan General de Contabilidad Revisado.

1. NATURALEZA Y SIGNIFICADO DEL ESTADO DE ORIGEN Y APLICACION DE FONDOS

En los capítulos anteriores hemos expuesto dos estados financieros fundamentales: el Balance y la Cuenta de Resultados. El primero nos mostraba, en un momento dado, cuál es la inversión de una empresa y cómo ésta había sido financiada. Por su parte, la Cuenta de Resultados ofrecía la composición de la diferencia patrimonial en dos momentos sucesivos de tiempo, motivada por la gestión.

Ambos estados no ofrecen una información básica para evaluar la gestión empresarial, cual es las decisiones de inversión y financiación que se han tomado en un espacio de tiempo. El analista y en general el usuario de la información financiera, requerirá conocer cuestiones tales como:

- ¿Qué variaciones ha experimentado la composición del activo de una empresa en el último ejercicio económico?
- ¿Qué tipo de inversión ha acometido la empresa?
- Esa inversión ¿fue financiada con capital, con préstamos de terceros o con fondos obtenidos por la gestión?
- ¿La empresa ha acometido una fase de expansión o por el contrario está en una fase de recesión?
- Etcétera.

Así pues, se hace patente la necesidad de contar con un estado financiero que dé respuesta a estos interrogantes, mostrando cuál ha sido el flujo de fondos obtenidos en un período de tiempo y como éstos se han invertido. Dependiendo de cuál sea el alcance que se dé al término **fondos** obtendremos una u otra información. Veamos en el siguiente epígrafe esta cuestión que estimamos básica para la comprensión de este tipo de información.

2. DIVERSAS ACEPCIONES DEL TERMINO «FONDOS»

Dada la proliferación de contenidos que se encierran en el término **fondos**, se hace necesario comenzar este capítulo tratando de delimitar cuáles de esos contenidos son más aceptados por la profesión contable o cuáles podrían ser más útiles, desde el punto de vista del análisis de los movimientos financiero-patrimoniales acontecidos en una empresa en un periodo de tiempo.

El contenido que se acerca más a la acepción vulgar de **fondos** es el que identifica éstos con el dinero. Así, una persona habla de su buena o mala situación de fondos. Por el contrario, el que se alejaría más de su acepción corriente y que, sin embargo, es el más utilizado por la profesión es el que identifica **fondos** con el Capital circulante.

Entre estas posturas, existen contenidos intermedios. Así, podemos recoger **cuatro acepciones del término fondos** que son:

1.ª El **Capital circulante (CC)** o fondo de rotación, que viene dado por la diferencia entre el activo circulante (AC) y el pasivo circulante (PC):

$$CC = AC - PC$$

o, lo que es lo mismo, la diferencia entre el pasivo fijo, propio y ajeno —patrimonio y deudas a largo plazo— (PF) y el activo fijo (AF), con lo que tendríamos:

$$CC = PF - AF$$

2.ª El **Capital circulante financiero (CCF)**, que sería el equivalente al capital circulante, si se le resta a éste la partida de Existencias (E).

$$CCF = AC - [E + PC]$$

o, lo que es lo mismo:

$$CCF = PF - [E + AF]$$

3.ª Los **Activos líquidos netos (AL)** (disponible más inversiones financieras a corto plazo menos pasivo circulante). Obtendríamos esta magnitud restando a la anterior la cifra de Deudores (D).

$$AL = AC - [E + D + PC]$$

o, también

$$AL = PF - [E + D + AF]$$

4.ª Las **Disponibilidades.**

Si entendemos el término **fondos** como equivalente a Capital circulante, se trataría de mostrar con el **Estado de origen y aplicación de fondos** (EOAF) cuáles han sido las causas de aumento del Capital circulante durante un periodo de tiempo y las causas de disminución del mismo, en ese espacio de tiempo.

Partiendo de los dos balances consecutivos que se presentan en el siguiente ejemplo perteneciente a la sociedad TIBURON, S. A., el Capital circulante, Fondo de rotación, Fondo de maniobra o Capital de trabajo, que son las denominaciones que suelen darse a esta magnitud, habrá experimentado durante el año 1990 las siguientes variaciones:

TIBURON, S. A.

CAPITAL CIRCULANTE

	Importes (u.m.)			
	31 de diciembre de		Variaciones del Capital circulante	
	1989	1990	Aumento	Disminución
Activo circulante:				
Existencias	5.000	4.800		200
Deudores	4.500	4.600	100	
Inversiones financieras temporales	2.000	2.050	50	
Disponible	500	350		150
	12.000	11.800		
Pasivo circulante:				
Proveedores	2.700	2.600	100	
Otras deudas a corto plazo	1.000	750	250	
	3.700	3.350		
Capital circulante	8.300	8.450		
			500	350
Aumento neto			–	150
			500	500

Cuadro 5.1.

Una vez que hemos visto cómo ha variado el capital circulante, debemos investigar cuáles fueron las causas de esa variación, por cuanto el cuadro anterior suministra cómo cambia el capital circulante pero no por qué, es decir, cuáles fueron las causas de aumento (origen de fondos, en este caso) y las causas de disminución (aplicación de fondos, en este caso).

Esa variación durante el ejercicio podría venir originada, por ejemplo, por los siguientes motivos:

TIBURON, S. A.
ESTADO DE ORIGEN Y APLICACION DE FONDOS
(Acepción 1)

	Importes (u.m.)
Origen de fondos (ENTRADAS)	
Resultados de explotación	4.000
Ampliación de capital	1.200
	5.200
Aplicación de fondos (SALIDAS)	
Compra de maquinaria	3.000
Reembolso de deudas a largo plazo	2.050
	5.050
Aumento neto del Capital circulante	150

Cuadro 5.2.

Si entendiéramos por **fondos** el Capital circulante financiero, siguiendo con el mismo ejemplo, las variaciones serían éstas:

TIBURON, S. A.
CAMBIO CAPITAL CIRCULANTE FINANCIERO

	31 de diciembre de		Variaciones del CCF	
	1989	**1990**	**Aumento**	**Disminución**
Activo circulante financiero				
Deudores	4.500	4.600	100	
Inversiones financieras temporales	2.000	2.050	50	
Disponible	500	350		150
	7.000	7.800		
Pasivo circulante				
Proveedores	2.700	2.600	100	
Otras cuentas a corto plazo	1.000	750	250	
	3.700	3.350		
Capital circulante financiero	3.300	3.650		
			500	150
Aumento neto			–	350
			500	500

Cuadro 5.3.

Siendo las causas de variación, en este caso, las siguientes:

TIBURON, S. A.
ESTADO DE FONDOS Y APLICACION DE FONDOS
(Acepción 2)

	Importes (u.m.)
Origen de fondos	
Generación neta de derechos de cobro (Resultado de explotación más disminución de la partida de Existencias, o lo que es lo mismo, diferencia entre ingresos y gastos —compras y otros—)	4.200
Ampliación de capital	1.200
	5.400
Aplicación de fondos	
Compra de maquinaria	3.000
Reembolso de deudas a largo plazo	2.050
	5.050
Aumento neto del Capital circulante financiero	350

Cuadro 5.4.

Dando un paso más en la desagregación de los integrantes del Capital circulante e identificando el término **fondos** con lo que hemos venido en llamar Activos líquidos (disponible más inversiones financieras a corto plazo), trataríamos de reproducir cuál ha sido la capacidad de la empresa para generar recursos líquidos.

En este caso, y siempre con el mismo ejemplo, tendríamos el siguiente estado:

TIBURON, S. A.
ESTADO DE ORIGEN Y APLICACION DE FONDOS
(Acepción 3)

	Importes (u.m.)
Origen de fondos	
Generación de recursos líquidos (generación neta de derechos de cobro menos aumento del saldo de Deudores) o cobros por ventas	4.100
Ampliación de capital	1.200
	5.300
Aplicación de fondos	
Compra de maquinaria	3.000
Reembolso de deudas	2.050
Pagos a proveedores y otras cuentas a corto plazo	350
	5.400
Disminución neta de Activos líquidos (disponible e inversiones financieras a corto)	100

Cuadro 5.5.

Finalmente, si identificamos **fondos** con Disponible tendríamos el siguiente estado, partiendo siempre del ejemplo base:

TIBURON, S. A.
ESTADO DE ORIGEN Y APLICACION DE FONDOS
(Acepción 4)

	Importes (u.m.)
Origen de fondos	
Cobros por ventas	4.100
Ampliación de capital	1.200
	5.300
Aplicación de fondos	
Compra de maquinaria	3.000
Reembolso de deudas	2.050
Compras de inversiones financieras temporales	50
Pagos a proveedores y otras cuentas a corto plazo	350
	5.450
Disminución neta de Disponible	150

Cuadro 5.6.

Como puede observarse de lo dicho hasta ahora, cualquiera que sea el contenido que demos al término **fondos**, su variación tiene unas causas que hemos expuesto, consignando cuáles eran sus orígenes y sus destinos, es decir, qué partidas del balance incidían en su generación y a qué partidas del balance se destinaban los fondos.

Ahora bien, si al establecer la variación de fondos, consignamos tan sólo las partidas que han tenido una incidencia sobre dichos fondos, puede que perdamos una importante información que se hace necesario mostrar.

Si retomamos el término **fondos** como equivalente a Capital circulante, y si suponemos que en el ejercicio se ha registrado la siguiente operación:

	Importes (u.m.)
Compra de edificios	10.000
Financiación de la compra:	
– Por el vendedor, a pagar a los tres años	4.000
– Mediante préstamo hipotecario, a reembolsar en diez anualidades	6.000
	10.000

es evidente que esa operación no ha afectado al Capital circulante, considerando éste como la diferencia:

$$CC = AC - PC$$

y, por tanto, no mostraríamos la operación reseñada.

Por el contrario, si concebimos el Capital circulante, como diferencia entre conceptos del capital fijo, tal como vimos anteriormente, es decir:

$$CC = PF - AF$$

la operación anterior habría que mostrarla en el Estado de fondos, con lo que tendría éste la siguiente composición:

TIBURON, S. A.
ESTADO DE ORIGEN Y APLICACION DE FONDOS
(Acepción 1 desarrollada)

	Importes (u.m.)
Origen de fondos	
Resultados de explotación	4.000
Ampliación de capital	1.200
Deudas a largo plazo	4.000
Préstamos hipotecarios	6.000
	15.200
Aplicación de fondos	
Compra de edificios	10.000
Compra de maquinaria	3.000
Reembolso de deudas a largo plazo	2.050
	15.050
Aumento neto del Capital circulante	150

Cuadro 5.7.

Como tendremos ocasión de ver en siguientes epígrafes y capítulos, cuando se habla de **Estado de origen y aplicación de fondos** se entiende **el análisis de las variaciones del Capital circulante, incluyendo movimientos financieros que no hayan tenido una incidencia directa en esta magnitud**.

Cuando el término **fondos** se identifica con las Disponibilidades o tesorería de la empresa, el Estado de origen y aplicación de fondos abandona esta denominación y recibe la de **Estado de cash-flow** o **Estado de tesorería**.

3. LAS VARIACIONES PATRIMONIALES Y FINANCIERAS

En el epígrafe anterior, hemos mostrado las variaciones de los fondos y las posibles causas de las mismas. Cualquiera que sea la acepción que demos al término **fondos**, se ha podido observar que partíamos de una situación dinámica, es decir de un **balance de movimientos**, donde se registraban, en el primer y último ejemplo, las variaciones que experimentaban las cuentas del capital circulante.

Por otra parte, suponíamos que esas variaciones del capital circulante se debían a generación de recursos derivados de la explotación (resultados) y de la ampliación de capital, por una parte (y, en el último caso, por endeudamiento por la compra del edificio) que son partidas del capital fijo, y a la adquisición de maquinaria y a la devolución de pasivos a largo plazo, por otra (además de la adquisición del edificio, en el último caso, igualmente) que son, también, partidas del capital fijo.

¿Qué justifica tal situación? Generalmente, el hecho ya supuesto de que el Capital circulante, como diferencia entre activo circulante y pasivo circulante es el mismo concepto que el capital fijo, como diferencia entre el activo fijo y el pasivo fijo.

Veamos el siguiente balance simplificado:

Activo		Pasivo	
Activo fijo	40.000	Pasivo fijo (patrimonio neto y pasivo a largo plazo)	45.000
Activo circulante	11.800	Pasivo circulante	6.800
Total	51.800		51.800

Cuadro 5.8.

Capital circulante: 11.800 – 6.800 = 5.000
Capital fijo : 40.000 – 45.000 = (5.000)

Gráficamente sería:

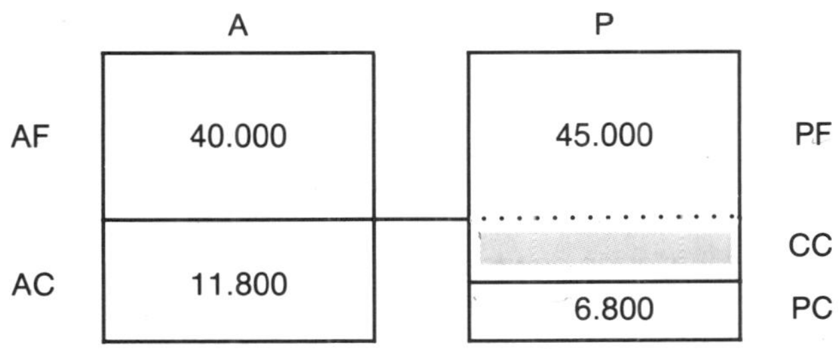

La parte sombreada sería el Capital circulante.

Igual ejemplo y con el mismo alcance podríamos poner a las otras acepciones del término **fondos** que hemos dado en el epígrafe anterior.

Esa igualdad se mantiene, evidentemente, en el caso en que expongamos movimientos en lugar de situaciones finales.

Supongamos que la empresa que mostraba la situación anterior en el ejercicio **n**, arrojara la siguiente, en el ejercicio **n + 1**:

Activo		Pasivo	
Activo fijo	42.000	Pasivo fijo	46.500
Activo circulante	11.000	Pasivo circulante	6.500
Total	53.000		53.000

Cuadro 5.9.

El Balance de movimientos, sería:

	Importes (u.m.)	
	Movimientos deudores	**Movimientos acreedores**
Activo fijo	2.000	
Activo circulante		800
Pasivo fijo		1.500
Pasivo circulante	300	
	2.300	2.300

Cuadro 5.10.

Vemos, por tanto, que la variación del Capital circulante:

$$4.500 - 5.000 = (500)$$

equivale, con signo contrario, a la del capital fijo:

$$2.000 - 1.500 = 500$$

o lo que es lo mismo:

Capital circulante	Variación acreedora de activo circulante	(800)
	Variación deudora de pasivo circulante	300
	Variación neta	(500)

Capital fijo	Variación deudora de activo fijo	2.000
	Variación acreedora de pasivo fijo	(1.500)
	Variación neta	500

Lo anterior demuestra que para analizar la variación en la composición de los fondos, en cualquiera de sus acepciones, se hace necesario conocer las variaciones experimentadas por las rúbricas que componen la situación financiera-patrimonial de una empresa. Estas variaciones se recogerán en un estado, antecedente de los que se expondrán más adelante, y que vamos a denominar **Estado de variaciones patrimoniales y financieras**. En él mostraremos las variaciones habidas en los activos y pasivos de la empresa, cualquiera que sea su clasificación.

Como sabemos, el Pasivo de un balance muestra las fuentes de financiación de que dispone la empresa en un momento dado y el Activo la inversión dada a la financiación en ese momento. Esta identidad en una fecha dada:

$$A \equiv P$$

se mantiene, igualmente, en un espacio de tiempo.

Siendo:

$\blacktriangle A$ = incrementos de activo en el período considerado
δA = disminuciones de activo en el período considerado
$\blacktriangle P$ = incrementos de pasivo en el período considerado
δP = disminuciones de pasivo en el período considerado

Tendremos:

$$\blacktriangle A + \delta P \equiv \delta A + \blacktriangle P$$

En el ejemplo último tendríamos:

$\blacktriangle A$ = 2.000
δP = 300
δA = 800
$\blacktriangle P$ = 1.500

$$2.000 + 300 \equiv 800 + 1.500$$

Por lo que la financiación del período vendrá dada por:

Disminuciones de activo (δA)	=	800
Incrementos de pasivo ($\blacktriangle P$)	=	1.500
Financiación del período		2.300

y la inversión:

Incrementos de activo ($\blacktriangle A$)	=	2.000
Disminuciones de pasivo (δP)	=	300
Inversión del período		2.300

Si damos un paso más, y observamos las diferencias en las partidas de fijo y circulante y añadimos un componente que se produce en el curso del período considerado, cual es el resultado tendríamos:

Financiación del período:

$\blacktriangle P_F$ = incrementos de pasivo fijo
B = resultado positivo
$\blacktriangle P_C$ = incremento de pasivo circulante
δA_F = disminuciones de activo fijo
δA_C = disminuciones de activo circulante

Inversión del período:

δP_F = disminución de pasivo fijo
P = resultado negativo
δP_C = disminución de pasivo circulante
$\blacktriangle A_F$ = incrementos de activo fijo
$\blacktriangle A_C$ = incrementos de activo circulante

La identidad será ahora la siguiente:

Inversión		Financiación
$\delta P_F + P + \delta P_C + \blacktriangle A_F + \blacktriangle A_C$	$\equiv$	$\blacktriangle P_F + B + \blacktriangle P_C + \delta A_F + \delta A_C$

Para elaborar esa información, estableceríamos un balance de movimientos o Estado de variaciones patrimoniales y financieras. Así, partiendo de los siguientes balances, pertenecientes a la Sociedad BALLENA, S. A.

BALLENA, S. A. BALANCES DE SITUACION

	Importes (u.m.)	
	Balance al 31-12-1990	**Balance al 31-12-1991**
Activo		
Gastos de establecimiento	100	80
Patentes	500	500
Terrenos y construcciones	10.000	11.000
Instalaciones técnicas	15.000	15.700
Mobiliario	1.000	1.000
Inmovilizaciones financieras	1.500	1.400
Existencias comerciales	6.100	7.400
Clientes	2.200	2.500
Caja y Bancos	600	550
	37.000	40.130
Pasivo		
Capital	21.700	22.900
Reservas	2.000	2.000
Amortización acumulada del inmovilizado material	2.000	2.500
Empréstito de obligaciones	3.000	2.200
Deudas a largo plazo	3.000	2.800
Créditos bancarios a corto plazo	1.000	2.430
Proveedores	2.800	3.500
Otras deudas a corto plazo	1.500	1.200
Resultado	—	600
	37.000	40.130

Cuadro 5.11.

Y el **Estado de variaciones patrimoniales y financieras** será:

BALLENA, S. A.
ESTADO DE VARIACIONES PATRIMONIALES Y FINANCIERAS

Cuentas	Importes (u.m.)	
	Diferencias deudoras o Inversión	Diferencias acreedoras o Financiación
Gastos de establecimiento		20
Terrenos y construcciones	1.000	
Instalaciones técnicas	700	
Inmovilizaciones financieras		100
Existencias comerciales	1.300	
Clientes	300	
Caja y Bancos		50
Capital		1.200
Amortizaciones acumuladas inmovilizado material		500
Empréstito de obligaciones	800	
Deudas a largo plazo	200	
Créditos bancarios a corto plazo		1.430
Proveedores		700
Otras deudas a corto plazo	300	
Resultado (beneficio)		600
	4.600	4.600

Cuadro 5.12.

4. EL ESTADO DE ORIGEN Y APLICACION DE FONDOS: TECNICAS PARA SU ELABORACION

Hemos acordado que el Estado de origen y aplicación de fondos mostraba las variaciones experimentadas en un período de tiempo por el Capital circulante, tomando éste como diferencia entre pasivos fijos y activos fijos. Así, pues, partiendo del **Estado de variaciones patrimoniales y financieras** sólo necesitaríamos, en principio, agrupar las diferencias, en diferencias de capital fijo y de capital circulante, con lo que obtendríamos la siguiente **Hoja de trabajo** a partir del ejemplo anterior (Cuadro 5.13):

BALLENA, S. A.
HOJA DE TRABAJO

Cuentas	Diferencias		Fondos		Capital circulante	
	D	H	Aplicación	Origen	Aumento	Disminución
Activo						
Gastos de establecimiento ..		20		20		
Terrenos y construcciones ..	1.000		1.000			
Instalaciones técnicas	700		700			
Inmovilizaciones financieras .		100		100		
Existencias comerciales	1.300				1.300	
Clientes	300				300	
Caja y Bancos		50				50
Pasivo						
Capital		1.200		1.200		
Amortización acumulada inmovilizado material		500		500		
Empréstito obligaciones	800		800			
Deudas a largo plazo	200		200			
Créditos bancarios a corto plazo		1.430				1.430
Proveedores		700				700
Otras deudas a corto plazo .	300				300	
Resultado (beneficio)		600		600		
	4.600	4.600	2.700	2.420	1.900	2.180

Cuadro 5.13.

Y el **Estado de fondos** sería el siguiente:

BALLENA, S.A.
ESTADO DE ORIGEN Y APLICACION DE FONDOS

	Importes (u.m.)
Origen de fondos	
Resultados	600
Amortizaciones inmovilizado material	500
Amortización gastos establecimiento	20
Ampliación de capital	1.200
Venta inmovilizaciones financieras	100
Total origen	2.420
Aplicación de fondos	
Compra de terrenos y construcciones	1.000
Compra de instalaciones técnicas y maquinaria	700
Reembolso de empréstitos	800
Reembolso de deudas a largo plazo	200
Total aplicación	2.700
Disminución neta de Capital circulante	280

Cuadro 5.14.

Y las **variaciones del Capital circulante**:

BALLENA, S. A.
VARIACION CAPITAL CIRCULANTE

	Importes (u.m.)
Aumentos:	
Incremento existencias comerciales	1.300
Incremento clientes	300
Disminución otras deudas a corto plazo	300
	1.900
Disminuciones:	
Disminución Caja y Bancos	50
Incremento créditos bancarios a corto plazo	1.430
Incremento proveedores	700
	2.180
Disminución neta	280

Cuadro 5.15.

Retomando la Hoja de trabajo y el Estado de fondos del ejemplo, habría que explicar el significado de ciertas variaciones que **aritméticamente** justifican modificaciones en el Capital circulante.

En los sencillos ejemplos que hemos expuesto con anterioridad, hemos dado como **origen de fondos** los **resultados de explotación**. En este último ejemplo, aparecen además entre las partidas que suponen origen de fondos, las amortizaciones, tanto de inmovilizado material como de gastos de establecimiento.

¿Quiere decir lo anterior que cuando la empresa dota amortizaciones su Capital circulante se incrementa? Evidentemente no, puesto que el asiento que la contabilidad registra es el siguiente:

520	Dotación de amortizaciones			
		a	Amortización acumulada del inmovilizado material	500
		a	Gastos de establecimiento	20

con lo que vemos que ninguna partida de circulante se ve implicada.

En realidad, lo que sucede es que en la configuración del beneficio se ven afectados conceptos de circulante y de fijo. Supongamos que el beneficio de 600 u.m. se hubiera generado como sigue, observando las partidas que intervienen:

Conceptos	Importes (u.m.)	Afecta a:	
		Circulante	Fijo
Ventas Coste de ventas	40.000 (36.280)	Clientes y Disponible Disponible, Proveedores y Existencias	
	3.720		
Gastos de ventas y de administración	(2.600)	Disponible y Acreedores a corto plazo	
Amortizaciones	(520)		Inmovilizado material y Gastos establecimiento
Beneficio explotación	600		

Cuadro 5.16.

Por tanto, la generación de Capital circulante es igual, en este caso, a:

Resultado de explotación	+	Amortizaciones
600	+	520

Esto quiere decir, igualmente, que si la empresa no amortizara generaría el mismo circulante que si lo hiciera. Sin embargo, al no amortizar, el beneficio distribuible aumentaría y, con ello, la posibilidad de disminuir más el circulante en la distribución.

Como veremos en otro apartado la amortización constituye, además de un elemento del coste de producción y de operaciones, una fuente de financiación en tanto el bien sujeto a depreciación no sea renovado.

Una vez precisado lo anterior, volvamos a la técnica de elaboración del estado. Hemos visto que existe una lógica aritmética para el cálculo de la inversión y la financiación de un ejercicio que, partiendo del movimiento de las cuentas del balance, establecía la siguiente identidad:

$$\delta P_F + P + \delta P_C + \blacktriangle A_F + \blacktriangle A_C \equiv \blacktriangle P_F + B + \blacktriangle P_C + \delta A_F + \delta A_C$$

Si agrupamos, por una parte, las variaciones del Capital fijo y, por otra, las del Capital circulante, tendríamos:

$\delta P_F + P + \blacktriangle A_F$	$\blacktriangle P_F + B + \delta A_F$
(Aplicación de fondos)	(Origen de fondos)

$\delta P_C + \blacktriangle A_C$	$\blacktriangle P_C + \delta A_C$
(Variaciones del capital circulante)	

Si añadimos a los resultados aquellas partidas de los mismos que no afectan al circulante, por cuanto no suponen salidas de fondos (como hemos visto para el caso de las amortizaciones) cuales son:

— Dotación de amortizaciones (DA).
— Dotación a las provisiones a largo plazo o de fijo (DP).

tendríamos:

$\delta P_F + [P - DA - DP] + \blacktriangle A_F$
Aplicación de fondos

$\blacktriangle P_F + [B + DA + DP] + \delta A_F$
Origen de fondos

Contando con dos balances consecutivos, **esta manera de operar sería correcta, si se dieran las dos circunstancias siguientes:**

a) Que todos los movimientos experimentados por las cuentas de Activo fijo y Pasivo fijo fueran representativos de inversión y financiación.
b) Que todos los movimientos de las cuentas citadas fueran de una sola dirección o, dicho de otro modo, de un solo signo, de tal manera que sólo expresaran inversión o financiación separadamente.

Como puede haber, y de hecho hay, casos en que los movimientos de las cuentas no cumplen con los requisitos a) y b), es necesario someter al **balance de movimientos** o **columna de diferencias** a unos **ajustes o rectificaciones** para que tales diferencias sean expresivas, en realidad, de inversiones y financiaciones netas y, por tanto, muestren correctamente cuáles han sido los motivos de origen y aplicación del Capital circulante, es decir, la variación de esta magnitud.

En la Hoja de trabajo que expusimos antes habría que incorporar una **columna de ajustes**, que en realidad es un libro Diario, donde se vayan recogiendo las rectificaciones.

Tendríamos ahora:

Cuentas	Diferencias		Ajustes	
	D	H	D	H

Las **variaciones representativas** serían la suma algebraica de las cantidades recogidas en la columna de diferencias y en la columna de ajustes.

4.1. AJUSTES MOTIVADOS POR LA REPRESENTATIVIDAD DE LOS MOVIMIENTOS

Dentro del apartado a) tendremos las siguientes situaciones que habrán podido producirse durante el ejercicio:

a_1) Traspasos habidos entre cuentas.
a_2) Cancelación de cuentas con sus cuentas compensadoras.
a_3) Plusvalías o minusvalías.
a_4) Variaciones motivadas por la distribución de beneficios del ejercicio anterior.

a_1) **Traspasos habidos entre cuentas.**

a_{11}) Entre cuentas de Activo:

Supongamos, por ejemplo, que durante el ejercicio se han finalizado unas instalaciones técnicas que estaban en curso de ejecución al inicio del mismo. La empresa habrá registrado en su Diario oficial el siguiente apunte:

100	Instalaciones			
		a	Instalaciones en curso	100

Es evidente que el aumento en la cuenta de Instalaciones no implica inversión (aplicación de fondos), ni la disminución de la cuenta Instalaciones en curso representa financiación (origen de fondos).

Por tanto, **en la columna de ajustes** habrá que eliminar este apunte mediante el contrario:

100	*Instalaciones en curso*			
		a	*Instalaciones*	*100*

a_{12}) Entre cuentas de Pasivo:

Puede tratarse tanto de traspasos entre cuentas de pasivo propio (p. ej. capitalización de reservas), como de traspasos entre cuentas de pasivo ajeno y pasivo propio (p. ej. conversión de obligaciones en acciones).

En el primer caso, la empresa habría contabilizado:

50	Reservas			
		a	Capital social	50

Es claro que el incremento de Capital no ha sido por aportaciones y, por tanto, no representa financiación del periodo. De igual modo, el cargo a Reservas no supone salida de fondos ni, por tanto, inversión alguna. El asiento se eliminará mediante el apunte siguiente **en la columna de ajustes:**

50	*Capital social*			
		a	*Reservas*	*50*

En el segundo caso, tendríamos que el apunte registrado podría ser:

70	Empréstito de obligaciones			
		a	Capital social	70

por la razón apuntada antes, se efectuaría el siguiente **ajuste**:

70	*Capital social*			
		a	*Empréstito de obligaciones*	*70*

a_2) **Cancelación de cuentas con sus compensadoras.**

Si durante el ejercicio, la empresa ha dado de baja activos fuera de uso, por ejemplo máquinas totalmente amortizadas, habría hecho el apunte:

20	Amortización acumulada de maquinaria			
		a	Maquinaria	20

Aquí vemos que la disminución experimentada por la cuenta de Maquinaria no traduce una venta y no supone, por tanto, ningún incremento de circulante. Igualmente, el cargo a Amortización acumulada no ha supuesto una salida de fondos. El **ajuste** sería:

20	*Maquinaria*			
		a	*Amortización acumulada de maquinaria*	*20*

Además de lo anterior, y por lo que respecta a la amortización acumulada, con el ajuste se consigue otro importante efecto. Como en la Hoja de trabajo la variación se obtiene por diferencia de saldos de la cuenta Amortización acumulada [1], si no se hace el ajuste, esa diferencia no será, en efecto, la dotación del ejercicio, dato que debemos conocer para obtener la correcta financiación del período, al añadir esta magnitud al resultado. Veamos el siguiente ejemplo que aclare lo dicho hasta ahora. Supongamos que el movimiento de la cuenta Amortización acumulada de maquinaria ha sido el siguiente en el período:

[1] Recordemos que la técnica de elaboración consiste en comparar dos balances consecutivos.

D	Amortización acumulada de maquinaria		H
Bajas	20	Saldo inicial	600
Saldo final	680	Dotación	100
	700		700

En la Hoja de trabajo tendríamos una variación de:

$$680 - 600 = 80$$

Cuentas	Diferencias	
	D	H
Amortización acumulada de maquinaria		80

Al hacer el ajuste, obtendríamos:

Cuentas	Diferencias		Ajustes		Fondos	
	D	H	D	H	Aplicación	Origen
Amortización acumulada de maquinaria		80		20	–	100

De igual modo, el movimiento de la cuenta Maquinaria quedaría ajustado y sería igualmente expresivo. Supongamos que la única baja de maquinaria es la registrada en el ejemplo y que el movimiento de esta cuenta hubiera sido el siguiente:

D	Maquinaria		H
Saldo inicial	3.000	Bajas por inutilización	20
Adquisiciones del ejercicio	1.000	Saldo final	3.980
	4.000		4.000

En la Hoja de trabajo tendríamos una variación de:

$$3.980 - 3.000 = 980$$

Cuentas	Diferencias	
	D	H
Maquinaria	980	

Al hacer el ajuste, obtendríamos:

Cuentas	Diferencias		Ajustes		Fondos	
	D	H	D	H	Aplicación	Origen
Maquinaria	980	–	20		1.000	

Siendo efectivamente 1.000 u.m. el importe de las inversiones en maquinaria durante el ejercicio.

a_3) **Plusvalías o minusvalías**

Las cuentas de Activo fijo pueden estar sometidas durante el ejercicio a correcciones de valor, tanto al alza (plusvalías) como a la baja (minusvalías). Si suponemos que los edificios han sido revalorizados durante el ejercicio por 1.000 u.m. el apunte habría sido:

1.000	Edificios			
		a	Reserva por revalorización	1.000

Vemos fácilmente, que ni el incremento de la cuenta de Edificios supone inversión real (aplicación de fondos) ni el incremento de la Reserva por revalorización ha supuesto una entrada de circulante en la empresa. Así pues, **el ajuste** a hacer sería:

1.000	*Reserva por revalorización*			
		a	*Edificios*	*1.000*

Si se hubiera registrado una minusvalía, ésta podría suponer:

— un cargo a la cuenta de Reserva por revalorización, si ésta existiese previamente y con saldo suficiente.
— un cargo a la cuenta de Pérdidas y ganancias, en caso contrario.

En el primer caso, la empresa hubiera contabilizado:

500	Reserva por revalorización			
		a	Edificios	500

con lo que **el ajuste** sería:

500	*Edificios*			
		a	*Reserva por revalorización*	*500*

En el segundo caso, se hubiera contabilizado:

500	Pérdidas y ganancias (Resultados extraordinarios)			
		a	Edificios	500

y **el ajuste** sería:

500	*Edificios*			
		a	*Pérdidas y ganancias (Resultados extraordinarios)*	*500*

con lo que se mostraría, al anular el efecto del resultado extraordinario por la minusvalía, el beneficio de la explotación normal como fuente de fondos, dato de capital importancia en el análisis de este estado. Si no se hiciera este ajuste, se mostraría, erróneamente, como fuente de fondos, los resultados totales (incluidos los extraordinarios) y una baja en Edificios, lo que falsearía la información.

a_4) Variaciones motivadas por la distribución de beneficios del ejercicio anterior

Si en la Hoja de trabajo con que se opera se parte de balances en los que figuran las cuentas de Pérdidas y ganancias antes de su distribución, tendríamos, por ejemplo, esta situación:

Cuentas	Balances		Diferencias		Fondos	
	Inicial	Final	D	H	Aplicación	Origen
Pérdidas y ganancias (después de impuestos)	500	600		100		100

Dada la lógica aritmética expuesta, se estaría mostrando una financiación por Resultados del ejercicio de 100 u.m., cuando la financiación por beneficios del año es, en realidad, de 600 u.m.

Este efecto se debe al hecho de que restamos del beneficio del último año el del anterior, al no figurar éste aún distribuido. Si el beneficio del año anterior ha sido objeto de distribución en el ejercicio último, distribución que fue, por ejemplo, la siguiente:

	Importes (u.m.)
Beneficio distribuible	500
Distribución:	
Dividendos	300
Dotación de reservas	200
	500

La distribución de beneficios se registraría del siguiente modo, en el Diario del último ejercicio:

500	Pérdidas y ganancias			
		a	Dividendos a pagar	300
		a	Reservas	200

y cuando se satisficiera el dividendo activo, se contabilizaría:

300	Dividendos a pagar			
		a	Caja y bancos	300

Además del efecto antes expuesto, este asiento provocaría, según la lógica aritmética seguida, los siguientes efectos en la cuenta de Reservas:

Cuentas	Diferencias		Fondos	
	D	H	Aplicación	Origen
Reservas		200		200

Es evidente que la dotación de reservas, por distribución de beneficios, no supone un incremento de capital circulante y, por otra parte, la disminución de circulante provocada por la distribución del dividendo no luce en el estado.

Así, pues, **el ajuste** a hacer sería:

300	*Dividendos pagados*			
200	*Reservas*			
		a	*Pérdidas y ganancias*	*500*

y la Hoja de trabajo expresaría lo siguiente:

Cuentas	Diferencias		Ajustes		Fondos	
	D	H	D	H	Aplicación	Origen
Pérdidas y ganancias		100		500		600
Reservas		200	200		–	–
Dividendos pagados			300		300	

mostrando el movimiento financiero correcto.

4.2. AJUSTES MOTIVADOS POR LA COMPOSICION DE LOS MOVIMIENTOS

Dentro del apartado b), tendremos los siguientes casos que se pueden producir:

b_1) Ventas de activos fijos, y
b_2) Reembolso de deudas a largo plazo.

b_1) **Ventas de activos fijos**

Cuando en un mismo periodo, y para el mismo tipo de activos fijos, la empresa ha realizado adquisiciones y enajenaciones, la variación de saldos contiene movimientos mixtos que es necesario desglosar para una más correcta información.

Pongamos, en primer lugar, un ejemplo sencillo en el que la venta no ha originado resultados de ningún signo.

Durante el ejercicio, la empresa ha vendido instalaciones por su valor residual según se detalla a continuación:

	Importes (u.m.)
Valor origen	1.200
Amortización acumulada	(950)
Valor residual	250
Precio de venta	250
Resultado	–

El asiento que la sociedad ha realizado será:

250	Caja y bancos			
950	Amortización acumulada instalaciones			
		a	Instalaciones	1.200

Supongamos que durante el ejercicio, el movimiento del elemento patrimonial Instalaciones ha sido el siguiente:

D	Instalaciones		H
Saldo inicial	10.000	Bajas	1.200
Adquisiciones	3.500	Saldo final	12.300
	13.500		13.500

En la Hoja de trabajo, la variación sería de:

$$12.300 - 10.000 = 2.300$$

lo que significaría una inversión de 2.300 u.m. cuando en realidad el circulante de la empresa ha tenido el siguiente movimiento originado por la compra-venta de instalaciones:

	Importes (u.m.)
Fondos aplicados a adquisiciones de instalaciones	3.500
Fondos obtenidos por venta de instalaciones	(250)
Variación neta	3.250

¿Cómo se mostrará el efecto real? Realizando el siguiente **ajuste:**

1.200	*Instalaciones*			
		a	*Amortización acumulada de instalaciones*	*950*
		a	*Fondos obtenidos por venta de inmovilizado*	*250*

La Hoja de trabajo presentaría esta información:

Cuentas	Diferencias		Ajustes		Fondos	
	D	H	D	H	Aplicación	Origen
Instalaciones	2.300		1.200		3.500	
Amortización acumulada de instalaciones	100			950		850
Fondos obtenidos por venta de inmovilizado				250		250

El efecto en la cuenta de Amortización acumulada es el mismo al visto en el apartado a_2).

Siguiendo con este ejemplo, supongamos que el caso ha sido el siguiente:

	Importes (u.m.)
Valor origen	1.200
Amortización acumulada	(950)
Valor residual	250
Precio de venta	350
Resultado	100

El asiento de venta habrá sido:

350	Caja y bancos			
950	Amortización acumulada instalaciones			
		a	Instalaciones	1.200
		a	Pérdidas y ganancias (resultado extraordinario)	100

El efecto real, por tanto, ha sido el siguiente:

	Importes (u.m.)
Fondos aplicados a adquisiciones de instalaciones	3.500
Fondos obtenidos por venta de instalaciones	(350)
Variación neta	3.150

El **ajuste** a hacer será:

1.200	*Instalaciones*			
100	*Pérdidas y ganancias*			
		a	*Amortización acumulada de instalaciones*	*950*
		a	*Fondos obtenidos por venta de inmovilizado*	*350*

Analizados los efectos anteriores, el único que queda pendiente, es el relativo a los resultados. Al disminuir el saldo de Pérdidas y ganancias se disminuye la financiación por este concepto para mostrar la financiación por venta en activos. Si no se operara así se estaría distorsionando la realidad, cuando es muy significativa la procedencia de la financiación.

Pensamos que no es necesario insistir en el hecho de que el análisis de las fuentes de financiación de una empresa será más positivo cuanto más porcentaje provenga de los resultados de explotación normales y no de la venta de su estructura productiva.

b_2) Reembolso de deudas a largo plazo

Al igual que una cuenta de activo fijo experimenta movimientos mixtos, que es necesario desglosar, una cuenta de pasivo fijo puede registrar, en un periodo de tiempo, tanto aumentos como disminuciones que, igualmente, es necesario mostrar separadamente.

Supongamos que los préstamos a largo plazo que financian a la empresa han tenido este movimiento:

D		Préstamos a largo plazo	H
Reembolsos del año	4.200	Saldo inicial	15.300
Saldo final	16.200	Endeudamiento del año	5.100
	20.400		20.400

En la Hoja de trabajo, la variación será:

$$16.200 - 15.300 = 900$$

que significa una financiación de 900 u.m. cuando, al igual que vimos para los activos, el movimiento de circulante ha sido:

	Importes (u.m.)
Recursos obtenidos	5.100
Recursos aplicados	4.200
Variación neta	900

El **ajuste** a hacer será:

4.200	*Reembolso de préstamos*			
		a	*Préstamos a largo plazo*	*4.200*

Y la Hoja de trabajo mostraría la siguiente información:

Cuentas	Diferencias		Ajustes		Fondos	
	D	H	D	H	Aplicación	Origen
Préstamos a largo plazo		900		4.200		5.100
Reembolso de préstamos			4.200		4.200	

Indiquemos, por último, que el saldo neto de Resultados de explotación pueda mostrarse separadamente en el Estado de origen y aplicación de fondos, de tal manera que los **Ingresos** se muestren como **origen de fondos** y los **Costes** como **aplicación de fondos**. Nosotros no somos partidarios de esta separación que tan sólo será válida para el **Estado de cash-flow** que desarrollamos en el siguiente capítulo. Los resultados son una consecuencia de los ingresos y costes y, por tanto, no son causas que se puedan disociar y mostrar separadamente.

5. EJERCICIO DE RECAPITULACION

Vamos a mostrar un ejemplo que sirva de resumen y recordatorio de lo expuesto con detalle hasta ahora.

Enunciado de un caso práctico

Se trata de establecer el **Estado de origen y aplicación de fondos** del ejercicio 19X2 de la sociedad GRILLO, S. A. Esta presenta los balances de situación siguientes, en unidades monetarias:

GRILLO, S. A.
BALANCES DE SITUACION

Activo	31 Diciembre 19X1	31 Diciembre 19X2	Pasivo	31 Diciembre 19X1	31 Diciembre 19X2
Accionistas, desembolsos no exigidos	–	500	Capital	27.000	29.000
Gastos de establecimiento	100	80	Reserva revalorización	–	1.500
Fondo de comercio	1.000	1.000	Reservas	6.200	7.500
Amortización acumulada inmovilizado inmaterial	(300)	(400)	Subvenciones en capital	4.000	3.600
Terrenos y construcciones	20.000	23.000	Fondo de reversión	–	200
Instalaciones técnicas y maquinaria	52.800	55.000	Ingresos diferidos por diferencias de cambio (clientes)	–	100
Otras instalaciones, utillaje y mobiliario	5.000	5.200	Préstamos a largo plazo	13.000	11.000
Amortización acumulada inmovilizado material	(32.000)	(35.000)	Créditos bancarios a corto plazo	2.000	3.500
Participaciones en empresas del grupo	2.000	2.100	Hacienda Pública	1.000	1.200
Provisión depreciación inversiones financieras	(500)	(600)	Seguridad Social	100	100
Materias primas	2.000	1.800	Proveedores	2.900	3.400
Productos en curso	1.200	1.100	Pérdidas y ganancias	2.800	3.500
Productos terminados	3.000	4.970			
Provisión depreciación de existencias	(150)	(200)			
Clientes y efectos a cobrar	5.000	6.100			
Provisión insolvencias	(250)	(200)			
Caja y bancos	100	150			
	59.000	64.600		59.000	64.600

Cuadro 5.17.

La cuenta de Pérdidas y ganancias del último ejercicio muestra la siguiente composición, en unidades monetarias:

GRILLO, S. A.
CUENTA DE PERDIDAS Y GANANCIAS

Debe		Haber		
Compra materia prima	18.000	Ventas netas		30.400
Variación materia prima	200	Variación de productos terminados y en curso		1.870
Gastos de personal	7.000	Trabajos realizados por la empresa para su inmovilizado		2.000
Dotación amortización inmovilizado	3.920	Subvenciones		400
Dotación fondo reversión	200	Dividendos empresas del grupo		100
Dotación provisión inversiones financieras	300	Beneficio venta maquinaria		100
Otros gastos	100	Valor origen	2.000	
Gastos financieros	300	Amortización acumulada	(1.800)	
Dotación provisión existencias	50		200	
Dotación provisión insolvencias	100	Precio venta	300	
Impuesto de sociedades	1.200			
Saldo (beneficio)	3.500			
	34.870			34.870

Cuadro 5.18.

Otra información complementaria

1. La distribución de los beneficios del ejercicio 19X1 tuvo la siguiente composición:

	Importes (u.m.)
Beneficio distribuible	2.800
Distribución:	
Dividendos	1.500
Reservas	1.300
	2.800

2. Durante el ejercicio 19X2 se dieron de baja en balance participaciones financieras en empresas del grupo, totalmente provisionadas, por un importe de 200 u.m.
3. Igualmente, se cancelaron en 19X2 saldos de clientes, totalmente provisionados, por 150 u.m.
4. Los edificios registraron una plusvalía, cuyo desglose es:

	Importes (u.m.)
Revalorización activo	2.500
Revalorización amortización acumulada	1.000
Plusvalía neta	1.500

5. Durante el ejercicio 19X2 se reembolsaron préstamos a largo plazo por 3.000 u.m.

Solución del caso práctico

GRILLO, S. A. HOJA DE TRABAJO

Cuentas	Diferencias		Ajustes		Fondos		Circulante	
	D	H	D	H	A	O	+	–
Accionistas, desembolsos no exigidos	500			(h) 500				
Gastos de establecimiento		20				20		
Fondo de comercio								
Amortización acumulada inmovilizado inmaterial		100				100		
Terrenos y construcciones	3.000			(f) 2.500	500			
Instalaciones técnicas y maquinaria	2.200		(c) 2.000		4.200			
Otras instalaciones, utillaje y mobiliario	200				200			
Amortización acumulada inmovilizado material		3.000	(f) 1.000	(c) 1.800		3.800		
Participaciones en empresas del grupo	100		(d) 200		300			
Provisión depreciacion inversiones financieras		100		(d) 200		300		
Materias primas		200						200
Productos en curso		100						100
Productos terminados	1.970						1.970	
Provisión depreciación existencias		50						50
Clientes y efectos a cobrar	1.100		(e) 150				1.250	
Provisión insolvencia	50			(e) 150				100
Caja y bancos	50						50	
Capital		2.000	(h) 500			1.500		
Reserva revalorización		1.500	(f) 1.500					
Reservas		1.300	(a) 1.300					
Subvenciones en capital	400			(b) 400				
Fondo de reversión		200				200		
Ingresos diferidos por diferencias de cambio		100						100
Préstamo largo plazo	2.000			(g) 3.000		1.000		

Cuadro 5.19.

Créditos bancarios		1.500						1.500
Hacienda Pública		200						200
Proveedores		500						500
Pérdidas y ganancias		700	(b) 400	(a) 2.800		3.000		
	11.570	11.570	(c) 100					
Dividendos pagados			(a) 1.500		1.500			
Fondos obtenidos por venta de inmovilizado				(c) 300		300		
Reembolso préstamos a largo plazo			(g) 3.000		3.000			
			11.650	11.650	9.700	10.220	3.270	2.750

Cuadro 5.19. (*Continuación.*)

GRILLO, S. A. ESTADO DE ORIGEN Y APLICACION DE FONDOS

			Importes (u.m.)
Origen de fondos			
– Recursos procedentes de la explotación:			
Resultados ejercicio		3.500	
más: Cargos que no suponen salida de fondos:			
Amortizaciones	3.920		
Provisiones inmovilizado	300		
Dotación fondo de reversión	200		
menos: Resultados fuera explotación:			
Resultados por venta activos	(100)		
Subvenciones en capital	(400)	3.920	
Total recursos explotación			7.420
– Ampliación de capital			1.500
– Endeudamiento a largo plazo			1.000
– Venta de inmovilizado			300
Total origen			10.220
Aplicación de fondos			
– Adquisición terrenos y construcciones			500
– Adquisición instalaciones técnicas y maquinaria			4.200
– Adquisición otras instalaciones			200
– Adquisición participaciones financieras			300
– Reembolso de préstamos a largo plazo			3.000
– Por dividendos pagados en el ejercicio			1.500
Total aplicación			9.700
Aumento neto Capital circulante			520

Cuadro 5.20.

Y la **variación en el Capital circulante** fue la siguiente:

VARIACION DEL CAPITAL CIRCULANTE

Cuentas	Aumentos	Disminuciones
Materias primas		200
Productos en curso		100
Productos terminados	1.970	
Provisión depreciación existencias		50
Clientes y efectos a cobrar	1.100	
Provisión insolvencias	50	
Caja y bancos	50	
Ingresos diferidos por diferencias de cambio		100
Créditos bancarios		1.500
Hacienda Pública		200
Proveedores		500
Sumas	3.170	2.650
Aumento del capital circulante		*520*
Sumas	3.170	3.170

Cuadro 5.21.

JUSTIFICACION DE LOS AJUSTES REALIZADOS EN LA HOJA DE TRABAJO DEL ESTADO DE ORIGEN Y APLICACION DE FONDOS

Ajuste (a)

Para mostrar la repercusión real sobre el capital circulante, originada por la distribución del resultado del ejercicio 19X1, se ha realizado en la Hoja de trabajo el siguiente ajuste:

1.300	*Reservas*			
1.500	*Dividendos pagados*			
		a	*Pérdidas y ganancias*	*2.800*

Ajuste (b)

La minoración en el saldo experimentada en 19X2 por la partida *Subvenciones en capital* representa el importe traspasado a resultados en este ejercicio y este movimiento no afecta al capital circulante. Para eliminar los efectos de aquel apunte se ha hecho:

400	*Pérdidas y ganancias*			
		a	*Subvenciones en capital*	*400*

Ajuste (c)

Por la venta de maquinaria, y de acuerdo con la información proporcionada en el Estado de resultados, la sociedad registró:

300	Tesorería o Deudores			
1.800	Amortización acumulada inmovilizado material			
		a	Instalaciones técnicas y maquinaria	2.000
		a	Beneficio venta maquinaria (Pérdidas y ganancias)	100

Y al objeto de reflejar el efecto real sobre el capital circulante de esta operación se ha practicado en la Hoja de trabajo el siguiente ajuste:

2.000	*Instalaciones técnicas y maquinaria*			
100	*Pérdidas y ganancias*			
		a	*Amortización acumulada inmovilizado material*	*1.800*
		a	*Fondos obtenidos por venta de inmovilizado*	*300*

De esta forma se ve cómo el circulante se ha visto incrementado en 300, que es el importe de la venta.

Ajuste (d)

La baja en balance de participaciones en empresas del grupo totalmente provisionadas, obviamente no afectó a ningún componente del capital circulante. Por ello se ha eliminado esta operación haciendo:

200	*Participaciones en empresas del grupo*			
		a	*Provisión depreciación inversiones financieras*	*200*

Ajuste (e)

Por idéntica razón a la apuntada en el caso anterior, y por los saldos cancelados de clientes, se ha realizado este ajuste:

150	*Clientes y efectos a cobrar*			
		a	*Provisión insolvencias*	*150*

Ajuste (f)

Para registrar la revalorización de los edificios, la sociedad realizó el siguiente apunte:

2.500	Terrenos y construcciones			
		a	Amortización acumulada inmovilizado material	1.000
		a	Reserva de revalorización	1.500

Y como esta operación no originó movimiento de fondos se ha anulado en la Hoja de trabajo haciendo:

1.000	*Amortización acumulada inmovilizado material*			
1.500	*Reserva de revalorización*			
		a	*Terrenos y construcciones*	*2.500*

Ajuste (g)

Por el importe del *Préstamo a largo plazo* amortizado en el ejercicio, la sociedad hizo:

3.000	Préstamo a largo plazo			
		a	Caja y bancos	3.000

y para mostrar esta aplicación de recursos en el Estado de Origen y Aplicación de Fondos, hemos hecho en la Hoja de trabajo:

3.000	*Reembolso de préstamos a largo plazo*			
		a	*Préstamos a largo plazo*	*3.000*

Ajuste (h)

Por la ampliación de capital, y según la información que se deduce de la lectura del Balance, la sociedad registró:

1.500	Caja y bancos			
500	Accionistas, desembolsos no exigidos			
		a	Capital	2.000

Y con el objeto de explicitar el movimiento real de fondos se ha incorporado a la Hoja de trabajo el siguiente ajuste:

500	*Capital*			
		a	*Accionistas, desembolsos no exigidos*	*500*

6. EL ESTADO DE ORIGEN Y APLICACION DE FONDOS EN EL PLAN GENERAL DE CONTABILIDAD REVISADO

Forma parte del contenido de la Memoria, bajo el nombre de CUADRO DE FINANCIACION, y en él se describirán *los recursos obtenidos en el ejercicio y sus diferentes orígenes, así como la aplicación o el empleo de los mismos en inmovilizado o en circulante.*

Es decir, la magnitud a estudiar en el modelo de Estado de fondos recogido en el Plan General de Contabilidad Revisado es el Capital circulante.

Las **reglas para su elaboración** son las siguientes:

a) *En cada partida deberán figurar además de las cifras del ejercicio que se cierra las correspondientes al ejercicio inmediatamente anterior. Cuando unas y otras no sean comparables, se procederá a adaptar los importes del ejercicio precedente, a efectos de su presentación en el ejercicio corriente.*

b) *Las rúbricas incluidas en el cuadro de financiación deberán adaptarse en función de la importancia que para la entidad hayan tenido las distintas operaciones, realizando agrupaciones de los distintos conceptos cuando resulten de escasa importancia e incorporando aquellos no incluídos que puedan ser significativos para apreciar e interpretar los cambios acaecidos en la situación financiera.*

c) *El cuadro de financiación deberá mostrar separadamente los distintos orígenes y aplicaciones permanentes de recursos en función de las operaciones que los han producido y con independencia de si dichas operaciones han afectado o no formalmente, al capital circulante, incluídas, entre otras, las ampliaciones de capital realizadas mediante conversión de deudas a largo plazo, que deberán figurar simultáneamente como aplicación y como origen de fondos. Asimismo deberá mostrar resumidamente los aumentos y disminuciones que se han producido en el ejercicio en dicho capital circulante.*

Vemos que, en este caso, el Plan opta por dar esta información, cuando en la exposición general que hemos hecho del Estado de fondos, habíamos ajustado tal operación por no afectar al capital circulante. No obstante lo anterior, no nos parece mal el incluirlo tal como dispone el Plan, si se estima que es de interés informativo, como se propugnó para las adquisiciones de activos fijos con financiación a largo plazo.

d) *Los resultados del ejercicio serán objeto de corrección para eliminar los beneficios o pérdidas que sean consecuencia de correcciones valorativas de activos inmovilizados o pasivos a largo plazo, los gastos e ingresos que no hayan supuesto variación del capital circulante y los resultados obtenidos en la enajenación de elementos del inmovilizado.*

Estas cuestiones han sido tratadas, con carácter general, en el epígrafe anterior de este capítulo. Las partidas que dan lugar a la corrección del resultado señaladas por el Plan son:

Aumento del beneficio o disminución de la pérdida

d_1) **Dotaciones a las amortizaciones y provisiones de inmovilizado**

Ya han sido tratadas.

d_2) **Dotación a la provisión para riesgos y gastos**

Hace referencia a creación de pasivos más o menos contingentes, a largo plazo, que no afecten al capital circulante, por lo que habrán de ajustarse.

d_3) **Gastos derivados de intereses diferidos**

Si son a pagar a largo plazo habrán de ajustarse, por no afectar al capital circulante.

d_4) **Amortización de gastos de formalización de deudas**

Este punto no requiere comentario, ya que es una partida más de amortización de activos fijos.

d_5) **Diferencias de cambio negativas**

Estas diferencias negativas pueden afectar a:

— Cuentas de activo circulante (por ejemplo, Clientes)
— Cuentas de pasivo circulante (por ejemplo, Proveedores)
— Cuentas de activo fijo (por ejemplo, Deudores a largo plazo)
— Cuentas de pasivo fijo (por ejemplo, Préstamos a largo plazo)

Si estamos analizando las variaciones en el capital circulante, sólo habrá que ajustar, es decir, añadir al resultado para obtener el importe de **Recursos procedentes de las operaciones** las diferencias negativas que hayan afectado a rúbricas de fijo.

d_6) **Pérdidas en la enajenación del inmovilizado**

Ajuste necesario para mostrar los resultados por operaciones corrientes.

d_7) **Impuesto sobre sociedades diferido en el ejercicio y los ajustes pertinentes**

El impuesto diferido representa **el impuesto devengado respecto del impuesto sobre beneficios a pagar**. El apunte hecho por la empresa será:

Gastos (pérdidas y ganancias)		
	a	Hacienda Pública (a pagar)
	a	Impuesto sobre beneficios diferido

Entendemos que sería objeto de ajuste (suma) si se produce a largo plazo. En caso contrario no, por cuanto no afectaría al capital circulante.

Disminución del beneficio o aumento de la pérdida:

d_8) **Excesos de provisiones de inmovilizado**

Evidentemente, el beneficio producido por estos excesos de provisión, no constituye recursos generados en el ejercicio y, por tanto, no representa incremento del capital circulante.

d_9) **Excesos de provisiones para riesgos y gastos**

La razón es la misma a la apuntada anteriormente.

d_{10}) **Ingresos derivados de intereses diferidos**

Este beneficio procede de un simple apunte contable que, evidentemente, no incrementa el capital circulante y, en consecuencia, ha de ser objeto de ajuste.

d_{11}) **Diferencias de cambio positivas**

Nos remitimos a lo comentado respecto a las **diferencias negativas**, según afecten a fijo o a circulante.

d_{12}) **Beneficios en la enajenación de inmovilizado**

El tratamiento a dar a los resultados procedentes de venta de inmovilizado ya ha sido examinado.

d_{13}) **Subvenciones de capital traspasadas al resultado del ejercicio**

Los comentarios a hacer son análogos a los realizados con respecto a los ingresos derivados de intereses diferidos.

d_{14}) **Impuesto sobre sociedades anticipado en el ejercicio y crédito impositivo generado en el ejercicio por compensación de pérdidas y los ajustes pertinentes**

Si la diferencia entre el impuesto a pagar y el devengado da como resultado un impuesto anticipado a largo, habrá de ser objeto de ajuste, así como el efecto derivado de compensación de pérdidas anteriores.

Como resumen el Plan indica que:

«Cuando el resultado del ejercicio corregido fuese positivo (beneficio) se mostrará en recursos bajo la denominación 'Recursos procedentes de las operaciones'. Por el contrario, si dicho resultado del ejercicio corregido fuese negativo (pérdida), se mostrará en aplicaciones con la denominación 'Recursos aplicados en las operaciones'.

Como nota al cuadro de financiación, se deberá incluir un resumen de las correcciones al resultado, conciliando el resultado contable del ejercicio con los recursos procedentes de las operaciones que se muestran en el mencionado cuadro.»

e) *Los recursos obtenidos en la enajenación o cancelación anticipada de inmovilizado material, inmaterial o financiero se obtendrán sumando o restando, respectivamente, al valor neto contable del correspondiente inmovilizado, el beneficio o pérdida obtenido en la operación.*

Este punto ya le analizamos al estudiar los **fondos obtenidos por venta de inmovilizado.**

f) *Las revalorizaciones de inmovilizado realizadas en el ejercicio al amparo de una Ley no serán consideradas ni como orígenes ni como aplicaciones de recursos, sin perjuicio de que las revalorizaciones que hayan afectado a elementos de inmovilizado enajenados en el ejercicio, sean consideradas como mayor valor contable a efectos de determinar los recursos obtenidos en el ejercicio como consecuencia de dicha enajenación.*

En cuanto a los ajustes por revalorizaciones nos remitimos a lo expuesto para el tratamiento de las plusvalías. Por lo que respecta al segundo punto, es evidente que el circulante obtenido por la venta de un activo fijo revalorizado será su valor residual (igualmente revalorizado) más o menos los beneficios o pérdidas por la enajenación.

g) *Los distintos orígenes y aplicaciones de recursos por operaciones formalizadas en el ejercicio se mostrarán en el cuadro de financiación por su importe efectivo, esto es, deducidos los gastos e ingresos por intereses diferidos, y cualquier otro gasto o ingreso a distribuir en varios ejercicios que no hayan supuesto variación del capital circulante.*

Esto quiere decir que si, por ejemplo, se ha emitido un empréstito de 100 u.m. al 95%, con una prima de reembolso del 10%, el pasivo figurará por 110 u.m., si bien el incremento de circulante ha sido tan sólo de 95 u.m., por lo que **el ajuste** a hacer sería:

15	*Empréstito de obligaciones*			
		a	*Gastos por intereses diferidos de valores negociables*	*15*

h) *Las diferencias de cambio de valores de renta fija, deudas y créditos a largo plazo acaecidas durante el ejercicio no se mostrarán como origen o aplicación de fondos, debiéndose proceder, por tanto, a la correspondiente corrección del resultado o a su compensación con ingresos a distribuir en varios ejercicios.*

Este punto ya se trató.

i) *La aplicación de recursos en inversiones financieras permanentes que sean consecuencia de la renegociación o traspaso de inversiones financieras temporales se mostrará separadamente bajo la denominación* ***Renegociación de inversiones financieras temporales*** *cuando la importancia de su volumen así lo aconseje. Esta regla resultará también de aplicación a los recursos obtenidos por renegociación de deudas a corto plazo, debiendo figurar separadamente, en su caso, con la denominación* ***Renegociación de deudas a corto plazo****.*

Es evidente que estos traspasos de partidas del activo fijo al circulante y viceversa han de mostrarse en el Cuadro de Financiación, por cuanto afectan al importe y a la composición del capital circulante.

j) *Los recursos aplicados por traspaso a corto plazo de deudas a largo plazo se mostrarán por el valor de reembolso de la deuda.*

La justificación es la misma que la expuesta para el punto anterior, sólo que aquí afecta a pasivos fijos y a pasivos circulantes.

k) *Los recursos aplicados por cancelación anticipada de deudas a largo plazo se mostrarán por el importe efectivo de la cancelación.*

Este punto se conecta con el anterior.

l) *Los recursos procedentes de aportaciones de accionistas lucirán en el cuadro de financiación, como origen de fondos, en el ejercicio en que se realice la aportación efectiva o en el que se haya acordado el desembolso.*

Si, por ejemplo, en un ejercicio hay una ampliación de capital de 1.000 u.m., con una aportación del 25 % y no se fijan fechas para los sucesivos dividendos pasivos, sólo se computarán como origen de fondos 250 u.m.

Si al cabo de dos años se exige un dividendo pasivo por 500 u.m., independientemente de que se desembolse o no, se computará un origen de fondos de 500 u.m. por cuanto se habrá producido un traspaso de una cuenta de activo fijo (Accionistas por desembolsos no exigidos) a otra de activo circulante (Accionistas por desembolsos exigidos).

m) *Cuando se produzcan operaciones comerciales a largo plazo, los créditos o débitos constituyen, respectivamente, orígenes o aplicaciones permanentes de recursos y deberán figurar separadamente en el cuadro de financiación, según el siguiente detalle:*

- *Recursos aplicados en operaciones de tráfico:*
  - *Créditos comerciales a largo plazo.*
  - *Traspaso a corto plazo de deudas comerciales.*
- *Recursos obtenidos por operaciones de tráfico:*
  - *Deudas comerciales a largo plazo.*
  - *Traspaso a corto plazo de créditos comerciales.*

ACTIVIDADES RECOMENDADAS

Utilizando los datos del ejemplo usado como ejercicio de recapitulación, el lector elaborará diferentes estados de fondos, en función de las diferentes acepciones del término **fondos**.

EJERCICIOS DE AUTOCOMPROBACION

Indique usted si son verdaderas (**V**) o falsas (**F**) las siguientes proposiciones:

1. El término **fondos** puede identificarse tanto con dinero como con fondo de rotación .... **V F**
2. Dependiendo de la acepción utilizada del término **fondos**, los componentes que determinan su variación serán diferentes .... **V F**
3. En el Estado de origen y aplicación de fondos utilizado habitualmente, la venta de un activo fijo ha de considerarse como un integrante positivo de la variación del fondo de rotación .... **V F**
4. La amortización del periodo no incrementa el Capital circulante .... **V F**
5. Al no afectar al Capital circulante, en el Estado de fondos no se consignan las adquisiciones de activo fijo financiadas con crédito a largo plazo .... **V F**

SOLUCIONES A LOS EJERCICIOS DE AUTOCOMPROBACION

1. V
2. V
3. V
4. V
5. F

CAPITULO

6

Los estados financieros (IV): El estado de tesorería

ESQUEMA/RESUMEN

- — Movimientos de Tesorería: resumen **ex-post**.
- — Causas de generación de Tesorería.
- — Tesorería como disponible en efectivo y como disponible en efectivo y en títulos de gran liquidez.
- — Tesorería de operaciones, de actividades de financiación y de actividades de inversión.
- — Hoja de trabajo: Ajustes propios del Estado de tesorería.

1. EL ESTADO DE TESORERIA: CONSECUCION ANALITICA

Tal como apuntamos en el capítulo anterior, si el concepto **fondos** es interpretado en su acepción más simple, cual es la de Disponibilidades, el Estado de origen y aplicación de fondos sería el equivalente al Estado de origen y aplicación de efectivo o Estado de tesorería o Estado de cash-flow; nombres todos ellos válidos y usados para designar el documento que suministra esa información.

Si se trata de reproducir los movimientos del disponible, parece evidente que ello se conseguiría con total exactitud, si la empresa llevara un Diario-Mayor de Caja y Bancos, donde fuera consignando todas y cada una de las contrapartidas de este elemento patrimonial, con sus correspondientes importes.

No obstante, la técnica que aquí vamos a desarrollar trata de reproducir estos movimientos **ex-post**, es decir, al final de un período considerado de tiempo, con lo que los movimientos se reproducirán con un alto grado de aproximación, pero no con total exactitud.

Si, con carácter general, **las causas de generación de circulante eran**:

— Recursos originados por la explotación global (recursos positivos).
— Aumento de financiación propia.
— Aumento de financiación a largo plazo.
— Liquidación de activos fijos.

y **sus aplicaciones:**

— Recursos aplicados a la explotación global (recursos negativos).
— Pago de dividendos activos.
— Reembolso de financiación propia.
— Reembolso de financiación a largo plazo.
— Adquisición de activos fijos.

Las **variaciones del disponible** tendrán como causas de incremento:

— Cobros derivados de la explotación.
— Cobros derivados de aumentos de capital.
— Cobros derivados de nuevos endeudamientos a largo y corto plazo (éste no derivado de la explotación).
— Cobros por venta de activos fijos y de activos circulantes no afectos a la explotación.

y como **causas de disminución:**

— Pagos derivados de la explotación global.
— Pagos de dividendos activos.
— Pagos por reembolso de capital.
— Pagos por reembolso de deudas a largo y corto plazo.
— Pagos por compras de activos fijos y de activos circulantes no afectos a la explotación.

Avanzando un paso más en el análisis, lo que hemos consignado como pagos y cobros de la explotación global, lo podemos agrupar en:

— Operaciones normales o típicas del negocio.
— Operaciones extraordinarias o atípicas del negocio.

Para la consecución del Estado de cash-flow o Estado de tesorería hemos de tener en cuenta que lo que tratamos es de ver cuáles han sido las partidas que han colaborado en los movimientos (positivos y negativos) de tesorería. En el Estado de origen y aplicación de fondos analizábamos cuáles eran las partidas que eran causantes de la variación del Capital circulante, por lo que al ser la tesorería un componente del Capital circulante, se trata de añadir a las causas reseñadas para el otro estado, los derivados de las partidas de circulante que no sean tesorería, así como transformar las inversiones y la financiación en pagos y cobros, respectivamente.

Así las cosas, los ajustes efectuados a las variaciones patrimoniales y financieras para conseguir el Estado de fondos son válidos para el Estado de tesorería, ajustes que habrá que complementar con aquellos destinados a reconstruir los movimientos de efectivo.

Analíticamente, vamos a agrupar las variaciones de tesorería, partiendo de las variaciones experimentadas por las rúbricas del balance y cuenta de resultados en dos momentos de tiempo (0 y 1).

En esquema el balance lo mostramos como sigue:

	ACTIVO	PASIVO	
AF = Activo Fijo	IM = Inmovilizado material	FP = Fondos propios	PF = Pasivo Fijo
	II = Inmovilizado inmaterial	FA = Fondos ajenos	
	IF = Inmovilizado financiero	CA = Compensadoras de activo	
	G = Gastos amortizables		
AC = Activo Circulante	E = Existencias	A'C = Acreedores por tráfico	PC = Pasivo Circulante
	D' = Deudores por tráfico		
	D'' = Otros deudores		
	IT = Inversiones financieras temporales	A''C = Otros acreedores	
	d = DISPONIBLE		

Cuadro 6.1.

Esta representación es válida en el caso en que el saldo de la cuenta de Resultados esté distribuido. Si no fuera así habría una superficie en el pasivo (en el supuesto de beneficio) o en el activo (en el supuesto de pérdida) que vamos a designar por:

RP = Resultado del período

que desglosado en sus componentes sería:

IP = Ingresos del período
CP = Costes del período

Partiendo del momento o situación inicial, la identidad contable sería (distribuido o aplicado el resultado del período anterior):

$$AF_0 + E_0 + D_0' + D_0'' + IT_0 + d_0 \equiv FP_0 + FA_0 + CA_0 + A'C_0 + A''C_0$$

En un momento 1, o situación final la identidad sería consecuentemente ésta (donde aparece el resultado obtenido en el período objeto de análisis)

$$AF_1 + E_1 + D_1' + D_1'' + IT_1 + d_1 \equiv FP_1 + FA_1 + CA_1 + A'C_1 + A''C + (IP\text{-}CP)$$

Las variaciones (*) vendrían dadas por la diferencia de estas dos situaciones, es decir:

$$\blacktriangle AF + \blacktriangle E + \blacktriangle D' + \blacktriangle D'' + \blacktriangle IT + \blacktriangle d \equiv \blacktriangle FP + \blacktriangle FA + \blacktriangle CA + \blacktriangle A'C + \blacktriangle A''C + (IP\text{-}CP)$$

Dado que el Estado lo que pretende mostrar son las causas que han motivado la variación de la rúbrica de tesorería habría que aislar ésta y de esta manera tendríamos la siguiente identidad.

$$\blacktriangle d \equiv \blacktriangle FP + \blacktriangle FA + \blacktriangle CA + \blacktriangle A'C + \blacktriangle A''C + (IP\text{-}CP) - \blacktriangle AF - \blacktriangle E - \blacktriangle D' - \blacktriangle D'' - \blacktriangle IT$$

En la exposición que se hace del Estado de tesorería se ha de distinguir el flujo de disponible procedente de las operaciones de explotación, del procedente del resto. Es obvio que al analizar la capacidad que una empresa tiene para generar dinero no se la puede juzgar de la misma manera si la fuente principal ha sido el resultado de sus operaciones que si las disponibilidades proceden en su mayor parte de haber acudido a un préstamo.

Así, pues, para llegar a la consecución de esa información agruparemos, en primer lugar, las partidas procedentes de las operaciones y que colaboran en la generación de disponibilidades.

En cuanto a **los cobros** serán:

— Los ingresos (IP).
— Los deudores por operaciones (D').

En cuanto a **los pagos** serán:

— Los costes (CP).
— Las existencias (E).
— Los acreedores por operaciones (A'C).
— Las cuentas de compensación (CA).

Antes de seguir, hemos de advertir que incluimos las **Cuentas de compensación** (amortizaciones y provisiones) no por ser generadoras de pagos, sino por todo lo contrario, por ser partidas que representan coste de operación, pero no implican salida de disponible. Más

(*) El símbolo ▲ significa en este capítulo «variación» y, por tanto, el signo de las partidas que sigan al mismo podrá ser positivo o negativo.

adelante veremos cómo esas partidas han de restarse de los costes para llegar a cuantificar los pagos derivados de las operaciones.

De esta manera podemos ya agrupar analíticamente las diferentes fuentes de generación de dinero y las aplicaciones del mismo.

Por operaciones:

$$\blacktriangle'd = (IP - \blacktriangle D') - (CP + \blacktriangle E + \blacktriangle A'C - \blacktriangle CA)$$

Por el resto:

$$\blacktriangle''d = (\blacktriangle FP + \blacktriangle FA + \blacktriangle A''C - \blacktriangle AF - \blacktriangle D'' - \blacktriangle IT)$$

El SFAS n.º 95 [1] recomienda mostrar las variaciones en tres apartados:

— Actividades de operaciones.
— Actividades de financiación.
— Actividades de inversión.

Con lo que el **resto** se podría agrupar así [2]:

Actividades de financiación

$$\blacktriangle FP + \blacktriangle FA + \blacktriangle A''C + \blacktriangle D''$$

Actividades de inversión

$$\blacktriangle AF + \blacktriangle D'' + \blacktriangle IT + \blacktriangle A''C$$

Vamos a ir justificando contablemente el sentido de estas formulaciones o, dicho de otra forma, vamos a aplicar el lenguaje contable a estas identidades:

1.1. CASH-FLOW DERIVADO DE LAS OPERACIONES DE LA EMPRESA

a) **Cobros por operaciones**

$$(IP - \blacktriangle D')$$

[1] Declaraciones del Comité de Normas de Contabilidad Financiera de Estados Unidos.

[2] Obsérvese que entre los componentes de «actividades de financiación» y «actividades de inversión» se recogen $\blacktriangle D''$ y $\blacktriangle A''C$ (otros deudores y otros acreedores) por cuanto pueden aparecer en ambas, en diferente contexto.

Esta expresión quiere indicar que los cobros serán iguales a los ingresos más la variación —algébrica— de la contrapartida de tales ingresos. Si estamos ante los ingresos por ventas, la contrapartida será Clientes y Efectos comerciales a cobrar.

Veamos un ejemplo.

Si el saldo de Clientes (y Efectos comerciales a cobrar) al inicio del período contable es de 500 unidades monetarias (u.m.); las ventas del período han sido de 4.000 u.m. y el saldo final es de 400 u.m., la cuenta de Clientes (y Efectos a cobrar) habrá tenido el siguiente movimiento:

D	Clientes y Efectos a cobrar		H
Saldo inicial	500	Cobros	4.100
Cargos por ventas	4.000	Saldo final	400
	4.500		4.500

Quiere decir, por tanto, que en el período se han cobrado 4.000 u.m. por ventas del ejercicio y 100 u.m. de ventas procedentes de ejercicios anteriores. Por tanto:

Incremento de Disponibilidades: IP − ▲D' = 4.000 − (−100) = 4.000 + 100 = 4.100

b) **Pagos por operaciones**

$$-(CP + \blacktriangle E + \blacktriangle A'C - \blacktriangle CA)$$

Para analizar este componente, es necesario desglosar el concepto CP (costes del Período). Si designamos por:

C = Compras del período
G = Otros gastos por naturaleza
▲CA = Amortizaciones y provisiones del período

tendremos que:

$$CP = C - \blacktriangle E + G + \blacktriangle CA$$

y llevando esta igualdad al componente que estamos analizando tendremos:

$$-(C - \blacktriangle E + G + \blacktriangle CA + \blacktriangle E + \blacktriangle A'C - \blacktriangle CA)$$

y eliminando nos queda:

$$-(C + G + \blacktriangle A'C)$$

que expresa que los gastos que son cargos por depreciación y provisiones, al no representar salidas de efectivo, se anulan y tan sólo quedan las Compras, el resto de Gastos por naturaleza diferentes a amortizaciones y provisiones y las contrapartidas que vienen representadas, evidentemente, por los Acreedores por tráfico. Igualmente, el componente de coste relativo a la variación de existencias se anula por no representar salida de efectivo.

De igual manera a como hemos visto para los ingresos por venta, los gastos por compra (y otros) se ajustarán a los pagos sumando algébricamente la variación de los acreedores por tráfico (Proveedores, Efectos comerciales a pagar y otros).

Así si el saldo inicial de Proveedores y Efectos comerciales a pagar en el período a estudiar fuera de 600 u.m., las compras del ejercicio alcanzarán las 5.000 u.m. y el saldo final fuera de 750 u.m., tendríamos este movimiento en la cuenta:

D	Proveedores y Efectos a pagar		H
Pagos	4.850	Saldo inicial	600
Saldo final	750	Abonos por compras	5.000
	5.600		5.600

Quiere decir que en el período se han pagado por compras tan sólo 4.850 u.m., cifra inferior a las adquisiciones del mismo.

Disminución de Disponibilidades: $C + \blacktriangle A'C = 5.000 + (-150) = 5.000 - 150 = \underline{4.850}$

1.2. CASH-FLOW DERIVADO DE LAS ACTIVIDADES DE FINANCIACION

$$\boxed{\blacktriangle FP + \blacktriangle FA + \blacktriangle A''C + \blacktriangle D''}$$

Los incrementos o disminuciones de los fondos de financiación tanto propia como ajena y esta última tanto a corto como a largo plazo habrán de ser ajustados con sus respectivas contrapartidas, para transformar estas variaciones en entradas o salidas de efectivo. Estas contrapartidas pueden, en general, agruparse en la partida D" (Otros Deudores).

Así, por ejemplo, si durante el ejercicio ha habido una ampliación de capital por 1.000 u.m. registrando la cuenta de **Accionistas** un incremento de 100 u.m., es evidente que los cobros por ampliación del capital se han ceñido a 900 u.m.

Una disminución de estas partidas implicará pagos por **actividades de financiación**. En este caso tendremos las devoluciones de deudas, las reducciones de capital, el pago de dividendos, etc.

1.3. CASH-FLOW DERIVADO DE LAS ACTIVIDADES DE INVERSION

$$\boxed{\blacktriangle AF + \blacktriangle D'' + \blacktriangle IT + \blacktriangle A''C}$$

En este caso, las inversiones, tanto reales como financieras, así como su recuperación (venta), habrán de ser objeto de ajuste con sus respectivas contrapartidas, para transformar estas variaciones en movimientos de disponible.

Así, en el caso de inversiones, si la empresa ha adquirido Instalaciones por 1.000 u.m. (AF) y la cuenta de Acreedores por inmovilizado (A''C) se ha incrementado en 300 u.m. quiere decir que los pagos por inversión han sido de 700 u.m.

Por el contrario, si la cuenta Equipos ha experimentado una disminución neta por 1.500 u.m. y la cuenta Deudores por venta de Inmovilizado (D'') se ha visto incrementada en 200 u.m., es evidente que lo cobrado por esta desinversión es tan sólo de 1.300 u.m.

Antes de mostrar la Hoja de trabajo donde se recojan los movimientos de tesorería, señalemos que el referido SFAS n.º 95 identifica **Caja** con **Caja y equivalentes de caja**, concepto éste que nosotros hemos recogido en el epígrafe 5.1. del capítulo anterior como Activos líquidos (AL). Si se adoptara esta definición como **tesorería**, en el componente **Pagos y cobros por actividades de inversión** habría que quitar la partida IT (inversiones financieras temporales) como receptora de este componente y las variaciones de tesorería vendrían dadas por la suma:

$$\boxed{d + IT}$$ [3]

2. EL ESTADO DE TESORERIA: HOJA DE TRABAJO

Partiendo de los datos consignados en el capítulo anterior referentes a la S.A. GRILLO, vamos a reproducir los movimientos del Disponible (Caja y bancos) del ejercicio 19X2.

En la Hoja de trabajo que sigue puede observarse que los ajustes realizados para el Estado de origen y aplicación de fondos, entendido como Capital circulante, son válidos para el Estado de tesorería, por lo que se reproducen. Además, se hace uso de los componentes de la Cuenta de resultados, por cuanto vamos a reproducir los movimientos de caja derivados de las operaciones.

La información suplementaria que necesitamos es el origen de la cuenta Trabajos realizados por la empresa para su inmovilizado, que supondremos es el siguiente:

Coste de personal empleado en la supervisión de la construcción de maquinaria . . .	1.900
Gasto financiero capitalizado en la construcción de maquinaria	100
	2.000

[3] Siendo IT en este caso inversiones financieras con un alto grado de liquidez.

GRILLO, S. A. CASH-FLOW: HOJA DE TRABAJO

Cuentas	Diferencias		Ajustes		Cash-flow	
	Debe	Haber	Debe	Haber	Pagos	Cobros
Accionistas, desem. no exigidos	500	–	–	(h) 500	–	–
Gastos de establecimiento	–	20	(1) 20	–	–	–
Amort. acum. Inmov. Inmaterial	–	100	(1) 100	–	–	–
Terrenos y Construcciones	3.000	–	–	(f) 2.500	500	–
Instal. Técnicas y Maquinaria	2.200	–	(c) 2.000	–	4.200	–
Otras instalac., utillaje y mobiliario	200	–	–	–	200	–
Amort. acum. Inmov. Material	–	3.000	(f) 1.000 (1) 3.800	(c) 1.800	–	– –
Participaciones en empresas del grupo	100	–	(d) 200	–	300	–
Provisión deprec. inversiones financieras	–	100	(2) 300	(d) 200	–	–
Materias primas	–	200	(6) 200	–	–	–
Producción en curso	–	100	(7) 100	–	–	–
Productos terminados	1.970	–	–	(7) 1.970	–	
Provisión deprec. existencias	–	50	(3) 50	–	–	–
Clientes y efectos a cobrar	1.100	–	(e) 150	(8) 100 (9) 1.150	–	–
Provisión insolvencias	50	–	(4) 100	(e) 150	–	–
Caja y Bancos	50	–	–	–	50	–
Capital	–	2.000	(h) 500	–	–	1.500
Reserva por revalorización	–	1.500	(f) 1.500	–	–	–
Reservas	–	1.300	(a) 1.300	–	–	–
Subvenciones en capital	400	–	–	(b) 400	–	–
Fondo de reversión	–	200	(5) 200	–	–	–
Ingresos diferidos dif. de cambio	–	100	(8) 100	–	–	–
Préstamo largo plazo	2.000	–		(g) 3.000	–	1.000
Créditos bancarios	–	1.500	–	–	–	1.500
Hacienda Pública	–	200	(10) 1.200	–	1.000	–
Proveedores	–	500	(11) 500	–	–	–
Pérdidas y ganancias	–	700	(a') 3.500	(a) 2.800	–	–
Compra Materia Prima	18.000	–	–	(11) 500	17.500	–
Variación Materia Prima	200	–	–	(6) 200	–	–
Gastos de personal	7.000	–	–	(12) 1.900	5.100	–
Dotación amort. Inmovilizado	3.920	–	–	(1) 3.920	–	–
Dotación fondo de reversión	200	–	–	(5) 200	–	–
Dotación prov. invers. financieras	300	–	–	(2) 300	–	–
Otros gastos	100	–	–	–	100	–
Gastos financieros	300	–	–	(12) 100	200	–
Dotac. provisión existencias	50	–	–	(3) 50	–	–
Dotac. prov. insolvencias	100	–	–	(4) 100	–	–
Impuesto de Sociedades	1.200	–	–	(10) 1.200	–	–
Saldo pérdidas y ganancias	3.500	–	–	(a') 3.500	–	–
Ventas netas	–	30.400	(9) 1.150		–	29.250

Cuadro 6.2.

Variación producs. terminados y en curso	–	1.870	(7) 1.870		–	–
Trabajos realizados por la empresa para su inmovilizado	–	2.000	(12) 2.000		–	–
Subvenciones	–	400	(b) 400		–	–
Dividendos empresas del grupo	–	100	–		–	100
Beneficio venta maquinaria	–	100	(c) 100		–	–
	46.440	46.440				
Dividendos pagados	–		(a) 1.500		1.500	–
Fondos obtenidos por venta Inmovilizado	–		–	(c) 300	–	300
Reembolso de préstamos	–		(g) 3.000		3.000	–
			26.840	26.840	33.650	33.650

Cuadro 6.2. (***Continuación.***)

GRILLO, S. A. CASH-FLOW

Cash-flow por actividades de operaciones	
Cobros:	
Por ventas de productos terminados	29.250
Por dividendos de empresas del grupo	100
	29.350
Pagos:	
Por compras de materias primas	17.500
Por gastos de personal	5.100
Por otros gastos	100
Por gastos financieros	200
Por impuestos	1.000
	23.900
Cash-flow por operaciones	5.450
Cash-flow por actividades de financiación	
Cobros:	
Por emisión de acciones	1.500
Por préstamos a largo plazo	1.000
Por créditos bancarios	1.500
	4.000

Cuadro 6.3.

Pagos:	
Por dividendos	1.500
Por reembolso de préstamos	3.000
	4.500
Cash-flow por actividades de financiación	(500)
Cash-flow por actividades de inversión	
Cobros:	
Por venta de maquinaria	300
Pagos:	
Por adquisición de Terrenos y Construcciones	500
Por adquisición de Instalaciones Técnicas y maquinaria	4.200
Por adquisición de Otras instalaciones, utillaje y mobiliario	200
Por adquisición de Participaciones financieras	300
	5.200
Cash-flow por actividades de inversión	(4.900)
CASH-FLOW TOTAL	50
(Aumento de la Tesorería)	

Cuadro 6.3. (*Continuación.*)

JUSTIFICACION DE LOS AJUSTES DE LA HOJA DE TRABAJO DEL CASH-FLOW

Los ajustes con letras entre paréntesis corresponden a los efectuados en el Estado de origen y aplicación de fondos que, como ya apuntamos, han de repetirse.

El único que se ha añadido es el que figura con la letra (a') que no hace sino anular el saldo del beneficio en el Balance y en la Cuenta de resultados, para sustituir dicho saldo por sus componentes de ingresos y gastos.

Ajuste n.º 1

Anula los cargos por amortización, al no representar salidas de efectivo.

Ajustes n.º 2, 3, 4 y 5

Anulan las provisiones y la dotación al Fondo de reversión, porque son cargos a resultados que no suponen pagos.

Ajustes n.º 6 y 7

Anulan las variaciones de Existencias en el Balance y en la Cuenta de resultados, por suponer cargos (o abonos) en esta última y no motivar pagos ni cobros de efectivo.

Ajuste n.º 8

El cargo a Clientes por actualización del tipo de cambio con abono a **Ingresos diferidos por diferencias de cambio** no implica un movimiento de tesorería, ni una mayor venta. Cuando los clientes satisfagan su deuda por el importe actualizado, el cobro correspondiente al ajuste monetario, representará un ingreso financiero y no un cobro por ventas, lo cual justifica igualmente el ajuste n.º 8 que comentamos.

Ajuste n.º 9

Resta de la cifra de ventas el incremento experimentado en Clientes, para transformar el ingreso en cobro.

Ajuste n.º 10

Hace que aflore el pago de impuestos al anular el cargo por impuesto de sociedades que no implicó pago, sino un abono a la cuenta acreedora con la Administración.

Ajuste n.º 11

Tiene el mismo significado que el n.º 9, pero referido a Compras de materias primas.

Ajuste n.º 12

Este ajuste, que en forma de asiento de Diario sería:

2.000	*Trabajos realizados por la empresa para su inmovilizado*			
		a	*Gastos de Personal*	*1.900*
		a	*Gastos Financieros*	*100*

podría tener esta forma:

2.000	*Trabajos realizados por la empresa para su inmovilizado*			
		a	*Instalaciones técnicas y maquinaria*	*2.000*

Con la alternativa que aquí hemos elegido queremos mostrar cuáles han sido los cobros y pagos por las tres actividades en que hemos dividido el análisis. Si hubiéramos optado por la segunda, mostraríamos los cobros y pagos por conceptos o partidas y no por actividades.

ACTIVIDADES RECOMENDADAS

El lector tratará de establecer las funciones del Estado de Cash-flow en relación a las que cumple el estado de resultados.

EJERCICIOS DE AUTOCOMPROBACION

Indique usted si son verdaderas (**V**) o falsas (**F**) las siguientes proposiciones:

1. La única diferencia entre el Estado de Origen y Aplicación de Fondos y el de Cash-flow (o Tesorería) es que éste toma en consideración los componentes del resultado del periodo y aquél no .... **V F**

2. El pago de dividendos a los accionistas se considera como un pago de las operaciones de la empresa .... **V F**

3. El Estado de Tesorería (o de Cash-flow) constituye un análisis más pormenorizado de la actividad financiera de la empresa .... **V F**

4. El Estado de Tesorería (o Cash-flow) ofrece una información bastante próxima, pero no exacta de los pagos y cobros habidos en la empresa en un periodo de tiempo .... **V F**

5. La rúbrica **Trabajos realizados por la empresa para su Inmovilizado** es un componente de los ingresos y, por ende, debidamente ajustada indicará los cobros habidos por esta fuente .... **V F**

SOLUCIONES A LOS EJERCICIOS DE AUTOCOMPROBACION

1. F
2. F
3. V
4. V
5. F

CAPITULO

7

Los estados financieros (V): Las notas a los estados financieros o memoria

ESQUEMA/RESUMEN

— La necesidad de comunicar informaciones contables complementarias a las ofrecidas en el cuerpo de los estados formales.
— Las Notas a los Estados Financieros como antecedente de la Memoria.
— Características y contenidos de las Notas a los Estados Financieros.
— La Memoria en las Directrices en materia contable de la Comunidad Económica Europea.
— La Memoria recogida en el Plan General de Contabilidad Revisado.
— El Informe de gestión.

1. LAS INFORMACIONES CONTABLES NO FORMALIZADAS Y EL ANALISIS DE ESTADOS FINANCIEROS

En los capítulos anteriores hemos estudiado con detenimiento los estados contables clásicos, también llamados Estados Contables Formales o Formalizados, tanto los denominados primarios por obtenerse directamente de los registros contables basados en la partida doble (Balance y Cuenta de Resultados) como los dos estados derivados o complementarios con mayor implantación en la práctica empresarial (Estado de origen y aplicación de fondos y Estado de tesorería).

En este capítulo nos detendremos sobre el amplio abanico de informaciones contables que se presentan o deberán presentarse conjuntamente con aquellos estados, a los que vienen a complementar.

1.1. RAZONES QUE JUSTIFICAN LA NECESIDAD DE COMPLEMENTAR LOS ESTADOS FORMALES

Los estados formales, que constituyen sin duda un producto inevitable de todo sistema contable, pueden dar la sensación de ser informes definitivos y absolutamente exactos, merced a la precisión aritmética que les caracteriza. Sin embargo, como ya tuvimos ocasión de poner de manifiesto, en unos casos la cuantificación monetaria de ciertos hechos exige recurrir a estimaciones siempre subjetivas (por ejemplo, la dotación de amortizaciones y provisiones) y, en otros casos, las cifras comunicadas podrían ser distintas si el criterio de valoración aplicado fuese diferente (por ejemplo, el inventario puede valorarse aplicando métodos alternativos de general aceptación). Pero además, si acordamos que el sistema contable debe comunicar toda la información útil para que los usuarios puedan adoptar en cada momento las mejores decisiones, encontramos que pueden existir numerosos datos necesarios para interpretar y analizar adecuadamente los estados formales que no es posible incorporar a éstos. Nos referimos a las informaciones no cuantitativas cuya comunicación exige recurrir a mensajes de tipo textual o narrativo que no caben en el cuerpo de las Cuentas Anuales, concebidas siempre como documentos eminentemente sintéticos y de naturaleza cuantitativa.

Por estas y otras razones, la Contabilidad ha sentido desde siempre la necesidad de complementar los datos y cifras que se ofrecen en el cuerpo de los estados formales produciendo y comunicando, junto a estos documentos, informaciones complementarias a los mismos, aunque fuese empleando procedimientos ajenos al lenguaje contable tradicional.

Este conjunto de informaciones contables complementarias, que hemos denominado Informaciones Contables No Formalizadas, ha adquirido progresivamente una enorme relevancia y voluminosidad tanto debido a la creciente complejidad de las transacciones mercantiles, que dificulta la traducción de éstas a una mera cifra, como a los requerimientos exigidos por los organismos reguladores.

1.2. LAS INFORMACIONES CONTABLES COMPLEMENTARIAS: LAS NOTAS O MEMORIA

Actualmente, las informaciones contables complementarias constituyen una sección autónoma de datos cuya interpretación es inseparable de los estados formales a los que acompañan.

En los países encuadrados en el área de influencia anglosajona (Estados Unidos de América, Gran Bretaña, Canadá y Australia, entre otros) aquella sección se denomina **Notas a los Estados Financieros** o **Notas a las Cuentas**, y acompaña siempre a los estados formales.

La tradición, arraigo e importancia de esta categoría de datos en estos países es tan relevante desde hace ya varias décadas que llevó al prestigioso autor norteamericano Eldon S. HENDRIKSEN, ya a principios de los años 70, a denominar aquel momento de la información contable externa en su país como 'la era de las Notas'.

Entre nosotros, la regulación contable española se ha ocupado por primera vez de estas informaciones, en todo su alcance y extensión, por exigencia del reciente proceso de adaptación de nuestra legislación mercantil básica a las Directrices de la CEE de Derecho de Sociedades, y las ha incorporado a un estado financiero o Cuenta Anual autónoma y principal que el legislador español ha venido a denominar Memoria.

El término Memoria, por tanto, ha sido el elegido finalmente a la hora de armonizar nuestros textos legales con los de la CEE para denominar este nuevo estado contable y equivale al vocablo francés *Annexe* traducción, a su vez, de la expresión inglesa *Notes on the accounts*.

Con relación a aquel término conviene hacer dos precisiones. En primer lugar, que tanto en los ambientes académicos como profesionales se ha venido empleando anteriormente la voz Anexo para denominar lo que ahora se ha bautizado como Memoria (el Plan General de Contabilidad de 1973 estableció ya el 'Anexo al Balance'); y, en segundo lugar, que este documento constituye una Cuenta Anual principal más, con todas las derivaciones que ello conlleva, no siendo en absoluto equiparable a la 'Memoria explicativa' sancionada en el art. 102 de la Ley de Sociedades Anónimas de 1951 y menos aún a los folletos corrientemente denominados 'Memoria' que las grandes empresas suelen distribuir entre sus accionistas con motivo de las Juntas Generales.

Por tanto, cuanto se diga a continuación en relación a las Notas a los Estados Financieros es extrapolable, en lo esencial, a la Memoria pues ésta no es otra cosa que la versión de aquéllas en la regulación contable emanada de la CEE, aunque con ciertas peculiaridades. No en vano la normativa comunitaria es el resultado del consenso alcanzado por países con prácticas contables de muy distinto signo (Gran Bretaña, Francia, Alemania o Italia, por citar los más representativos).

En armonía con este cuerpo legal la normativa española actual, aplicable a los ejercicios contables cerrados con posterioridad al 30 de Junio de 1990, atribuye a la Memoria el carácter de Cuenta Anual independiente y principal,con idéntico rango que el Balance y el Estado de resultados, documentos con los que forma una unidad.

En consecuencia, las tres Cuentas Anuales (Balance, Estado de resultados y Memoria) estarán sujetas a los mismos requisitos (por ejemplo, habrán de ser objeto de igual publicidad) y sometidas a idénticos controles (por ejemplo, la auditoría externa, en su caso).

No obstante, el contenido de la Memoria únicamente está contemplado en términos de mínimos, lo que le atribuye un carácter eminentemente abierto y flexible acorde con los objetivos que la misma tiene encomendados. En epígrafes posteriores tendremos ocasión de volver sobre estos extremos.

1.3. EL PASO DE LAS CUENTAS DE ORDEN A LA MEMORIA

Conviene recordar que en los sistemas contables de corte latino, como el español, el ámbito genuino de los estados formales se ha venido prolongando tradicionalmente, sin abandonar el lenguaje de la partida doble, empleando unas cuentas de características especiales denominadas genéricamente **Cuentas de orden.**

Por esta vía, un gran abanico de hechos contables tales como compromisos adquiridos condicionalmente, garantías concedidas u obtenidas, riesgos contraídos, bienes de terceros en poder de la empresa o bienes de la empresa cedidos en garantía, por citar algunos de los más usuales, se han venido presentando en el propio Balance de Situación, aunque de forma suficientemente separada de las cuentas estrictamente patrimoniales: por lo general a continuación de éstas y bajo una rúbrica específica (cuentas de orden, cuentas de orden y especiales o cuentas de valores nominales).

La ubicación de estas cuentas en la misma hoja donde se presenta el Balance, supone el reconocimiento de su potencial relevancia a la hora de analizar e interpretar ese estado.

Pues bien, a partir de la armonización de nuestras normas contables con las comunitarias, y así lo prevé el Plan General de Contabilidad Revisado, estas informaciones habrán de comunicarse en la Memoria lo que va a facilitar sin duda la posibilidad de proporcionar mayor nivel de detalle que el ofrecido por las Cuentas de orden.

No obstante, ello no impide que las empresas puedan seguir utilizando estas cuentas en la fase de registro de la información, si las consideran útiles a la hora de diseñar su sistema contable. La gran tradición e implantación de las Cuentas de orden en ciertos sectores empresariales (por ejemplo, el sector bancario) nos hace suponer que no serán relegadas de las prácticas contables en mucho tiempo.

1.4. IMPORTANCIA DE LAS INFORMACIONES COMPLEMENTARIAS PARA EL ANALISIS DE ESTADOS FINANCIEROS

Destacaremos, para concluir, que el recurso al conjunto de informaciones contables complementarias a los datos ofrecidos en el cuerpo principal de los estados formales, resultará a menudo imprescindible a la hora de analizar éstos. En este sentido, hace ya más de treinta años MYERS [1] influyente tratadista norteamericano, escribía:

> **«Mi propio procedimiento de leer los estados financieros, es leer las Notas justamente después de haber leído la opinión del auditor externo, pero antes de ver los estados formales. Las Notas deben leerse, no porque todas sean importantes, sino porque una puede ser vital.»**

En efecto, mediante las Notas se comunican, por ejemplo, los principios y criterios contables aplicados en la preparación de los estados financieros por lo que esta información resulta a menudo imprescindible para acometer con garantías el análisis y la interpretación de éstos, así como para establecer comparaciones significativas.

También en las Notas se ofrecen datos sobre otros hechos potencialmente relevantes: partidas extraordinarias, compromisos financieros que no figuran en Balance, contingencias, cambios experimentados en las partidas que configuran los recursos propios o, en fin,

---

[1] MYERS, J. H.: «Footnotes», *The Accounting Review*, pp. 381-388, 1959.

sobre los acontecimientos relevantes que hayan podido producirse con posterioridad a la fecha de cierre de los estados formales y cuyo conocimiento puede ser de gran interés para el analista.

2. LAS NOTAS A LOS ESTADOS FINANCIEROS EN LOS SISTEMAS CONTABLES DE CORTE ANGLOSAJON

En los sistemas contables de corte anglosajón, sin duda los más desarrollados y los que han ejercido una influencia más decisiva en la regulación y en las prácticas imperantes actualmente en nuestro entorno, los estados contables se han venido complementando mediante el empleo de mensajes textuales o narrativos, esto es, comunicando junto a aquellos estados Notas explicativas tendentes a incrementar su potencial informativo.

Estas Notas son consideradas como una parte inseparable de los estados a los que acompañan. Por ello, en los informes financieros influidos por las prácticas contables anglosajonas, a pie de página del Balance y del Estado de resultados figura siempre una indicación de este tenor: «Véanse las Notas que acompañan a estos estados, pues constituyen una parte integral de los mismos».

2.1. TIPOS DE NOTAS Y CONTENIDOS

Atendiendo a la posición que las Notas ocupan dentro de informe financiero cabe distinguir:

a) Las **Informaciones entre paréntesis**: son indicaciones breves recogidas de esa forma en el cuerpo de los propios estados.
b) Las **Notas a pie de página (footnotes)** o **Notas a los Estados Financieros**: recogen desgloses de partidas o explicaciones de las políticas contables seguidas por la empresa que, por su extensión y naturaleza, se hace preciso situar al pie de las hojas que recogen los estados formales o, lo que es más frecuente, a continuación de éstos.

No es posible presentar un catálogo exhaustivo de **los contenidos** propios de las Notas pues, en definitiva, por esta vía podrá ofrecerse cualquier información que se considere relevante y no esté contenida en los estados formales.

No obstante el FASB, en su Statement of Financial Accounting Concepts (SFAC) nº 5 [1984], propone como ejemplos de informaciones que pueden comunicarse mediante Notas entre paréntesis las indicaciones referidas a:

- Políticas contables.
- Contingencias.
- Métodos de valoración de inventarios.
- Número de acciones en circulación.
- Valoraciones alternativas (por ejemplo, los valores de mercado de partidas llevadas al coste histórico).

En el Cuadro 7.1 se presentan una secuencia de partidas, complementadas con breves notas explicativas o Informaciones entre paréntesis, tomadas de balances presentados por empresas norteamericanas [2].

Hay que señalar que nada impediría la comunicación de esas mismas informaciones fuera del cuerpo del Balance, y así se hace con frecuencia, cuando el mensaje no puede reducirse a unas pocas palabras.

EJEMPLOS DE NOTAS PRESENTADAS ENTRE PARENTESIS EN EL CUERPO DEL BALANCE

1.	Valores mobiliarios al coste (*valor de cotización en el mercado, 20.175.140 $*)	19.411.121
2.	Inventarios (*UEPS o LIFO*)	11.235.111
3.	Documentos por cobrar (*los incobrables estimados en 905.110 $ ya deducidos*)	20.134.514
4.	Cuentas por cobrar (*300.000 $ otorgados en garantía por préstamos recibidos*)	1.375.160
5.	Beneficios no distribuidos (*60.175.000 $ no pueden considerarse como dividendos hasta que los bonos de la primera hipoteca sean pagados*)	171.432.821
6.	Beneficios no distribuidos (*750.000 $ no disponibles como consecuencia de la compra de 7.000 acciones propias*)	2.160.192
7.	Obligaciones al 3,5 % a 25 años (*con vencimiento 1 de abril de 1980, emisión original de 250.000.000 $*)	197.161.000
8.	Acciones de capital comunes (*valor nominal: 20 $ por acción; en circulación, 10 millones de acciones*)	200.000.000

Cuadro 7.1.

Pero la mayor parte de las Notas se presentan fuera de los estados formales. Y aunque su campo de actuación no sea posible delimitarlo con absoluta precisión, sí podemos presentar al menos un listado significativo de los hechos que con más frecuencia se comunican por esta vía.

Así HENDRIKSEN [3], enumera los siguientes:

1.º Explicación de los métodos contables empleados y de los efectos originados por los cambios en los métodos.
2.º Explicación de los derechos de acreedores sobre activos específicos o derechos de prelación de acreedores.
3.º Comunicación de activos y pasivos contingentes.
4.º Comunicación de restricciones a los pagos de dividendos.
5.º Descripción de transacciones que afectan al Capital Social y a los derechos de los accionistas.
6.º Información sobre contratos de ejecución futura.

---

[2] Estos ejemplos han sido tomados, con ligeras modificaciones, del manual de KENNEDY, R. D. y McMULLEN, S. Y.: «Estados Financieros. Forma, análisis e interpretación», Editorial UTEHA, México, 1971.

[3] HENDRIKSEN, E. S.: «Teoría de la Contabilidad», Editorial UTEHA, México, 1974. (Versión original en lengua inglesa de 1970, 2.ª edición.) Todas las referencias que aquí hacemos a este autor, que dedica una inusual atención a las Notas, se encuentran en el Capítulo 19 de ese manual.

7.º Presentación de desgloses de datos cuantitativos que no sean lo bastante significativos para incluirlos en el cuerpo de los estados formales.

En efecto, en casi todos los informes una de las Notas, generalmente la primera, recapitula las políticas contables más significativas seguidas en la preparación de los estados contables, además de otros datos como el objeto social de la empresa o la fecha en que ésta inició sus operaciones. El resto de las Notas suelen destinarse a presentar indicaciones adicionales relativas a partidas concretas y, en particular, las posibles restricciones o riesgos que pudieran afectarles.

Así, en las Notas que a título de ejemplo reproducimos en el Cuadro 7.2, la primera sintetiza las políticas contables más significativas seguidas por la empresa, mientras que las Notas n.º 3, 5 y 10 ofrecen el detalle del saldo de sendas partidas que figuran en el Balance al que acompañan, así como otras informaciones que se consideran necesarias para su adecuada interpretación.

Señalaremos finalmente que las Notas a los Estados Financieros, aunque no contempladas por la normativa española hasta su adaptación a la regulación de la CEE, venían siendo ya preparadas anteriormente por muchas empresas a requerimiento de los auditores externos —que eran de hecho quienes se encargaban de su redacción— y éstos incorporaban después al Informe de Auditoría, como un producto más de su actividad profesional.

EJEMPLOS DE NOTAS A LOS ESTADOS FINANCIEROS

AVIACION Y TURISMO, S. A. (AVITUSA)
NOTAS A LOS ESTADOS FINANCIEROS
AL 31 DE OCTUBRE DE 1982

NOTA N.º 1. Resumen de los Principios y Prácticas de contabilidad más importantes que configuran este Balance de Situación.

a) Información histórica y objeto social

La Compañía fue constituida el 18 de Febrero de 1968, con carácter indefinido, teniendo actualmente su domicilio social en la calle Andes n.º 51, Madrid.
Su objeto social es la explotación, con fines comerciales, de toda clase de servicios aéreos. Sus actividades principales están encaminadas al transporte de pasajeros, mercancías y correo, con orientación preferente hacia la actividad charter.

b) Bases de presentación

La Compañía presenta sus estados financieros de acuerdo con el modelo establecido en el Plan General de Contabilidad vigente en España.
Los estados financieros adjuntos, que se han confeccionado en base a los registros de Contabilidad de la Compañía al 31 de octubre de 1982, aún no han sido examinados y aprobados por la Comisión Permanente y Junta General de Accionistas y se desconoce, por tanto, si pudieran surgir o no modificaciones significativas a los mismos.

c) Inmovilizado material

El material aéreo se encuentra registrado a su valor de adquisición, afectado de las regularizaciones según Ley de Actualización de Presupuestos 1/1979 y 74/1980 y ajustado, mediante

plusvalía voluntaria en la Flota DC-9 y minusvalía en la Flota DC-8 y sus repuestos, a los valores de realización de mercado.
El resto del inmovilizado material se encuentra registrado a su valor de adquisición, excepto el edificio de la calle Andes, que fué revalorizado en 1977, como consecuencia de una tasación pericial (ver Nota 2).
La amortización acumulada correspondiente al inmovilizado material, es calculada en base a la consideración de la vida útil de la flota y a la aplicación lineal de porcentajes para el resto de epígrafes.

	Número años	**Coeficiente**	**Valor Residual**
Edificios y otras construcciones	–	2 %	–
Maquinaria, instalaciones y útiles	–	8 %	–
Material automóvil	–	14 %	–
Material aéreo:			
– Flota Fokker-27 (usados)	6	–	20 %
– Flota DC-8 (usados)	9	–	20 %
– Flota DC-9	16	–	20 %
– Flota DC-9 (usados)	8	–	20 %
– Repuestos	–	10 %	20 %
Mobiliario y Enseres	–	10 %	–

d) Acciones sin cotización oficial

Muestra el valor de adquisición de la participación en el 40 % del capital social de Transarabia, Compañía de Aviación, S. A., cubierta con provisión, en base al Valor Neto Contable de la misma (Ver Nota 3).

e) Gastos amortizables

Se encuentran registrados al valor de coste. Las amortizaciones se practican mediante la aplicación de los siguientes métodos:

	Período de amortización
Formación de tripulaciones	6 años
Documentación técnica de vuelo	5 años
Ampliación de capital	10 años
Gastos de adquisición de inmovilizado	DC-8 7 años y DC-9 12 años
Gastos financieros diferidos	Duración del préstamo
Inversiones DC-8/63	3 años
Formación otro personal	6 años
Diferencias de cambio Créditos a Largo Plazo	Duración del préstamo en función a los reembolsos

Los criterios de amortización aplicados son consistentes con los aplicados en el ejercicio anterior y, según establece el artículo 22 apartado 2 de la Ley 61/1978 de 27 de diciembre, han sido comunicados al Ministerio de Hacienda.

f) Deudores y acreedores en moneda extranjera

Los derechos de cobro y las deudas en moneda extranjera, de carácter circulante, son valoradas durante el ejercicio mediante la aplicación de unos tipos de cambio preestablecidos, que se actualizan anualmente, los cuales no son coincidentes con los tipos de cambio oficiales al cierre del ejercicio.
Las diferencias cambiarias que pudieran surgir de las variaciones de cotización en el mercado de divisas se registran al realizarse los cobros o los pagos correspondientes.

g) Deudas a plazo largo en moneda extranjera

Los préstamos concertados en dólares se encuentran valorados al tipo de cambio de 118 ptas/dólar, próximo al de cierre de ejercicio (117,69 ptas/dólar), reflejando en Gastos Amortizables la diferencia entre este último y el de la fecha de formalización del préstamo.
El resto de préstamos concertados en otras divisas se encuentran valorados al tipo de cambio vigente en el momento de su formalización.

h) Fondo Extraordinario de Reparaciones

En general, la Compañía imputa los costes derivados de las mismas en el ejercicio en que éstas se efectúan. No obstante, en este ejercicio se han dotado provisiones por un importe de 96,2 millones de ptas., que afecta a la flota DC-9.

. . . .

. . . .

NOTA N.º 3. Inmovilizado Financiero

El detalle de su saldo es:

		Millones de Ptas.
– Acciones sin cotización oficial		169,1
– Transarabia, S. A. (40% capital)	168,6	
– Club Financiero Génova	0,5	
– Participación financiera en MUSISA		37,9
– Préstamos a largo plazo		16,0
– Depósitos y fianzas constituídos		6,5
– Por alquileres de locales	2,7	
– Por alquileres equipo NCR	2,9	
– Depósitos SITA	0,6	
– Otros	0,3	
Suma		229,5
– Provisión depreciación inversiones financieras		(168,6)
		60,9

El saldo de la participación en MUSISA se ajusta cada año en función del volumen de operaciones de la Empresa con esta Mutualidad, el resultado del ajuste se regulariza con gastos por seguros.

El préstamo a Transarabia, S. A. se motivó para que ésta adquiriese participación en el capital social de la Compañía Ecuatoguineana de Transportes Aéreos (CETA).
La provisión cubre la totalidad de la inversión en Transarabia, S. A.

. . . .

. . . .

NOTA N.º 5. Existencias

El desglose de este epígrafe del balance de situación adjunto es el siguiente:

	Millones de ptas.
Almacén general	20,4
Material de mayordomía	12,6
Almacén mantenimiento-Barajas	112,2
Fungibles en proindiviso	172,8
Fungibles Avitusa en almacenes de Iberia	275,2
	593,2

Excepto para las existencias reflejadas en Almacén General y material de Mayordomía no se dispone de inventarios detallados de este epígrafe del balance adjunto.

. . . .

. . . .

NOTA N.º 10. Reservas

La composición de este epígrafe al 31 de octubre de 1982 es como sigue:

	Millones de ptas.
Actualización Ley Presupuestos 74/1980	3.364,6
Reserva voluntaria	5,6
	3.370,2

Actualización Ley de Presupuestos 74/1980

Corresponde a los beneficios fiscales otorgados por la Ley 74/1980 de 29 de diciembre a la que AVITUSA se acogió, actualizando exclusivamente el coste de adquisición y las amortizaciones de parte de la flota DC-9.
Con fecha 17 de septiembre de 1982 y en cumplimiento a lo dispuesto en el artículo 20 del Real Decreto 621/81 de 27 de marzo, se ha realizado por la Inspección Financiera y Tributaria la comprobación de las operaciones de actualización de los citados activos, no habiéndose expuesto observaciones o rectificaciones a dichas operaciones.
El saldo de dicha cuenta será dispuesto en el ejercicio 82/83 para compensar las pérdidas acumuladas de la Empresa.

Reserva voluntaria

Tiene su origen en la aplicación del beneficio del ejercicio 1979/80, según detalle:

	Millones de ptas.
Beneficio del ejercicio 79/80	44,9
Cancelación de parte de las pérdidas del ejercicio 77/78	(39,3)
	5,6

....

....

Cuadro 7.2.

2.2. CARACTERISTICAS DE LAS NOTAS: VENTAJAS E INCONVENIENTES DE SU USO

La información no cuantitativa es pertinente y debe incorporarse al informe financiero sólo si es útil en el proceso de toma de decisiones de sus usuarios. La pertinencia de ciertos tipos de informaciones narrativas puede determinarse normalmente por la relevancia de los datos cuantitativos, presentados en los estados formales, con los que aquéllas se relacionan.

Aunque, como ya se ha apuntado, no es fácil exponer principios claros en relación al ámbito y contenidos de las Notas, sí pueden formularse algunas orientaciones básicas. Así HENDRIKSEN en un intento de delimitar, aunque sea en sentido negativo, su campo de actuación enumera las cuatro reglas siguientes:

1.ª Las Notas deben comunicar informaciones que no pueden presentarse adecuadamente en el cuerpo de los estados formales sin perjudicar la claridad de éstos.
2.ª Las Notas no deben emplearse como sustitutivas de clasificaciones, valoraciones o descripciones apropiadas en los estados.
3.ª Las Notas no deben contradecir las informaciones comunicadas en los estados.
4.ª Las Notas no deben repetir informaciones que ya figuran en los estados formales.

Este mismo autor apunta también en el trabajo citado las ventajas e inconvenientes derivados del uso de las Notas, señalando cuatro **ventajas principales:**

1.ª La posibilidad de presentar información no cuantitativa como parte integral del informe financiero.
2.ª La posibilidad de comunicar ciertas salvedades y restricciones relativas a partidas recogidas en los estados formales.
3.ª La comunicación de una mayor cantidad de detalle que la que puede ser presentada en el cuerpo de los estados.
4.ª La presentación de material cuantitativo o descriptivo de importancia secundaria.

En consecuencia, el acertado empleo de esta categoría de información contable permitirá superar en buena medida las limitaciones inherentes a los estados formales derivadas, esencialmente, de su carácter de documentos de síntesis cuya preparación exige un proceso de múltiples agregaciones, en el que el requisito de la cuantificación monetaria es ineludible.

Pero frente a estas ventajas se alzan una serie de inconvenientes cuya consideración habrá de tenerse presente por dos razones principales. En primer lugar, para evitar que las Notas se utilicen para desviar de los estados formales informaciones que pueden y deben recogerse en éstos, y, en segundo lugar, para impedir que el exceso de información narrativa perjudique la legibilidad del informe al propiciar la presentación de un cúmulo de detalles que puedan llegar a desviar la atención del lector de los datos principales o, incluso, a ocultar éstos.

Los **inconvenientes principales** que pueden derivarse del uso de las Notas, siempre según HENDRIKSEN, son:

1.° Las Notas tienden a ser difíciles de leer y comprender sin un esfuerzo considerable y por ello pueden pasarse por alto.
2.° Las descripciones textuales son más difíciles de usar en la adopción de decisiones que los resúmenes de datos cuantitativos.
3.° Debido a la creciente complejidad de las operaciones mercantiles, hay peligro de abusar de las Notas en detrimento del apropiado desarrollo de los principios para incorporar nuevas relaciones y acontecimientos en los propios estados.

De esta caracterización de las Notas y, en particular, de los inconvenientes que acabamos de reseñar se derivan importantes retos a los que la profesión contable se viene enfrentando, tales como resolver la disyuntiva entre el recurso a las Notas y el apropiado desarrollo de los estados formales, la necesidad de incorporar algún tipo de sistematización en la presentación de las Notas o la necesidad de investigar el lenguaje empleado a fin de incrementar su comprensión.

3. LA MEMORIA EN LAS DIRECTRICES DE LA COMUNIDAD ECONOMICA EUROPEA

Las Directrices sobre Derecho de Sociedades promulgadas por la CEE, particularmente la Cuarta (1978) relativa a las cuentas anuales a formular por las sociedades de tipo capitalista y la Séptima (1983) sobre las cuentas consolidadas a presentar por los Grupos de empresas, atribuyen un destacado papel a las informaciones contables complementarias o no formalizadas [4].

Y ello por las siguientes razones. En primer lugar, estas Directrices han acuñado un nuevo estado contable, la Memoria, que junto al Balance y al Estado de resultados, y con idéntico rango que éstos, constituyen el núcleo de la información financiera que la empresa viene obligada a comunicar a terceros (tal y como se muestra en el Cuadro 7.3) al disponer:

[4] La bibliografía dedicada al estudio de la regulación contable de la CEE es abundante. Un exhaustivo análisis de la misma puede verse en la obra del profesor Vicente MONTESINOS JULVE: «Las Normas de Contabilidad en la Comunidad Económica Europea», Instituto de Planificación Contable, Madrid, 1980.

> «Las cuentas anuales comprenden el balance, la cuenta de pérdidas y ganancias y la memoria. Estos documentos formarán una unidad» [IV.ª Directriz, art. 2.1 y VII.ª Directriz, art. 16.1]

En segundo lugar, estas Directrices hacen de la Memoria el ehículo de comunicación de numerosas informaciones mediante referencias dispersas a lo largo de todo su articulado. Además, ambos textos legales dedican un denso artículo a señalar los apartados que habrán de configurar su contenido mínimo (véase el Anexo 1 a este capítulo). Las funciones y contenidos que esta normativa contable atribuye a la Memoria ha llevado a numerosos autores a señalar que de la operatividad de este documento va a depender en gran medida la efectividad de los sistemas contables que habrán de adaptarse a ella.

COMPOSICION DEL INFORME FINANCIERO-CONTABLE SEGUN LAS DIRECTRICES DE LA CEE

INFORMACION CONTABLE EXTERNA

CUENTAS ANUALES

* Balance
* Estado de Resultados
* Memoria ('Notas a las Cuentas')

Informe de gestión

Cuadro 7.3.

Finalmente, las Directrices mencionadas han sancionado un nuevo informe, denominado 'Informe de gestión', que aunque se trate de un documento no incluído entre las Cuentas Anuales, constituye también una prolongación de éstas, guardando sus contenidos notable similitud con los atribuidos a la Memoria. El Informe de gestión será objeto de análisis en un epígrafe posterior de este mismo capítulo.

3.1. LA EXPLICITACION DE LOS CRITERIOS Y METODOS DE VALORACION EMPLEADOS

La Cuarta Directriz dispone en el primer apartado del artículo destinado a regular el contenido mínimo de la Memoria [art. 43.1.1)] que habrán de explicitarse:

- los criterios de valoración aplicados a las distintas partidas de las cuentas anuales.
- los criterios de valoración empleados en el cálculo de las correcciones valorativas (amortizaciones y provisiones).
- las bases de conversión utilizadas para traducir a la moneda local aquellos elementos patrimoniales que originariamente vinieren expresados en moneda extranjera.

Si hubiera que realizar una ordenación jerárquica de las diversas categorías de Informaciones Contables No Formalizadas, habría que situar en primer lugar las indicaciones relativas a los criterios de valoración empleados a la hora de preparar los estados formales. Y ello por las siguientes consideraciones. En primer lugar, por la repercusión directa que la adopción de uno u otro criterio supone, tanto en relación con la situación financiero-patrimonial comunicada por el Balance como con el resultado del período. En segundo lugar, por la subjetividad que frecuentemente conlleva la aplicación de un criterio de valoración determinado. Y, finalmente, debido a que adoptado un determinado criterio de valoración pueden ser varias las alternativas aceptables a seguir dentro del mismo.

Un ejemplo ilustrativo es el caso de la valoración de existencias para lo cual, y dentro de las coordenadas del coste histórico, es admisible la aplicación de distintos procedimientos (identificación de partidas, precio medio móvil ponderado, FIFO o LIFO) con consecuencias dispares sobre las cifras tanto del Balance como de la Cuenta de Resultados.

Una última cuestión es la necesidad de tomar decisiones, siempre subjetivas, a la hora de decidir sobre la aplicación de criterios alternativos. En este sentido ninguna jerarquización preestablecida de los principios contables podrá resolver automáticamente esta cuestión.

Las anteriores consideraciones, aún sin ser exhaustivas, entendemos que ponen claramente de manifiesto la necesidad de explicitar los criterios de valoración empleados en la elaboración de las Cuentas Anuales dada su transcendencia a la hora de interpretar éstas.

La Cuarta Directriz, asumiendo estas consideraciones, sanciona la necesidad de explicitar los criterios de valoración aplicados y señala la Memoria como el estado contable en que habrán de recogerse necesariamente estas indicaciones. Este solo cometido de la Memoria bastaría seguramente, y en base a las razones apuntadas más arriba, para reconocerle un papel central en el ámbito del informe financiero-contable externo de la empresa. Pero los cometidos de este documento son todavía más ambiciosos como se verá inmediatamente.

3.2. OTRAS FUNCIONES Y CONTENIDOS DE LA MEMORIA

Además de explicitar los criterios y métodos de valoración aplicados, son muchos otros los contenidos y funciones atribuidos a la Memoria [5] por las Directrices de la CEE. Estos podrían agruparse en los siguientes apartados:

a) Informar de las decisiones adoptadas, en su caso, para solventar las lagunas de la normativa contable o su ocasional inadecuación

En efecto, cuando la aplicación de la normativa contable no sea suficiente para conseguir que las Cuentas Anuales proporcionen una imagen fiel de la situación financiero-patrimonial y de los resultados de la entidad contable, habrán de incluirse en la Memoria cuantas indicaciones adicionales se juzguen necesarias para informar de las alternativas adoptadas para registrar los acontecimientos u operaciones no contemplados por la normativa.

Asimismo, será en la Memoria donde se dejará constancia cuando, excepcionalmente, no se hubiese aplicado alguna disposición de obligado cumplimiento por considerarla in-

---

[5] Una relación más pormenorizada de los mismos se recoge en el modelo de Memoria incorporado por el Plan General de Contabilidad de 1990, inspirado precisamente en las Directrices comunitarias que ahora comentamos.

compatible con la imagen fiel aludida. Lógicamente, junto a la mención de esta circunstancia, habrán de señalarse los motivos que propiciaron el abandono de la norma, así como cuantificar la repercusión de esta decisión sobre las cifras de los estados formales.

b) **Explicitar la estructura adoptada por los estados formales**

En la Memoria habrá de comunicarse cualquier cambio introducido en los esquemas o modelos establecidos tanto para el Balance como para la Cuenta de pérdidas y ganancias. En concreto las Directrices prevén indicaciones explicativas:

- cuando se hayan producido variaciones en el formato.
- cuando se proceda a la agrupación de partidas.
- cuando el importe de alguna partida haya sido objeto de adaptación, a fin de hacerla significativa a efectos de su comparabilidad.
- cuando alguna partida pueda incluirse en más de una de las rúbricas incorporadas a los modelos establecidos.

c) **Recoger informaciones adicionales directamente relacionadas con partidas del Balance**

Las Directrices disponen la aclaración de una amplia gama de circunstancias relativas a distintas partidas del Balance bien en el propio estado (mediante desgloses en cuentas, anotaciones marginales o por cualquier otra vía) bien en la Memoria, dejando a los Estados miembros de la CEE la potestad para establecer el procedimiento que consideren más adecuado en cada caso. Por ejemplo, habrá de ofrecerse el desglose de los créditos y préstamos atendiendo al momento de su vencimiento (contado desde la fecha en que las cuentas se formulan) o mencionarse separadamente los empréstitos convertibles por acciones.

Además, otras informaciones que suponen igualmente aclaraciones puntuales de determinadas partidas del Balance, integran el contenido específico o privativo de la Memoria. Este es el caso de las menciones contempladas en la Cuarta Directriz, art. 43.1, apartados 3, 4, 5 y 6 (véase Anexo 1).

d) **Recoger informaciones complementarias a ciertas partidas de la Cuenta de pérdidas y ganancias**

Igual que en el caso anterior algunas de estas indicaciones podrán incorporarse en el cuerpo del propio estado, mientras que otras habrán de presentarse necesariamente en la Memoria. Este es el caso de las informaciones previstas en el art. 43.1, apartados 8, 9 y 10 (véase Anexo 1).

e) **Comunicar otras informaciones adicionales tanto de naturaleza financiera como no financiera**

En este apartado cabe destacar:

- las menciones sobre empresas participadas significativamente [art. 43.1.2].
- la divulgación de los compromisos financieros que no figuren en Balance [artículo 43.1.9].
- informaciones relativas al personal empleado por la empresa [art. 43.1.9].
- informaciones de índole fiscal [art. 43.1.10 y 11].

- información sobre las remuneraciones, anticipos y compromisos contraídos con el personal directivo [art. 43.1.12 y 13].

3.3. CARACTERISTICAS MAS RELEVANTES DE LA MEMORIA

A la vista de la configuración, funciones y contenidos atribuidos por la normativa de la CEE a la Memoria destacaríamos, a modo de conclusiones, las características siguientes relativas a esta Cuenta Anual:

a) En relación con su rango y autonomía: la Memoria está concebida como un estado financiero principal más sin cuyo concurso no se concibe ya un informe contable.

b) En relación con su contenido: la Memoria queda configurada como un documento esencialmente **abierto** en el que tendrán cabida, por tanto, además de todas las informaciones requeridas por vía normativa —siempre que se juzguen significativas— cualquier otro dato que se estime relevante para la interpretación del conjunto de magnitudes contables comunicadas.
Este atributo de la Memoria exige resolver uno de los retos principales que su elaboración plantea: dar respuesta adecuada al requisito de materialidad o importancia relativa que será lo que ha de determinar en último término su contenido en cada caso.

c) En relación con su presentación: la Memoria se caracteriza por la ausencia de un formato estándar del tipo de los existentes para los estados formales. Esta circunstancia, acorde con la irrenunciable flexibilidad que ha de acompañar siempre a aquel documento, plantea sin embargo la necesidad de establecer ciertos criterios que permitan sistematizar su contenido, a fin de que pueda cumplir con los requisitos exigidos a todo estado contable (claridad, comparabilidad, etc.).

4 EL MODELO DE MEMORIA RECOGIDO POR EL PLAN GENERAL DE CONTABILIDAD DE 1990

4.1. LA MEMORIA EN LA LEGISLACION MERCANTIL ESPAÑOLA

Como es sabido, el Plan General de Contabilidad constituye el preceptivo desarrollo reglamentario de las disposiciones de naturaleza contable recogidas en los dos textos legales siguientes:

— el Código de Comercio, particularmente en sus artículos 25 a 49 (Ley 19/1989 de 25 de Julio).
— el Texto Refundido de la Ley de Sociedades Anónimas (en adelante, LSA), de manera especial en su Capítulo VII, denominado 'De las Cuentas Anuales', artículos 171 a 222.

Estos textos legales, a su vez, han venido a armonizar nuestra legislación mercantil básica con las Directrices de la CEE sobre Derecho de Sociedades. Por tanto, cuanto se ha dicho anteriormente con relación a la regulación contable comunitaria es de aplicación a la normativa contable española plasmada en las Leyes citadas y en el Plan General de Contabilidad de 1990, al que nos referiremos seguidamente.

Respecto al tema que nos ocupa, la Memoria, ésta es definida en el artículo 35.3 del Código de Comercio en los siguientes términos:

«La memoria completará, ampliará y comentará la información contenida en el balance y en la cuenta de pérdidas y ganancias.(...)»

Asímismo, la LSA define esta Cuenta Anual en similares términos y se hace eco de un extenso catálogo de indicaciones que habrán de incorporarse a la Memoria, siempre que fuesen significativas. Y esto se realiza, de forma análoga a lo que acontece en las Directrices comunitarias, por medio de numerosas referencias a lo largo de su texto y destinando un extenso artículo (véase Anexo 2 a este capítulo) a identificar las informaciones que habrán de constituir para la mayoría de las empresas el contenido específico o privativo de la Memoria.

Si comparamos el contenido mínimo atribuido a la Memoria por las Directrices comunitarias (Anexo 1) y por la LSA española (Anexo 2) cabe destacar:

a) En cuanto a **las menciones relativas a las sociedades participadas vía capital social** (LSA art. 200. Segunda), mientras que la Cuarta Directriz de la CEE fijó el porcentaje mínimo de participación en el 20 %, para que las empresas vinieran obligadas a detallar estas inversiones en la Memoria, la Ley española ha rebajado considerablemente este porcentaje para las Sociedades participadas que coticen en Bolsa situándolo en el 3 %, al tiempo que se mantiene el porcentaje del 20% para el resto de las participaciones.

b) **La Ley española ha incorporado el Cuadro de Financiación como contenido mínimo de la Memoria** (art. 200. Cuarta), estado contable que la regulación comunitaria no contempla. De esta forma, este informe se ha convertido en un estado financiero más para las sociedades obligadas a formular el modelo de Memoria normal o desarrollado, aunque carezca del rango de Cuenta Anual independiente.

c) La LSA española establece también (art. 216) que cuando **se hubiesen distribuido entre los accionistas cantidades a cuenta de dividendos,** los Administradores formularán un estado contable en el que se ponga de manifiesto que existía liquidez suficiente para la distribución, debiendo incluirse aquel estado posteriormente en la Memoria.

El contenido de la Memoria, a su vez, ha sido estructurado por el Plan General de Contabilidad en los 21 apartados que aparecen en el Cuadro 7.4, en un intento de sistematizar las numerosas referencias al respecto contenidas en los textos legales que desarrolla e incorporando, además, otros datos no señalados en aquéllos.

Hay que destacar por su gran trascendencia práctica, en relación con el modelo de Memoria previsto en el PGC, los criterios o reglas generales recogidos explícitamente en este texto dentro del apartado denominado 'Normas de elaboración de las Cuentas Anuales' (véase Cuadro 7.5), que habrán de tenerse siempre presentes a la hora de formular la Memoria.

De lo dispuesto en los apartados a), b) y d) de esta Norma, pues el c) no exige comentario adicional alguno, se desprende:

— Que el catálogo de menciones previstas por vía reglamentaria a fin de configurar el contenido de la Memoria debe entenderse como meramente indicativo. Estamos, por tanto, ante una Cuenta Anual abierta a cualquier otro tipo de informaciones.

— Que, en todo caso, los datos a comunicar en este estado han de suponerse significati-

APARTADOS DEL MODELO DE MEMORIA NORMAL EN EL PGC

1. Actividad de la empresa.
2. Bases de presentación de las cuentas anuales.
3. Distribución de resultados.
4. Normas de valoración.
5. Gastos de establecimiento.
6. Inmovilizado inmaterial.
7. Inmovilizado material.
8. Inversiones financieras.
9. Existencias.
10. Fondos propios.
11. Subvenciones.
12. Provisiones para pensiones y obligaciones similares.
13. Otras provisiones del grupo 1.
14. Deudas no comerciales.
15. Situación fiscal.
16. Garantías comprometidas con terceros y otros pasivos contingentes.
17. Ingresos y gastos.
18. Otra información.
19. Acontecimientos posteriores al cierre.
20. Cuadro de financiación.
21. Cuenta de pérdidas y ganancias analítica.

Cuadro 7.4.

NORMAS PARA LA ELABORACION DE LA MEMORIA

7. Memoria

La memoria completa, amplía y comenta la información contenida en el balance y en la cuenta de pérdidas y ganancias; se formulará teniendo en cuenta que:

a) El modelo de la memoria recoge la información mínima a cumplimentar; no obstante, en aquellos casos en que la información que se solicita no sea significativa no se cumplimentarán los apartados correspondientes.
b) Deberá indicarse cualquier otra información no incluida en el modelo de la memoria que sea necesaria para facilitar la comprensión de las cuentas anuales objeto de presentación, con el fin de que las mismas reflejen la imagen fiel del patrimonio, de la situación financiera y de los resultados de la empresa.
c) Lo establecido en la memoria en relación con las empresas asociadas deberá entenderse también referido a las empresas multigrupo.
d) Lo establecido en el apartado 4 de la memoria (**relativo a las Normas de valoración**) se deberá adaptar para su presentación, en todo caso, de modo sintético y conforme a la exigencia de claridad.

Cuadro 7.5.

vos, en consonancia con el principio de materialidad o importancia relativa. Será este requisito, que necesitará de buena dosis de juicio profesional, el que delimitará finalmente el contenido de la Memoria.

— Que los requisitos de concisión y claridad exigidos para las indicaciones relativas a las Normas de valoración pueden ser extrapolables, a nuestro juicio, a todos los apartados de la Memoria.

Pero, además, cabe señalar tres requisitos o cautelas más que, aún sin ser mencionadas expresamente por el PGC, responden a criterios profundamente arraigados en los países anglosajones en relación con las Notas —tal y como hemos puesto ya de manifiesto en epígrafes anteriores—. Estas cautelas podrían enunciarse, tal y como lo hace el Plan Comptable Général francés de 1982 [6], de la siguiente forma:

1.ª **Evitar repeticiones:** Cuando las informaciones requeridas ya se han inscrito en el Balance o en la Cuenta de Pérdidas y Ganancias, éstas no deberán repetirse en la Memoria.

2.ª **Evitar sustituciones:** Ninguna indicación en la Memoria puede sustituir a un registro previsto por el Plan en las otras dos Cuentas Anuales.

3.ª **Evitar incoherencias:** Deben evitarse contradicciones entre las informaciones incorporadas a la Memoria y las ofrecidas en el Balance y la Cuenta de Pérdidas y Ganancias, lo que exige seguir criterios homogéneos en el proceso de elaboración de los tres estados.

4.2. INDICACIONES MAS RELEVANTES A INCLUIR EN CADA UNO DE LOS APARTADOS DE LA MEMORIA

En el apartado 1, 'Actividad de la empresa', se describirá el objeto social de ésta y la actividad o actividades que desarrolle.

En el **apartado 2**, que lleva por título **'Bases de presentación de las Cuentas Anuales',** habrán de recogerse en su caso:

— **Informaciones relacionadas con la normativa contable de obligado cumplimiento:** Se justificarán las razones que, excepcionalmente, hubiesen llevado a apartarse de determinadas disposiciones legales así como las alternativas adoptadas por la ausencia de regulación contable específica ante un hecho contable concreto.

— **En relación con los principios contables:** Se indicarán las razones que justifiquen la no aplicación, por vía de excepción, de algún principio contable obligatorio así como los motivos considerados para la aplicación, en su caso, de principios contables facultativos.

— **En relación con la comparabilidad intertemporal de la información contable:** Se señalarán las razones que justifiquen la modificación de la estructura del Balance y de la Cuenta de pérdidas y ganancias del ejercicio anterior, explicando las causas que impidan la comparación de las cuentas del ejercicio que se cierra con las de aquél, así como el procedimiento seguido en su caso para adaptar las cifras del ejercicio precedente a fin de facilitar su comparación (o la imposibilidad de realizar esta adaptación).

— **En relación con la agrupación de partidas:** En la Memoria habrá de ofrecerse el desglose de las partidas del Balance y de la Cuenta de pérdidas y ganancias que hubiesen

---

[6] El Plan Comptable Général francés de 1982 supuso la adaptación de la regulación contable de este país a la normativa de la CEE y ha constituido un punto más de referencia en el proceso de elaboración del Plan General de Contabilidad español de 1990.

sido agrupadas sea por considerar su importe poco significativo sea con el fin de favorecer la claridad de aquellos estados.

— **En relación con los elementos patrimoniales registrados en varias partidas:** En la Memoria habrán de identificarse aquellos elementos que pudiesen estar incluídos en dos o más partidas del Balance, señalando éstas y los importes correspondientes.

En el **apartado 3, 'Distribución de resultados',** el Plan menciona estas tres circunstancias a divulgar:

- la propuesta de distribución de beneficios.
- el estado contable previsional de Tesorería que justifique que existía liquidez suficiente en el momento en que se hubiese acordado, en su caso, repartir dividendos a cuenta.
- cualquier restricción o limitación existente en cuanto a la distribución de dividendos.

En el **apartado 4, 'Normas de valoración',** señala el Plan que habrán de indicarse —de modo sintético y conforme a la exigencia de claridad— los criterios contables aplicados en relación con la casi totalidad de los elementos patrimoniales integrados en el Balance, así como para los ingresos y gastos. Por ejemplo, respecto al **Inmovilizado material** se indica que habrá de informarse, para cada partida del balance, sobre los criterios seguidos en cuanto a:

— Amortización y dotación de provisiones.
— Capitalización de intereses y diferencias de cambio.
— Contabilización de costes de ampliación, modernización y mejoras.
— Determinación del coste de los trabajos efectuados por la sociedad para su inmovilizado.
— Las partidas del inmovilizado material que figuran en el activo por una cantidad fija.
— Actualizaciones de valor practicadas al amparo de una ley.

Y para las **Transacciones en moneda extranjera**, por citar un ejemplo más, señala el Plan que habrá de indicarse:

— Criterios de valoración de saldos en moneda extranjera.
— Procedimiento empleado para calcular el tipo de cambio en pesetas de elementos patrimoniales que en la actualidad o en su origen hubieren sido expresados en moneda extranjera.
— Criterios de contabilización de las diferencias de cambio.

Los **apartados 5 al 14** de la Memoria (véase Cuadro 7.4) se refieren a numerosas informaciones a suministrar directamente relacionadas con partidas del Balance como, por ejemplo:

— Detalle del movimiento experimentado durante el ejercicio por numerosas cuentas, tanto de Activo como de Pasivo.
— Criterios seguidos en relación con las denominadas correcciones de valor o correcciones valorativas (amortizaciones y provisiones).
— Información sobre las actualizaciones de valor que pudieran haberse producido al amparo de alguna disposición legal.
— Circunstancias sustantivas que afecten, o puedan afectar en el futuro, a la disponibili-

dad de determinados activos tales como: arrendamientos, seguros, litigios, embargos, etc.
— Información sobre los compromisos firmes de compra y fuentes previsibles de financiación, así como los compromisos firmes de venta.
— Informaciones relativas a las empresas participadas.
— Indicación de la tasa media de rentabilidad de los valores de renta fija poseídos.
— En relación con los Fondos Propios: composición del capital social, ampliaciones en curso y derechos preferentes de suscripción, reservas no disponibles, identificación de los accionistas titulares de participaciones iguales o superiores al 10 %, acciones de la sociedad admitidas a cotización, etc.

En el **apartado 15, 'Situación fiscal'**, se ofrecerá en su caso información, al menos, sobre:

— La diferencia existente entre el resultado contable y el resultado fiscal o base imponible declarada en el impuesto sobre sociedades (es decir, un estado de conciliación de estas dos magnitudes).
— La diferencia entre la carga fiscal (del ejercicio y de ejercicios anteriores) contabilizada y la pagada.
— Bases imponibles negativas pendientes de compensación.
— Incentivos fiscales aplicados en el ejercicio, incentivos pendientes de aplicar y compromisos adquiridos en relación con ellos.

El **apartado 16, 'Garantías comprometidas con terceros y otros pasivos contingentes'**, está destinado a recoger las informaciones relativas a este conjunto de eventuales obligaciones para la empresa, particularmente relevantes en determinados sectores, y que por sus características normalmente no figuran en el cuerpo del Balance. La necesidad de comunicar los criterios empleados para el cálculo de las mismas, basados siempre en estimaciones, justifica el que la Memoria sea el vehículo idóneo para informar sobre estos riesgos.

El **apartado 17, 'Ingresos y gastos'**, está destinado a recoger informaciones complementarias a las ofrecidas en la Cuenta de pérdidas y ganancias, por ejemplo:

— Las transacciones efectuadas con empresas del grupo y asociadas (compras, ventas, intereses, dividendos intragrupo, etc.).
— Transacciones en moneda extranjera.
— Información desglosada de la cifra de negocios, tanto por segmentos de actividad como por mercados geográficos.
— Gastos e ingresos extraordinarios, incluídos los correspondientes a ejercicios anteriores.

En este apartado habrá de incluirse asímismo una información no estrictamente financiera: el número medio de personas empleadas durante el ejercicio distribuido por categorías.

El **apartado 18,** denominado **'Otra información',** se destina a recoger, en relación con los miembros del órgano de administración de la entidad, los datos siguientes:

— Sueldos, dietas o cualquier otra remuneración devengada en el ejercicio, que se ofrecerá de forma global por conceptos retributivos.
— Anticipos y créditos concedidos, indicándose el tipo de interés y otras condiciones esenciales.

— Obligaciones futuras asumidas por la empresa en nombre de éstos por garantías, pensiones, seguros de vida, etc.

En el **apartado 19, 'Acontecimientos posteriores al cierre',** se informará, en su caso, sobre los hechos significativos acaecidos con posterioridad al cierre de las cuentas. El Plan alude a dos situaciones:

— Que no afecten a las Cuentas Anuales referidas a dicha fecha, pero cuyo conocimiento se considere útil para el usuario de las mismas.
— Que afecten a la aplicación del principio de empresa en funcionamiento [7].

En el **apartado 20** habrá de recogerse el **'Cuadro de Financiación'**, según el modelo establecido en el propio PGC.

Finalmente, en el **apartado 21** se propone un modelo de **Cuenta de pérdidas y ganancias analítica** —estado de resultados en formato vertical o 'en cascada'— que las empresas podrán incluir en la Memoria si lo consideran oportuno.

5. EL INFORME DE GESTION

5.1. LOS ANTECEDENTES DEL INFORME DE GESTION

Paulatinamente el informe financiero-contable de la empresa ha venido incorporando, como prolongación de los estados formales, una amplia gama de informaciones complementarias a éstos que hemos denominado genéricamente Informaciones Contables no Formalizadas.

A una parte de este conjunto de datos se le ha reconocido tanto por la doctrina como por los organismos reguladores, un carácter estrictamente contable: son las informaciones recogidas en la sección de 'Notas a los Estados Financieros' o 'Notas a las Cuentas' que las Directrices de la CEE y el PGC español remiten a la Cuenta Anual denominada Memoria. La naturaleza de estos datos implica que se les atribuya idéntico rango que a los estados formales, con los que forman una unidad, estando sometidos a los mismos requisitos que éstos (en cuanto a su formulación, régimen de publicidad, verificación externa, etc.).

Pero además de estas informaciones, las empresas han venido comunicando otros tipos de mensajes complementarios que, aún sin estar sometidos a aquellos requisitos, suponen igualmente una prolongación de las Cuentas Anuales a las que acompañan. En este apartado suelen incluirse los análisis elaborados por la dirección de la compañía —tanto históricos como previsionales—, los datos referidos a la actividad de la empresa, los datos relativos al sector económico en el que la empresa actúa o a la coyuntura económica general, entre otros.

---

[7] Este tema ha sido abordado con mayor detalle en el Documento n.º 11 sobre Principios Contables emitido por AECA con el título de «Provisiones, Contingencias y Acontecimientos Posteriores al Cierre de los Estados Financieros» (1988). Asimismo en URIAS VALIENTE, J.: «El Objetivo de Relevancia en el Informe del Auditor Independiente», Instituto de Contabilidad y Auditoría de Cuentas, 1990, págs. 67-73, se analiza la repercusión de estos hechos en el Informe de auditoría.

Los rasgos principales que caracterizan a este segundo conjunto de informaciones son:

1.º Se trata de datos elaborados con **criterios particulares,** cuyo origen es ajeno a menudo al ámbito estricto del Sistema de Información Contable de la empresa.

2.º Son datos de **carácter eminentemente voluntario y de naturaleza previsional** por lo que con frecuencia su objetivo, por otra parte legítimo, no es otro que transmitir el mensaje que a los órganos directivos interesa.

3.º Son datos **no sometidos normalmente a auditoría o verificación externa,** por lo que su credibilidad no puede ser a priori equiparable a la información recogida en las Cuentas Anuales (Estados formales y Notas a los mismos).

Es precisamente este conjunto de informaciones complementarias el que constituye el antecedente del documento denominado Informe de gestión.

5.2. NATURALEZA Y CONTENIDOS DEL INFORME DE GESTION

Las Directrices en materia contable de la CEE (véase Anexo 1, art. 46) y la regulación española al respecto (Anexo 2, art. 202), aluden al Informe de gestión como un documento que, por lo general, habrá de acompañar a las Cuentas Anuales, aunque no forme parte de éstas.

Además de esta consideración, entre las notas características de este documento destacan:

a) **En relación con el régimen de publicidad:** el Informe de gestión habrá de depositarse en el Registro Mercantil junto con las Cuentas Anuales y, en su caso, el Informe de auditoría externa (LSA; art. 218).

b) **En relación con la auditoría externa:** la persona o personas encargadas de la censura de cuentas verificarán también la concordancia del Informe de gestión con las Cuentas Anuales del ejercicio (LSA; arts. 208 y 209) [8].

Con respecto al contenido del Informe de gestión, tanto la LSA en su art. 202 como el Código de Comercio en el art. 49 se refieren al mismo en términos de mínimos, análogamente al tratamiento dado a la Memoria, si bien el catálogo de indicaciones que se atribuyen a aquél es mucho más reducido y, por tanto, el margen de autonomía para los responsables de su formulación resulta más amplio [9].

Estas menciones mínimas —transcripción casi literal de lo dispuesto por la IV Directiva de la CEE— pueden agruparse en dos grandes apartados:

a) **Indicaciones genéricas de carácter esencialmente subjetivo:**

1. Exposición fiel sobre la evolución de los negocios y la situación de la sociedad.
2. La evolución previsible de la sociedad.

---

[8] Así está contemplado en los informes-tipo de auditoría independiente publicados por el Instituto de Contabilidad y Auditoría de Cuentas. Y en el Reglamento de la Ley de Auditoría, art. 3.3, se señala: «Cuando la Entidad o Empresa auditada viniera obligada a emitir un informe de gestión, o lo hubiera emitido voluntariamente, los auditores de cuentas extenderán su examen a la verificación de la concordancia de los datos contenidos en el mismo con los de las cuentas anuales examinadas» (B.O.E. de 25 de diciembre de 1990).

[9] Sobre las posibilidades que para la empresa ofrece el Informe de gestión, más allá del estricto cumplimiento de la normativa, puede verse MALLO RODRIGUEZ, C.: «Informe de gestión e imagen empresarial», *Revista de Economía n.º 6*, 3.º Trimestre 1990, págs. 38-41.

b) **Indicaciones específicas susceptibles de verificación:**

1. Los acontecimientos importantes acaecidos después del cierre del ejercicio.
2. Las actividades en materia de investigación y desarrollo (I + D).
3. En relación con las adquisiciones de acciones propias habrá de señalarse (LSA; art. 79.4):

- Motivos de las adquisiciones y enajenaciones realizadas durante el ejercicio.
- El número y el valor nominal de las acciones adquiridas y enajenadas durante el ejercicio y la fracción del capital social que representan.
- En caso de adquisición o enajenación a título oneroso, la contraprestación por las acciones.
- El número y valor nominal del total de las acciones adquiridas y conservadas en cartera por la propia Sociedad o por persona interpuesta y la fracción del capital social que representan.

La estrecha vinculación de las tres indicaciones agrupadas en el apartado b) anterior con las partidas y cifras de las Cuentas Anuales, así como el requisito de concordancia exigido a los datos incorporados al Informe de gestión, ha propiciado numerosas valoraciones críticas argumentándose que el mensaje básico de este documento debería consistir en reflejar el punto de vista, siempre subjetivo, de la dirección de la entidad. Y, en consecuencia, resultará sumamente difícil para un auditor externo verificar la concordancia de las informaciones en él reflejadas con las Cuentas Anuales, tal y como esta normativa estipula.

En este sentido el profesor MARTINEZ CHURIAQUE [10] ha escrito:

> «El aspecto singular del Informe de gestión, que lo distingue de cualquier otro, es que en él la Dirección de la Sociedad expresa su peculiar punto de vista sobre el desenvolvimiento del negocio. Es marcadamente subjetivo. Y cualquier intento de someter tales mensajes a una normativa poco flexible puede conducir a su desnaturalización.».

Según este planteamiento, el lugar idóneo para comunicar la información más relevante en relación con los acontecimientos importantes acaecidos después del cierre del ejercicio, los datos sobre las actividades en materia de I + D y los relativos a las operaciones con acciones propias, está en las Cuentas Anuales y no en el Informe de gestión, por tratarse de hechos ya acaecidos y perfectamente verificables. De acuerdo con esta posición, en el Informe de gestión sólo cabría recoger respecto a estos hechos indicaciones residuales y de carácter eminentemente prospectivo (por ejemplo, las actuaciones o proyectos futuros en I + D).

Sobre este particular hay que destacar que el propio Plan General de Contabilidad de 1990 remite a la Memoria las indicaciones relativas a estos tres tipos de hechos, destinando específicamente uno de sus apartados a describir los 'Acontecimientos posteriores al cierre'.

Por todo ello, el contenido atribuido al Informe de gestión por la normativa vigente podría tener cabida perfectamente en la Memoria, por lo que aquel documento, tal y como

---

[10] MARTINEZ CHURIAQUE, J. I.: «Una aproximación al Anexo de las Cuentas Anuales», *Técnica Contable*, págs. 321-328 y 381-386, 1981. En este trabajo se realiza un pormenorizado y sugestivo análisis de la naturaleza y contenidos tanto de la Memoria o Anexo como del Informe de gestión acuñados por la Cuarta Directriz de la CEE.

ha sido regulado, no constituye en esencia sino una simple extensión o ampliación de la Memoria.

Finalmente señalaremos que en el texto del Plan General de Contabilidad no se hace referencia alguna al Informe de gestión, por contemplar aquél exclusivamente el ámbito estricto de las Cuentas Anuales. Es en el articulado del Código de Comercio así como en el Texto Refundido de la Ley de Sociedades Anónimas donde se encuentran las disposiciones básicas relativas a este documento.

ANEXO 1

CONTENIDO MINIMO DE LA MEMORIA Y DEL INFORME DE GESTION SEGUN LA CUARTA DIRECTIVA DE LA CEE

SECCION 8
Contenido de la Memoria

Artículo 43

1. Además de las indicaciones prescritas por otras disposiciones de la presente Directiva, la Memoria deberá incluir, al menos, indicaciones sobre:

    1) Las formas de valoración aplicadas a las diversas partidas de las cuentas anuales, así como los métodos de cálculo utilizados para las correcciones de valor. Para los elementos contenidos en las cuentas anuales que son o que en su origen hayan sido expresados en moneda extranjera, deberán indicarse las bases de conversión utilizadas para su expresión en moneda local;
    2) El nombre y el domicilio social de las empresas en las que la sociedad tiene, bien por sí misma o bien mediante una persona que actúe en su propio nombre pero por cuenta de la sociedad, al menos un porcentaje del capital que los Estados miembros no podrán fijar en más del 20 %, con indicación de la parte del capital que tenga, así como del importe del capital y reservas y del resultado del último ejercicio de la empresa en cuestión, para la que se han realizado las cuentas. Podrán omitirse estas informaciones cuando sólo tengan un interés escaso con respecto al objetivo del apartado 3 del artículo 2. Podrá omitirse también la indicación del capital y reservas y del resultado, cuando la empresa en cuestión no publique su balance y si la sociedad detenta directa o indirectamente, menos del 50 % del capital de tal empresa;
    3) El número y el valor nominal o, a falta de valor nominal, el valor contable de las acciones suscritas durante el ejercicio dentro de los límites de un capital autorizado, sin perjuicio de las disposiciones relativas al importe de este capital previstas por la letra e) del apartado 1 del artículo 2 de la Directiva 68/151/CEE, así como por la letra c) del artículo 2 de la Directiva 77/91/CEE;
    4) Cuando existan varias categorías de acciones, el número y el valor nominal o, a falta de valor nominal, el valor contable de cada una de ellas;
    5) La existencia de participaciones sociales, de obligaciones convertibles y de títulos o derechos similares, con indicación de su número y de la amplitud de los derechos que confieran;
    6) El importe de las deudas de la sociedad cuya duración residual sea superior a cinco años, así como el importe de todas las deudas de la sociedad, con indicación de su naturaleza y de su forma. Estas indicaciones deberán darse por separado por cada una de las partidas relativas a las deudas, de conformidad con los esquemas que figuran en los artículos 9 y 10;

7) El importe global de los compromisos financieros que no figuren en el balance, en la medida en que su indicación sea útil para la apreciación de la situación financiera. Los compromisos existentes en materia de pensiones, así como los compromisos con respecto a empresas ligadas, deberán aparecer de forma clara;
8) La distribución del importe neto del volumen de negocios en el sentido del artículo 28, por categorías de actividades, así como por mercados geográficos, en la medida en que, desde el punto de vista de la organización de la venta de productos y de la prestación de servicios correspondientes a las actividades ordinarias de la sociedad, esas categorías y mercados difieran entre sí de una forma considerable;
9) El número medio de empleados durante el ejercicio, distribuido por categorías, así como, si no se hubieran mencionado por separado en la cuenta de pérdidas y ganancias, los gastos de personal relativos al ejercicio y desglosados de conformidad con el punto 6 del artículo 23;
10) La proporción en que haya sido afectado el cálculo del resultado del ejercicio por una valoración de las partidas que, por excepción a los principios de los artículos 31 y 34 a 42, se hubiera efectuado durante el ejercicio o en un ejercicio anterior, con objeto de obtener desgravaciones fiscales. Cuando tal valoración influya de forma significativa sobre la carga fiscal futura, deberán darse indicaciones al respecto;
11) La diferencia entre la carga fiscal imputada al ejercicio y a los ejercicios anteriores, y la carga fiscal ya pagada o que se habrá de pagar por esos ejercicios, en la medida en que esa diferencia tenga un interés cierto con respecto a la carga fiscal futura. Este importe podrá figurar igualmente de forma acumulada en el balance, en una partida particular con el título correspondiente;
12) El importe de las remuneraciones concedidas a título del ejercicio a los miembros de los órganos de administración, de dirección o de vigilancia en razón de sus funciones, así como los compromisos nacidos o contraídos en materia de pensiones de retiro con respeto a los antiguos miembros de los órganos precitados. Estas informaciones deberán darse de forma global para cada una de las categorías;
13) El importe de los anticipos y de los créditos concedidos a los miembros de los órganos de administración, de dirección o de vigilancia, con indicación del tipo de interés, de las condiciones esenciales y de los importes eventualmente devueltos, así como los compromisos contraídos por su cuenta a título de una garantía cualquiera. Estas informaciones deberán ser dadas de forma global para cada una de las categorías.

2. Hasta una posterior coordinación, los Estados miembros podrán no aplicar el punto 2 del apartado 1, a las sociedades de participación financiera en el sentido del apartado 3 del artículo 5.

Artículo 44

Los Estados miembros podrán permitir que las sociedades mencionadas en el artículo 11 establezcan una Memoria abreviada desprovista de las indicaciones requeridas en los puntos 5 al 12 del apartado 1 del artículo 43. No obstante, la Memoria deberá indicar de una forma global para todas las partidas en cuestión, las informaciones previstas en el punto 6 del apartado 1 del artículo 43.

Artículo 45

1. Los Estados miembros podrán permitir que las indicaciones prescritas en el punto 2 del apartado 1 del artículo 43:

   a) Tomen la forma de una relación presentada de conformidad con los apartados 1 y 2 del artículo 3 de la Directiva 68/151/CEE; deberá hacerse mención de ello en la Memoria;
   b) Se omitan cuando su naturaleza pudiera acarrear graves perjuicios a una de las empresas mencionadas en el punto 2 del apartado 1 del artículo 43. Los Estados miembros podrán

subordinar esta omisión a la autorización previa de una autoridad administrativa o judicial. La omisión de esas indicaciones deberá ser mencionada en la Memoria.

2 La letra b) del apartado 1 se aplicará igualmente a las indicaciones prescritas en el punto 8 del apartado 1 del artículo 43.

Los Estados miembros podrán autorizar a las sociedades mencionadas en el artículo 27, a omitir las indicaciones prescritas en el punto 8 del apartado 1 del artículo 43. Será aplicable el artículo 12.

SECCION 9
Contenido del informe de gestión

Artículo 46

1. El informe de gestión deberá contener al menos una exposición fiel sobre la evolución de los negocios y la situación de la sociedad.
2. El informe deberá incluir igualmente indicaciones sobre:

a) Los acontecimientos importantes acaecidos después del cierre del ejercicio;
b) La evolución previsible de la sociedad;
c) Las actividades en materia de investigación y de desarrollo;
d) En lo que concierne a las adquisiciones de acciones propias; las indicaciones mencionadas en el apartado 2 del artículo 22 de la Directiva 77/91/CEE.

ANEXO 2

CONTENIDO MINIMO DE LA MEMORIA Y DEL INFORME DE GESTION SEGUN EL TEXTO REFUNDIDO DE LA LEY DE SOCIEDADES ANONIMAS

SECCION SEXTA – MEMORIA

Artículo 199

Objeto de la Memoria

La memoria completará, ampliará y comentará el balance y la cuenta de pérdidas y ganancias.

Artículo 200[11]

Contenido

La memoria deberá contener, además de las indicaciones específicamente previstas por el Código de Comercio y por esta Ley, las siguientes:

Primera:

Los criterios de valoración aplicados a las diversas partidas de las cuentas anuales y los métodos de cálculo de las correcciones de valor.

Para los elementos contenidos en las cuentas anuales que en la actualidad o en su origen hubieran sido expresados en moneda extranjera, se indicará el procedimiento empleado para calcular el tipo de cambio a pesetas.

---

[11] Los artículos 200, 201 y 202 siguientes han sido parcialmente modificados por la Ley de Sociedades de Responsabilidad Limitada promulgada en 1995. En el **Anexo 3** se transcriben estas modificaciones.

Segunda:

La denominación y domicilio de las Sociedades en las que la Sociedad posea, directa o indirectamente como mínimo, el 3 por 100 del capital para aquellas Sociedades que coticen en Bolsa y el 20 por 100 para el resto, con indicación de la fracción de capital que posea, así como el importe del capital y de las reservas y del resultado del último ejercicio de aquéllas.

Las menciones previstas en este número podrán establecerse en una relación, que se depositará en el Registro Mercantil. Podrán omitirse, cuando por su naturaleza puedan acarrear graves perjuicios a las Sociedades a las que se refieran. La omisión deberá mencionarse en la memoria.

Tercera:

Cuando existan varias clases de acciones, el número y el valor nominal de las pertenecientes a cada una de ellas.

Cuarta:

El cuadro de financiación, en el que se describirán los recursos obtenidos en el ejercicio y sus diferentes orígenes, así como la aplicación o el empleo de los mismos en inmovilizado o en circulante.

Quinta:

La existencia de bonos de disfrute, de obligaciones convertibles y de títulos o derechos similares, con indicación de su número y de la extensión de los derechos que confieren.

Sexta:

El importe de las deudas de la Sociedad cuya duración residual sea superior a cinco años, así como el de todas las deudas que tengan garantía real, con indicación de su forma y naturaleza.

Estas indicaciones figurarán separadamente para cada una de las partidas relativas a deudas, conforme al esquema legal del balance.

Séptima:

El importe global de las garantías comprometidas con terceros, sin perjuicio de su reconocimiento dentro del pasivo del balance cuando sea previsible que de las mismas se derive el cumplimiento efectivo de una obligación o cuando su indicación sea útil para la apreciación de la situación financiera.

Deberán mencionarse con la debida claridad y separación los compromisos existentes en materia de pensiones, así como los referentes a Empresas del grupo.

Octava:

La distribución del importe neto de la cifra de negocios correspondiente a las actividades ordinarias de la Sociedad, por categorías de actividades, así como por mercados geográficos, en la medida en que, desde el punto de vista de la organización de la venta de productos y de la prestación de servicios correspondientes a las actividades ordinarias de la Sociedad, esas categorías y mercados difieran entre sí de una forma considerable.

Las menciones previstas en este número podrán omitirse indicándolo en la memoria, cuando por su naturaleza puedan acarrear graves perjuicios a la Sociedad. También podrán omitir tales menciones las Sociedades que pueden formular cuenta de pérdidas y ganancias abreviada.

Novena:

El número medio de personas empleadas en el curso del ejercicio, expresado por categorías, así como los gastos de personal que se refieran al ejercicio, distribuídos como prevé el artículo 189, apartado A.3., cuando no estén así consignados en la cuenta de pérdidas y ganancias.

Décima:

La diferencia que se pudiera producir entre el cálculo del resultado contable del ejercicio y el que resultaría de haber efectuado una valoración de las partidas con criterios fiscales, por no coincidir éstos con los principios contables de obligatoria aplicación.

Cuando tal valoración influya de forma sustancial sobre la carga fiscal futura deberán darse indicaciones al respecto.

Undécima:

La diferencia entre la carga fiscal imputada al ejercicio y a los ejercicios anteriores, y la carga fiscal ya pagada o que habrá de pagarse por esos ejercicios, en la medida en que esa diferencia tenga un interés cierto con respecto a la carga fiscal futura.

Este importe podrá figurar igualmente de forma acumulada en el balance en una partida individualizada con el título correspondiente.

Duodécima:

El importe de los sueldos, dietas y remuneraciones de cualquier clase devengados en el curso del ejercicio por los miembros del órgano de administración, cualquiera que sea su causa, así como de las obligaciones contraídas en materia de pensiones o de pago de primas de seguros de vida respecto de los miembros antiguos y actuales del órgano de administración.

Estas informaciones se darán de forma global por concepto retributivo.

Decimotercera:

El importe de los anticipos y créditos concedidos a los miembros de los órganos de administración, con indicación del tipo de interés, sus características esenciales y los importes eventualmente devueltos, así como las obligaciones asumidas por cuenta de ellos a título de garantía.

Estas informaciones se darán de forma global por cada categoría.

Decimocuarta:

Los movimientos de las diversas partidas del activo inmovilizado, así como de la de gastos de establecimiento. A tal fin, sobre la base del precio de adquisición o del coste de producción, se deberán indicar de forma separada para cada una de las partidas del activo inmovilizado, por una parte las entradas y salidas, así como las transferencias del ejercicio y, por otra parte, las correcciones de valor acumuladas en la fecha del cierre del balance y las rectificaciones ejecutadas durante el ejercicio sobre las correcciones de valor de ejercicios anteriores.

Artículo 201

Memoria abreviada

Las Sociedades que pueden formular balance abreviado podrán omitir las indicaciones a que se refiere el artículo anterior, salvo la primera a tercera, duodécima y decimocuarta. No obstante, la memoria deberá indicar de forma global los datos a que se refiere la indicación sexta de dicho artículo.

SECCION SEPTIMA – INFORME DE GESTION

Artículo 202

Contenido del informe de gestión

1. El informe de gestión habrá de contener una exposición fiel sobre la evolución de los negocios y la situación de la Sociedad.
2. Informará igualmente sobre los acontecimientos importantes para la Sociedad ocurridos después del cierre del ejercicio, la evolución previsible de aquélla, las actividades en materia de investigación y desarrollo y, en los términos establecidos en esta Ley, las adquisiciones de acciones propias.

ANEXO 3

LEY 2/1995, DE 23 DE MARZO, DE SOCIEDADES DE RESPONSABILIDAD LIMITADA

Disposición adicional segunda. *Modificaciones del Texto Refundido de la Ley de Sociedades Anónimas, aprobado por Real Decreto legislativo 1.564/1989, de 22 de diciembre.*

. . . .

15. El párrafo primero de la indicación segunda del artículo 200 queda redactado como sigue:

«Segunda. La denominación, domicilio y forma jurídica de las sociedades en las que la sociedad sea socio colectivo o en las que posea, directa o indirectamente, como mínimo el tres por ciento del capital para aquellas sociedades que tengan valores admitidos a cotización en mercado secundario oficial y el veinte por ciento para el resto, con indicación de la fracción de capital que posea, así como el importe del capital y de las reservas y del resultado del último ejercicio de aquéllas.»

16. El artículo 201 queda redactado como sigue:

«Artículo 201. *Memoria abreviada.*

Las sociedades que pueden formular balance abreviado podrán omitir en la memoria las indicaciones cuarta a undécima a que se refiere el artículo anterior. No obstante, la memoria deberá expresar de forma global los datos a que se refiere la indicación sexta de dicho artículo.»

17. Se introduce un apartado 3 en el artículo 202 con la siguiente redacción:

«3. Las sociedades que formulen balance abreviado no estarán obligadas a elaborar informe de gestión. En ese caso, si la sociedad hubiera adquirido acciones propias o de su sociedad dominante, deberá incluir en la memoria, como mínimo, las menciones exigidas por la norma 4.ª del artículo 79.»

ACTIVIDADES RECOMENDADAS

Formular las Cuentas Anuales (Balance, Cuenta de Pérdidas y Ganancias y Memoria) de una empresa imaginaria, siguiendo las pautas y formatos establecidos por el Plan General de Contabilidad de 1990. Para realizar este ejercicio consulte, si le es posible, informes publicados por sociedades reales.

EJERCICIOS DE AUTOCOMPROBACION

Indique si son Verdaderas (**V**) o Falsas (**F**) las siguientes proposiciones:

1. Los estados contables formales o clásicos normalmente pueden, por sí solos, comunicar toda la información necesaria para su interpretación .... **V F**
2. La regulación de la CEE prevé que se comuniquen mediante Notas en la Memoria muchos de los hechos contables tradicionalmente registrados en España en cuentas de orden. .... **V F**
3. Las variaciones significativas experimentadas por los elementos de inmovilizado inmaterial pueden no reflejarse en el Balance, con tal de que sean divulgadas en un lugar preferente de la Memoria .... **V F**
4. La Cuenta Anual denominada Memoria habrá de recoger, esencialmente, las informaciones comunicadas en los países anglosajones en la sección del informe contable denominada 'Notas a los Estados Financieros' .... **V F**
5. Todas las sociedades anónimas de tamaño mediano y grande vendrán obligadas a cumplimentar cada uno de los 21 apartados de la Memoria recogida en el PGC .... **V F**
6. El Informe de gestión no es una Cuenta Anual y, por tanto, su formulación no es preceptiva en ningún caso .... **V F**
7. El número medio de personas empleadas por la empresa durante el ejercicio debe comunicarse en el Informe de gestión por tratarse de una información de carácter social .... **V F**
8. Las informaciones incorporadas al Informe de gestión habrán de ser concordantes con las ofrecidas en las Cuentas Anuales .... **V F**

SOLUCIONES A LOS EJERCICIOS DE AUTOCOMPROBACION

1. F
2. V
3. F
4. V
5. F
6. F
7. F
8. V

CASOS PRACTICOS. SERIE 2. CAPITULOS 5 AL 7

ENUNCIADOS

CASO PRACTICO N.º 2.1. Formulación de un Balance de situación

El administrador de la empresa AGROPECUARIA, S. A., describe la situación patrimonial de ésta al 31 de diciembre de 19X4 en los siguientes términos:

1. El saldo a nuestro favor mostrado por el extracto de la cuenta corriente bancaria al 31 de diciembre fue de 43.825 u.m. En esa fecha había aún cheques emitidos contra esa cuenta por valor de 9.320 u.m. que no habían sido pagados por el banco y 3.640 u.m. de efectivo disponible en la caja de la empresa que no se depositó en el banco hasta el 14 de enero de 19X5.
2. Los clientes debían a la compañía 40.500 u.m. al 31 de diciembre. Estimamos que el 5 por 100 de esta cifra será muy difícil de cobrar. Por otra parte, debemos 32.000 u.m. a nuestros abastecedores de piensos por compras realizadas en noviembre y diciembre. Aproximadamente el 80 por 100 de este alimento fue consumido antes del 31 de diciembre.
3. Como pensamos que el precio de los cereales cosechados aumentará en 19X5, hemos almacenado 10.000 fanegas de trigo y 5.000 fanegas de avena. El precio de mercado neto, asegurado oficialmente, era al 31 de diciembre de 3,5 u.m. la fanega de trigo y 1,5 u.m. por fanega de avena. Estimamos que ambos precios aumentarán un 10 por 100 hasta que se vendan. No podemos en este momento estimar el coste de producción de estos cereales y el precio de mercado asegurado ha sido calculado deduciendo el margen normal de beneficio en este tipo de negocios y los gastos de comercialización correspondientes.
4. AGROPECUARIA posee 1.850 hectáreas de terreno. Se hicieron dos compras separadas de terreno de la siguiente forma: 1.250 Ha a 200 u.m. la Ha en 19X0, y 600 Ha a 400 u.m. la Ha en 19X1. Terreno similar se está vendiendo actualmente en el mercado a 800 u.m. la Ha. El préstamo hipotecario que recae sobre el terreno asciende a 270.000 u.m. al 31 de diciembre y el 10 por 100 de ese importe habrá de pagarse en 19X5.
5. Nuestros edificios e instalaciones de la granja nos costaron 176.400 u.m. y como promedio están depreciados en un 50 por 100. Si reemplazásemos estos edificios y equipos a los precios actuales, creemos que seríamos conservadores estimando un coste de reposición de los mismos de 300.000 u.m.
6. Aún no hemos pagado 5.500 u.m. por el Impuesto sobre la propiedad rústica y pecuaria correspondiente al ejercicio de 19X5, que nos fue notificado a finales de noviembre. El impuesto a pagar estimado sobre los beneficios de 19X4 asciende a 18.500 u.m. Se ha solicitado a la Administración Tributaria la devolución de 2.800 u.m. por impuestos ingresados indebidamente en la declaración de 19X3, como consecuencia de un desafortunado error aritmético.

7. Los empleados de AGROPECUARIA recibirán una gratificación de 7.000 u.m. con cargo a los resultados del ejercicio de 19X4, que se pagará cuando se haya vendido toda la cosecha de cereales.

8. Emitimos 14.000 acciones de 10 u.m. cada una en la fecha de constitución de la sociedad desembolsando por ellas los accionistas un total de 255.000 u.m. En noviembre se acordó distribuir un dividendo por 45.000 u.m., que se pagará el 1 de febrero de 19X5. Desde la constitución de la sociedad no se ha repartido dividendo alguno a los accionistas.

SE PIDE: En base a esta información, prepare el Balance de situación de AGROPECUARIA, S. A., al 31 de diciembre de 19X4. Clasifique el activo de menor a mayor disponibilidad y el pasivo de menor a mayor exigibilidad.

CASO PRACTICO N.º 2.2. Calcular las principales magnitudes y márgenes de resultados de una empresa industrial[1]

A continuación se muestran los datos correspondientes a las cuentas que intervienen en la determinación del resultado de la Sociedad Anónima PASA referidos al 31 de diciembre de los años 19X3 y 19X4.

	19X3	19X4
Materias primas, unidades	10.000	?
Materias primas (miles de pesetas)	10.000	?
Trabajos en curso (miles de pesetas)	10.000	9.320
Productos terminados, unidades	5.000	3.000
Productos terminados (miles de pesetas)	25.000	?
Compras de materias primas	—	?
Gastos de producción (miles de pesetas)	—	60.000
Transportes y fletes en compras de materias primas	—	?
Rappels sobre compras de materias primas	—	?
Intereses de obligaciones (miles de pesetas)	—	5.000
Gastos de venta, administración y generales (miles de pesetas)	—	2.500
Gastos financieros por descuento de efectos (miles de pesetas)	—	1.500
Ventas, unidades	—	14.000
Ventas (miles de pesetas)	—	100.000

Durante el ejercicio de 19X4, las existencias de materias primas tuvieron el siguiente movimiento, en orden cronológico:

a) Compra de 1.000 unidades a 1.200 pesetas unidad. Gastos de transporte, 200.000 pesetas.

---

[1] Ejercicio propuesto en examen de acceso al Cuerpo de Inspectores de Entidades de Crédito y Ahorro del Banco de España.

b) Pase a producción de 5.000 unidades.

c) Compra de 500 unidades a 1.300 pesetas unidad. Gastos de transporte, 100.000 ptas.

d) Pase a producción 6.000 unidades.

e) Se obtuvieron rappels de proveedores por el 15 por 100 del importe de las compras del ejercicio.

Otros datos de interés:

— Para computar el coste de materias primas la empresa utiliza el método FIFO.
— Para costear la producción y las ventas utiliza el método del coste medio ponderado.
— En el ejercicio se fabricaron 12.000 unidades de producto terminado.

SE PIDE: A la vista de la anterior información, calcular para el ejercicio 19X4:

1. El coste de las materias primas consumidas.
2. El coste de los productos terminados vendidos o coste de ventas.
3. El margen industrial.
4. El resultado correspondiente a los fondos de financiación totales y a los fondos de financiación propios, antes de impuestos.

Nota: La expresión «fondos de financiación» es equivalente a «recursos permanentes», «pasivo fijo» o «financiación básica».

CASO PRACTICO N.º 2.3. Formulación del Balance y del Estado de resultados de una empresa industrial

---

La empresa industrial JILGUERO, S. A., presenta el siguiente Balance de situación al comenzar el ejercicio económico de 19X2:

Activo		Pasivo	
Caja y bancos	4.200.000	Proveedores	146.000
Clientes	450.000	Efectos a pagar	200.000
Efectos a cobrar	315.850	Capital social	6.000.000
Materias primas	610.000	Reservas	2.000.000
Materias auxiliares	190.000	Resultados 19X1	2.000.000
Productos terminados	300.000		
Productos en curso	400.000		
Gastos de administración anticipados	80.150		
Edificio-fábrica	2.700.000		
Maquinaria	500.000		
Patente	600.000		
Total Activo	10.346.000	Total Pasivo	10.346.000

Esta empresa fabrica un solo producto con una única materia prima. En el inventario tomado al cierre del ejercicio 19X1 pueden verse los datos siguientes:

— Materias primas: 6.100 kg a 100 ptas/kg.
— Productos terminados: 1.200 unidades a 250 ptas/u.

Durante el primer trimestre de 19X2 han tenido lugar las siguientes operaciones:

1. Se ha repartido el resultado de 19X1 como sigue:
   a) A las acciones, un dividendo del 10 por 100 de su valor nominal.
   b) A los miembros del Consejo de Administración, el 10 por 100 del beneficio.
   c) Para una gratificación extraordinaria al personal, otro 10 por 100 del beneficio.
   d) Para constituir una provisión para reparaciones extraordinarias, 5 por 100 del beneficio.
   e) El resto quedará como remanente del ejercicio.
2. El libro auxiliar de Caja y Bancos contiene las cifras y conceptos siguientes:

	Pesetas
DEBE (cobros)	
— Ventas de productos terminados	300.000
— Cobros a clientes	600.000
— Efectos a cobrar liquidados	470.000
HABER (pagos)	
— Compra de 500 kg de materias primas a 120 ptas/kg	60.000
— Mano de obra directa	350.000
— Gastos de fabricación diversos	150.000
— Gastos generales de administración	175.000
— Efectos a nuestro cargo	180.000

3. En el libro auxiliar de Operaciones Diversas figura la información siguiente:

	Pesetas
— Ventas a clientes	700.000
— Compras a proveedores de materias primas 100 kg a 125 ptas/kg	12.500
— Giros a cargo de clientes	350.000
— Efectos girados por proveedores	45.000

4. El inventario que se efectúa al final del primer trimestre proporciona la siguiente información:
   — Materias primas: 4.100 kg, valoradas al coste medio.
   — Productos terminados: 4.200 unidades, que se valoran al coste medio.
   — Productos en curso de fabricación: 25.000 ptas.
   — Materias auxiliares: 90.000 ptas.
   — Gastos de administración anticipados: 40.000 ptas.

— Se han fabricado y pasado al almacén 5.000 unidades.
— Amortizaciones:
  - 8.000 ptas., edificio-fábrica.
  - 1.000 ptas., maquinaria.
  - 1.000 ptas., patente.

SE PIDE:

a) Diario de las operaciones que se indican, incluido el cálculo del resultado

b) Balance de situación al 31-3-19X2

c) Cuenta de resultados en formato vertical, clasificando los gastos funcionalmente, y

d) Estado de resultados en forma de cuenta.

CASO PRACTICO N.º 2.4. Preparación de distintos Estados de fondos

EL ZANGANO, S. A., es una empresa que se constituyó en los últimos meses de 19X1 siendo su objeto social la distribución de alimentos. En este ejercicio se limitó a adquirir existencias y algunos activos fijos, así como a negociar la financiación necesaria. Los estados financieros presentados al cierre de este ejercicio y del posterior se presentan a continuación, en miles de pesetas.

BALANCES DE SITUACION AL 31 DE DICIEMBRE

	19X2	19X1
ACTIVO		
Accionistas, desembolsos no exigidos	2.500	—
Gastos de establecimiento	800	1.000
Instalaciones	6.500	6.000
Vehículos	3.600	3.600
Existencias	3.760	4.200
Clientes	2.980	—
Inversiones financieras temporales	1.000	—
Tesorería	1.360	1.200
Total Activo	22.500	16.000
PASIVO		
Capital social	15.000	10.000
Amortización acumulada inmovilizado material	1.010	—
Deudas a largo plazo	1.600	2.780
Deudas a corto plazo	1.270	1.120
Proveedores	1.580	2.100
Hacienda Pública, acreedor	240	—
Resultado	1.800	—
Total Pasivo	22.500	16.000

Estado de resultados del ejercicio 19X2:

Ventas de mercaderías	13.520
Otros ingresos	280
Coste de ventas	(7.200)
Alquileres	(1.200)
Gastos financieros	(1.850)
Amortizaciones	(1.210)
Impuesto de sociedades	(240)
Otros gastos	(300)
Resultado (beneficio)	1.800

Al cierre del ejercicio no figuran créditos ni débitos pendientes, ni por la ampliación realizada en las instalaciones en 19X2 ni por los ingresos y gastos registrados en las cuentas *Otros ingresos, Alquileres, Gastos financieros* y *Otros gastos.*

SE PIDE:

1. Estado que muestre la cuantía y signo de la variación experimentada por cada una de las partidas del Balance, entre el 31-12-19X1 y el 31-12-19X2.
2. Estado de Origen y Aplicación de Fondos (EOAF) si el término «fondos» se identifica con Capital Circulante.
3. EOAF si el término «fondos» se identifica con Capital Circulante Financiero.
4. EOAF si el término «fondos» se identifica con Activos Líquidos Netos.
5. EOAF si el término «fondos» se identifica con Disponibilidades Líquidas o Tesorería.
6. EOAF si el término «fondos» se identifica con Activos Líquidos.

CASO PRACTICO N.º 2.5. Formulación de un Estado de Origen y Aplicación de Fondos que muestre las variaciones del Capital Circulante

A continuación se muestran los balances de la sociedad MIRLO, S. A., referidos a los ejercicios cerrados al 31 de diciembre de 19X0 y 19X1 (cifras en unidades monetarias):

	19X1	19X0
ACTIVO		
Edificios	9.000	8.000
Terrenos	2.100	2.100
Mobiliario	400	620
Patentes	500	600
Caja y bancos	900	1.650
Clientes	5.500	3.785
Efectos a cobrar	400	250
Existencias	8.231	7.852
Gastos anticipados	200	250
	27.231	25.107
PASIVO		
Capital social	18.600	21.000
Reservas	1.762	1.762
Pérdidas y ganancias	2.229	—
Proveedores	1.500	300
Empréstito de obligaciones	2.135	1.150
Amortización acumulada de edificios	900	800
Provisión clientes dudosos	105	95
	27.231	25.107

Información complementaria relativa a determinadas operaciones realizadas en 19X1:

1. El mobiliario se amortizó en 50 u.m., utilizándose el método directo para registrar esta operación.
2. Se colocó un nuevo techo al edificio, por un importe de 300 u.m., que se cargó en la cuenta de amortización acumulada.
3. La diferencia de saldos de la cuenta Patentes corresponde a la depreciación registrada por esta partida.
4. Se emitieron obligaciones por 1.500 u.m.

SE PIDE:

a) Diario auxiliar de los ajustes necesarios para formular el Estado de Origen y Aplicación de Fondos correspondiente al ejercicio 19X1.

b) Hoja de trabajo.

c) Estado de Origen y Aplicación de Fondos.

Sol: 464

CASO PRACTICO N.º 2.6. Formulación de un Estado de Tesorería

Exponga las causas que han motivado la variación de la tesorería en la sociedad VISON, S. A., durante el ejercicio 19X2, a la vista de la siguiente información (cifras en unidades monetarias):

Balances de situación	31-12-19X2	31-12-19X1
ACTIVO		
Edificios	5.800	5.000
Maquinaria	5.650	6.300
Amortización acumulada	(2.450)	(2.800)
Existencias	2.000	1.500
Clientes	1.000	500
Gastos financieros anticipados	10	20
Tesorería	590	980
Total Activo	12.600	11.500
PASIVO		
Capital social	8.200	7.300
Reservas	2.000	1.800
Empréstito de obligaciones	800	1.000
Proveedores	400	700
Hacienda Pública	300	150
Pérdidas y ganancias	900	550
Total Pasivo	12.600	11.500

Estados resumidos de resultados	19X2	19X1
Ventas	100.000	80.000
Otros ingresos	1.000	200
Total Haber	101.000	80.200
Coste de ventas	89.300	69.920
Gastos de personal	10.000	9.000
Amortizaciones	400	500
Gastos financieros	100	80
Impuesto de sociedades	300	150
Saldo	900	550
Total Debe	101.000	80.200
Distribución de beneficios:		
A dividendo	500	350
A reservas	400	200

Para formular el Estado de Tesorería tenga presente, además de la información suministrada en los dos estados financieros anteriores, que durante 19X2 se dio de baja una máquina totalmente amortizada, cuyo coste ascendió a 750 u.m.

CASO PRACTICO N.º 2.7. Formulación de un Estado de Tesorería[2]

La Sociedad Anónima ABLAÑA presenta la siguiente situación, referida al 31 de diciembre de 19X3 y 19X2 (cifras en miles de pesetas):

	19X3	19X2
ACTIVO		
Terrenos	24.000	21.000
Edificios y otras construcciones	78.000	70.000
Maquinaria e instalaciones	130.000	130.000
Elementos de transporte	5.000	4.000
Mobiliario y enseres	1.500	1.500
Amortización acum. inmov. material	(83.000)	(71.000)
Instalaciones en curso	2.000	2.300
Gastos de ampliación de capital	1.200	1.000
Gastos de emisión de obligaciones	6.000	7.000
Estudios y proyectos en curso	5.000	4.200
Acciones sociedad filial	15.000	12.000
Provisiones inversiones financieras	(5.000)	(3.000)
Existencias de materias primas	55.000	38.000
Existencias de productos terminados	60.000	70.000
Obras en curso	5.000	3.000
Accionistas capital sin desembolsar	5.000	3.000
Clientes	15.000	28.000
Provisión clientes dudosos	(3.000)	(1.000)
Caja y Bancos	2.000	1.500
	318.700	321.500
PASIVO		
Capital social	120.000	110.000
Reserva legal	23.000	22.000
Reserva voluntaria	3.000	2.000
Prima emisión acciones	6.000	4.000
Préstamos largo plazo	10.000	8.000
Obligaciones en circulación	92.500	104.000
Proveedores	48.000	63.000
Impuestos a pagar	4.000	2.500
Gastos de personal a pagar	1.000	—
Provisión existencias	1.000	—
Resultados ejercicio	10.200	6.000
	318.700	321.500

[2] Adaptación de un ejercicio propuesto en oposición para ingreso en el Cuerpo de Inspectores de Entidades de Crédito y Ahorro del Banco de España.

Información adicional

1. La distribución de resultados propuesta para ambos ejercicios es la siguiente (en miles de pesetas):

	19X3	19X2
A Reserva legal	2.000	1.000
A Dividendos	8.200	5.000
	10.200	6.000

2. Debido a una reciente ordenanza municipal, se estimó una plusvalía en parte de los terrenos propiedad de la empresa, que se computó como Reserva voluntaria.
3. Durante el ejercicio se amplió el capital social, exigiendo los dividendos pasivos pendientes de desembolso antes de dicha ampliación. Los gastos de ampliación han importado 1.200.000 ptas., no realizando amortización alguna de los mismos, dado que la operación tuvo lugar a fin de ejercicio.
4. Durante el ejercicio se dieron de baja instalaciones, cuyo coste, totalmente amortizado, ascendía a 2.000.000 de ptas., obteniendo por la venta de la chatarra unos ingresos de 200.000 ptas., registrados en la partida *Resultados varios*. En 31 de diciembre de 19X3, se dieron de alta instalaciones por 1.000.000 de ptas.
5. Durante el año 19X3, se reembolsaron préstamos a largo plazo por 2.000.000 de ptas.
6. Los costes activados en la partida *Estudios y proyectos en curso* han sido gastos de personal en su totalidad.
7. La Cuenta de Resultados correspondiente al ejercicio 19X3, tiene la siguiente composición en miles de pesetas:

DEBE	
Existencias iniciales:	
— Materias primas	38.000
— Productos terminados	70.000
— Obra en curso	3.000
Compras de materias primas	200.000
Gastos de personal	100.000
Gastos financieros	10.000
Provisión clientes	2.000
Amortizaciones	16.000
Provisión cartera valores	2.000
Provisión existencias	1.000
Impuesto sobre sociedades	3.000
Saldo	10.200
	455.200
HABER	
Existencias finales:	
— Materias primas	55.000
— Productos terminados	60.000
— Obra en curso	5.000
Ventas	334.200
Trabajos para el inmovilizado (estudios y proyectos)	800
Resultados varios	200
	455.200

SE PIDE: Prepare un Estado de Tesorería de la sociedad ABLAÑA, para el ejercicio 19X3.

CAPITULO

8

Objetivos y métodos del análisis de estados financieros

ESQUEMA/RESUMEN

— Camino a recorrer por el analista: inverso al del contable.
— Diferentes usuarios, diferentes enfoques.

- Directivos.
- Propietarios.
- Acreedores.
- Auditores.
- Otros interesados.

— Técnicas e instrumentos utilizados.

- Diferencias absolutas.
- Porcentajes horizontales.
- Porcentajes verticales.
- Ratios.
- Instrumentos especiales.
- Capacidad y limitaciones de cada uno.

1. FINALIDAD DEL ANALISIS DE ESTADOS FINANCIEROS

El sistema contable que utiliza la empresa reduce a unos pocos datos los hechos acontecidos en la misma en una periodo de tiempo, reflejándolos en unos estados finales que hemos estudiado en capítulos anteriores. El contable interpreta los hechos, los traduce al lenguaje contable, los registra y los recopila. El analista recorre el camino inverso, se enfrenta a unos datos y ha de interpretar cuáles fueron los hechos que dieron lugar a los mismos, enjuiciándolos.

Por ello, es evidente, tal como dejamos reflejado en otro apartado del texto, que quien analiza una información contable ha de poseer unos profundos conocimientos de Contabilidad para poder conocer cuál es la realidad que subyace tras esa información, así como las limitaciones de la misma.

Así, pues, el Análisis de Estados Financieros, utilizando ciertas técnicas, trata de investigar y enjuiciar, a través de la información contable, cuáles han sido las causas y los efectos de la gestión de la empresa para llegar a su actual situación y, así, predecir, dentro de ciertos límites que se expondrán a lo largo del texto, cuál será su desarrollo en el futuro, para tomar decisiones consecuentes.

El Análisis de Estados Financieros ha de suministrar respuestas a los interrogantes que el usuario de la información contable se plantee. Veremos más adelante que estas preguntas dependerán del interés de cada usuario y, por tanto, serán diferentes, como diferente será, asimismo, el alcance de la información. Queremos decir con ello, que un mismo dato puede traducir realidades diferentes, dependiendo del uso que de él se haga. Así, por ejemplo, la rúbrica de amortizaciones será utilizada, en ciertos casos, como componente de la autofinanciación de la empresa y, en otros, como menor activo (y, por tanto, menor garantía) para hacer frente a pasivos a largo plazo.

Igualmente, si analizamos la rentabilidad de los accionistas, la rúbrica **Accionistas por desembolsos no exigidos** se tratará como un menor importe del capital, pero si estamos analizando la capacidad de la empresa para devolver sus pasivos, es evidente que esa misma rúbrica se tratará como activo.

Las finalidades serán diversas, según los objetivos con que se lleve a cabo el análisis. Así, puede usarse tanto como herramienta para seleccionar inversiones alternativas, como útil para los responsables de la empresa, para conocer el comportamiento de la misma ante los planes y las directrices de aquéllos.

En definitiva, el Análisis de Estados Financieros trata de reducir en lo posible la incertidumbre que toda decisión conlleva.

2. DIFERENTES ENFOQUES SEGUN LOS USUARIOS

Tal como expusimos en el apartado anterior, el interés por la información contenida en los estados financieros es diferente según quien la interprete. De manera general, podemos mencionar los siguientes interesados que utilizarán técnicas de analizar para interpretar la información:

— Directivos.
— Propietarios.

— Acreedores.
— Auditores.
— Otros interesados.

Directivos

Este apartado de interesados goza de evidentes ventajas respecto del resto, por cuanto dispone de mucha más información y con mayor periodicidad, información que afecta tanto al ámbito externo como al interno, cuando este último le está vedado a buena parte de los analistas.

El fin principal en el uso de las técnicas de análisis para los directivos de la empresa es el control que deben ejercer sobre la marcha de la misma, dada la capacidad de estos técnicos para aflorar interrelaciones útiles que pueden alertar a los mismos sobre posibles desviaciones.

Propietarios

Con carácter general, los propietarios, tanto actuales como los futuros (potenciales inversores) están interesados en el análisis de los resultados y de su configuración y tendencia, en relación a la valoración de sus títulos, con todas las limitaciones que esto comporta. Queremos decir con esto que, a pesar de que las evoluciones en los precios de las acciones no guarda relación directa con las magnitudes contables que miden este valor, es evidente que el análisis de la información financiera es una herramienta de gran utilidad en todos los procesos de decisión de inversión financiera.

Acreedores

En este apartado hemos de incluir entidades que se relacionan con la empresa por motivos diferentes y con intereses diferentes en función del tipo de crédito concedido. Así, tendremos acreedores por créditos de provisión (suministradores de explotación) como por crédito de funcionamiento (a corto plazo) o de financiamiento (a largo plazo).

En los dos primeros casos, el interés del análisis estará centrado en la liquidez de la empresa a corto plazo, así como en la facilidad de conversión en dinero de las partidas que miden esa liquidez: activos circulantes y pasivos circulantes.

En el caso del financiador a largo plazo, su interés se centrará en la capacidad de la empresa para generar beneficios y caja durante el plazo de reembolso.

Este análisis se completará con el grado de endeudamiento que tenga la empresa y la diversificación del mismo.

Auditores

El auditor, en el curso de su trabajo, encaminado, como ya hemos apuntado en otro capítulo, a asegurarse de la fiabilidad de la información contable, hará uso de técnicas propias del análisis de estados financieros. Así, por ejemplo, para iniciar el estudio sobre la solvencia de los clientes hará una primera aproximación calculando el periodo medio de cobro que la empresa otorga a los mismos.

De igual modo, hará una serie de comparaciones y de estudio de tendencias para medir el grado de **normalidad** del importe de ciertas partidas, en relación con su comportamiento anterior, etc.

Otros interesados

En este apartado residual podemos agrupar a los analistas de inversiones, administración fiscal, organizaciones sindicales, etc., cuyo análisis estará centrado en el comportamiento de las partidas que sean objeto de su interés.

3. TECNICAS E INSTRUMENTOS USADOS EN EL ANALISIS DE ESTADOS FINANCIEROS

Hemos apuntado que el Análisis de Estados Financieros trata de enjuiciar el comportamiento de la gestión de una empresa, fundamentalmente para tomar decisiones.

Para llevar a cabo esta tarea, el analista ha de plantear una serie de cuestiones que los estados financieros, eventualmente junto con otra información ajena a la contabilidad, han de responder. Las respuestas estarán en función de cómo se ha planteado la pregunta y cómo se han dispuesto los datos que hagan posibles y significativas tales respuestas.

En general, los instrumentos de análisis usados son:

1. Diferencias absolutas de masas de los estados financieros.
2. Estados financieros comparados en valores absolutos y relativos (porcentajes horizontales - números índices).
3. Estados financieros descompuestos en valores relativos en base cien (porcentajes verticales).
4. Uso de ratios.
5. Otros instrumentos especiales.

1. Diferencias absolutas de masas de los estados financieros

Mediante el uso de esta técnica se analizan los diferentes grados de equilibrio en que se encuentra una empresa en un momento dado o a lo largo de una serie de periodos. Se trata de agrupar, tanto el activo como el pasivo, por masas homogéneas, comparando, por diferencia, las masas patrimoniales correlativas de un signo y de otro.

De manera global, el balance lo agrupamos en las siguientes masas patrimoniales.

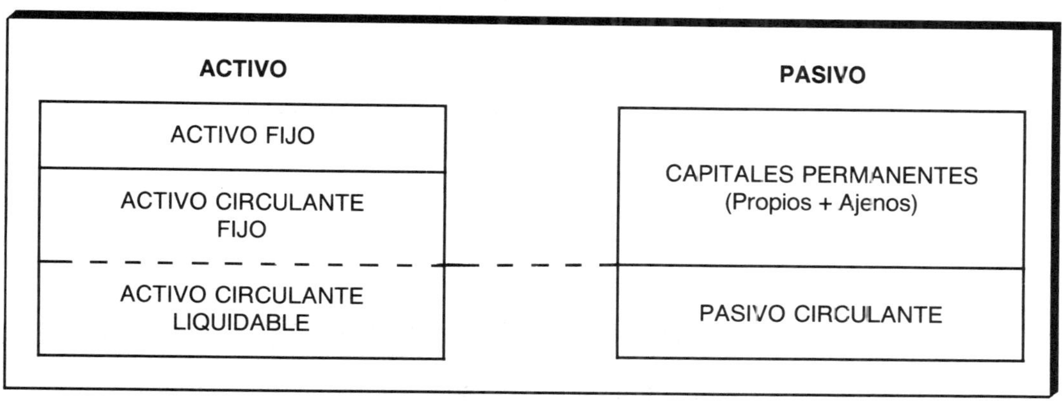

Cuadro 8.1.

En una posición ideal (con todos los matices que se expondrán en su momento) el equilibrio financiero se logra cuando los capitales permanentes o pasivos fijos cubren la totalidad de la inversión permanente, entendiendo por ésta la suma de activos fijos y de un nivel mínimo (de carácter fijo, igualmente) de activos circulantes.

Los datos se expondrían así:

	Importes (u.m.)
CAPITALES PERMANENTES O FONDOS DE FINANCIAMIENTO	
Propios	10.000
Ajenos	6.000
	16.000
INVERSION PERMANENTE	
Activos fijos netos	8.000
Activos circulantes fijos	4.000
	12.000
CAPITAL CIRCULANTE LIQUIDABLE (16.000 – 12.000)	4.000
Composición del capital circulante liquidable:	
	Importes (u.m.)
Existencias	3.000
Deudores	2.000
Disponible	1.000
	6.000
Deudas a corto plazo	2.000
C. C. Liquidable	4.000

Cuadro 8.2.

En el caso que se ha expuesto, en el que los pasivos a largo plazo financian la totalidad de la inversión permanente, en principio, no habrá problemas en cuanto a la capacidad de la empresa para reembolsar sus pasivos, por cuanto, hay sincronización entre los periodos en que los activos se liquidan y los pasivos se reembolsan.

Las posiciones de equilibrio que se pueden dar son las siguientes:

a) Situación financiera de máxima estabilidad, cuando todo el activo es financiado por fondos propios.

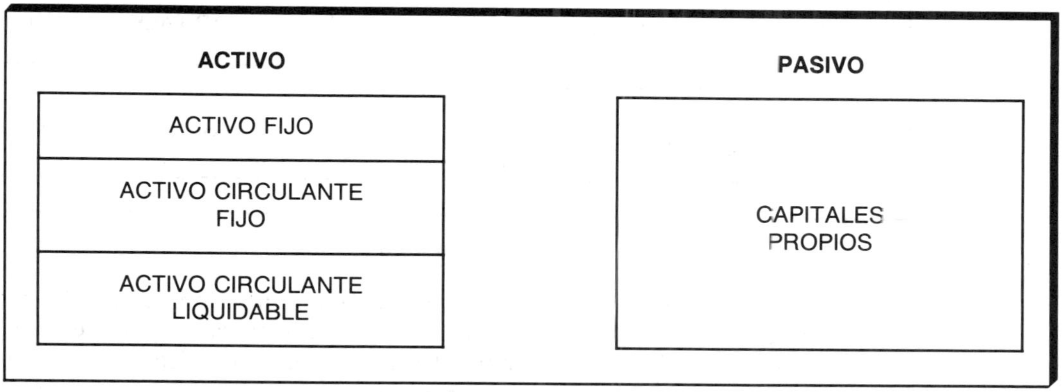

Cuadro 8.3.

b) Situación financiera en equilibrio, cuando se dan las circunstancias supuestas en el ejemplo general.

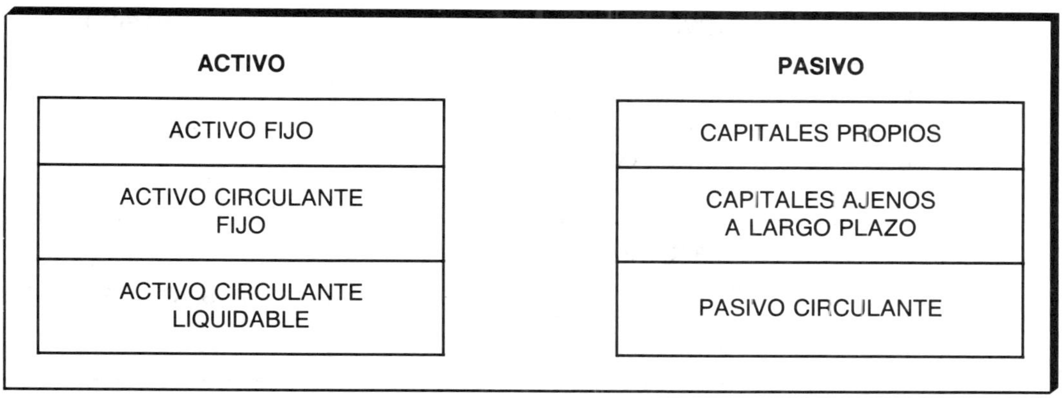

Cuadro 8.4.

c) Situación financiera en desequilibrio a corto plazo, cuando el activo circulante liquidable y parte de la inversión permanente son financiados con pasivo circulante.

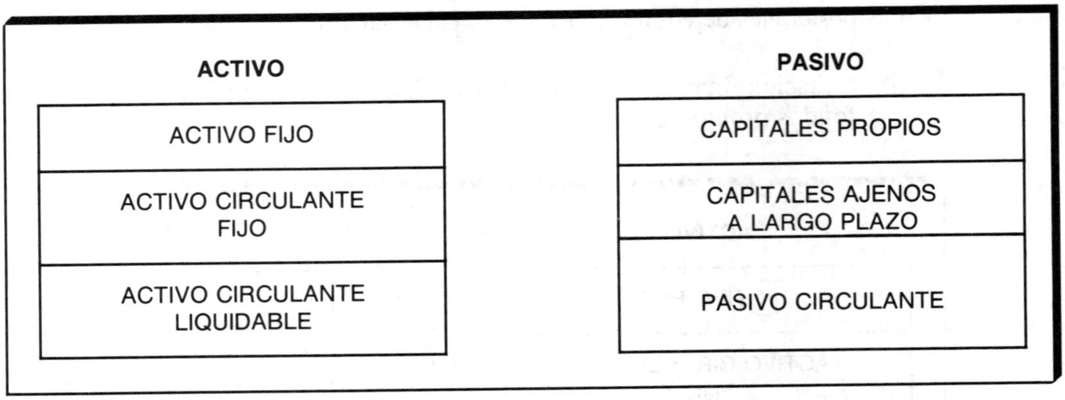

Cuadro 8.5.

Insistimos en que este desequilibrio indicaría una situación de inestabilidad, en principio, que habría que analizar, dado que puede suceder, y de hecho sucede con frecuencia, que los activos circulantes se conviertan en efectivo con una periodicidad mayor a la que los pasivos han de reembolsarse, con lo cual no habría, en ningún momento, estrangulamiento en los pagos y, por tanto, situación de insolvencia.

d) Situación financiera inestable, cuando los capitales propios se han reducido por causa de pérdidas recurrentes pasando a tener signo deudor.

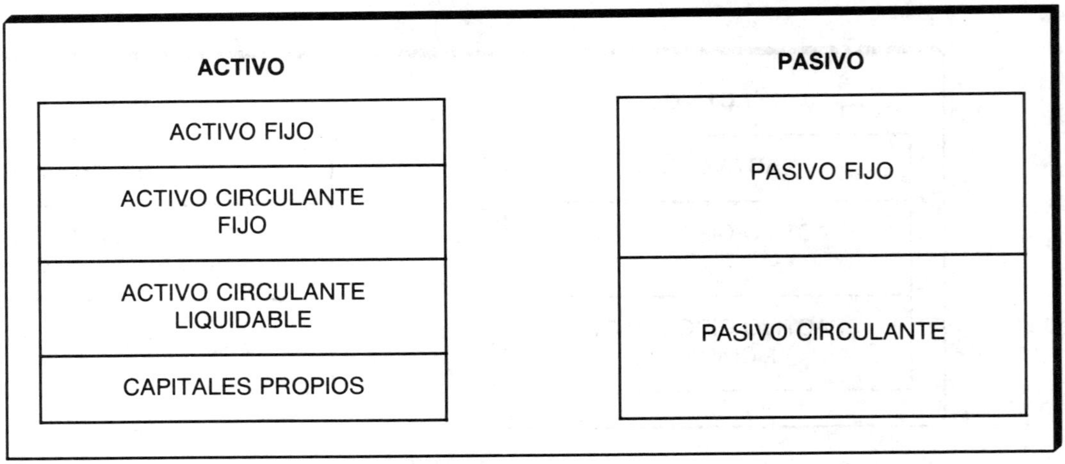

Cuadro 8.6.

2. **Estados financieros comparados en valores absolutos y relativos (porcentajes horizontales - números índices)**

Utilizamos esta técnica para medir la variación de cada una de las rúbricas que componen los diferentes estados financieros; esta variación puede venir dada en relación a datos de periodos anteriores, a datos de empresas del mismo sector de actividad o bien en relación a datos presupuestarios. Cuanto mayor sea la serie de datos con que el analista cuente, más aquilatado será el análisis, al poder anularse movimientos atípicos o extraordinarios y poner la atención en la tendencia de las variaciones.

Es necesario hacer esta comparación en valores absolutos y relativos por cuanto un mismo porcentaje de variación tendrá distinta relevancia si la base es pequeña o si es elevada.

Veamos un ejemplo, relativo a dos años de la Sociedad PANTERA, S. A.

PANTERA, S. A.
ESTADO COMPARATIVO DE BALANCES

	Importes (u.m.)		Variación [1]		Número índice
	19X0	19X1	u.m.	%	
ACTIVO					
Gastos establecimiento	300	240	(60)	(20,00)	0,80
Terrenos	1.000	1.000	–	–	1,0
Construcciones	6.000	6.500	500	8,33	1,083
Mobiliario e instalaciones	1.300	1.500	(200)	(13,33)	1,154
Amort. acum. inm. Material	(2.400)	(2.700)	(300)	(12,50)	1,125
Préstamos a largo plazo	500	450	(50)	(10,00)	0,9
Mercaderías	1.500	1.800	300	20,00	1,2
Clientes	2.100	2.400	300	14,28	1,143
Provisión insolvencias	(100)	(80)	20	(20,00)	0,8
Caja y Bancos	100	120	20	20,00	1,2
	10.500	11.030	530	5,05	1,05
PASIVO					
Capital	7.000	8.000	1.000	14,28	1,143
Reservas	650	780	130	20,00	1,20
Subvenciones	400	350	(50)	(12,50)	0,875
Provisiones para riesgos y gastos	100	100	–	–	1,000
Empréstito de obligaciones	1.100	800	(300)	(27,27)	0,727
Proveedores	1.200	1.000	(200)	(16,66)	0,833
Otros pasivos	50	–	(50)	(100,00)	–
	10.500	11.030	530	5,05	1,05

Cuadro 8.7.

3. Estados financieros descompuestos en valores relativos en base cien (porcentajes verticales)

En este caso se trata de analizar una serie de datos poniéndolos en relación a una magnitud dada, de tal manera que se obtengan conclusiones a diferentes niveles, destacando las líneas que presenten mayor interés.

[1] Los números entre paréntesis tienen signo negativo.

Al reducir las distintas magnitudes a porcentajes, éstos ganan en relatividad y, por tanto, en objetividad, siendo útiles para la comparación entre empresas.

Veamos dos ejemplos, uno referido a la estructura del activo y pasivo de una sociedad, siendo ambos totales la base 100 y otro a la estructura de una cuenta de resultados, cuya base 100 sería la cifra de ventas netas.

Estructura del activo

Tomando de modelo la S. A. GRILLO **la composición del activo** por grandes masas en los años 19X1 y 19X2 sería la siguiente:

GRILLO, S. A.
COMPOSICION DEL ACTIVO

	Importes (u.m.)		Composición %	
	19X1	19X2	19X1	19X2
Gastos de establecimiento	100	80	0,17	0,13
Activo inmaterial neto	700	600	1,19	0,94
Activo material neto	45.800	48.200	77,63	75,31
Activo financiero neto	1.500	1.500	2,54	2,34
Activo circulante	10.900	13.620	18,47	21,28
	59.000	64.000	100	100

Cuadro 8.8.

La anterior estructura pone de manifiesto que, con independencia del aumento del activo fijo neto de un periodo a otro, es el activo circulante el que, en valores relativos, aumenta de manera más acusada, en detrimento del resto de los componentes del activo.

Si queremos analizar **la composición en porcentaje del activo circulante**, consideraremos a este subgrupo como un total independiente, siendo ahora, por tanto, esta magnitud la que se convierte en base 100.

GRILLO, S. A.
COMPOSICION DEL CAPITAL CIRCULANTE

	Importes (u.m.)		Composición %	
	19X1	19X2	19X1	19X2
Materias primas	2.000	1.800	18,35	13,22
Productos en curso	1.200	1.100	11,01	8,08
Productos terminados	2.850	4.770	26,15	35,02
Clientes y efectos a cobrar	4.750	5.800	43,58	42,58
Caja y Bancos	100	150	0,91	1,10
	10.900	13.620	100	100

Cuadro 8.9.

Dentro del mayor incremento relativo del activo circulante observamos que es la rúbrica de Productos terminados la que acapara la totalidad de dicho aumento. Sin un posterior análisis que pudiera justificar este hecho, el aumento de Productos terminados puede representar un síntoma negativo, por cuanto implica un estancamiento en la cifra de ventas, dado que la cifra de Clientes no se ve incrementada en la misma proporción.

Estructura del pasivo

GRILLO, S. A.
COMPOSICION DEL PASIVO

	Importes (u.m.)		Composición %	
	19X1	19X2	19X1	19X2
Patrimonio neto	40.000	45.200	67,80	69,96
Pasivo a largo plazo	13.000	11.000	22,03	17,03
Provisiones para riesgos y gastos	–	200	–	0,31
Pasivo circulante	6.000	8.200	10,17	12,70
	59.000	64.700	100	100

Cuadro 8.10.

Son el patrimonio neto y el pasivo circulante los que experimentan un incremento relativo mayor, incluso eliminando el factor distorsionante de una rúbrica nueva en 19X2. En principio, el incremento del pasivo circulante parece ser consecuencia lógica del experimentado por el activo de esta naturaleza.

Veamos **la composición del pasivo circulante** en ambos años:

GRILLO, S. A.
COMPOSICION DEL PASIVO CIRCULANTE

	Importes (u.m.)		Composición %	
	19X1	19X2	19X1	19X2
Créditos bancarios a corto plazo	2.000	3.500	33,33	42,69
Hacienda Pública	1.000	1.200	16,67	14,63
Seguridad Social	100	100	1,67	1,22
Proveedores	2.900	3.400	48,33	41,46
	6.000	8.200	100	100

Cuadro 8.11.

El análisis de la composición relativa del pasivo circulante confirma el análisis anterior. La mayor producción no vendida hace que no afluya efectivo a la empresa en la medida adecuada, lo que provoca que tenga que recurrir al endeudamiento a corto plazo, con créditos de funcionamiento (créditos bancarios).

Siguiendo el modelo de la S. A. GRILLO veamos la estructura de su Cuenta de Resultados, tomando la cifra de ventas netas como base 100.

GRILLO, S. A.
ESTRUCTURA DE RESULTADOS

	Importes (u.m.)	Composición %
Ventas netas	30.400	100
Coste de ventas	(22.130)	(72,80)
Margen bruto s/ventas	8.270	27,20
Gastos de venta	(1.100)	(3,62)
Margen neto s/ventas	7.170	23,58
Gastos de administración y generales	(2.370)	(7,80)
Gastos financieros	(300)	(0,99)
Ingresos financieros	100	0,34
Resultado de la explotación	4.600	15,13
Resultado extraordinario	100	0,34
Resultado antes de impuestos	4.700	15,47
Impuesto s/sociedades	(1.200)	3,96
Resultado después de impuestos	3.500	11,51

Cuadro 8.12.

En este caso, todas las líneas están expresadas en relación a la cifra de ventas netas. Si se dispusiera de datos de más de un ejercicio u otra base de comparación cualquiera, se podría analizar la evolución de dichas líneas. No obstante y tal como veremos en su momento, el análisis ha de estar centrado tanto en la composición como en la evolución, siendo evidente que cuanto más altos sean los porcentajes de las diferentes márgenes, más capacidad tendrá la empresa para, una vez satisfechas las cargas financieras y los impuestos, aplicar una adecuada política de dividendos (remuneración al capital y autofinanciación).

4. Uso de ratios

Los ratios son cocientes que relacionan diferentes magnitudes buscando una relación lógica y significativa. En principio se puede calcular un número prácticamente ilimitado de ratios pero, insistimos tienen que ser significativos y para ello las magnitudes que se comparan deben estar relacionadas. Así un ratio de:

$$\frac{\text{Gastos de venta}}{\text{Ventas netas}} = \frac{100}{10.000} = 0{,}01$$

mostrará el esfuerzo hecho por la empresa en su actividad comercial de venta respecto a los ingresos obtenidos. Ahora bien un ratio de:

$$\frac{\text{Provisión de existencias}}{\text{Gastos de personal}} = \frac{100}{20.000} = 0{,}025$$

no tiene ningún valor porque no puede existir una relación, al menos aparente, de causa-efecto entre ambas magnitudes.

5. Otros instrumentos especiales

En determinadas circunstancias y para fines concretos, el analista usará otros instrumentos como pueden ser las previsiones de tesorería o el uso del punto de equilibrio o punto muerto para el análisis de la rentabilidad de la empresa.

En el desarrollo de los siguientes capítulos haremos uso de las técnicas expuestas en el presente.

ACTIVIDADES RECOMENDADAS

El lector establecerá ejemplos de las diferentes técnicas expuestas, tomando como base los ejemplos cuantificados que figuran en este capítulo.

EJERCICIOS DE AUTOCOMPROBACION

Indique usted si son verdaderas (**V**) o falsas (**F**) las siguientes proposiciones:

1. En líneas generales, la finalidad del análisis de estados financieros varía según los intereses del usuario .... **V F**

2. Los ratios arrojan una relación estática que es necesario complementar con el estudio del comportamiento dinámico de las magnitudes relacionadas ...... **V F**

3. La capacidad predictiva del análisis de estados financieros es limitada ...... **V F**

4. Los auditores usan las mismas técnicas que los analistas .... **V F**

SOLUCIONES A LOS EJERCICIOS DE AUTOCOMPROBACION

1. V
2. V
3. V
4. F

CAPITULO

9

Análisis de la situación financiera a corto plazo (I)

ESQUEMA/RESUMEN

— Objetivos del análisis a corto plazo - Capacidad de pago.
— Diferentes acepciones del capital circulante:

- Diferencia entre activo circulante y pasivo circulante.
- Diferencia entre capitales permanentes e inversiones fijas.

— Capital circulante de explotación y fuera de explotación.
— Evaluación de las necesidades de circulante. Capital circulante mínimo o ideal.
— Diferentes sectores y tipos de actividad.
— La Tesorería neta:

- Concepto.
- Análisis de sus componentes.

1. ALCANCE DEL ANALISIS DE LA SITUACION FINANCIERA A CORTO PLAZO

Los objetivos que trata de cubrir el análisis a corto plazo se centran en la capacidad que tiene la empresa de atender a sus compromisos a corto plazo, entendiendo por tal, como ya vimos, el ejercicio económico subsiguiente al momento del análisis o el ciclo de explotación, si éste es superior al año.

Para ello, el analista debe medir la liquidez del activo, que vendrá dada por la capacidad que tengan sus componentes para convertirse en dinero con el que satisfacer las deudas.

El equilibrio financiero a corto plazo se consigue cuando la empresa genera dinero en cantidad suficiente y en momento oportuno, de tal manera que no se generen costes adicionales que vengan provocados por el diferimiento en los pagos. Por otra parte, este equilibrio implica que la liquidez tenga una medida adecuada, de tal manera que no exista un exceso que conlleve recursos ociosos o un defecto que no permita una posible expansión o el ahorro de costes adicionales.

En el estudio de la liquidez se aprecia una contradicción que es frecuente en el Análisis de Estados Financieros, cual es el hecho de que los datos contables han sido elaborados siguiendo el principio de **empresa en funcionamiento**, cuando en realidad lo que se trata de medir es la capacidad de reembolso, como si la empresa se liquidara en el momento del cálculo. Llegado el caso, este análisis podría ser complementado con datos que tengan como referencia el **valor de liquidación** de los activos involucrados.

Los componentes de la liquidez de la empresa vienen insertos en el capital circulante, fondo de rotación, fondo de maniobra o capital de trabajo, denominaciones todas ellas que representan la misma magnitud, con diferentes enfoques.

Seguidamente, vamos a estudiar esta fundamental magnitud, evaluando el papel que juega en la gestión financiera de la empresa.

2. EL CAPITAL CIRCULANTE. DIFERENTES ACEPCIONES

El capital circulante (CC) es la diferencia entre el activo circulante y el pasivo circulante. Desde una perspectiva distinta, es la diferencia entre los capitales permanentes (patrimonio neto y pasivo a largo plazo) y el inmovilizado neto.

Siendo: AF = Activo fijo neto
AC = Activo circulante neto
CP = Capitales permanentes
PC = Pasivo circulante

Esta equivalencia viene dada por la igualdad contable:

$$AF + AC = CP + PC$$

en la primera acepción será

AC − PC

y en la segunda

CP − AF

Gráficamente, en el primer caso tendremos:

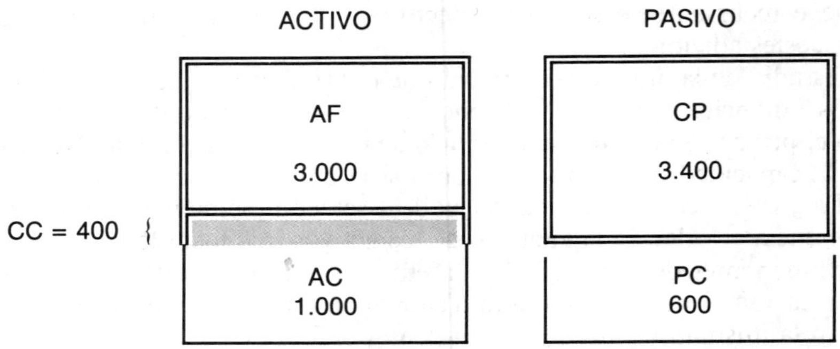

Cuadro 9.1.

y en el segundo

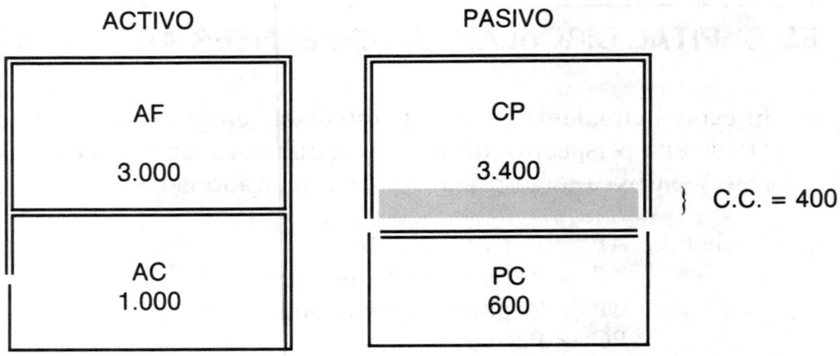

Cuadro 9.2.

Los componentes del capital circulante son los siguientes:

ACTIVO CIRCULANTE	PASIVO CIRCULANTE
– Existencias – Deudores – Inversiones financieras temporales – Disponibilidades – Transitorio o Ajustes por periodificación	– Deudas a corto plazo – Transitorio o Ajustes por periodificación

Cuadro 9.3.

Ahora bien, para el análisis del capital circulante, vamos a descomponer esta agrupación en: integrantes del ciclo de explotación y otros, de tal manera que tendríamos:

ACTIVO CIRCULANTE	PASIVO CIRCULANTE
DE EXPLOTACION	
– Existencias – Clientes y efectos comerciales activos	– Proveedores y efectos comerciales pasivos
FUERA DE LA EXPLOTACION	
– Otros deudores – Inversiones financieras temporales – Disponibilidades – Transitorio	– Créditos financieros – Otros pasivos a corto plazo

Cuadro 9.4.

Se observa fácilmente que hemos excluido de los componentes del capital circulante de explotación las disponibilidades. Es evidente que el efectivo forma parte, en alguna medida, del ciclo de explotación; sin embargo, a efectos analíticos es preferible excluirlo porque, en pura teoría, el nivel de disponibilidades ha de ser nulo, dado que si hay un exceso de tesorería, éste debería invertirse en inversiones financieras que rentabilizaran esos fondos y, en caso contrario, habría que acudir al endeudamiento financiero.

Recordemos que de los tres motivos de tenencia de efectivo:

— Especulación.
— Precaución.
— Transacción.

sólo tiene utilidad analítica para nosotros el tercero, por cuanto los dos primeros implicarían la materialización en activos financieros de mayor o menor liquidez (equivalentes de caja). El motivo de transacción nace por la falta de sincronización entre cobros y pagos y su cuantificación se obtiene como la resultante última de todo el proceso de gestión financiera, cuantificación que hemos preferido no contemplar por las razones apuntadas más arriba.

3. EVALUACION DE LAS NECESIDADES DE CAPITAL CIRCULANTE

3.1. PERIODO DE MADURACION O CICLO DE EXPLOTACION

Durante mucho tiempo ha aparecido, tanto en los textos académicos como en las publicaciones profesionales, en especial bancarias, la consigna de que el capital circulante existente en una empresa debía ser positivo y que el activo circulante debería tender a ser el doble del pasivo de la misma naturaleza.

Este precepto, todavía hoy utilizado, no tiene en cuenta las diferentes circunstancias que pueden concurrir en una empresa y, por tanto, debe ser abandonado y ahondar en las necesidades de circulante que cada empresa, en concreto, pueda tener en un tiempo, igualmente concreto. En definitiva, las necesidades de capital circulante dependerán del ciclo de explotación que será diferente para cada tipo de empresa y lo que la empresa deberá tratar de optimizar siempre será el tiempo de ese ciclo que conlleva una inversión que hay que financiar, financiación que implica un coste.

En una primera aproximación, las necesidades de capital circulante de una empresa que se dedique a la construcción de grandes petroleros serán muy diferentes a otra que se dedique a la venta de productos al por menor, en unos almacenes.

Así, pues, el nivel de circulante dependerá de la naturaleza y del tipo de actividad de la empresa.

Dependiendo del sector de actividad, las necesidades de capital circulante serán diferentes. Así, tendremos que tener presentes las siguientes consideraciones según se trate de empresas del sector:

1. Industria.
2. Comercio.
3. Servicios [1].

1. **Industria**

1.1. *Industria pesada y producción sobre pedido*

Normalmente, en este caso, el ciclo de explotación será muy superior al ejercicio y muy fuerte su necesidad de circulante, caracterizándose por grandes inversiones en producción en curso, importantes sumas anticipadas por el cliente y financiación específica. Esto ocurre, por ejemplo, en la industria naval o en la de obras públicas.

1.2. *Producción para almacén*

Aquí es necesario distinguir los siguientes casos:

— Producción regular con venta regular.

[1] Vid.: «Fonds de roulement et politique financière». P. CONSO y R. LAVAUD. Dunod, 1971.

— Producción regular con venta estacional.
— Producción estacional con venta regular.

En el primer caso, el circulante dependerá fundamentalmente de la importancia del valor añadido de la producción, así como de los márgenes de seguridad que se pretenda mantener en las diferentes rúbricas.

En los casos siguientes se produce una acumulación de existencias, de manera más acusada en el último de ellos, que será necesario financiar con crédito ajeno al ciclo de explotación, por ejemplo, acudiendo al crédito bancario.

2. **Comercio**

En este caso las necesidades de capital circulante son menores y dependerán de los siguientes factores:

— Crédito concedido a clientes.
— Crédito concedido por suministradores.
— Grado de liquidez de las existencias.

Si la venta es al contado y la empresa cuenta con crédito de proveedores, puede darse el caso de que sea posible y además conveniente operar con capital circulante negativo, sin que por ello quepa interpretar que la empresa pase por problemas de insolvencia. Este es el caso normal en las grandes superficies comerciales que, comprando por lo general a crédito, suelen vender al contado.

3. **Servicios**

En este caso, si bien la empresa no ha de mantener inversión alguna en existencias, debe anticipar el coste de producción (en especial coste de personal) sin que se pueda financiar, en general, con fuentes procedentes de la explotación. Por ello, a veces, sus necesidades de circulante son más elevadas de lo que en principio pudiera pensarse.

Con carácter general, **en una empresa industrial**, el ciclo de explotación vendrá representado por las siguientes fases:

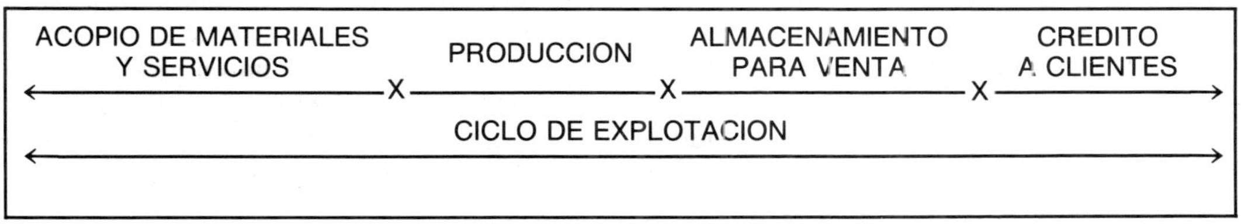

Cuadro 9.5.

En una empresa comercial, este ciclo se acorta puesto que no hay fase de acopio de material ni de producción.

La inversión en activo circulante será, en parte, financiada por los suministradores de bienes y servicios, de tal manera que las necesidades de financiación vendrán dadas por la duración del ciclo de explotación financiero. Así, tendremos:

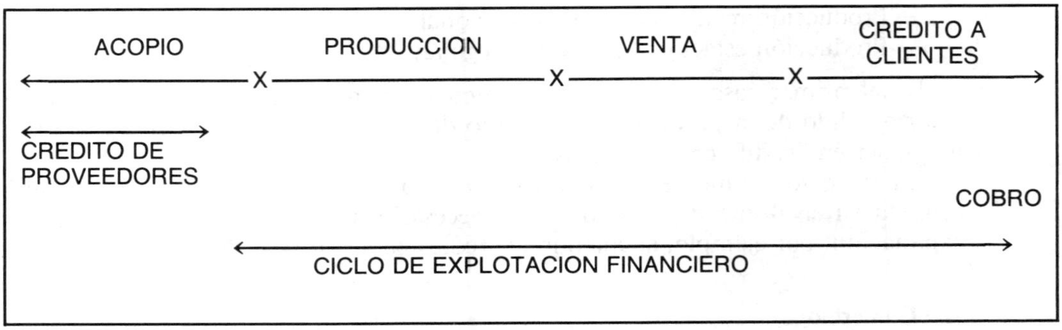

Cuadro 9.6.

El ciclo de explotación o período de maduración es, por tanto, en el caso de una empresa industrial el tiempo que transcurre desde que la empresa invierte en los factores de producción hasta que se recupera esta inversión mediante el cobro a los clientes de la producción transferida.

Este período de maduración se divide en subperíodos de:

— Almacenamiento de materiales (materias primas y auxiliares).
— Producción.
— Almacenamiento de productos para la venta.
— Crédito concedido a los clientes.

En el caso de que existan créditos concedidos por los suministradores de bienes y servicios de producción, la empresa ha de financiar con fondos propios o ajenos a la explotación la inversión en circulante no financiada por dichos suministradores. El tiempo que no es financiado por fuentes específicas de la explotación suele recibir el nombre de **período de maduración financiera**.

3.2. CALCULO DE CAPITAL CIRCULANTE MINIMO O IDEAL

La empresa, para su normal funcionamiento, necesita en todo momento destinar una cifra mínima de recursos permanentes o pasivos fijos a financiar una parte de sus activos circulantes. Esta magnitud suele denominarse **capital circulante mínimo o ideal**.

Dependiendo, por tanto, de los factores que hemos analizado, el capital circulante necesario vendrá dado por el resultado de multiplicar la inversión necesaria en cada subperíodo del ciclo por la duración del mismo. Así, en cuanto a la inversión se precisará:

— Un nivel de inversión en existencias de materias primas y auxiliares suficiente para atender correctamente la necesidad de las cadenas de producción, evitando cortes o paros de las mismas.
— Un nivel de inversión en existencias en curso de producción, por el tiempo que dura el ciclo de producción.
— Un nivel de inversión en existencias de productos para la venta, para satisfacer adecuadamente la demanda del mercado.
— Créditos contra clientes, durante el plazo de cobro establecido.

Ahora bien, esta inversión y esa necesidad financiera se verá disminuída por la cifra de crédito que los suministradores de bienes y servicios del ciclo de producción conceden a la empresa.

Vamos a suponer, en su cálculo, que estamos en una industria con una producción regular o uniforme, que produce para almacén y no sobre pedido.

a) Inversión mínima en existencias de materiales (materias primas y auxiliares).

Habrá que calcular la existencia necesaria para que el proceso productivo no sufra perturbaciones como consecuencia de retrasos o demoras de los suministradores.

Siendo:

M = Inversión mínima en materiales.
M_a = Consumo de materiales en el ejercicio (año).
t_1 = Plazo de suministro de los pedidos, expresado en días.

Tendremos que la inversión mínima en materiales es:

$$M = \frac{M_a}{365} \times t_1$$

esto es, el consumo medio diario por el plazo medio de entrega por los suministradores.

b) Inversión mínima en fabricación en curso

Son los fondos inmovilizados con motivo del proceso productivo, es decir, desde que se aplican los factores de producción, hasta que el producto esté totalmente acabado.

Siendo:

FC = Inversión mínima del período en fabricación en curso.
CP = Coste de producción del ejercicio (año).
t_2 = Duración del ciclo de producción, expresado en días.

La inversión mínima vendrá dada por:

$$FC = \frac{CP}{365} \times t_2$$

c) Inversión mínima en productos terminados

La inmovilización de fondos que representa esta inversión viene motivada por el período de almacenaje del producto terminado. Es decir, si la empresa vendiera inmediatamente lo producido, esta inversión sería nula.

Siendo:

PT = Inversión del período en productos terminados.
CV = Coste de ventas del ejercicio (año).
t_3 = Plazo de almacenamiento, expresado en días.

El cálculo vendrá dado por:

$$PT = \frac{CV}{365} \times t_3$$

d) Inversión mínima en créditos concedidos a clientes

La empresa, frecuentemente, debe financiar las compras que le hacen los clientes, por lo que deberá mantener en balance unos recursos inmovilizados en este capítulo, que estarán en función del volumen de ventas y del plazo concedido.

Siendo:

CL = Inversión del período por financiación a clientes.
V = Ventas del ejercicio (año).
t_4 = Plazo de cobro concedido a clientes.

El cálculo será:

$$CL = \frac{V}{365} \times t_4$$

e) Financiación concedida por los suministradores

Para determinar las necesidades en capital circulante, es decir aquella inversión que ha de ser financiada con fuentes no derivadas del ciclo de explotación, hemos de deducir la financiación con que cuenta la empresa, por el diferimiento en el pago a sus suministradores de explotación.

Si denominamos por:

PR = Débitos a favor de suministradores en el período.
C = Compras del ejercicio (año).
t_5 = Plazo de pago concedido por los suministradores.

El cálculo viene dado por:

$$PR = \frac{C}{365} \times t_5$$

Así pues, las necesidades de capital circulante vendrán dadas por el total algebraico, que denominaremos CCM (Capital circulante mínimo):

$$CCM = M + FC + PT + CL - PR$$

3.3. CASO PRACTICO

Veamos un caso práctico para evaluar las necesidades de capital circulante de la sociedad CANGURO para el ejercicio 1992, primero de su actividad. Los datos se suministran seguidamente.

Enunciado del caso práctico

La Sociedad CANGURO, S. A. se dedica a la elaboración de acondicionadores de aire portátiles. Sus datos presupuestos para el ejercicio 1992 son:

- Ventas estimadas: 120.000 unidades a un precio unitario de 35 unidades monetarias (u.m.).
- Período de almacenamiento de productos terminados: Se estima que debe haber existencias para atender la venta de 15 días.
- Precio de coste industrial del producto, por unidad:

	Cantidad por unidad de producto	Importe total (u.m.)
– Coste de materiales	10 kg	12
– Costes de transformación	20 h/máquina	11
Total		23

- La duración del ciclo de producción es de 10 días.
- Los suministradores de material entregan los pedidos con una demora de 15 días, concediendo un plazo de pago de 60 días.
- Las ventas se realizarán de acuerdo a la siguiente estimación:

30 % al contado.
30 % a los 60 días.
40 % a los 90 días.

Solución del caso práctico

De acuerdo con los anteriores datos, las necesidades de capital circulante para el ejercicio 1992 de la Sociedad CANGURO se estimarán de la siguiente manera:

a) Inversión mínima en existencias de materiales

— Unidades a producir:

– Para vender	120.000
– Para almacenar (15 días de venta) ...	4.931
	124.931

— Consumos del ejercicio:

$$10 \text{ kg} \times 1{,}2 \text{ u.m.} \times 124.931 \text{ u} = 1.499.172 \text{ u.m.}$$

— Consumo medio diario:

$$\frac{1.499.172}{365} = 4.107{,}32 \text{ u.m.}$$

— Inversión del período en materiales:

$$M = 4.107{,}32 \times 15$$

$$\boxed{M \simeq 61.610}$$

b) Inversión mínima en fabricación en curso

— Coste de producción del ejercicio:

$$23 \times 124.931 = 2.873.413 \text{ u.m.}$$

— Coste de producción medio diario:

$$\frac{2.873.413}{365} = 7.872{,}364$$

— Inversión del período en producción en curso:

$$FC = 7.872{,}364 \times 10$$

$$\boxed{FC \simeq 78.724}$$

c) Inversión mínima en productos terminados

— Coste de ventas del período:

$$120.000 \times 23 = 2.760.000$$

— Coste de ventas medio diario:

$$\frac{2.760.000}{365} = 7.561{,}644$$

entrega de material

— Inversión del período en artículos almacenados:

$$PT = 7.561,644 \times 15$$

$$\boxed{PT \simeq 113.425}$$

En este caso, se podría haber calculado de una manera más directa como sigue:

$$PT = 4.931 \times 23$$
$$PT = 113.413$$

La diferencia con el dato anterior se debe a que la cifra de 4.931 unidades para la venta en almacén, como media, está redondeada.

d) Inversión mínima en créditos concedidos a clientes

— Ventas del ejercicio

$$120.000 \times 35 = 4.200.000$$

— Ventas medias diarias:

$$\frac{4.200.000}{365} = 11.506,849$$

— Plazo medio concedido a clientes:

$$0,30 \times 0 = 0 \text{ días}$$
$$0,30 \times 60 = 18 \text{ días}$$
$$0,40 \times 90 = 36 \text{ días}$$
$$54 \text{ días}$$

— Crédito del período:

$$CL = 11.506,849 \times 54$$

Inversión del período

$$\boxed{CL \simeq 621.370}$$

Al resultado anterior podíamos haber llegado de esta otra manera:

— No generan crédito: $0,30 \times 4.200.000 = 1.260.000$

— Generan crédito: $\begin{cases} 0,30 \times 4.200.000 = 1.260.000 \ (1) \\ 0,40 \times 4.200.000 = 1.680.000 \ (2) \end{cases}$

(1)

— Venta media diaria:

$$\frac{1.260.000}{365} = 3.452,055$$

— Crédito: $3.452,055 \times 60 = 207.123$

(2)

— Venta media diaria:

$$\frac{1.680.000}{365} = 4.602,740$$

— Crédito: 4.602,740 × 90 = 414.247

Total: 207.123 + 414.247 = 621.370

e) **Financiación concedida por los suministradores**

— Compras del ejercicio:

• Para consumir: 124.931 × 12	1.499.172
• Para almacenar	61.610
	1.560.782

— Compra media diaria:

$$\frac{1.560.782}{365} = 4.276,115$$

— Financiación de suministradores:

$$PR = 4.276,115 \times 60$$

$$PR \simeq 256.567$$

f) **Necesidades estimadas de capital circulante o capital circulante mínimo de la Sociedad CANGURO, S. A. para el ejercicio de 1992:**

	Importe (u.m.)
Activo circulante	
– Materiales	61.610
– Fabricación en curso	78.724
– Productos terminados	113.425
– Clientes	621.370
Suma	875.129
Pasivo circulante	
– Proveedores	256.567
CAPITAL CIRCULANTE MINIMO	618.562

Recordemos por último, como ya dijimos, que el capital circulante variará de acuerdo con el nivel de actividad que, en cada momento, tenga la empresa.

4. LA TESORERIA NETA Y EL COEFICIENTE BASICO DE FINANCIACION

La situación financiera a corto plazo de la empresa viene dada por la composición y comportamiento de sus inversiones y de su financiación a corto plazo; es decir, por la composición y comportamiento de las partidas integrantes del capital circulante.

Hemos visto hasta ahora cómo se miden las necesidades que tiene la empresa en capital circulante. Si sumamos a esta magnitud los recursos inmovilizados en activos fijos, tendríamos las necesidades de financiación que tiene la empresa, en su totalidad. Dicho de otro modo, la inversión fija o permanente de una empresa vendría dada por la suma de:

- Inversión en inmovilizado.
- Inversión en capital circulante mínimo.

La situación financiero-patrimonial de la empresa vendría así representada:

ACTIVO	PASIVO
ACTIVOS FIJOS	CAPITALES PERMANENTES
INVERSION MINIMA EN CIRCULANTE	

Cuadro 9.7.

Así, pues, la inversión mínima en capital circulante constituye una inversión permanente que habrá que financiar con capitales permanentes, es decir con fondos propios y pasivos a largo plazo. En tanto en cuanto el capital circulante real se desvía del estimado como mínimo, aparecerán en el balance de la empresa activos o pasivos circulantes en exceso o en defecto o, dicho de otro modo, cuando los capitales permanentes sean superiores a sus necesidades de inversión, habrá una liquidez suplementaria o, en caso contrario, pasivo a corto plazo que financiará inversiones permanentes. Y es aquí donde aparece el concepto de **Tesorería neta** como diferencia entre:

(+) Capital circulante real
(−) Capital circulante mínimo

= TESORERIA NETA

La Tesorería neta será, pues, la medida de la capacidad de expansión que tiene la empresa en un momento dado, si aquélla es positiva; o el déficit de financiación de sus inversiones fijas, si es negativa.

Cuando la Tesorería neta sea negativa, la empresa podrá operar en dos sentidos, de manera independiente o conjunta:

a) Incrementando el capital circulante, para acomodarlo a las circunstancias reales.
b) Reduciendo las necesidades de capital circulante, es decir, acortando el período de maduración financiero.

En el primer caso, podrá optar por alguna o algunas de las siguientes pautas:

— *Incrementar la autofinanciación.*
— *Incrementar el pasivo fijo.*
— *Incrementar el patrimonio neto.*
— *Liquidar activos fijos.*

En el segundo caso, las acciones a tomar serían:

— *Aumentar la liquidez de las existencias.*
— *Disminuir el plazo de cobro de clientes.*
  - *Por negociación con los mismos.*
  - *Por descuento de los efectos girados.*
— *Aumentar el plazo de pago a proveedores.*

Así las cosas, designando por CCR al capital circulante real y por CCM al mínimo o ideal, y por TN a la Tesorería neta, habrá:

1. Tesorería neta nula, cuando

$$\boxed{CCR = CCM}$$

2. Tesorería neta positiva, cuando

$$\boxed{CCR > CCM}$$

3. Tesorería neta negativa, cuando

$$\boxed{CCR < CCM}$$

En forma gráfica sería:

1. Tesorería neta nula:

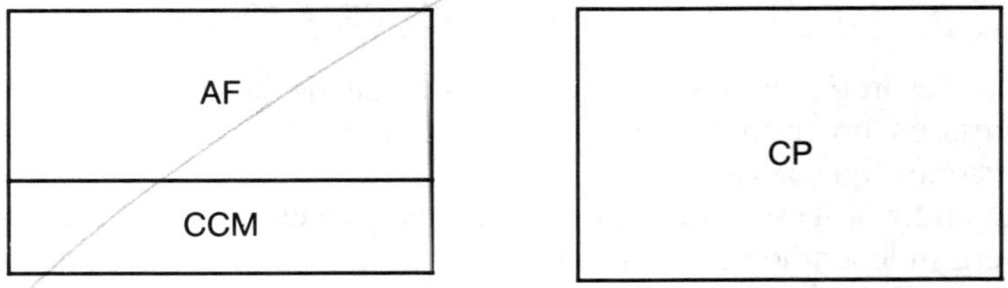

2. Tesorería neta positiva:

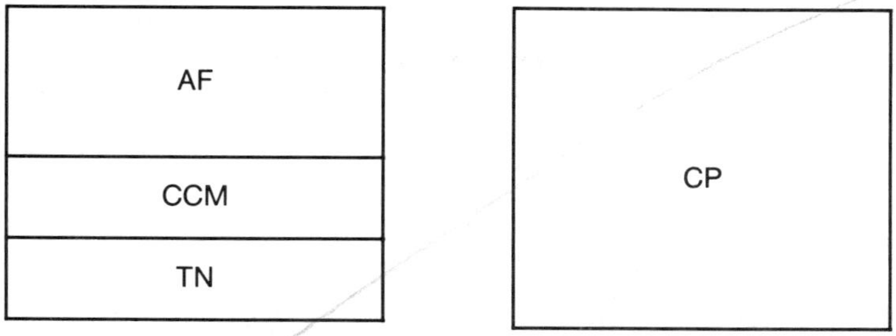

3. Tesorería neta negativa:

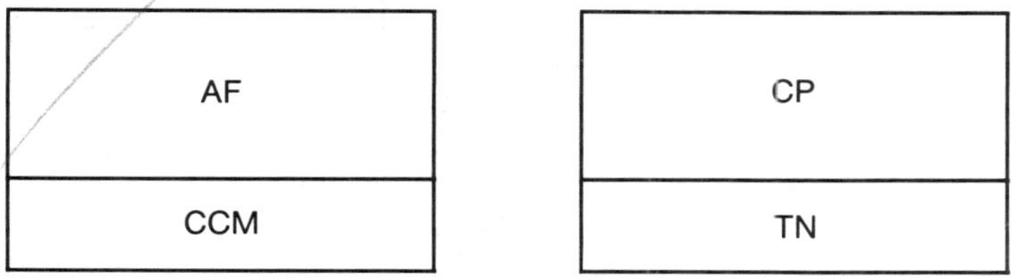

Esas diferencias mostradas en forma de relación o ratio, reciben el nombre de «coeficiente básico de financiación», de tal manera que:

— En el primer caso tendríamos:

$$\text{Cbf} = \frac{\text{CP}}{\text{AF} + \text{CCM}} = 1$$

— En el segundo:

$$\text{Cbf} = \frac{\text{CP}}{\text{AF} + \text{CCM}} > 1$$

— Y en el tercero:

$$\text{Cbf} = \frac{\text{CP}}{\text{AF} + \text{CCM}} < 1$$

Indiquemos, por último, en este apartado que la Tesorería neta puede ser nula, por ejemplo, y, sin embargo, existir componentes de la misma. Lo que sucederá, en este caso, es que los componentes activos coincidirán, en importe, con los componentes pasivos. Lo anterior quiere decir que, en importe neto, el capital circulante mínimo puede ser igual al real, sin embargo, haber diferencias en sus componentes, diferencias cuyo signo se compensa.

Ejercicio práctico MO

Siguiendo con el ejemplo de la Sociedad CANGURO, S.A. habíamos visto que sus necesidades teóricas de circulante se habían fijado en 618.562 u.m., de acuerdo con la siguiente composición.

ACTIVO CIRCULANTE		PASIVO CIRCULANTE	
– Materiales	61.610	– Proveedores	256.567
– Fabricación en curso	78.724	– CAPITAL CIRCULANTE MINIMO	618.562
– Productos terminados	113.425		
– Clientes	621.370		
	875.129		875.129

Si al final del ejercicio 1992, el capital circulante real de CANGURO tiene la siguiente composición:

ACTIVO CIRCULANTE		PASIVO CIRCULANTE	
– Materiales	70.500	– Proveedores	300.000
– Fabricación en curso	79.000	– Créditos bancarios	80.000
– Productos terminados	115.000	– CAPITAL CIRCULANTE REAL	694.500
– Clientes	700.000		
– Títulos de renta fija	100.000		
– Caja y Bancos	10.000		
	1.074.500		1.074.500

La Tesorería neta de CANGURO, S. A. asciende en esa fecha a 75.938 u.m. Esto es:

(+) Capital circulante real	694.500
(–) Capital circulante mínimo	618.562
TESORERIA NETA	75.938

Su composición es la siguiente:

– Activo Circulante mínimo	875.129	– Pasivo Circulante mínimo	256.567
– Cuentas de Tesorería (activo):		– Cuentas de Tesorería (pasivo):	
• Exceso de existencias	10.741	• Exceso de proveedores ...	43.433
• Exceso de clientes	78.630	• Créditos bancarios	80.000
• Títulos de renta fija	100.000		
• Caja y Bancos	10.000		
	199.371		123.433

(+) Cuentas de Tesorería (activo)	199.371
(–) Cuentas de Tesorería (pasivo)	123.433
TESORERIA NETA	75.938

Como último paso habría que investigar cuáles han sido las causas que justifican esa Tesorería neta. Estas causas pueden agruparse en dos categorías, dependiendo de cuáles han sido los motivos por los que el circulante real se ha desviado del mínimo:

— Las debidas a la variación en el grado de actividad.
— Las debidas a la variación en la rotación de los componentes del capital circulante o lo que es lo mismo, variación en los plazos de almacenamiento, cobro o pago [2].

Veamos este punto con más detenimiento.

En el caso de **Materiales**, las desviaciones pueden venir dadas por:

[1] Diferente consumo, debido, a su vez, a

- Diferente producción.
- Diferente consumo por unidad de producción.
- Diferentes precios de adquisición.

[2] Diferente plazo de suministro

Si designamos por:

M_{ap} = Consumo de materiales previsto.
M_{ar} = Consumo de materiales real.
t_{1p} = Plazo previsto de suministro.
t_{1r} = Plazo real de suministro.

[2] Vid.: «Los flujos financieros y el análisis financiero: un enfoque interno». J. URIAS VALIENTE. Revista Española de Financiación y Contabilidad, n.° 49, 1986, págs. 157-176.

Las desviaciones serán:

$$(M_{ar} - M_{ap})\, t_{1p} \quad [1]$$
$$+$$
$$M_{ar}\,(t_{1p} - t_{1r}) \quad [2]$$

— Para la **Fabricación en curso**, las desviaciones se deberán a:

[1] Diferente nivel de producción, debido a

- Diferente actividad.
- Diferentes costes de actividad.

[2] Diferente duración del ciclo de producción

Siendo:

CP_p = Coste de producción previsto.
CP_r = Coste de producción real.
t_{2p} = Duración prevista del ciclo de producción.
t_{2r} = Duración real del ciclo de producción.

Las desviaciones serán:

$$(CP_r - CP_p)\, t_{2p} \quad [1]$$
$$+$$
$$CP_r\,(t_{2p} - t_{2r}) \quad [2]$$

— Para los **Productos terminados**, las desviaciones serán debidas a:

[1] Diferente nivel de ventas, debido a su vez a

- Diferente actividad.
- Diferentes costes de actividad.

[2] Diferente plazo de almacenamiento

Siendo:

CV_p = Coste de ventas previsto.
CV_r = Coste de ventas real.
t_{3p} = Plazo de almacenamiento previsto.
t_{3r} = Plazo de almacenamiento real.

Las desviaciones serán:

$$(CV_r - CV_p)\, t_{3p} \quad [1]$$
$$+$$
$$CV_r\,(t_{3p} - t_{3r}) \quad [2]$$

— Para la deuda de **Clientes**, las desviaciones vendrán dadas por:

[1] Diferente nivel de venta
[2] Diferente plazo de cobro concedido

Siendo:

V_p = Ventas previstas.
V_r = Ventas reales.
t_{4p} = Plazo de cobro previsto.
t_{4r} = Plazo de cobro real.

Las desviaciones serán:

$$(V_r - V_p)\, t_{4p} \quad [1]$$
$$+$$
$$V_r\, (t_{4p} - t_{4r}) \quad [2]$$

Y por último, para el crédito de **Proveedores**, las desviaciones vendrán dadas por:

[1] Diferente nivel de compras, debido a su vez a:

- Diferente nivel de actividad.
- Diferente coste unitario de entrada.

[2] Diferente plazo de pago obtenido.

Siendo:

C_p = Compras previstas.
C_r = Compras reales.
t_{5p} = Plazo de pago previsto.
t_{5r} = Plazo de pago real.

Las desviaciones vendrán cuantificadas así:

$$(C_r - C_p)\, t_{5p} \quad [1]$$
$$+$$
$$C_r\, (t_{5p} - t_{5r}) \quad [2]$$

ACTIVIDADES RECOMENDADAS

Establecer ejemplos de situaciones en las que las condiciones de explotación van cambiando y cuantificar las necesidades en capital circulante.

EJERCICIOS DE AUTOCOMPROBACION

Indique usted si son verdaderas (**V**) o falsas (**F**) las siguientes proposiciones:

1. Cuando el coeficiente básico de financiación es igual a 1, la cuantía de los componentes del capital circulante real, tomados aislada y totalmente, es coincidente con la del capital circulante mínimo .... **V F**
2. El equilibrio a corto plazo depende de la cuantía A y composición del capital circulante .... **V F**
3. Un capital circulante negativo implica que la financiación a largo plazo es inferior a las inversiones en inmovilizado .... **V F**
4. Las necesidades de capital circulante dependerán del tipo de actividad y del momento en que se lleva a cabo el cálculo .... **V F**
5. En las consideraciones que se han hecho en el análisis de la Tesorería neta se ha tomado en cuenta la capacidad de endeudamiento de la empresa por recurso a operaciones financieras ajenas al ciclo de explotación .... **V F**

SOLUCIONES A LOS EJERCICIOS DE AUTOCOMPROBACION

1. **F**
2. **V**
3. **V**
4. **V**
5. **F**

CAPITULO

10

Análisis de la situación financiera a corto plazo (II)

ESQUEMA/RESUMEN

— Los diferentes ratios de circulante:

- Magnitud absoluta y relativa del capital circulante.
- Significado del ratio de circulante o de solvencia.

— Descomposición del ratio de circulante o de solvencia:

- Acumulación de la liquidez.

— Ratios de giro o rotaciones:

- Diferentes ratios.
- Interpretación de los mismos.
- Acciones a tomar.

— Medida de la gestión del circulante.
— Los flujos de Tesorería:

- Presupuestos de Tesorería.

1. ESTUDIO DE LOS DIFERENTES RATIOS DE CIRCULANTE

En el capítulo anterior hemos analizado las características del capital circulante como medida de la situación financiera a corto plazo de la empresa. En el presente, vamos a estudiar los diferentes ratios de circulante que miden, con las limitaciones y consideraciones que se expondrán, la liquidez o solvencia de la empresa, igualmente a corto plazo.

Ante todo, debemos llamar la atención sobre el hecho de que la magnitud del capital circulante no es significativa de liquidez, sino la relación que guardan sus componentes activos y pasivos. Así, podemos ver la situación siguiente que afecta a las sociedades A y B.

	Sociedad A	Sociedad B
– Activo circulante (AC)	3.000.000	600.000
– Pasivo circulante (PC)	2.000.000	200.000
– CAPITAL CIRCULANTE	1.000.000	400.000
– RATIO AC/PC	1,5	3

Cuadro 10.1.

El capital circulante de la Sociedad A es 2,5 veces mayor que el de la Sociedad B; no obstante, su ratio de circulante (Activo circulante/Pasivo circulante) es tan sólo la mitad, lo que implica que, en principio, y sin otro tipo de consideraciones complementarias, la Sociedad B tiene un grado de liquidez mayor que la Sociedad A.

La utilidad de usar el ratio de circulante para medir la solvencia de una empresa nos la señala BERNSTEIN [1] en los siguientes párrafos:

1. «Este ratio mide el grado de cobertura del activo circulante respecto del pasivo circulante. Cuanto mayor sea el activo circulante respecto del pasivo circulante, tanto mayor será la seguridad de poder pagar las deudas con dichos activos.
2. El exceso del activo circulante sobre el pasivo circulante proporciona un margen de seguridad contra las posibles pérdidas en la enajenación o liquidación de activos circulantes distintos del efectivo. Cuanto mayor sea este margen de seguridad, mejor para los acreedores. El margen de solvencia mide, pues, el margen de seguridad disponible para cubrir posibles pérdidas en el valor del activo circulante.
3. Este ratio mide la reserva de fondos líquidos en relación con las obligaciones a corto plazo disponibles como margen de seguridad frente a la incertidumbre y a la aleatoriedad a que están sometidos los flujos de fondos de la empresa. Sucesos aleatorios tales como huelgas, pérdidas extraordinarias y otras incertidumbres pueden temporalmente y de forma imprevista interrumpir o reducir el flujo de fondos.»

[1] BERNSTEIN, L. A.: *Análisis de Estados Financieros*. Teoría, Aplicación e Interpretación, pág. 549. Editorial McGraw-Hill/Irwin, Madrid, 1995.

El ratio de circulante o de solvencia, como cualquier otro ratio que podamos establecer ha de ser sometido a una serie de cautelas en su interpretación, por cuanto que se refiere a un momento dado y este solo hecho puede desvirtuar, de manera importante, su significado.

En principio, un ratio adquiere relevancia cuando se establece una comparación del mismo en el tiempo, entre empresas del mismo sector económico o bien se relaciona con un presupuesto ideal o normativo.

La solvencia o liquidez a corto plazo de una empresa puede venir complementada por magnitudes ajenas al capital circulante, en el sentido de que aquélla puede tener mayor o menor liquidez de la que sus estados financieros pueden mostrar [2]. Así, la empresa puede tener mejor liquidez de lo que muestra el ratio de circulante debido por ejemplo a que:

— Puede contar con líneas de crédito bancario no utilizados en su totalidad que puedan suministrar, en caso necesario, y de manera inmediata, liquidez a la empresa.
— Puede disponer de activos que, siendo calificados de fijos, tengan un alto grado de liquidez.
— Puede tener un fácil acceso al mercado de capitales, bien sea de renta fija (deuda) o variable (acciones).

De igual modo, la empresa puede tener una peor liquidez de la que arrojan sus datos contables debido, por ejemplo a:

— La existencia de pasivos contingentes no contabilizados, tales como responsabilidades por litigios en curso o impuestos recurridos.
— La existencia de posibles pasivos por garantías o avales concedidos, etc.

Lo anterior nos conduce, tal como hemos puesto de manifiesto en otro capítulo, a la necesidad que tiene el analista de contar con información anexa al balance debidamente auditada por un profesional ajeno a la empresa.

De los componentes del activo circulante, a saber:

— Tesorería o disponibilidades.
— Inversiones financieras temporales (I).
— Clientes y otras deudas a corto plazo (créditos activos).
— Existencias.
— Transitorio.

el que está más afectado por el empleo de modos alternativos de valoración y el que ha de pasar por más fases previas antes de convertirse en dinero (proceso, venta y cobro) es el de Existencias. Es, por ello, que, como complemento del ratio de circulante o de solvencia, se establezcan otros que utilizan, igualmente, componentes del capital circulante en su formulación.

Así, tenemos:

[2] GIBSON, CH.: «Financial Statement Analysis. Using Financial Accounting Information», 4.ª Ed., 1989, PWS-KENT Publishing Company, Boston, Capítulo 6.

— Prueba del ácido o acid-test

La relación es la siguiente:

$$\frac{\text{Tesorería} + \text{I} + \text{Créditos activos}}{\text{Pasivo circulante}}$$

En la Sociedad del anterior ejemplo, cuyo activo circulante era de 3.000.000, siendo su composición la siguiente:

	Importe
Tesorería	500.000
I.F.T.	200.000
Créditos activos	800.000
Existencias	1.300.000
Transitorio	200.000
	3.000.000
Pasivo circulante	2.000.000

La prueba del ácido tendrá un valor de:

$$\frac{500.000 + 200.000 + 800.000}{2.000.000} = 0{,}75$$

— Ratio de Tesorería

En este caso sólo se relacionan con el pasivo circulante aquellas partidas que representen dinero o casi dinero, como es el caso de las inversiones financieras transitorias que tengan un muy elevado grado de liquidez.

La relación sería:

$$\frac{\text{Tesorería} + \text{I}}{\text{Pasivo circulante}}$$

En nuestro ejemplo:

$$\frac{500.000 + 200.000}{2.000.000} = 0{,}35$$

Tanto en la **prueba del ácido** como en el **ratio de tesorería** estamos ante ratios rigurosos en el estudio de la liquidez de la empresa. De lo que se trata, en definitiva, es de medir cuál es, en realidad, la liquidez de los activos circulantes, para lo cual estimamos que ha de llevarse a cabo un doble estudio:

— Analizar la acumulación del ratio de circulante.
— Analizar la **calidad** de los activos circulantes.

Mediante el primer paso, lo que se trata de medir es dónde está acumulada la liquidez y en el segundo qué grado de renovación (rotación) tienen los activos, es decir, con qué frecuencia, en un ejercicio, se transforman en dinero que es, en definitiva, lo que mide esa **calidad** a la que aludíamos.

2. ACUMULACION DEL RATIO DE CIRCULANTE O DE SOLVENCIA

Se trata de descomponer el ratio de manera que se pueda observar en qué partidas del activo circulante está concentrado el ratio, para poder manifestarse sobre el mismo.

Supongamos que estamos analizando el ratio de la Sociedad C y el de la Sociedad D, cuyos datos de su situación financiera a corto plazo son los que se exponen seguidamente:

	Sociedad C	Sociedad D
Activo circulante		
Tesorería	1.000	5.000
Inversiones financieras temporales	2.000	1.000
Clientes	8.000	5.000
Productos terminados	10.000	1.500
Productos en curso fabricación	5.000	1.000
Materias primas	7.000	1.000
Gastos anticipados	1.000	500
	34.000	15.000
Pasivo circulante		
Proveedores	10.000	6.000
Créditos a corto plazo	5.000	2.500
Deudas fiscales	2.000	1.500
	17.000	10.000
CAPITAL CIRCULANTE	17.000	5.000
RATIO DE CIRCULANTE	2	1,5

Cuadro 10.2.

La Sociedad C tiene un mayor capital circulante, más de tres veces que el de la Sociedad D y tiene un ratio de solvencia también superior al de ésta. En principio, afirmaríamos que la Empresa C tiene mayor liquidez que la D; es decir, presenta una mejor situación financiera a corto plazo. No obstante, es necesario seguir analizando más detenidamente la anterior conclusión, para lo que debemos ver, en principio, cuál es la composición de los activos circulantes, haciendo observar que los datos han sido expuestos de **mayor a menor liquidez**.

	Sociedad C		Sociedad D	
	Importes	**%**	**Importes**	**%**
Tesorería (T)	1.000	0,03	5.000	0,33
Inversiones financieras temporales (I)	2.000	0,06	1.000	0,07
Clientes (C)	8.000	0,23	5.000	0,33
Productos terminados (PT)	10.000	0,29	1.500	0,10
Productos en curso (FC)	5.000	0,15	1.000	0,07
Materias primas (MP	7.000	0,21	1.000	0,07
Gastos anticipados (GA)	1.000	0,03	500	0,03
	34.000	100	15.000	100

Cuadro 10.3.

La primera conclusión era que la Sociedad C tenía mayor liquidez; no obstante, vemos con la información del Cuadro 10.3 que mientras en la C los bienes líquidos (dinero y títulos) representan el 9 por 100 del activo circulante, en la D representan el 40 por 100.

Finalmente, habrá que ver cómo está compuesto el ratio de circulante, para lo cual iremos relacionando las partidas acumulativamente, en el sentido en que aparecen, respecto del pasivo circulante. Es decir (para la empresa C):

$$\frac{T}{PC} = \frac{1.000}{17.000} = 0,06$$

$$\frac{T + I}{PC} = \frac{1.000 + 2.000}{17.000} = 0,18$$

$$\frac{T + I + C}{PC} = \frac{1.000 + 2.000 + 8.000}{17.000} = 0,65$$

$$\frac{T + I + C + PT}{PC} = \frac{1.000 + 2.000 + 8.000 + 10.000}{17.000} = 1{,}24$$

$$\frac{T + I + C + PT + FC}{PC} = \frac{1.000 + 2.000 + 8.000 + 10.000 + 5.000}{17.000} = 1{,}53$$

$$\frac{T+I+C+PT+FC+MP}{PC} = \frac{1.000 + 2.000 + 8.000 + 10.000 + 5.000 + 7.000}{17.000} = 1{,}94$$

$$\frac{T + I + C + PT + FC + MP + GA}{PC} = \frac{AC}{PC} = 2$$

RATIOS ACUMULATIVOS

	Ratio acumulativo	
	Sociedad C	**Sociedad D**
Tesorería	0,06	0,50
Inversiones financieras temporales	0,18	0,60
Clientes	0,65	1,10
Productos terminados	1,24	1,25
Productos en curso	1,53	1,35
Materias primas	1,94	1,45
Gastos anticipados	2,0	1,50

Cuadro 10.4.

El ratio acumulativo corrobora que la liquidez a corto de la Sociedad D es superior a la de la Sociedad C.

La prueba del ácido de la Sociedad D es de 1,10 en tanto que en la Sociedad C es de 0,65, lo que implica que la Sociedad D puede hacer frente a sus compromisos de pago a corto plazo en principio, con mayor seguridad que la Sociedad C. Por otra parte, la Sociedad C tiene fundamentalmente el ratio centrado en Existencias, dado que de 0,65 a la altura de Clientes pasa al doble (1,24) a la altura de Productos terminados. En último extremo podría verse en la necesidad de liquidar sus existencias a precio de coste o, llegado el caso, incurriendo en pérdidas, para poder satisfacer sus compromisos a corto plazo.

3. RATIOS DE GIRO DE LOS COMPONENTES DEL CAPITAL CIRCULANTE

El análisis anterior es necesario complementarlo con el estudio de la **liquidez individual** de los componentes. Esta liquidez mide la **calidad** a la que hacíamos referencia en párrafos anteriores.

En el caso de la Sociedad C del epígrafe anterior se hacía un comentario negativo a la acumulación del ratio de solvencia a la altura de la partida de **Existencias** puesto que, en principio, son componentes menos líquidos que los anteriores en la escala expuesta (clientes, inversiones financieras). Ahora bien, puede tratarse de productos que tengan una gran salida; es decir, que tengan una elevada rotación, por lo que su liquidez puede ser muy alta. De igual manera una partida en principio tan líquida como **Clientes** puede requerir, en la empresa D, un largo espacio de tiempo para su conversión en dinero, por cuanto que las condiciones de cobro pueden ser dilatadas o bien porque el comportamiento de los clientes implique un alto grado de fallidos.

Así las cosas, es necesario estudiar la **calidad** de todos y cada uno de los componentes, para lo cual se cuantifican los ratios de giro o rotaciones de los mismos.

3.1. RATIO DE GIRO DE CLIENTES (PLAZO DE COBRO)

El ratio de giro de clientes mostrará la frecuencia con que el crédito contra clientes se convierte en disponibilidades; es decir, el número de veces que se genera crédito contra clientes y se cobra en un período de tiempo.

Para su cálculo, necesitamos contar con la magnitud que origina los créditos a clientes, es decir, las ventas a crédito. Por tanto, para el cálculo de la rotación será necesario descontar de la cifra de ventas del ejercicio el importe de ventas al contado. Por otra parte, el problema está en determinar el saldo medio de clientes en el período de tiempo considerado (hemos supuesto el año). Si la venta se efectúa de manera regular, se pueden tomar como datos, los que figuran en los balances de situación (saldo inicial y final) o simplemente el saldo de final del período; en caso contrario, se necesitaría contar con los datos suministrados por los balances trimestrales o, preferiblemente, con los datos mensuales. Es evidente que cuanto mayor sea la serie de datos manejada, más significativo será el ratio.

Siguiendo con el ejemplo base del presente capítulo, analicemos estas magnitudes en las Sociedades C y D:

	Sociedad C	Sociedad D
Clientes [3]	8.000	5.000
Ventas anuales	50.000	20.000
Porcentaje de ventas a crédito	80 %	100 %
Ventas base (a crédito)	40.000	20.000

[3] Cuando nos referimos a Clientes, aludimos a la deuda total de éstos, y no únicamente al saldo de la cuenta con ese título. Por ello, habrá que sumar al saldo de la cuenta de Clientes el de Efectos a cobrar (por ventas), así como el de Efectos descontados pendientes de vencimiento, si la empresa ha optado por registrar en cuentas de orden la operación de descuento.

Si no se dispone más que de esta información, el ratio de giro (o rotación) de clientes será:

	C	D
$\dfrac{\text{Ventas a crédito}}{\text{Clientes}}$	$\dfrac{40.000}{8.000} = 5$ veces	$\dfrac{20.000}{5.000} = 4$ veces

Ello quiere decir que, para la empresa C, se generan créditos contra clientes y se cobran cinco veces al año, lo cual significa que para un año de 365 días, el número de días que como media los clientes tardan en hacer efectivos sus créditos es de:

$$\frac{365}{5} = 73 \text{ días (Plazo o período de cobro)}$$

y para la Sociedad D:

$$\frac{365}{4} = 91 \text{ días (Plazo o período de cobro)}$$

Con estos datos, se observa que la Sociedad D tarda más en recuperar sus ventas y que, por ello, el componente **Clientes** tiene menor liquidez que en C.

Si el grado de actividad ha variado a lo largo del ejercicio, contar sólo con el dato del saldo final puede ser engañoso, en cuyo caso sería preferible disponer del saldo inicial (al principio del ejercicio) y del final (a la fecha del balance que se analiza) para establecer una media.

La situación podría ser ésta:

	Sociedad C	Sociedad D
Clientes (Saldo inicial —Si—)	10.000	4.000
Clientes (Saldo final —Sf—)	8.000	5.000
Saldo medio $\left(\dfrac{Si + Sf}{2}\right)$	**9.000**	**4.500**
Ventas a crédito	**40.000**	**20.000**
Ratio de giro (Rotaciones)	**4,45**	**4,45**
Plazo de cobro (días)	**82**	**82**

Cuadro 10.5.

En esta situación, el plazo de cobro real para la sociedad C y para la sociedad D es coincidente.

Finalmente, si en una de las sociedades se diera una situación estacional sería preferible contar con medias mensuales. El caso podría ser el siguiente:

	Saldos mensuales de clientes	
	Sociedad C	**Sociedad D**
Enero	9.000	4.500
Febrero	7.000	3.000
Marzo	8.000	2.000
Abril	6.500	2.500
Mayo	7.500	1.900
Junio	7.000	3.000
Julio	8.500	1.800
Agosto	9.000	1.500
Septiembre	8.000	2.800
Octubre	7.500	5.000
Noviembre	8.200	4.000
Diciembre	8.000	5.000
Suma	94.200	37.000
Media mensual	**7.850**	**3.083**
Venta a crédito	**40.000**	**20.000**
Ratio de giro (Rotaciones)	**5,1**	**6,49**
Plazo de cobro (días)	**71**	**56**

Cuadro 10.6.

Obsérvese cómo disponiendo sólo de saldos finales la Sociedad C parecía tener un plazo de cobro a clientes más corto que la Sociedad D y cómo esta apariencia se disipa al poder contar con más datos.

Digamos para finalizar que el analista externo ha de operar con los datos de que dispone y éstos normalmente son los de los saldos de dos balances consecutivos (saldos iniciales y finales), por lo que, en principio, habrá de operar con la media de estos saldos.

Por otra parte, el plazo de cobro a clientes de la empresa analizada habrá que compararlo con el inicialmente concedido, para observar el comportamiento de esta partida. Si el plazo inicialmente acordado es inferior al que resulta, la gestión de la empresa en este área puede ser deficiente, o bien mostrar un síntoma de dificultad en los clientes con quienes opera. Esta dificultad puede afectar a la mayoría de los clientes o tan sólo a unos cuantos con saldos significativos.

La empresa ha de estudiar la morosidad de los clientes para establecer las adecuadas provisiones y ello normalmente se establece aplicando unos porcentajes sobre saldos, porcentajes que van aumentando (hasta llegar al 100 por 100) a medida que los saldos son más antiguos.

También puede suceder que los clientes de la empresa analizada liquiden sus deudas más tarde de lo previsto o con más dilación que los de empresas similares competidoras y, sin embargo, la empresa obtener unos márgenes de beneficio que compensen los costes de esta morosidad, como pueden ser los derivados del descuento de los efectos girados; este descuento es una forma de acortar el plazo de cobro (y en definitiva el período de maduración).

3.2. RATIO DE GIRO DE MATERIALES (PERIODO DE ALMACENAMIENTO)

Este ratio mide el número de veces que el almacén de materiales se vacía al entregar las existencias al servicio de producción, o lo que es lo mismo, la frecuencia con que se renuevan los stocks de materias primas y auxiliares.

Operando como hemos visto en el punto anterior, necesitaríamos conocer los consumos de materiales del período y el saldo de materiales (o los saldos iniciales y finales para operar con saldos medios).

Sean los siguientes datos, afectando en este caso sólo a una Sociedad:

Existencias iniciales de materiales	2.000
Existencias finales en materiales	3.000
Existencias medias	**2.500**
Consumos del período	**30.000**
Ratio de giro (rotación) $\frac{30.000}{2.500}$	**12**

Cuadro 10.7.

Si el almacén se renueva 12 veces a lo largo del ejercicio, es indudable que el período de almacenamiento medio será un mes; es decir:

$$\frac{365}{12} \simeq 30 \text{ días (plazo o período de almacenamiento)}$$

Un incremento de este período respecto al inicialmente previsto implicaría algún tipo de debilidad en la política de compras o de disfunciones en el servicio de producción. Lo ideal es acortar este plazo lo más posible, sin ocasionar roturas en las entregas al servicio de producción, dado que, como en el resto de las rúbricas del circulante, todo exceso de inversión conlleva unos costes financieros que la empresa ha de soportar.

3.3. RATIO DE GIRO DE LA PRODUCCION (PERIODO DE PRODUCCION)

Este ratio mide el número de veces que se completa el ciclo de producción a lo largo del ejercicio o, dicho de otro modo, la frecuencia con que se fabrica o se realiza el bien o servicio objeto de la actividad de la empresa.

Los datos a manejar serán:

— Importe de la producción del período a precio de coste.
— Importe medio de la producción en curso en el período.

Así, tendremos:

Existencias iniciales de Producción en curso	10.000
Existencias finales de Producción en curso	14.000
Existencias medias	**12.000**
Importe producción del período	**360.000**
Ratio de giro (rotación):	
$\frac{360.000}{12.000}$	**30**
Plazo, período o ciclo de producción (medio):	
$\frac{365}{30} \simeq$ **12 días**	

Cuadro 10.8.

Cualquier alargamiento del ciclo de producción respecto del previsto indicará anomalías en el servicio de producción que habrá que investigar; anomalías tales como roturas en el proceso, deficiente funcionamiento de las instalaciones, etc.

3.4. RATIO DE GIRO DE LOS PRODUCTOS TERMINADOS (PLAZO DE ALMACENAMIENTO DE EXISTENCIAS DE PRODUCTOS PARA LA VENTA)

Al igual que vimos para el caso de los materiales, el ratio de giro de Productos terminados nos indicará el número de veces que, en un período, se renuevan las existencias de productos para la venta. Los productos están valorados a precio de coste de producción, por lo que necesitaremos conocer las ventas a precio de coste (coste de la mercancía vendida o coste de ventas) y, como en casos anteriores, preferiblemente los saldos medios de Productos terminados.

Los datos a manejar serán, por ejemplo, los siguientes:

Existencias iniciales de Productos terminados	19.000
Existencias finales de Productos terminados	18.000
Existencias medias	**18.500**
Coste de ventas del período	**148.000**
Ratio de giro (rotación):	
$\frac{148.000}{18.500}$	**8**
Plazo o período de almacenamiento de Productos terminados:	
$\frac{365}{8} \simeq$ **45 días**	

Cuadro 10.9.

Antes de hacer los oportunos comentarios a las desviaciones de este importante período, advirtamos que, en muchas ocasiones, el analista externo no cuenta con el dato del coste de ventas, por cuanto que puede no figurar en la Cuenta de Resultados y tal es el caso (para las empresas industriales) si ésta está agrupada por gastos e ingresos por naturaleza, como en el Plan General de Contabilidad español. En tal caso, la magnitud **Coste de ventas** ha de ser sustituida por la de **Ventas**, por cuanto que, si bien no es la más adecuada, sí dará una pauta o marcará una tendencia válida sobre cómo evoluciona dicho período de almacenamiento.

Un período de almacenamiento de Productos terminados más dilatado del previsto o del existente, como media, en el sector en que la empresa opere, nos indicará una retención de productos por falta de venta. Un análisis más depurado debería hacerse, si se tiene información para ello, segregando el comportamiento de los principales productos para detectar cuál es el que no tiene la aceptación en el mercado que sería deseable y poder así considerar su sustitución por otro más atractivo.

Como vimos en el caso de Clientes, habría que establecer unas provisiones adecuadas para rebajar el importe de las existencias que tuvieran un menor valor de realización, agrupando a las mismas según su comportamiento.

3.5. RATIO DE GIRO DE PROVEEDORES (PLAZO DE PAGO)

El ratio de giro de los pasivos afectos a la explotación nos mostrará el número de veces que, en un período, la deuda con los suministradores se hace efectiva, por lo que habría que disponer de la cifra de compras a crédito del período y de los saldos acreedores medios por este concepto.

Así, tendríamos:

Saldo inicial de Proveedores	16.000[4]
Saldo final de Proveedores	18.000
Saldo medio	**17.000**
Compras del período	**68.000**
Ratio de giro (rotación):	
$\frac{68.000}{17.000}$	**4**
Plazo o período de pago a Proveedores:	
$\frac{365}{4} \simeq$ **90 días**	

Cuadro 10.10.

En la medida en que la empresa tenga dificultades para realizar sus activos circulantes, procurará dilatar el plazo de pago a sus proveedores, tratando de compensar aquel desequilibrio. Es necesario advertir que si bien se considera que la deuda con Proveedores no implica coste financiero para la empresa, lo cierto es que en la práctica totalidad de los

[4] Para calcular la deuda de los Proveedores hemos de considerar las mismas aclaraciones que hicimos en el caso de Clientes. Es decir, sumaremos al saldo de la cuenta de Proveedores el de la cuenta Efectos a pagar (por compras).

casos esto no es así, por cuanto si bien no hay un coste explícito, sí lo hay implícito y esto se pone en evidencia por el hecho de que el proveedor suele hacer un descuento al cliente cuando éste le satisface su deuda al contado (descuento por pronto pago).

4. RATIO DE GIRO DEL ACTIVO CIRCULANTE. MEDIDA DE SU GESTION

Los análisis anteriores hay que complementarlos, entre otros, con un análisis global del capital circulante, para evaluar su comportamiento. Del capital circulante, obviamente sólo son los componentes del activo circulante los que intervienen en la realización del objeto social de la empresa. Dicho de otro modo, es la magnitud que genera el beneficio, de tal manera que con un margen positivo de ventas, cuanto más alto sea el número de rotaciones del activo circulante tanto mayor será el beneficio que afluye a la empresa.

Esta rotación vendrá dada por el número de veces que el activo circulante se utilizó en satisfacer la totalidad de los costes de operación, es decir:

— Coste de ventas.
— Gastos de explotación o de operación.

Este ratio vendrá dado por la relación:

$$\frac{\text{Coste de ventas + Gastos de operación}}{\text{Activo circulante medio}}$$

Veamos el siguiente caso de las Sociedades H y K.

	Sociedad H	%	Sociedad K	%
Ventas	105.000	100	120.000	100
Coste de ventas	70.000	66,7	85.000	70,8
Beneficio bruto	35.000	33,3	35.000	29,2
Gastos de explotación	15.000	14,3	25.000	20,8
Beneficio neto	20.000	19	10.000	8,4
Activo circulante al inicio del ejercicio	30.000		20.000	
Activo circulante al final del ejercicio	35.000		28.000	
Activo circulante medio	32.500		24.000	
Rotación:	$\frac{70.000 + 15.000}{32.500} = 2,61$		$\frac{85.000 + 25.000}{24.000} = 4,58$	

Cuadro 10.11.

La Sociedad K rota más veces su activo circulante que la Sociedad H lo que implica, en principio, una mejor gestión. Este ratio hay que complementarlo con el porcentaje de beneficio que ambas Sociedades han obtenido sobre su activo circulante medio:

	Sociedad H	**Sociedad K**
Beneficio neto	20.000	10.000
Activo circulante medio	32.500	24.000
Porcentaje de rentabilidad:	$\frac{20.000 \times 100}{32.500} = 61{,}53\ \%$	$\frac{10.000 \times 100}{24.000} = 41{,}67\ \%$

De acuerdo con esta última información la Sociedad H gestiona con un mayor grado de productividad su activo circulante, dado que opera con un 19 por 100 de beneficio sobre ventas, en tanto que la K lo hace tan solo con un 8,4 por 100.

Si la Sociedad K hubiera trabajado con un margen del 19 por 100 tendríamos:

$$\frac{\text{Beneficio neto}}{\text{Activo circulante medio}} = \frac{120.000 \times 0{,}19}{24.000} \times 100 = 95\ \%$$

5. OTRAS CONSIDERACIONES EN EL ANALISIS DE LA SITUACION FINANCIERA A CORTO PLAZO. LOS FLUJOS DE TESORERIA

Hemos venido viendo cómo los anteriores análisis, desde un punto de vista externo, enfocan el problema tomando magnitudes estáticas, aunque se han dinamizado en buena medida al hacer intervenir conceptos como los ratios de giro o rotaciones. Ahora bien, **la medida de la calidad del capital circulante** llevada a cabo en puntos anteriores no contempla dos importantes aspectos, cuales son:

— El análisis de los futuros flujos de tesorería.

— El análisis de la adecuación de los cobros respecto de los pagos, en el tiempo.

Para mantener un equilibrio a corto plazo, los cobros han de producirse en cuantía y momento adecuados para hacer frente a los pagos. Esto conlleva que sea necesario proyectar cuáles son los flujos de tesorería y analizar después, mediante el uso del Estado de Tesorería o Estado de Cash Flow, cuáles han sido esos flujos en realidad. Para ello, la empresa debe elaborar estados previsionales y reales de tesorería, mediante la técnica que expusimos en el Capítulo 6 [5].

---

[5] Vid. URIAS VALIENTE, J.: «Los flujos financieros en la empresa», Instituto de Planificación Contable, Ministerio de Economía y Hacienda, 1983, Capítulo 3.

Veamos cómo partiendo de datos contables se establece el Presupuesto de Tesorería. Este se suele dividir en dos grandes apartados:

1. Presupuesto de explotación.
2. Presupuesto de inversión.

No vamos a contemplar aquí más que el primero que es el más interesante para los propósitos que perseguimos.

Si el presupuesto **operativo** o **de explotación** ha partido de la cifra de ventas, de este cálculo o estimación partirá el resto. El diagrama se presenta en el Cuadro 10.12

5.1. CASO PRACTICO-ENUNCIADO

La empresa RINOCERONTE, S. A. necesita establecer un Estado de Tesorería de explotación previsional para el período correspondiente al primer semestre de 1992.

Al 31 de diciembre de 1991, los componentes del capital circulante arrojaban los siguientes importes:

	Importes (u.m.)
Tesorería-Caja y Bancos	1.000
Clientes	30.000
Materiales	9.240
Productos en curso	10.500
Productos terminados	21.000
Proveedores	14.000

La empresa trabaja con las siguientes estimaciones en cuanto a plazos de retención:

— Período de almacenamiento de materiales .... 30 días
— Duración ciclo de Producción .... 15 días
— Período de almacenamiento Productos terminados 30 días
— Plazos medios de cobro a Clientes:
  - 50 % de las ventas .... 30 días
  - 50 % de las ventas .... 60 días
— Plazo de pago concedido por Proveedores .... 60 días

La empresa trabaja con un margen del 30 por 100 de beneficio, siendo su Presupuesto de Ventas para el período enero-agosto el siguiente:

Meses	Importes (u.m.)
Enero	30.000
Febrero	32.000
Marzo	30.000
Abril	26.000
Mayo	24.000
Junio	22.000
Julio	23.000
Agosto	30.000

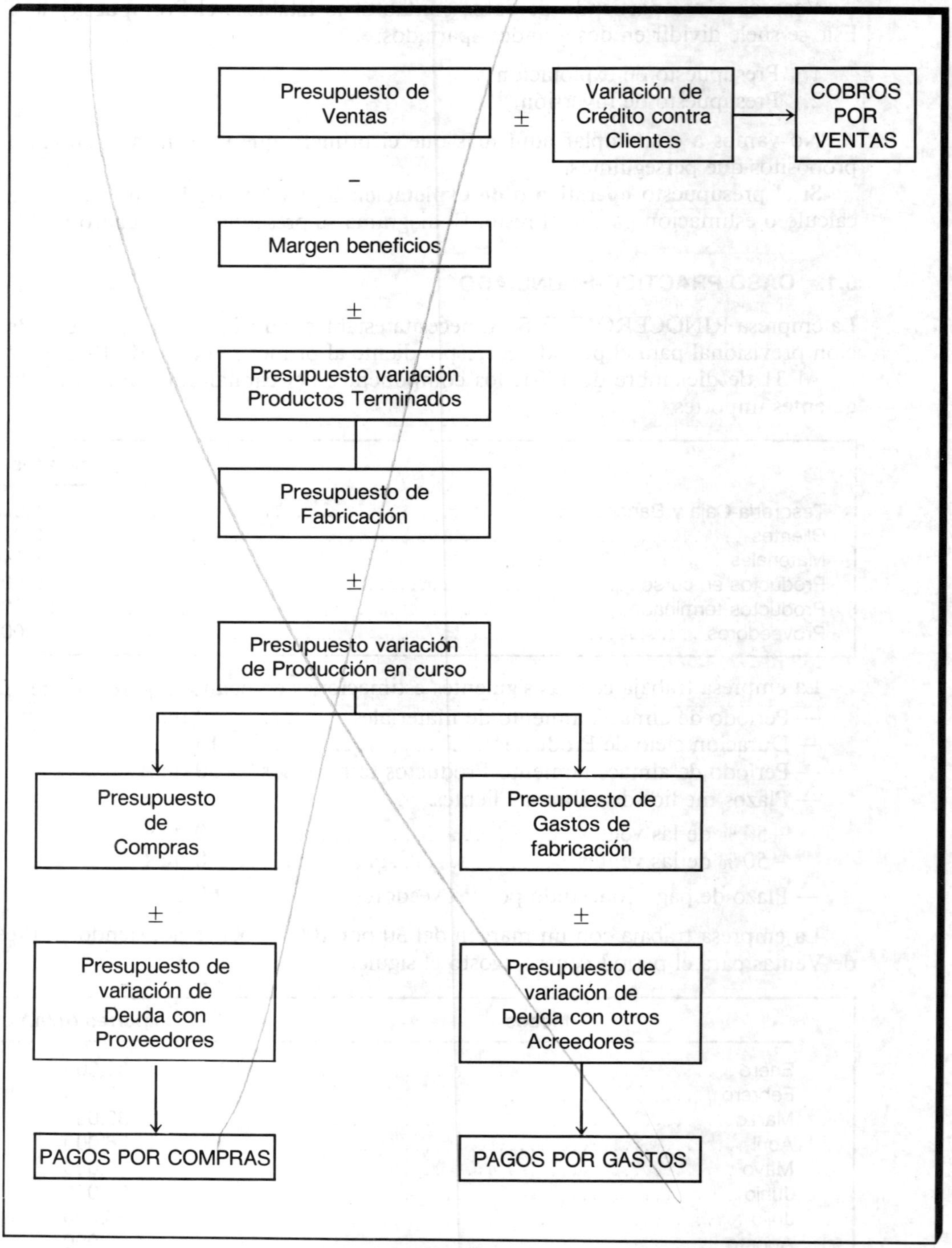
Presupuesto de Ventas
±
Variación de Crédito contra Clientes
COBROS POR VENTAS
–
Margen beneficios
±
Presupuesto variación Productos Terminados
Presupuesto de Fabricación
±
Presupuesto variación de Producción en curso
Presupuesto de Compras
Presupuesto de Gastos de fabricación
±
±
Presupuesto de variación de Deuda con Proveedores
Presupuesto de variación de Deuda con otros Acreedores
PAGOS POR COMPRAS
PAGOS POR GASTOS

Cuadro 10.12.

Los costes de producción tienen la siguiente composición en porcentaje:

Materiales	40 %
Otros gastos de fabricación	60 % (se satisfacen al contado) [6]

El resto de los gastos de administración y ventas, satisfechos todos ellos al contado, tienen la siguiente distribución:

Meses	Importes (u.m.)
Enero	7.000
Febrero	8.000
Marzo	10.000
Abril	9.000
Mayo	10.500
Junio	8.000

5.2. CASO PRACTICO-SOLUCION

A - Pagos

Si la empresa trabaja con el 30 por 100 de margen, su coste de ventas será el 70 por 100 de la cifra de ventas, es decir:

Meses	Coste de ventas (u.m.)
Enero	21.000
Febrero	22.400
Marzo	21.000
Abril	18.200
Mayo	16.800
Junio	15.400
Julio	16.100
Agosto	21.000

Dado que la empresa trabaja con un mes de período de almacenamiento de sus productos terminados, las ventas de enero corresponden a las existencias que están almacenadas en diciembre, las ventas de febrero a las almacenadas en enero, y así sucesivamente.

De esta manera, tendremos el siguiente cuadro:

[6] Se estima que están incluidos únicamente los costes que generan pagos. No se consideran pues costes de amortización.

Ventas del mes de:	Se producen en el mes de:	Importe productos terminados (u.m.)
Enero	Diciembre	21.000
Febrero	Enero	22.400
Marzo	Febrero	21.000
Abril	Marzo	18.200
Mayo	Abril	16.800
Junio	Mayo	15.400
Julio	Junio	16.100
Agosto	Julio	21.000

Si el ciclo de producción dura 15 días, el coste de fabricación de cada mes equivaldrá al almacenamiento del mes siguiente menos la producción en curso del mes anterior más la producción en curso del mes presente. De esta manera el coste de producción será:

Mes		Coste producción (u.m.)
Enero:	$22.400 - 10.500 + \frac{1}{2} \cdot 22.400 =$	23.100
Febrero:	$21.000 - 11.200 + \frac{1}{2} \cdot 21.000 =$	20.300
Marzo:	$18.200 - 10.500 + \frac{1}{2} \cdot 18.200 =$	16.800
Abril:	$16.800 - 9.100 + \frac{1}{2} \cdot 16.800 =$	16.100
Mayo:	$15.400 - 8.400 + \frac{1}{2} \cdot 15.400 =$	14.700
Junio:	$16.100 - 7.700 + \frac{1}{2} \cdot 16.100 =$	16.450
Julio:	$21.000 - 8.050 + \frac{1}{2} \cdot 21.000 =$	23.450

Del total coste de producción, un 40 por 100 corresponde a consumo de materiales y el 60 por 100 restante a gastos de fabricación. Así, tendremos:

Mes	Consumo materiales (40 %)	Consumo gastos producción (60 %)
Enero	9.240	13.860
Febrero	8.120	12.180
Marzo	6.720	10.080
Abril	6.440	9.660
Mayo	5.880	8.820
Junio	6.580	9.870
Julio	9.380	14.070

Al ser el aprovisionamiento de materiales el equivalente a un mes de consumo, los materiales consumidos han de haber sido comprados en el mes anterior. Consecuentemente, tendremos:

Consumo de materiales del mes de:	Compra de materiales del mes de:	Importe compras (u.m.)
Enero	Diciembre	9.240
Febrero	Enero	8.120
Marzo	Febrero	6.720
Abril	Marzo	6.440
Mayo	Abril	5.880
Junio	Mayo	6.580
Julio	Junio	9.380

Recordemos que los gastos de producción se satisfacían al contado, o dentro del mismo mes en que se devengaban; por el contrario, las compras de materiales se satisfacen a los proveedores a los dos meses. Así, pues:

Compra de materiales del mes de:	Pago a proveedores mes de:	Importe pago (u.m.)
Noviembre	Enero	14.000 – 9.240 = 4.760
Diciembre	Febrero	9.240
Enero	Marzo	8.120
Febrero	Abril	6.720
Marzo	Mayo	6.440
Abril	Junio	5.880
Mayo	Julio	6.580
Junio	Agosto	9.380

B - Cobros

El equivalente al 50 por 100 de las ventas se cobra a los 30 días y resto a los 60. Con esta secuencia, tendremos [7]:

[7] Se estima una venta regular en el período anterior, por lo que teniendo en cuenta la deuda de Clientes al inicio del período (30.000 u.m.) se ha distribuido por partes iguales en el tiempo.

Ventas del mes de:	Se cobran en mes de:	Importe pago (u.m.)	
1/2 Noviembre	Diciembre	–	
1/2 Noviembre	Enero	10.000	E
1/2 Diciembre	Enero	10.000	
1/2 Diciembre	Febrero	10.000	F
1/2 Enero	Febrero	15.000	
1/2 Enero	Marzo	15.000	M
1/2 Febrero	Marzo	16.000	
1/2 Febrero	Abril	16.000	A
1/2 Marzo	Abril	15.000	
1/2 Marzo	Mayo	15.000	My
1/2 Abril	Mayo	13.000	
1/2 Abril	Junio	13.000	J
1/2 Mayo	Junio	12.000	
1/2 Mayo	Julio	12.000	

C - Cuadro resumen. Estado de Tesorería período enero-junio

Concepto	E	F	M	A	My	J
Cobros						
Tesorería-Saldo inicial	1.000	(4.620)	(9.040)	(6.240)	(620)	1.620
Cobros-Clientes	20.000	25.000	31.000	31.000	28.000	25.000
	21.000	20.380	21.960	24.760	27.380	26.620
Pagos						
Materiales	4.760	9.240	8.120	6.720	6.440	5.880
Gastos fabricación	13.860	12.180	10.080	9.660	8.820	9.870
Otros gastos	7.000	8.000	10.000	9.000	10.500	8.000
	25.620	29.420	28.200	25.380	25.760	23.750
Tesorería-Saldo final	(4.620)	(9.040)	(6.240)	(620)	1.620	2.870

La empresa finaliza el período enero-abril con un déficit de tesorería de 620 u.m., pasando a ser positivo a partir del mes de Mayo. En el primer período señalado la empresa habrá de recurrir a alguna de estas tres alternativas:

— Negociación o descuento de efectos girados contra clientes.
— Diferimiento en el pago a Proveedores.
— Endeudamiento mediante crédito bancario a corto plazo.

ACTIVIDADES RECOMENDADAS

Establezca diferentes alternativas que se pueden ejercer en una empresa para acortar su período de maduración.

EJERCICIOS DE AUTOCOMPROBACION

Indique usted si son verdaderas (**V**) o falsas (**F**) las siguientes proposiciones:

1. El importe del capital circulante mide la liquidez de la empresa . . . . **V F**
2. El significado del ratio de circulante o de solvencia depende, en gran parte, de la rotación de las partidas del activo circulante . . . . **V F**
3. Para medir realmente la capacidad de pago del activo circulante habría que valorar las Existencias a precio de venta . . . . **V F**
4. Existen partidas del balance que sin pertenecer al activo circulante pueden tener un alto grado de liquidez . . . . **V F**
5. El hecho de que dos empresas tengan el mismo ratio de circulante implica que tienen la misma situación financiera a corto plazo . . . . **V F**
6. Cuanto más largo sea el período de tiempo a que se refieran los datos del ratio de circulante, más ajustadas pueden ser las conclusiones derivadas del mismo . **V F**

SOLUCIONES A LOS EJERCICIOS DE AUTOCOMPROBACION

1. F
2. V
3. V
4. V
5. F
6. V

CASOS PRACTICOS. SERIE 3. CAPITULOS 8 AL 10

ENUNCIADOS

CASO PRACTICO N.º 3.1. Cálculo del período de maduración de una empresa comercial

La empresa DUERO, S. A., presenta la siguiente información:

	19X2	19X1	19X0
Saldos al 31 de diciembre:			
Existencias comerciales	100.000	90.000	80.000
Clientes	60.000	40.000	20.000
Proveedores	70.000	60.000	45.000
Datos del ejercicio:			
Compras netas	140.000	100.000	80.000
Ventas netas	290.000	270.000	250.000
Coste de ventas	210.000	200.000	180.000
Beneficio bruto en ventas	80.000	70.000	70.000

SE PIDE: Calcule el período medio de maduración para los ejercicios 19X2 y 19X1.

CASO PRACTICO N.º 3.2. Cálculo del período de maduración de una empresa industrial

La sociedad LANGOSTA presentaba, de las cuentas que a continuación se indican, los siguientes movimientos, correspondientes al ejercicio 19X8:

	Unidades monetarias
MATERIAS PRIMAS	
Inventario inicial	3.560
Compras	39.528
Salidas a producción	(39.818)
Inventario final	3.270
MATERIAS AUXILIARES	
Inventario inicial	784
Compras	5.380
Salidas a producción	(5.170)
Inventario final	994

PRODUCTOS Y TRABAJOS EN CURSO	
Inventario inicial	3.140
Costes del ejercicio	70.150
Producción terminada	(70.320)
Inventario final	2.970
PRODUCTOS TERMINADOS	
Inventario inicial	2.076
Entrada almacén	70.320
Coste de la producción vendida	(69.696)
Inventario final	2.700

Las ventas del período totalizaron 101.860 u.m.

Como es preceptivo, la empresa transcribe los balances trimestrales, donde se observan los siguientes datos:

	31-3	30-6	30-9	31-12
Clientes	3.940	3.720	3.660	4.280
Efectos comerciales a cobrar	640	940	780	920
Productos y trabajos en curso	3.230	3.076	2.738	2.970
Productos terminados	2.320	3.096	2.996	2.700
Materias primas	3.340	3.802	3.740	3.270
Materias auxiliares	812	764	950	994
Proveedores	3.120	2.520	2.368	2.592
Efectos comerciales a pagar	3.278	3.944	3.728	3.530

SE PIDE: Determinar el período de maduración de la sociedad LANGOSTA.

CASO PRACTICO N.º 3.3. Análisis de la situación financiera a corto plazo comparando datos contables de dos empresas

A continuación se ofrecen una serie de datos contables referidos a las empresas industriales AXA, S. A., y BOL, S. A. (cifras en millones de pesetas):

	Sociedad AXA	**Sociedad BOL**
ACTIVO CIRCULANTE		
Caja y bancos	21	20
Inversiones financieras temporales	15	9
Clientes	35	21
Productos terminados	7	19
Productos en curso de fabricación	20	16
Materias primas	34	10
Gastos anticipados	8	5
	140	100
PASIVO CIRCULANTE		
Proveedores	100	70
OTROS DATOS		
Ventas	345	45
Coste de ventas	106	38
Materias primas consumidas	68	15

SE PIDE: A la vista de estos datos, y calculando los indicadores que estime pertinentes, señale cuál de las dos sociedades presenta una mejor situación financiera a corto plazo.

CASO PRACTICO N.º 3.4. Situación financiera a corto plazo: análisis de su evolución temporal

La sociedad GORRION, S. A., presenta la siguiente información referida a los ejercicios 19X7 y 19X8:

Balances de situación	31 de diciembre 19X7	31 de diciembre 19X8
Activo fijo neto	500.000	650.000
Productos terminados	114.000	80.000
Productos y trabajos en curso	60.000	42.000
Materias primas	80.000	64.000
Clientes y efectos a cobrar	180.000	147.800
Inversiones financieras temporales	40.000	80.000
Caja y bancos	26.000	36.200
Total Activo	1.000.000	1.100.000
Capital y reservas	540.000	540.000
Préstamos a largo plazo	150.000	320.000
Préstamos a corto plazo	190.000	80.000
Proveedores y efectos a pagar	82.000	77.000
Gastos pendientes de pago	8.000	3.000
Pérdidas y ganancias	30.000	80.000
Total Pasivo	1.000.000	1.100.000

Estados de resultados	31 de diciembre 19X7	31 de diciembre 19X8
Ventas	1.600.000	1.900.000
Coste de ventas:		
— Inventario inicial de materias primas	89.000	80.000
— Compras de materias primas	507.000	552.000
— Inventario final de materias primas	(80.000)	(64.000)
• Materias primas consumidas	516.000	568.000
• Mano de obra directa	420.000	460.000
• Gastos indirectos de fabricación	296.000	320.000
• Variación de productos en curso	3.000	18.000
Coste de productos terminados	1.235.000	1.366.000
Variación de productos terminados	5.000	34.000
Coste de ventas	1.240.000	1.400.000
Beneficio en ventas	360.000	500.000
Otros gastos	330.000	420.000
Resultado del ejercicio	30.000	80.000

SE PIDE: Calcule los siguientes indicadores y comente su evolución:

1. Ratio de circulante.
2. Descomposición del ratio de circulante.
3. Rotaciones y plazos con los que ha operado la empresa en cada ejercicio.

CASO PRACTICO N.º 3.5. Análisis de la liquidez de dos empresas comparativamente

Usted es el analista del Banco «X» y debe informar sobre a cuál de las dos empresas siguientes, la «A» o la «B», se puede conceder un préstamo a seis meses, sin garantía de 50.000 u.m. El Banco no puede conceder el préstamo más que a una de ellas.

La información de que dispone es la siguiente:

	Sociedad «A»	Sociedad «B»
Activo fijo neto	485.000	627.000
Existencias	450.000	460.000
Clientes	137.000	212.000
Tesorería	85.000	250.000
	1.157.000	1.549.000
Capital social	500.000	700.000
Reservas	7.000	29.000
Pasivo a largo plazo	400.000	500.000
Pasivo a corto plazo	250.000	320.000
	1.157.000	1.549.000
Ventas del ejercicio	1.000.000	1.500.000
Porcentaje de margen bruto	30 %	40 %

CASO PRACTICO N.º 3.6. Análisis de la Tesorería Neta

La Sociedad MARTIN PESCADOR, S. A., fabrica un único producto, siendo líder del sector, si bien en los últimos años han ido apareciendo empresas competidoras que han forzado a la sociedad a modificar sus condiciones de trabajo, por lo que en 1995 liquidó la totalidad de sus existencias, incluyendo productos en curso.

Para el ejercicio 1996 había presupuestado su ciclo de producción, de acuerdo con los siguientes datos:

— Ventas estimadas: 100.000 unidades, a 100 ptas. por unidad.
— Período de almacenamiento medio de productos terminados: 10 días.
— Precio de coste del producto, por unidad:

Componentes	Cantidad por unidad de producto	Coste unitario en u.m.	Importe en u.m.
Coste de materiales	20 u.f.	2,5	50
Coste de transformación	30 h-h.	0,5	15
Total	—	—	65

— Duración del ciclo de producción: 15 días.
— Los proveedores suministrarán el material con un plazo de 10 días, concediendo un crédito de 90 días.
— A los clientes se les concederá un plazo de cobro de 60 días.

Al 31 de diciembre de 1996, la Cuenta de Resultados de MARTIN PESCADOR, S. A., era la siguiente, en u.m.:

Ventas (93.704 × 110)	10.307.440
Coste de ventas:	
Consumo de materiales (98.000 × 22 × 3)	6.468.000
Costes de transformación (98.000 × 32 × 0,7)	2.195.200
Coste de producción	8.663.200
Existencias de productos en curso	(332.287)
Coste de producción terminada	8.330.913
Existencias de productos terminados	(349.855)
Coste de ventas	7.981.058
Beneficio bruto en ventas	2.326.382
Gastos comerciales, de administración y financieros	(1.050.412)
Beneficio antes de impuestos	1.275.970
Impuestos sobre beneficios	(446.590)
Beneficio después de impuestos	829.380

Por su parte, el capital circulante real al 31 de diciembre de 1996 tenía la siguiente composición:

Activo circulante:	
Materiales	141.764
Productos en curso	332.287
Productos terminados	349.855
Clientes	1.976.769
Tesorería	100.000
	2.900.675
Pasivo circulante:	
Proveedores	1.991.985
Créditos bancarios	500.000
	2.491.985
Capital circulante	408.690

SE PIDE: A la vista de la anterior información, analice la Tesorería Neta y los componentes de la misma al 31 de diciembre de 1996 de la sociedad MARTIN PESCADOR, S. A.

CASO PRACTICO N.º 3.7. Estado de Tesorería y análisis de la situación financiera a corto plazo

Las Cuentas Anuales de NORTON, S. A., en los ejercicios cerrados al 31 de diciembre de 19X1 y 19X2, una vez aplicado el resultado, son éstas:

Balances de situación	**19X2**	**19X1**
ACTIVO		
Edificios	18.000	11.000
Maquinaria	13.000	10.000
Amortización acumulada	(4.400)	(2.000)
Existencias	14.000	9.000
Clientes	4.000	5.000
Tesorería	900	6.400
Total Activo	45.500	39.400
PASIVO		
Capital social	15.000	10.000
Reservas	7.450	7.000
Empréstito de obligaciones	8.000	10.000
Proveedores	12.000	11.000
Impuestos a pagar	1.400	800
Dividendos activos a pagar	1.650	600
Total Pasivo	45.500	39.400

Estados de resultados	**19X2**	**19X1**
Ventas	71.000	50.000
Variación de existencias (aumento)	5.000	3.000
Compras	61.000	38.000
Intereses de obligaciones	1.000	1.200
Amortización	2.400	2.000
Otros gastos de explotación	8.100	9.800
Beneficio antes de impuestos	3.500	2.000
Impuesto sobre beneficios	1.400	800
Beneficio después de impuestos	2.100	1.200
Aplicación del resultado:		
A pago de dividendos	1.650	600
A reservas	450	600
Total	2.100	1.200

SE PIDE:

1. Prepare un estado de fondos que explique la disminución experimentada por la tesorería.
2. Análisis de la capacidad de la empresa para atender el pago de sus compromisos a corto plazo; y
3. Proponga posibles actuaciones concretas a fin de aliviar la situación financiera de la empresa analizada.

CAPITULO

11

Análisis de la situación financiera a largo plazo

ESQUEMA/RESUMEN

— Liquidez y rentabilidad - Aspectos complementarios.
— Análisis de la estructura económico-financiera:

- Adecuación entre activos y pasivos (masas patrimoniales homogéneas).
- Composición de los fondos propios.
    * Concepto de autofinanciación:
        - Bruta.
        - De enriquecimiento.
        - De mantenimiento.
- Composición de los pasivos:
    * Pasivos a computar.
- Relación entre fondos propios y pasivos:
    * Relación de endeudamiento.
    * El efecto apalancamiento financiero.

— Análisis dinámico:

- Grados de cobertura de gastos financieros y de reembolso de deuda.
    * Magnitudes de resultados.
    * Magnitudes de fondos y de tesorería.

1. ALCANCE DEL ANALISIS DE LA SITUACION FINANCIERA A LARGO PLAZO

En el análisis financiero a corto plazo que hacíamos en capítulos anteriores estudiábamos la capacidad que tenía la empresa para satisfacer sus deudas a corto plazo. En el presente, vamos a abordar el problema de medir la capacidad que la empresa tiene para satisfacer sus deudas a lo largo del tiempo, es decir, a largo plazo.

De manera similar a como hicimos en el análisis a corto, el análisis financiero a largo plazo ha de hacerse desde una perspectiva estática (ratios derivados de magnitudes de balance) y complementarse con una perspectiva dinámica (ratios derivados de magnitudes de resultados y de estados de variaciones patrimoniales).

En un principio, habría de estudiarse la composición de los pasivos y cómo éstos han sido aplicados o invertidos, inversión que nos será mostrada por la configuración de los activos. Analizando la estructura financiera (pasivos) y la estructura económica (activos) tendremos una primera visión de cuál será el equilibrio de la empresa a largo plazo. Si, por ejemplo, y tomando un caso extremo, la empresa no contara más que con fondos de financiación aportados por los propietarios y por la propia empresa (autofinanciación), ésta gozaría de una gran estabilidad financiera, por lo que no habría que hacer análisis posteriores en este campo. Si, por el contrario, la empresa se encontrara fuertemente endeudada, sería necesario indagar más para apreciar cuál será el devenir financiero de la misma en estas circunstancias. De igual manera, si ese endeudamiento está concentrado en deuda a corto plazo, la situación es más peligrosa, menos estable, que si la deuda está representada por exigibilidades a largo plazo.

De otra parte, las mediciones y los indicadores resultantes, al igual que vimos en capítulos anteriores, habrán de tomarse con mucha cautela y no sacar conclusiones precipitadas que, después, la realidad de los hechos nos puede contradecir. Los datos utilizados han de estar correctamente medidos y tomados en su justo encuadre y los resultados obtenidos han de relativizarse y ser contemplados fundamentalmente con una visión dinámica; en general, son mucho más representativos los valores relativos y las tendencias que los valores absolutos.

Digamos, finalmente, en este primer apartado que, así como en el análisis a corto lo fundamental era la liquidez, en el análisis a largo plazo hay que introducir **la variable resultados** como una de las claves de este análisis. El acento ahora hay que ponerlo más en analizar la capacidad que tiene la empresa para generar beneficios que sólo en la liquidez, dado que a corto plazo una empresa no rentable puede disponer de liquidez, pero es evidente que a largo plazo una empresa no rentable no podrá ser solvente, es decir, no generará liquidez.

2. LA ESTRUCTURA ECONOMICO-FINANCIERA

Para efectuar el análisis con una perspectiva de largo plazo, hemos dicho que el primer paso a dar será el estudio de la composición del activo y cómo éste está financiado. Es interesante ver cómo pesan cada una de las diferentes masas patrimoniales, ya que dependiendo de cuál sea la composición así será, previsiblemente, su incidencia futura en la solvencia a largo plazo de la empresa. De nuevo interesará conocer, además, la **calidad** de los activos y la **exigibilidad** de los pasivos.

La estructura del balance es necesario conocerla tanto en valores absolutos como en valores relativos. De esta manera tendremos la información dispuesta como se presenta en el Cuadro 11.1.

PAPAGAYO, S. A.
BALANCE DE SITUACION

ACTIVO	Importes	%	PASIVO	Importes	%
Inmovilizado material en funcionamiento neto [1]	110.000	55,84	Capital desembolsado	100.000	50,76
Inmovilizado material en ejecución	20.000	10,15	Reservas	20.000	10,15
	130.000	65,99	No exigible de resultados del ejercicio	2.000	1,02
Inmovilizado inmaterial en funcionamiento neto [1]	18.000	9,14	FONDOS PROPIOS	122.000	61,93
Inmovilizado inmaterial en ejecución	2.000	1,01	Deudas a largo plazo	60.000	30,46
	20.000	10,15	FONDOS DE FINANCIACION	182.000	92,39
Inmovilizado financiero	5.000	2,54			
Gastos amortizables	2.000	1,01			
ACTIVO FIJO	157.000	79,69	Deudas a corto plazo (incluido exigible de resultados)	14.000	7,10
Existencias	24.900	12,64	Transitorio	1.000	0,51
Deudores	10.000	5,08	PASIVO CIRCULANTE	15.000	7,61
Inversiones financieras temporales	4.000	2,03			
Disponible	1.000	0,51			
Transitorio	100	0,05			
ACTIVO CIRCULANTE	40.000	20,31			
TOTAL ACTIVO	197.000	100	TOTAL PASIVO	197.000	100

Cuadro 11.1.

Tomando el capital circulante como una magnitud única, es decir, como una inmovilización, podríamos mostrar la situación económico-financiera de la empresa de forma que se apreciara con más claridad cuál es, a largo plazo, la financiación de la empresa y cómo ésta se ha materializado en inversiones. Formaríamos, así, la estructura económico-financiera o estructura funcional como aparece en el Cuadro 11.2.

[1] Deducido amortizaciones acumuladas.

PAPAGAYO, S. A.
ESTRUCTURA FINANCIERA

	Importes	Porcentajes Parciales	Porcentajes Totales
I. **FONDOS DE FINANCIAMIENTO**			
1.1. **Propios**			
1.1.1. Capital social desembolsado	100.000	81,97	
1.1.2. Reservas	20.000	16,39	
1.1.3. Parte no exigible de Resultados del ejercicio	2.000	1,64	
	122.000	100,00	67
1.2. **Ajenos**			
1.2.1. Deudas a largo plazo	60.000	100,00	33
FONDOS TOTALES DE FINANCIAMIENTO	182.000	–	100
II. **INVERSIONES**			
2.1. **Activo Fijo**			
2.1.1. Inmovilizado Material Neto	130.000	82,80	
2.1.2. Inmovilizado Inmaterial Neto	20.000	12,74	
2.1.3. Inmovilizado Financiero	5.000	3,19	
2.1.4. Gastos amortizables	2.000	1,27	
	157.000	100,00	86,26
2.2. **Capital Circulante**			
2.2.1. Activo circulante	40.000	160,00	
2.2.2. Pasivo circulante	(15.000)	(60,00)	
	25.000	100,00	13,74
INVERSIONES TOTALES	182.000	–	100,00

Cuadro 11.2.

De acuerdo con la información anterior podemos obtener las primeras conclusiones sobre la composición del activo y del pasivo y su adecuación o no, tanto respecto del sector de actividad donde esté operando la empresa, como en cuanto a la interrelación existente entre la financiación y su aplicación.

2.1. ESTRUCTURA DEL ACTIVO

Con los datos que hemos expuesto en los Cuadros 11.1 y 11.2 podemos observar cómo el activo fijo alcanza un importe superior al triple del activo circulante y, dentro de aquél, cerca del 83 por 100 corresponde al inmovilizado material. Si la empresa que estamos analizando es de carácter industrial, una estructura como la descrita podría parecer normal. Ahora bien, como hemos dicho anteriormente, habría que analizar cuál es la proporción que el activo guarda con otras empresas del mismo sector. Para estos análisis pueden ser útiles los datos que ofrece la Central de Balances del Banco de España a fin de observar si la empresa analizada se separa o no de la estructura media y en qué medida.

En el inicio de sus actividades, la empresa habrá hecho un estudio de cuáles son sus necesidades de inversión en función de sus expectativas de producción y de venta y deberá vigilar, posteriormente, que no se separa de una estructura adecuada que provoque inversiones inactivas y, por tanto, costes de subactividad que pesen negativamente en los resultados de la misma.

Igual que sucede con el circulante, la empresa ha de contar con un activo total que tenga una rotación adecuada, es decir que se liquide en tiempo adecuado y, como veremos con más detalle en el capítulo siguiente, que genere unos ingresos adecuados.

La **rotación global del activo** vendrá dada por el número de veces que éste está contenido en la cifra de ventas. Así, el ratio:

$$\frac{\text{Ventas}}{\text{Activo}}$$

medirá el número de veces que se **recupera** el activo vía ventas. Si el margen con que trabaja la empresa es positivo, cuanto mayor sea la medida de este ratio, mayor será la rentabilidad de los activos involucrados en su consecución.

Por otra parte, **la composición del activo** es importante como elemento de negociación frente a potenciales acreedores a la hora de solicitar financiación ajena. Cuanto mayor sea el porcentaje de activos de gran apreciación en el mercado que tenga la empresa, mayor será la garantía que perciban los acreedores a la hora de ver satisfechos sus créditos. De ahí que, a veces, para analizar la solvencia a largo plazo de una empresa, no se toman en consideración los activos que no son susceptibles de ser vendidos de manera individualizada, como es el caso de los Gastos amortizables o de ciertos Activos inmateriales, tales como, por ejemplo, el Fondo de comercio. Si la empresa se ve en dificultades y ha de recurrir a la liquidación de sus activos para satisfacer sus deudas, estos activos no tienen valor de mercado considerados aisladamente, lo que no quiere decir que no tengan valor considerados en el conjunto de la empresa, tomada ésta como un ente en funcionamiento.

En muchas ocasiones, las instituciones financieras, al conceder a las empresas créditos a largo plazo, han estado más preocupadas de la composición e **importancia** de los activos que de la capacidad de generar fondos que éstas tuvieran para la devolución de sus créditos, lo que ha podido llevar a ciertas entidades a poseer activos fijos en exceso respecto a sus necesidades. En el ejemplo que hemos cifrado en el Cuadro 11.1 el 66 por 100 del activo total está representado por activos fijos con valor de realización respecto a un pasivo exigible total del 38 por 100 de los fondos de financiación. Una medida más ajustada de esta potencialidad vendría dada por los valores de mercado de los activos y no sólo por sus valores contables, pero esta información no es disponible en la mayoría de los casos para el analista externo.

Digamos, finalmente, en este apartado, que dependiendo de cuáles sean las clases e importes de los activos, así éstos deben estar, en principio, financiados. Con carácter general, podemos decir que las inversiones fijas (activo fijo más capital circulante mínimo o necesario) habrán de estar financiadas con pasivos fijos o permanentes.

Debe existir una correlación temporal entre los activos y los pasivos que los financian. A mayor tiempo de recuperación de los activos (menor liquidez) debe corresponder una financiación que permita una devolución a más largo plazo. Hay analistas que abogan porque el ratio

$$\frac{\text{Capital circulante}}{\text{Pasivo a largo plazo}}$$

no sea inferior a la unidad de tal manera que, en ningún caso, haya de recurrir la empresa a **liquidar** activos fijos para satisfacer sus deudas a largo plazo. En el caso de nuestro ejemplo este ratio sería:

$$\frac{\text{Capital circulante}}{\text{Pasivo a largo plazo}} = \frac{25.000}{60.000} = 0{,}42$$

por lo que, según este criterio, la empresa podría verse en dificultades financieras. Nosotros estimamos que esto sólo puede ser así en el caso en que la actividad de la empresa esté sometida a grandes y dilatados períodos estacionales.

Un ratio de uso más general y que puede medir con más posibilidad de éxito la solvencia a largo plazo, desde un punto de vista estático es el que relaciona la financiación permanente con los activos fijos de tal manera que, en principio, es recomendable que sea superior a la unidad. En nuestro ejemplo, el ratio sería:

$$\frac{\text{Fondos de financiamiento}}{\text{Activo fijo}} = \frac{182.000}{157.000} = 1{,}16$$

con lo que parte del activo circulante está financiado con fondos permanentes.

2.2. ESTRUCTURA DEL PASIVO

Antes de entrar en el análisis de la estructura del pasivo, es necesario hacer una serie de consideraciones que aclaren cuestiones sobre las que suelen plantearse algunas dudas a la hora de operar con la información contable. Nos referimos, en concreto, a las siguientes:

a) Pasivos totales o Pasivos a largo plazo

Cuando se hacen estudios sobre la solvencia a largo plazo de la empresa se desechan o no se tienen en consideración, en muchas ocasiones, los pasivos circulantes o a corto plazo, por entender que sólo los reembolsables a largo plazo son los que han de ser centro de atención, por cuanto el análisis se efectúa con ese horizonte temporal. Entendemos que la decisión de incluir una u otra categoría vendrá dada en función de la finalidad del análisis que se quiera llevar a cabo. Así, tendremos:

a_1) *Cobertura de activos*

Si estamos analizando la composición de las fuentes de financiación desde un punto de vista de permanencia, es decir, de cómo éstas han de financiar las inversiones permanentes, es claro que no han de computarse los pasivos a corto plazo.

a_2) *Pasivos exigibles*

Si estudiamos cómo está configurada la estructura financiera de la empresa, en cuanto a su exigibilidad o no, es evidente que han de computarse tanto los pasivos a largo como a corto plazo.

a_3) *Cobertura de gastos financieros*

Finalmente, si queremos ver la capacidad que tiene la empresa para generar beneficios con que pagar las cargas de la deuda (intereses) o se pretende analizar las ventajas o desventajas económicas del endeudamiento, parece obvio que sólo habremos de tomar en cuenta aquellos pasivos que generen gastos, es decir que sean remunerables, con independencia de que su reembolso haya de hacerse a largo o a corto plazo.

b) **Pasivos contingentes**

Existen circunstancias en la vida de la empresa que aconsejan el reconocimiento, por su parte, de pasivos, aunque los hechos que los provoquen tengan sólo una cierta probabilidad de acontecer y no una certeza absoluta. Nos referimos a provisiones para responsabilidades, litigios, etc., así como a financiación cuya exigibilidad está condicionada a ciertos eventos, como puede ser el caso de determinadas subvenciones. En nuestra opinión, estas contingencias han de computarse como pasivo exigible, con lo que los resultados del análisis serán más conservadores.

c) **Pasivos laborales**

En ciertas empresas existe la obligación de satisfacer a su personal unas cantidades una vez que éste haya cesado en su actividad. Normalmente, estas cantidades se van computando como gasto a medida que se van satisfaciendo. Es evidente que si el análisis se hace con una perspectiva a largo plazo, estos pasivos habría que cuantificarlos lo más exactamente posible e incluirlos dentro de las exigibilidades de la empresa.

Una vez hechas estas precisiones, el análisis de la estructura del pasivo ha de tomar en consideración fundamentalmente los siguientes aspectos:

— Composición de los Fondos propios.
— Composición de los Pasivos.
— Relación entre los Fondos Pasivos y los propios.

2.2.1. Composición de los Fondos propios

La financiación propia se divide en dos grandes apartados:

— Aportaciones de los propietarios.
— Autofinanciación.

En cuanto al primer apartado, la aportación de los propietarios mide la participación de los mismos en el riesgo de la empresa; si ésta aumenta de dimensión, los propietarios pueden seguir asumiendo el riesgo o bien pueden acudir a financiación ajena. Adicionalmente, una parte de esta expansión puede ser financiada por recursos generados en el interior de la propia empresa, es decir por la autofinanciación. Dependiendo de la política de dividendos y partiendo de la consecución de beneficios, esta autofinanciación será mayor o menor. Las reservas generadas por la empresa fortalecen su posición frente a terceros y éstas nacen unas veces por disposiciones legales y otras voluntariamente.

Una empresa que genera beneficios puede optar por remunerar directamente a sus propietarios o por reservar los mismos para su expansión.

En la medida de la autofinanciación se pueden tener consideraciones estructurales o temporales. A largo plazo, la única autofinanciación viene dada por los beneficios no distribuidos. Esta magnitud suele llamarse **autofinanciación de enriquecimiento** y su importe viene dado por las reservas procedentes de beneficios. Dado que las reservas que figuran en el balance de una empresa pueden tener los siguientes orígenes:

— Prima de emisión de las acciones.
— Plusvalías o revalorizaciones.
— Beneficios retenidos.

sólo las reservas pertenecientes a la última categoría han de ser computadas como **autofinanciación de enriquecimiento**.

El ritmo con que estas reservas o beneficios no distribuidos se han generado es un dato necesario para juzgar la política de dividendos llevada por la Sociedad. Este ritmo vendrá dado en función del número de ejercicios en que las mismas se hayan constituido. Así, en nuestro ejemplo, para juzgar la política de dividendos, si las reservas constituidas por 20.000 u.m. (entendiendo todas ellas procedentes de beneficios) se han generado en diez años tendrá un comentario más negativo que si lo han sido en cinco.

Ese **poder de capitalización medio**, que viene dado por el cociente de dividir las reservas generadas por el número de años requerido, habrá que ponerle en relación con el importe de la dotación de reservas del año, para juzgar la tendencia de la misma.

Por otra parte, es necesario observar que en tanto un activo fijo no haya de ser renovado, su depreciación constituye igualmente una autofinanciación, en la medida que es coste que no necesita salida de fondos. Esta suele llamarse **autofinanciación de mantenimiento**.

Teniendo en cuenta lo anterior, desde un ángulo estrictamente financiero, es irrelevante que en un ejercicio, la empresa compute o no costes de amortización, dado que la financiación generada por su actividad será la misma. Ahora bien, el computar amortizaciones hace que el beneficio se vea disminuido e igualmente se vea disminuida la posibilidad de drenar liquidez a la empresa, vía distribución de dividendos.

Así las cosas, se puede computar como autofinanciación, en un número relativamente largo de períodos, la suma del beneficio no distribuido más la dotación de la amortización, magnitud que suele denominarse **autofinanciación bruta**.

En el ejemplo que estamos utilizando, la autofinanciación del ejercicio (o autofinanciación de enriquecimiento) alcanzó un importe de 2.000 u.m.. Si la amortización practicada en el ejercicio hubiera sido, por ejemplo, de 10.000 u.m., la autofinanciación bruta hubiera alcanzado un importe de 12.000 u.m.

En principio, un nivel de autofinanciación alto [2] es una garantía para terceros, que verán una práctica financiera conservadora por parte de la empresa. Ahora bien, un nivel excesivamente alto hará que la rentabilidad para los propietarios se convierta en un concepto casi teórico, al no recibir un dividendo adecuado.

La autofinanciación debe tener como factor limitativo la propia capacidad de expansión de la empresa, así como la rentabilidad marginal que dicha expansión vaya proporcionando.

2.2.2. Composición de los Pasivos

El análisis de los Pasivos ha de tener, en principio, en consideración el factor temporal. Es fundamental diferenciar entre pasivo a corto y a largo plazo; cuanto mayor sea la proporción del primero respecto al segundo, mayor será el riesgo de insolvencia. De igual modo, habrá que analizar el grado de concentración o de diversificación que tenga la deuda, ya que las posibilidades de renegociación, llegado el caso, no serán las mismas si el acreedor es uno o si son varios.

En el ejemplo que venimos utilizando en este capítulo, la composición del Pasivo exigible es la siguiente:

	Importes	%
A largo plazo	60.000	80
A corto plazo	15.000	20
TOTAL PASIVO	75.000	100

En principio, la relación no parece preocupante, dado que el pasivo a largo plazo es cuatro veces mayor que el que vence a corto plazo. Por otra parte, es necesario conocer la composición de ese pasivo a corto plazo, dado que tendrá características diferentes según se trata de crédito bancario o de crédito de provisión (suministradores y Entidades Públicas).

2.2.3. Relación entre los Pasivos y los Fondos propios

El estudio de esta relación, llamada relación de endeudamiento, es de gran importancia para analizar, desde una perspectiva estática, la situación financiera de la empresa a largo plazo.

[2] En general, si no se dice otra cosa, siempre se entiende este término en la acepción que aquí hemos dado de «autofinanciación de enriquecimiento».

En principio, esta relación vendrá dada por el ratio:

$$\frac{\text{Pasivo total}}{\text{Fondos propios}}$$

que, en nuestro ejemplo, arrojaba el siguiente importe:

$$\frac{60.000 + 15.000}{122.000} = 0,61$$

De igual manera, podemos cuantificar la relación.

$$\frac{\text{Pasivo a largo plazo}}{\text{Fondos propios}}$$

que tendrá un importe de:

$$\frac{60.000}{122.000} = 0,49$$

Cuanto mayor sea el ratio que analizamos mayor será la probabilidad de insolvencia a largo plazo, así como mayores serán las necesidades de la empresa para hacer frente al pago de la carga financiera y al reembolso del principal.

Por las razones que hemos apuntado en otro apartado de este capítulo, si queremos ofrecer un dato más conservador habría que deducir de los fondos propios el activo no realizable. Así, en nuestro ejemplo, tendríamos:

$$\frac{\text{Pasivo total}}{\text{Fondos propios - Gastos amortizables}} = \frac{75.000}{122.000 - 2.000} = 0,625$$

O bien:

$$\frac{60.000}{120.000} = 0,5$$

si consideramos sólo pasivos a largo plazo.

Parece evidente que cuanto mayores sean estos ratios mayor será el riesgo que los propietarios transfieren a los acreedores, y este riesgo está contemplado y amparado por la legislación cuando en el artículo 282 del Texto Refundido de la Ley de Sociedades Anónimas se establece:

> «1. La Sociedad podrá emitir series numeradas de obligaciones u otros valores que reconozcan o creen una deuda, siempre que el importe total de las emisiones no sea superior al capital social desembolsado, más las reservas que figuren en el último Balance aprobado y las cuentas de regularización y Actualización de Balances, cuando hayan sido aceptadas por el Ministerio de Economía y Hacienda.»

2.2.3.1. El efecto apalancamiento

Las consideraciones que hemos hecho hasta ahora sobre la relación de endeudamiento han sido exclusivamente de orden financiero. Ahora bien, para calificar esta relación de adecuada o no, hay que completar este análisis con una óptica económica, dado que desde este punto de vista, una relación relativamente alta puede ser conveniente para los intereses de los propietarios de la empresa.

Las posibles ventajas de una relación de endeudamiento vienen dadas, por una parte, porque los costes que devenga la deuda son fijos y no es necesario remunerar la misma en función del beneficio, de tal manera que si los rendimientos de la empresa son superiores al coste financiero de la deuda, el uso de ésta dejará un margen suplementario a los propietarios. De otra parte, la remuneración de la deuda, es decir los gastos financieros, son gastos fiscalmente deducibles, cosa que no sucede con los dividendos que remuneran el capital propio.

Supongamos que la Cuenta de Resultados perteneciente al ejercicio cuyo Balance de situación figura en el Cuadro 11.1 de la Sociedad PAPAGAYO, S. A. es la que se presenta en el Cuadro 11.3 [3].

Los gastos financieros por importe de 10.500 u.m. representan un coste del 15% sobre 70.000 u.m. de Deudas a largo plazo, en el supuesto de que al final del ejercicio se hayan amortizado 10.000 u.m. [4]. Es evidente que el coste financiero ha de girarse sobre la deuda existente antes de detraer la cantidad reembolsada en ese ejercicio.

Una vez aclarado esto veamos el efecto que tiene sobre la rentabilidad global de la empresa (rentabilidad de los fondos propios más rentabilidad de los fondos ajenos, es decir su coste) el hecho de que los gastos financieros sean fiscalmente deducibles.

Si no existiera deuda, sino que el resultado fuera imputable sólo al capital propio (que en este caso sería 120.000 u.m. más 70.000 u.m.) alcanzaría un importe antes de impuestos de 5.000 más 10.500, es decir 15.500 u.m., con lo que tendríamos:

Beneficio antes de impuestos	15.500
Impuesto (35 %)	5.425
Beneficio después de impuestos	10.075

[3] Hacemos figurar una Cuenta de Resultados analítica por ser más válida para nuestros propósitos.
[4] Suponemos que son los únicos pasivos exigibles con coste financiero.

PAPAGAYO, S. A.
CUENTA DE RESULTADOS

		Importes
	Ventas netas	310.000
Menos:		
	Coste de mercancía vendida	239.000
	MARGEN BRUTO	71.000
Menos:		
	Gastos de venta	20.000
	MARGEN NETO	51.000
Menos:		
	Gastos de administración y generales	30.000
	Gastos financieros	10.500
	Amortizaciones (no incluidas en los conceptos anteriores)	5.500
	RESULTADO ANTES DE IMPUESTOS	5.000
Menos:		
	Impuesto sobre beneficios (35%)	1.750
	RESULTADO DESPUES DE IMPUESTOS	3.250

Cuadro 11.3.

En tanto que en el caso de existencia de deuda tenemos los siguientes datos:

Beneficio de los fondos propios después de impuestos	3.250
Beneficio de los acreedores (gasto para la empresa)	10.500
Beneficio total para el capital propio y ajeno	13.750
Beneficio computado anteriormente	(10.075)
Diferencia	3.675

Esta diferencia representa el **ahorro fiscal** por considerarse el gasto financiero gasto fiscal, es decir:

10.500 × 0,35 .... 3.675

Analizaremos ahora el efecto que la deuda tiene sobre el rendimiento de los fondos propios denominado **efecto apalancamiento financiero** o «**leverage**».

De lo visto anteriormente se deduce claramente que el coste efectivo para la empresa por el uso de capital ajeno es el coste satisfecho menos el ahorro impositivo. Designando por G_f el gasto financiero y por t el tanto por uno impositivo, el coste financiero efectivo o neto será:

$$G_f (1 - t)$$

De esta manera, tendremos que la rentabilidad de los fondos propios, que vamos a designar por r_1, sería:

$$r_1 = \frac{\text{Beneficio después de impuestos}}{\text{Fondos propios}}$$

y la correspondiente a los fondos totales, que designaremos por r_2 será:

$$r_2 = \frac{\text{Beneficio después de Impuestos + Coste financiero neto}}{\text{Fondos propios + Fondos ajenos remunerables}}$$

La relación

$$\frac{r_1}{r_2}$$

se conoce como **apalancamiento financiero** o **«leverage»**.

Si la relación es superior a la unidad, es decir si $r_1 > r_2$, los fondos ajenos remunerables contribuyen a que la rentabilidad de los fondos propios sea superior a lo que sería, si con la estructura dada del activo, la empresa no estuviera endeudada. Por tanto, en este caso, la utilización de fondos ajenos es económicamente conveniente.

Si la relación es igual a la unidad o, lo que es lo mismo, si $r_1 = r_2$, la utilización de los fondos ajenos es indiferente, desde el punto de vista económico.

Por último, si la relación es inferior a la unidad, o sea, $r_1 < r_2$, el coste de financiación ajena resta rentabilidad a los fondos propios.

Este efecto palanca o leverage puede ser, pues, tanto positivo como negativo. Esto está en conexión directa con la diferenciación entre empresa y propietario de la empresa. Hemos visto que la rentabilidad de los fondos propios nos mide la rentabilidad del propietario, en tanto que la de los fondos totales remunerables nos mide la de la empresa, como ente económico. Al diferenciar una y otra, también estamos distinguiendo, pues, entre beneficio de empresa y beneficio de empresario, siendo éste la diferencia entre aquél y el coste financiero. Así, pues, el beneficio del propietario está en función tanto de los factores que enmarcan el resultado, como del coste de la financiación ajena. Ezra Solomon [5] llama a los

[5] «The Theory of Financial Management». Columbia University Press. 1963.

factores de los que depende la **calidad** del beneficio sin considerar los costes financieros (certidumbre en su consecución) **riesgo de empresa**, al que habrá que añadir **el riesgo suplementario** debido a la política de financiación utilizada, que designa por **riesgo financiero**.

La cuantificación de ese riesgo financiero vendrá dada al seguir el siguiente razonamiento:

Si designamos por:

FP = Fondos propios.
FA = Fondos ajenos remunerables.
FT = Fondos totales (propios más ajenos remunerables).
G_f = Gasto financiero contable.
RL = Beneficio después de impuestos.
R'L = Beneficio después de impuestos más coste financiero neto, es decir, $RL + G_f(1 - t)$.

Las distintas rentabilidades vendrían dadas por las expresiones:

$$r_1 = \frac{RL}{FP}$$

$$r_2 = \frac{RL + Gf(1 - t)}{FP + FA} = \frac{R'L}{FT}$$

y el coste financiero neto:

$$r_3 = \frac{Gf(1 - t)}{FA}$$

Tenemos que:

$$RL = r_1 \times FP$$

y

$$G_f(1 - t) = r_3\, FA$$

sustituyendo las anteriores igualdades en la relación r_2 tendríamos:

$$r_2 = \frac{r_1\, FP + r_3\, FA}{FP + FA}$$

Esta relación se puede expresar como una combinación lineal de r_1 y r_3, teniendo en cuenta el porcentaje que representan los fondos propios y los fondos ajenos remunerables sobre los fondos totales respectivamente:

$$C_p = \frac{FP}{FP + FA} = \frac{120.000}{190.000} = 0{,}63 \quad ^{6}$$

$$C_a = \frac{FA}{FP + FA} = \frac{70.000}{190.000} = 0{,}37 \quad ^{7}$$

de tal forma que:

$$C_p + C_a = 1$$

$$r_2 = C_p\, r_1 + C_a\, r_3$$

con lo que se ve que la rentabilidad media de la empresa es la media ponderada de la rentabilidad de los fondos propios y el coste financiero de los fondos ajenos, siendo los coeficientes de ponderación los porcentajes de la estructura financiera. En nuestro ejemplo, tendríamos:

$$r_1 = \frac{3.250}{120.000} = 0{,}027$$

$$r_2 = \frac{3.250 + 10.500\,(1 - 0{,}35)}{120.000 + 70.000} = \frac{10.075}{190.000} = 0{,}053$$

$$r_3 = \frac{10.500\,(1 - 0{,}35)}{70.000} = \frac{6.825}{70.000} = 0{,}0975$$

$$r_2 = 0{,}63 \times 0{,}027 + 0{,}37 \times 0{,}0975$$
$$r_2 = 0{,}017 + 0{,}036 = 0{,}053$$

[6] No se computa, obviamente, la autofinanciación del ejercicio.

[7] Hemos supuesto que la financiación ajena remunerable en el ejercicio era de 70.000 (60.000 de saldo final más 10.000 que suponemos reembolsadas en el ejercicio).

Para expresar la rentabilidad de los fondos propios (rentabilidad o riesgo del empresario) podemos hacer la siguiente transformación:

$$R'L = r_2\ FT = r_2\ (FP + FA) = r_2\ FP + r_2\ FA$$

y

$$G_f\ (1 - t) = r_3\ FA$$

con lo que:

$$r_1 = \frac{RL}{FP} = \frac{R'L - Gf\ (1 - t)}{FP}$$

$$r_1 = \frac{r_2\ FP + r_2\ FA - r_3\ FA}{FP} = \frac{r_2\ FP - (r_2 - r_3)\ FA}{FP}$$

es decir

$$r_1 = r_2 + (r_2 - r_3)\ \frac{FA}{FP}$$

siendo:

r_1 = riesgo del empresario (riesgo de rentabilidad)
r_2 = riesgo de la empresa

y

$$(r_2 - r_3)\ \frac{FA}{FP} = \text{riesgo financiero}$$

Para la Sociedad PAPAGAYO, tendríamos:

$$r_1 = 0{,}053 + (0{,}053 - 0{,}0975)\ \frac{70.000}{120.000}$$

$$r_1 = 0{,}053 - 0{,}026 = 0{,}027$$

En el ejemplo que estamos siguiendo, el efecto apalancamiento es negativo, debido a que el coste financiero neto (9,75 por 100) es superior a la rentabilidad de la empresa (5,30 por 100), por lo que la rentabilidad del capital propio es tan sólo del 2,70 por 100.

3. ANALISIS DINAMICO DE LA SITUACION FINANCIERA A LARGO PLAZO

El análisis estático llevado a cabo en el apartado anterior ha de ser complementado con el estudio de la capacidad que tiene la empresa de generar fondos con los que satisfacer el coste de la deuda, así como el reembolso de la misma.

Los pasos a seguir en este cometido estimamos que pueden agruparse en los dos apartados siguientes:

— Estudio de la generación de beneficios.
— Estudio de la generación de fondos.

3.1. ESTUDIO DE LA GENERACION DE BENEFICIOS

Con una perspectiva de largo plazo, la empresa contará con una situación financiera estable si es capaz de generar los beneficios suficientes como para asegurar el reembolso de los costes de la deuda.

Debido a las consideraciones hechas hasta ahora, sobre el efecto fiscal de los gastos financieros, la magnitud que hay que tomar en cuenta es el beneficio antes de cargas financieras y antes de impuestos, por cuanto dicha magnitud será la que permita el reembolso de ambos conceptos. Para la Sociedad PAPAGAYO vendrá cuantificada así:

Beneficio después de impuestos	3.250
Impuestos	1.750
Gastos financieros	10.500
	15.500

La relación o ratio de cobertura de gastos financieros será:

$$\frac{\text{Beneficio antes de impuestos + Gastos financieros}}{\text{Gastos financieros}}$$

que, en nuestro ejemplo, es de:

$$\frac{15.500}{10.500} = 1,48$$

Lo que quiere decir que los beneficios originados por la empresa son suficientes para cubrir el coste de intereses. Este hecho es una garantía para los acreedores, quienes verán satisfecha su rentabilidad de manera estable, si el beneficio obtenido se mantiene a lo largo del tiempo, para lo cual habría que contar con estimaciones de resultados futuros. De otra parte, y dado que el estudio se establece a largo plazo, han de computarse todo tipo de resultados, tengan carácter recurrente o extraordinario.

Con una visión más a corto plazo, podría computarse, en lugar del beneficio, una magnitud que midiera de mejor manera la capacidad que tiene la empresa para generar fondos. Esta capacidad de generar fondos se mide con el concepto denominado **cash-flow**, siendo en este caso no la variación experimentada por la tesorería de la empresa sino la suma de las siguientes partidas:

Beneficio + Dotación amortización +
Dotación de provisiones (a largo plazo)

Esta magnitud tiene la ventaja de hacer más comparativa la capacidad de generar fondos por parte de diferentes empresas, al anular el efecto de los conceptos de coste más fácilmente manipulables como son las dotaciones a amortizaciones y provisiones. Cuando hablamos de **cash-flow** en el caso que nos ocupa debemos hablar de **cash-flow de empresa**, es decir, antes de que del beneficio se hayan detraído los gastos financieros y los impuestos. En este caso el ratio de cobertura de gastos financieros sería:

$$\frac{\text{Beneficio antes de impuestos + Gastos financieros + Amortizaciones + Provisiones}}{\text{Gastos financieros}}$$

que, para la Sociedad PAPAGAYO, sería:

$$\frac{5.000 + 10.500 + 5.500}{10.500} = \frac{21.000}{10.500} = 2$$

Hay analistas que opinan que al incluir en el numerador la amortización del ejercicio ha de incluirse en el denominador la parte reembolsada del principal de la deuda, dado que en teoría, la amortización técnica habrá de coincidir con la amortización financiera de pasivos.

En nuestro ejemplo, tendríamos, en ese caso:

$$\frac{5.000 + 10.500 + 5.500}{10.500 + 10.000^{8}} = \frac{21.000}{20.500} = 1{,}02$$

[8] Recuérdese que 10.000 era el importe supuestamente rebajado de la deuda en el ejercicio, por amortización de la misma.

Este ratio implica un enfoque bastante conservador respecto al anterior, pero en cualquier caso es evidente que cuanto mayor sea el mismo, mayor será la capacidad de la empresa para hacer frente a sus compromisos a largo plazo.

3.2. ESTUDIO DE LA GENERACION DE FONDOS

La crítica que se hace al ratio de cobertura de gastos financieros que hemos analizado en el apartado anterior se centra, como hemos apuntado, en que la deuda y su coste se satisface no con beneficios sino con fondos líquidos. Por ello, el análisis debe complementarse, por último, tanto con el estudio de la capacidad de generación de caja como con el estudio de la capacidad de generación de capital circulante, por parte de la empresa.

El hacer proyecciones de generación de caja a largo plazo es sumamente difícil, por lo que una primera aproximación sería la de ver cuál será la proyección de generar capital circulante, puesto que, dadas unas circunstancias normales, los integrantes del capital circulante se convertirán en un corto plazo en dinero efectivo.

Así, por ejemplo, si tenemos dos empresas cuyos estados previsionales de origen y aplicación de fondos responden a la siguiente situación, para el mismo ejercicio económico, que se ofrece en el Cuadro 11.4.

SOCIEDADES A y B
ESTADOS DE ORIGEN Y APLICACION DE FONDOS

	SOCIEDAD A		SOCIEDAD B	
	Importes	**%**	**Importes**	**%**
ORIGEN DE FONDOS				
– Recursos procedentes de la explotación:				
Más: Resultados del Ejercicio	5.000	12,5	7.000	35,0
Más: Amortizaciones y Provisiones	7.000	17,5	8.000	40,0
	12.000	30,0	15.000	75,0
– Ampliación de capital	8.000	20,0	4.000	20,0
– Endeudamiento a largo plazo	10.000	25,0	1.000	5,0
– Venta de inmovilizado	10.000	25,0	–	
TOTAL ORIGEN	40.000	100,0	20.000	100,0
APLICACION DE FONDOS				
– Adquisiciones de Inmovilizado	18.000	45,0	10.000	50,0
– Reembolso de deuda a largo plazo	15.000	37,5	4.000	20,0
TOTAL APLICACION	33.000	82,5	14.000	70,0
AUMENTO CAPITAL CIRCULANTE	7.000	17,5	6.000	30,0

Cuadro 11.4.

Se deduciría que la situación de la Sociedad B es notablemente mejor que la que arroja A, dado que mientras en ésta tan sólo un 30 por 100 de los fondos obtenidos en el período de tiempo considerado proceden de la explotación, en la B este origen llega al 75 por 100. Por otra parte, la Sociedad A para hacer frente a sus compromisos ha de endeudarse nuevamente en el 25 por 100 del origen de fondos y ha de recurrir a la venta de inmovilizado por otro 25 por 100.

Finalmente, este análisis se completará con la apreciación de la generación de caja por parte de la empresa. Si bien este dato es fácilmente obtenible sólo a corto plazo, no cabe duda que es el **estado de cash-flow** el que mide de la mejor manera la capacidad que tiene la empresa para hacer frente a sus costes fijos derivados de la deuda, así como al reembolso de la misma.

Supongamos que los **estados previsionales de cash-flow** de las Sociedades A y B del ejemplo anterior son los siguientes [9]:

SOCIEDADES A y B
ESTADOS DE «CASH-FLOW»

	SOCIEDAD A		SOCIEDAD B	
	Importes	%	Importes	%
– Cash-flow por actividades de operaciones ..	15.000	125,0	20.000	138,0
– Cash-flow por actividades de financiación ..	3.000	25,0	4.500	31,0
– Cash-flow por actividades de inversión	(6.000)	(50,0)	(10.000)	(69,0)
CASH-FLOW TOTAL	12.000	100,0	14.500	100,0

Cuadro 11.5

Los estados recogidos en el Cuadro 11.5 vienen a confirmar los resultados del análisis anterior. Esto es, la tesorería derivada de operaciones es proporcionalmente mayor en la Sociedad B que en la A.

Este dato también puede utilizarse en el cálculo del ratio de cobertura de gastos financieros; es decir:

$$\frac{\text{Cash-flow de operaciones}}{\text{Gastos financieros}}$$

y es evidente que cuanto mayor sea, mayor será esa cobertura.

Igualmente, a veces se utilizan los siguientes ratios, con las derivaciones que después se comentan:

$$\frac{\text{Cash-flow de operaciones}}{\text{Pasivos totales}}$$

[9] Recuérdese el formato del Estado de «cash-flow» estudiado en el Capítulo 6.

y

$$\frac{\text{Cash-flow de operaciones}}{\text{Pagos por actividades de inversión}}$$

El primer ratio muestra el grado de cobertura que se obtiene del efectivo generado por las operaciones corrientes sobre las deudas totales y el segundo el exceso o defecto de la liquidez generada por operaciones sobre el drenaje que tiene la empresa en su liquidez por las inversiones del período, con lo que obtendríamos la liquidez excedente o deficitaria para pago de la deuda.

ACTIVIDADES RECOMENDADAS

El lector verificará en qué condiciones la magnitud cash-flow, es decir, la suma de Beneficios más amortizaciones y más provisiones a largo plazo, coincide con la magnitud **cash-flow** derivada de las actividades de operaciones que se obtiene al establecer el Estado de Tesorería.

EJERCICIOS DE AUTOCOMPROBACION

Indique usted si son verdaderas (**V**) o falsas (**F**) las siguientes proposiciones:

1. La estructura del activo de una empresa dependerá tanto de su tipo de actividad como de su dimensión .... **V F**
2. Para juzgar el endeudamiento de una empresa habrá que considerar, entre otros aspectos, la dispersión de la deuda y la rentabilidad de los activos ..... **V F**
3. Cuanto más elevado sea el endeudamiento de la empresa a largo plazo, más débil será la liquidez de la misma .... **V F**
4. Los gastos amortizables no deben computarse como activo real a los efectos de determinar la cobertura de los pasivos totales de la empresa .... **V F**
5. Sería deseable disponer de datos relativos al valor de mercado de los diferentes activos de la empresa, en relación a la cuestión anterior .... **V F**
6. La autofinanciación de enriquecimiento de una empresa viene determinada por la suma de sus cuentas de reservas .... **V F**
7. Para analizar la capacidad de reembolso de pasivos ha de contarse, sobre todo, con datos relativos a la generación de liquidez en el futuro .... **V F**

SOLUCIONES A LOS EJERCICIOS DE AUTOCOMPROBACION

1. V
2. V
3. F
4. V
5. V
6. F
7. V

CAPITULO

12

Análisis de los resultados

ESQUEMA/RESUMEN

— Importancia de los resultados en las decisiones empresariales.
— Interrelación del análisis de estados financieros.
— Magnitud relativa necesitada de criterios homogéneos.
— Composición y tendencia de los resultados.
— Análisis de la variación en el margen bruto:

- Con un solo producto.
- Con producción múltiple.
- Variaciones en cantidad, en precio y en cantidad-precio.
- Participación de los diferentes productos en el margen bruto sobre ventas.

— Análisis de los costes:

- Costes fijos y variables.
- El Punto Muerto. Cálculo, hipótesis y limitaciones.
- Apalancamiento operativo - Significado.

— Rentabilidades:

- De la inversión.
- Componentes de la rentabilidad de los fondos propios.

1. ALCANCE DEL ANALISIS DE LOS RESULTADOS

En el capítulo anterior juzgábamos la situación financiera de la empresa a largo plazo, haciendo relacionar, fundamentalmente, su capacidad de generar resultados con los costes fijos derivados de la financiación ajena que estos resultados habían de cubrir.

En el presente capítulo vamos a hacer un análisis de los componentes del resultado, estudiando sus variaciones en el tiempo y las múltiples relaciones que se pueden establecer entre esta magnitud y aquéllas que, de manera directa o indirecta, la originan; relaciones que tratan de explicar, en último término, el comportamiento de la empresa.

A pesar de hacerlo figurar al final de los capítulos dedicados al Análisis de Estados Financieros, el estudio de los resultados constituye, a nuestro juicio, el centro neurálgico de esta disciplina. El hecho de que figure en último lugar tiene una finalidad meramente pedagógica: hacer ver al lector cómo cualquier parcelación que se pretenda hacer del Análisis de Estados Financieros es arbitraria o ficticia, ya que en la empresa, como organismo vivo que es, todas sus manifestaciones están interrelacionadas y estas manifestaciones son recogidas por la Contabilidad y expuestas en una información que constituye la materia prima de todo informe de análisis, entendido éste como el producto final del trabajo del analista.

Insistiendo en el aspecto indicado, el análisis de los resultados es clave para un número extenso de interesados en la información de la empresa; así, para el propietario de la empresa, es el dato esencial que toma como referencia para su decisión de invertir en la misma. Es claro que la magnitud con la que el propietario —accionista— relaciona el beneficio de la empresa difiere del utilizado por el gestor de la misma; en el primero primará el coste que para él haya tenido esa participación, o bien el valor que la misma alcance en mercado en una fecha determinada, en tanto que el segundo tomará como referencia en especial datos derivados directamente del sistema contable implantado. Para el gestor, el resultado mide la eficacia y la eficiencia con que ha llevado a cabo su cometido y utilizará el mismo como variable clave en la selección de futuros proyectos de inversión. Finalmente, como hemos expuesto en otro lugar, el resultado es la garantía con que cuentan, en último extremo, los acreedores para ver satisfechos sus créditos.

Dependiendo del enfoque que demos al estudio de los resultados o de la finalidad que persigamos con el mismo, así habrá que estructurar la información a analizar y nos referimos no sólo a la composición de esos resultados sino también a las magnitudes con las que hay que relacionarlos para que los mismos adquieran significado (patrimonio neto, pasivos exigibles, ventas, activos, etc.). Recordemos ahora lo que tuvimos ocasión de comentar en el Capítulo 4, respecto a la vulnerabilidad de la cifra de resultados, debido a ser éste un concepto relativo. Es en esta cuenta donde se refleja cualquier cambio de criterio de valoración y donde, por tanto, la no aplicación del principio de uniformidad tiene su mayor impacto. Por otra parte, si los resultados han de compararse con los de otras empresas, será muy probablemente preciso someter la información de las mismas a determinados ajustes para hacer homogéneas las cifras y congruentes y significativas tales comparaciones. Aquí, como en otros aspectos, las Notas a los Estados Financieros (Memoria) y el Informe de Auditoría cobran un papel protagonista.

El camino que estimamos más lógico para el estudio que pretendemos es el siguiente:

— En primer lugar, haremos un análisis de las variaciones de los resultados a lo largo del tiempo.

— En segundo lugar, estudiaremos las diferentes rentabilidades que se pueden establecer y las implicaciones que de las mismas se derivan.

2. ANALISIS DE LAS VARIACIONES DE LOS RESULTADOS

2.1 ESTUDIO DE LOS COMPONENTES EN PORCENTAJES Y ANALISIS DE TENDENCIAS

Para analizar los resultados obtenidos por la empresa vamos a partir de la cuenta de Pérdidas y Ganancias, correspondiente a la Sociedad MIRLO, S. A., agrupada funcionalmente y referida a dos ejercicios consecutivos, que mostramos en el Cuadro 12.1.

MIRLO, S. A.
CUENTAS DE RESULTADOS

CONCEPTOS	Ejercicio n		Ejercicio n+1		Variación	
	Importe	%	Importe	%	Importe	%
Ventas brutas	820.000	102,56	1.100.000	110,0	280.000	34,15
(Menos) Devoluciones y descuento en ventas	(20.500)	(2,56)	(100.000)	(10,0)	(79.500)	387,80
Ventas netas	799.500	100,0	1.000.000	100,0	200.500	25,08
(Menos) Coste de ventas	639.600	80,0	700.000	70,0	60.400	9,44
MARGEN BRUTO	159.900	20,0	300.000	30,0	140.100	87,62
(Menos) Gastos de venta	(39.900)	(5,0)	(70.000)	(7,0)	(30.100)	7,54
MARGEN NETO	120.000	15,0	230.000	23,0	110.000	91,67
(Menos) Gastos de administración y generales	(24.000)	(3,0)	(24.000)	(2,40)	–	–
Gastos financieros	(80.000)	(10,0)	(50.000)	(5,0)	30.000	(37,50)
RESULTADOS DE OPERACIONES ANTES DE IMPUESTOS	16.000	2,0	156.000	15,60	140.000	875,0
Más (menos) Ingresos extraordinarios	15.000	1,87	1.000	0,10	(14.000)	(93,33)
Gastos extraordinarios	(1.000)	(0,12)	(10.000)	(1,0)	(9.000)	(900,00)
RESULTADO EJERCICIO ANTES DE IMPUESTOS	30.000	3,75	147.000	14,7	117.000	390,00
(Menos) Impuestos sobre beneficios (35%)	(10.500)	(1,31)	(51.450)	(5,10)	(40.950)	390,00
RESULTADO EJERCICIO DESPUES DE IMPUESTOS	19.500	2,44	95.550	9,60	76.050	390,00

Cuadro 12.1.

Como del examen del Cuadro 12.1 se observa fácilmente, **los porcentajes verticales** toman como dato base el importe de las ventas netas —100—, de manera que todas las restantes líneas de la cuenta de Resultado muestran el porcentaje que representan sobre esa magnitud. Es ocioso decir que hay conceptos que no tienen relación con las ventas, como pueden ser los gastos o ingresos extraordinarios; no obstante, se computan, igualmente, para llegar al concepto de beneficio líquido o beneficio después de impuestos.

Los porcentajes horizontales de variación toman como dato base el Ejercicio n —100—, siendo los mismos la variación porcentual de cada partida respecto a ese ejercicio.

Una vez que se dispone de esta información, la primera pregunta que surge es si el resultado obtenido es o no adecuado, antes de cualquiera otra consideración. De una manera general y en abstracto esta pregunta no tiene respuesta. Dependerá de cuáles son los datos que se toman como referencia (capitales invertidos, activos productivos, etc.) y a qué sector económico pertenece la empresa, para manifestarse sobre si está o no entre las empresas más rentables del mismo.

Sin temor a comprometernos, un resultado es **adecuado** cuando con el mismo se satisface un dividendo **adecuado**, se logra dotar una autofinanciación **adecuada** que permita una expansión en la actividad de la empresa y cuando los acreedores también lo estiman **adecuado** para seguir comprometiendo sus capitales, en la empresa. Es obvio que necesitaríamos ir contestando esas preguntas, lo cual no es, en absoluto, fácil.

Por otra parte, los porcentajes horizontales o de variaciones nos muestran la tendencia de cada una de las líneas o componentes que configuran el resultado después de impuestos. Vemos, a título de ejemplo, que, en tanto las Ventas aumentan en un 25 por 100, los Costes de venta lo hacen tan sólo en un 9 por 100, lo que hace que el Margen de beneficio bruto en ventas aumente más que proporcionalmente respecto de las ventas, es decir, en un 87 por 100.

2.2. ANALISIS DE LA VARIACION EN EL MARGEN BRUTO

2.2.1. Con un solo producto o línea de producto

Puede que la Sociedad MIRLO produzca y venda un solo producto, con lo que el estudio de las variaciones experimentadas por los resultados, en cuanto al margen bruto, entre el ejercicio n y el n+1, sería bastante sencillo para un analista externo. En caso contrario, sería necesario contar con información desglosada por líneas de productos y estudiar cuáles son los que colaboran en la generación del beneficio y cuáles, por el contrario, reducen o frenan el resultado.

Vamos a suponer, en principio, que nos encontramos ante la primera hipótesis y que los datos relativos a ambos ejercicios, en cuanto a unidades vendidas y a precios y costes unitarios son los siguientes:

	Ejercicio n	Ejercicio n+1
– Unidades vendidas	533	500
– Precio de venta unitario	1.500	2.000
– Precio de coste unitario	1.200	1.400

Si analizamos separadamente las causas de las variaciones en ventas y coste de productos vendidos, podríamos hacer el siguiente razonamiento:

— **En cuanto a Ventas:**

a) Si el precio unitario de venta del ejercicio n no hubiera experimentado variación en el ejercicio n+1, el importe de ventas habría variado al vender más o menos unidades. A este motivo lo vamos a denominar **factor volumen**; cuya expresión vendría dada por:

$$(U_{n+1} - U_n)\, P_n$$

siendo:

U_{n+1} = unidades vendidas en el ejercicio n+1.
U_n = unidades vendidas en el ejercicio n.
P_n = precio unitario de venta en el ejercicio n.

En el caso de la Sociedad MIRLO, sería:

$$(500 - 533) \times 1.500 = (49.500)$$

b) Si ahora hacemos abstracción de la variación en la cantidad y nos centramos en la variación del precio, la cifra de ventas habrá experimentado variación sólo por este hecho. A este motivo lo vamos a denominar **factor precio**, que se expresará así:

$$(P_{n+1} - P_n)\, U_n$$

Siendo:

P_{n+1} = Precio unitario de venta en el ejercicio n+1

En el caso de la Sociedad que nos sirve de ejemplo sería:

$$(2.000 - 1.500) \times 533 = 266.500$$

c) Finalmente, si mezclamos los datos anteriores, la última causa de variación se debe a que variaron tanto las unidades vendidas como el precio de venta unitario, causa que vamos a denominar **factor volumen-precio** y cuya expresión será:

$$(U_{n+1} - U_n)\,(P_{n+1} - P_n)$$

Para la Sociedad MIRLO, la variación sería de:

$$(500 - 533) \times (2.000 - 1.500) = (16.500)$$

En definitiva, no hemos hecho otra cosa que descomponer la diferencia de la cifra de ventas entre un ejercicio y otro, es decir:

$$U_{n+1} \times P_{n+1} - U_n \times P_n$$

Para la sociedad MIRLO, el resumen sería:

	Importes
– Factor volumen	(49.500)
– Factor precio	266.500
– Factor volumen-precio	(16.500)
TOTAL VARIACION VENTAS NETAS	200.500

— **En cuanto a Coste de Ventas**

Los razonamientos expuestos para la cifra de Ventas son válidos para los Costes.

Siendo:

C_n = precio de coste unitario para el ejercicio n
C_{n+1} = precio de coste unitario para ejercicio n+1

a) Factor volumen

$$(U_{n+1} - U_n)\ C_n$$

b) Factor coste

$$(C_{n+1} - C_n)\ U_n$$

c) Factor volumen-coste

$$(U_{n+1} - U_n)\ (C_{n+1} - C_n)$$

La suma de los tres factores sería la variación del Coste de Ventas, es decir:

$$U_{n+1} \times C_{n+1} - U_n \times C_n$$

En nuestro ejemplo, tendríamos:

	Importes
– Factor volumen (500-533) × 1.200	(39.600)
– Factor coste (1.400-1.200) × 533	106.600
– Factor volumen-coste (500-533) × (1.400-1.200)	(6.600)
TOTAL VARIACION COSTE DE VENTAS	60.400

Si analizáramos directamente la variación experimentada por el **Margen Bruto** en ventas, ésta vendría expresada como sigue:

$$U_{n+1} (P_{n+1} - C_{n+1}) - U_n (P_n - C_n)$$

Es decir, para nuestro ejemplo, sería:

500 × (2.000 – 1.400) – 533 × (1.500 – 1.200) = 300.000 – 159.900 = <u>140.100</u>

El análisis lo podríamos desglosar en los siguientes factores:

a) Por variación en volumen. Permaneciendo invariable el margen del ejercicio n:

$$(U_{n+1} - U_n) (P_n - C_n)$$

Para la Sociedad MIRLO, el **factor volumen** vendría dado por:

(500 – 533) × (1.500 – 1.200) = (9.900)

b) Por variación en precio de venta, permaneciendo invariable el número de unidades vendidas, esto es:

$$U_{n+1} (P_{n+1} - P_n)$$

En nuestro ejemplo, el factor **precio** sería:

500 × (2.000 – 1.500) = 250.000

c) Por variación en el precio de coste, permaneciendo igualmente invariable el número de unidades vendidas, o sea

$$U_{n+1} (C_{n+1} - C_n)$$

En la sociedad MIRLO, tendríamos

$$500 \times (1.400 - 1.200) = (100.000)$$

En resumen tendríamos:

	Importes
– Factor volumen	(9.900)
– Factor precio	250.000
– Factor coste	(100.000)
TOTAL VARIACION MARGEN BRUTO	140.100

2.2.2. Con varios productos o líneas de producto

Siguiendo con el estudio de las variaciones del **Margen Bruto**, vamos a suponer ahora que la sociedad MIRLO produce y vende tres productos o líneas de productos, designando a los mismos A, B y C. Digamos, en primer lugar, que para poder realizar un análisis similar al hecho anteriormente, es preciso contar con información desglosada en cuanto a venta y coste por cada uno de los productos o líneas. Por otra parte, si tal información es disponible, podremos analizar en qué cuantía colabora cada producto en la formación del beneficio bruto, en valores absolutos y en porcentajes, lo cual es sumamente interesante.

Con los datos base de que disponemos, supongamos que el desglose es el siguiente, respecto al ejercicio n+1.

SOCIEDADES A, B y C

	A	B	C	Total
– Ventas netas	300.000	600.000	100.000	1.000.000
– Coste de ventas	170.000	500.000	30.000	700.000
MARGEN BRUTO	130.000	100.000	70.000	300.000

La aportación de cada producto en la generación del Margen Bruto es:

	Porcentaje
A: 130.000/300.000	43,33
B: 100.000/300.000	33,33
C: 70.000/300.000	23,33
	100,00

Pero si analizamos más esta información nos daremos cuenta de que este análisis sería más operativo si viéramos cuál es la participación de cada producto en la cifra de ventas y con qué margen trabaja la empresa en cada uno de ellos para lograr ese 30 por 100 de margen sobre ventas.

	% sobre ventas totales
A: 300.000/1.000.000	30
B: 600.000/1.000.000	60
C: 100.000/1.000.000	10
	100

Siendo el margen de cada uno de ellos:

	% margen sobre ventas
A: 130.000/300.000	43,33
B: 100.000/600.000	16,67
C: 70.000/100.000	70,00

Así, pues, la formación del 30 por 100 de margen bruto sobre ventas totales vendrá dada como sigue:

	% s/ventas × % margen	% margen total
A:	30 × 43,33	13
B:	60 × 16,67	10
C:	10 × 70,00	7
		30

Con este último análisis vemos que el producto que mayor participación tiene en la cifra de ventas es el que aporta un menor margen. Sin entrar en otras consideraciones, sería interesante incrementar la participación del producto C en la cifra de ventas, ya que es el que aporta un mayor margen bruto.

Adicionalmente, podríamos analizar las causas de variación en el margen bruto de cada uno de los productos, siguiendo la misma técnica usada para el caso de un único producto.

3. ANALISIS DE LOS COSTES

En el ejemplo analizado en último lugar se observa que el margen bruto sobre ventas, ha aumentado notablemente en el ejercicio n+1 respecto al n, no porque haya bajado el coste del producto vendido, sino porque su precio de venta aumentó considerablemente.

Parece lógico pensar que un incremento sostenido del precio de venta no será factible, por lo que habría que analizar el coste del producto. Si se tratara de una empresa comercial, podría criticarse negativamente la política de compras. Si fuera una empresa industrial, habría que analizar la estructura de sus costes, así como su evolución.

Vamos a suponer que la Sociedad MIRLO es una empresa industrial, cuya composición de costes se expone más adelante.

Dado que la estructura de costes se ve notablemente influida por la composición de los activos, vamos a mostrar igualmente los balances correspondientes a los ejercicios n y n+1.

MIRLO, S. A.
BALANCES DE SITUACION

ACTIVO	Ejercicio		PASIVO	Ejercicio	
	n	n+1		n	n+1
INMOVILIZADO			**FONDOS DE FINANCIAMIENTO**		
– Gastos de establecimiento y otros amortizables	50.000	40.000	– Capital desembolsado	1.600.000	1.800.000
– Inmovilizado inmaterial neto	100.000	70.000	– Reservas	320.000	320.000
– Inmovilizado material neto	1.600.000	1.850.000	– Pérdidas y ganancias	19.500	95.550
– Inmovilizado material en curso	400.000	300.000	– Acreedores a largo plazo (préstamos)	455.000	304.000
– Inmovilizado financiero neto	50.000	50.000			
	2.200.000	2.310.000		2.394.500	2.519.550
CIRCULANTE			**CIRCULANTE**		
– Existencias:			– Acreedores a corto plazo:		
• Materias primas	27.000	25.000	• Proveedores y acreedores de tráfico	32.500	39.950
• Productos en curso	32.000	50.000	• Administraciones Públicas	20.000	60.000
• Productos terminados	135.000	155.000	– Ajustes periodificación	3.000	3.000
– Clientes	45.000	77.000			
– Tesorería	10.000	5.000			
– Ajustes por periodificación	1.000	500			
	250.000	312.500		55.500	102.950
TOTAL ACTIVO	2.450.000	2.622.500	TOTAL PASIVO	2.450.000	2.622.500

Cuadro 12.2.

MIRLO, S. A.
ESTRUCTURA DE COSTES

CONCEPTOS	Ejercicio n			Ejercicio n+1		
	Importes		%	Importes		%
Materias primas consumidas:						
• Inventario inicial	20.000			27.000		
• Compras	210.580			200.800		
(–) Inventario final	(27.000)	203.580	30,00	(25.000)	202.800	27,48
Mano de obra directa		235.000	34,63		240.000	32,52
Gastos indirectos de fabricación		240.020	35,37		295.200	40,00
COSTE DE PRODUCCION		678.600	100,00		738.000	100,00
Variación de Producción en curso						
• Inventario inicial	28.000			32.000		
(–) Inventario final	(32.000)	(4.000)		(50.000)	(18.000)	
COSTE DE PRODUCCION TERMINADA		674.600			720.000	
Variación de Producción terminada						
• Inventario inicial	100.000			135.000		
(–)Inventario final	(135.000)	(35.000)		(155.000)	(20.000)	
COSTE DE VENTAS	639.600			700.000		

Cuadro 12.3.

La empresa utiliza el método FIFO para costear las salidas de sus Productos Terminados. En el Cuadro 12.4 se ofrece información sobre producción de ambos años.

De la información anterior se deducen las siguientes conclusiones:

— La empresa tiene unos costes de producción crecientes, pasando en dos ejercicios de un coste de producción unitario de 990,10 a 1.441,326, lo que supone un incremento del 45,57 por 100.

— De la composición de costes se observa un incremento en los factores, pero de modo muy especial en los costes de estructura fabril o gastos indirectos de fabricación que se incrementan en el último ejercicio en un 23 por 100, pasando de representar el 35,37 por 100 de los costes totales en el ejercicio n al 40 por 100 en el ejercicio n+1.

— Los costes de estructura pesan de manera especial cuando, como en el caso que nos ocupa, el nivel de producción ha descendido de 540 unidades en el ejercicio n a sólo 500 unidades en el ejercicio n+1, lo que supone una disminución del 7,40 por 100.

— De la estructura del balance se observa una fuerte inversión en Inmovilizado material en curso, lo cual puede representar que la empresa esté en una fase de reestructuración, por lo que el incremento en sus costes sea coyuntural.

— En resumen, lo más preocupante parece ser el excesivo peso de los costes de estructura o fijos.

MIRLO, S. A.
INFORME DE PRODUCCION Y MOVIMIENTO DE PRODUCTOS [1]

Ejercicio n		Ejercicio n+1	
Inventario inicial de Productos Terminados:			
101 unidades a 990,10	100.000	108 unidades a 1.249,26	135.000
Producción:			
540 unidades a 1.249,26	674.600	500 unidades a 1.441,326	720.000
Venta:			
533 unidades, de las cuales:		**500 unidades**, de las cuales:	
101 unidades a 990,10	100.000	108 unidades a 1.249,26	135.000
y 432 unidades a 1.249,26	539.600	y 392 unidades a 1.441,326	565.000
Precio medio resultante:			
$\frac{100.000 + 539.600}{101 + 432} = 1.200$		$\frac{135.000 + 565.000}{108 + 392} = 1.400$	
Inventario final:			
108 unidades a 1.249,26	135.000	108 unidades a 1.441,326	155.000

Cuadro 12.4.

3.1. EL COMPORTAMIENTO DE LOS COSTES. EL PUNTO MUERTO Y EL APALANCAMIENTO OPERATIVO

Cuando se analizan los resultados de una empresa es importante conocer cómo varían los costes cuando varía el grado de actividad.

Cuando los costes están directamente relacionados con el nivel de actividad se califican de variables, en tanto que si esta relación no existe, estaremos ante costes fijos.

Antes de seguir adelante, y para simplificar tanto razonamientos como cálculos, vamos a suponer que el comportamiento de los costes variables es proporcional al nivel de actividad, si bien en la realidad es difícil o infrecuente que esto se produzca así; una buena parte de los factores de coste son, en realidad, semivariables (o semifijos, que viene a ser lo mismo), de tal manera que tienen un componente fijo y otro variable.

De otra parte, vamos a suponer, igualmente, que los costes fijos no modifican su importe en el espacio temporal que se analiza [2].

La importancia de esta agrupación de costes viene dada por la necesidad de conocer qué magnitud de ventas es la que cubre la totalidad de sus costes variables, así como la totalidad de los costes fijos, de tal manera que la empresa conozca ese mínimo de actividad, a partir del cual empieza a generar beneficios.

Las decisiones de inversión a tomar, así como la política de dividendos estarán en

[1] Cifras redondeadas.

[2] A largo plazo, todos los costes son variables. Podemos, pues, hablar de costes fijos dentro de ciertos márgenes.

función de la capacidad que tenga la empresa para absorber, con su cifra de negocios, los costes que se devenguen.

Esa cifra de negocios o de ventas que cubre sus costes variables, así como la totalidad de los costes fijos del período se denomina **Punto Muerto** o **Umbral de rentabilidad** y su determinación es la siguiente:

Si designamos por:

P.M. = Cifra de ventas mínima,
C_v = Costes variables expresados en tanto por uno respecto a la cifra de ventas,
C_f = Costes fijos del período considerado,

tendremos que el margen en tanto por uno para cubrir los costes fijos será:

$$1 - C_v$$

y el Punto Muerto será la cifra de ventas que con ese margen de cobertura sea igual a los costes fijos, es decir:

$$\text{P.M.} = \frac{C_f}{1 - C_v}$$

Si suponemos que la Sociedad MIRLO trabaja con unos costes variables equivalentes al 60 % de la cifra de ventas y con unos costes fijos de 253.000, su cifra de Punto Muerto sería:

$$\text{P.M.} = \frac{253.000}{1 - 0{,}60} = 632.500$$

Con este nivel de venta, el beneficio será nulo, o sea habrá alcanzado el punto muerto. La comprobación es sencilla:

	Ventas	632.500
Menos:		
	Costes variables: 0,60 × 632.500	(379.500)
	Costes fijos	(253.000)
	Beneficio	–

Es evidente que si los costes variables no se modifican, a mayor importe de costes fijos, mayor cifra de ventas mínima o punto muerto será necesaria para no incurrir en pérdidas.

Antes apuntábamos que el conocimiento de este dato es importante para la política de inversiones de la empresa, así como para su política de autofinanciación, lo cual quiere decir que podemos determinar, igualmente, conociendo la estructura y comportamiento de los costes, el volumen de ventas a conseguir para obtener un resultado determinado. A estos efectos, el beneficio a obtener se convierte en una partida más de coste fijo. Si la Sociedad MIRLO con la estructura dada de costes deseara obtener un beneficio, antes de impuestos de 200.000 u.m., la cifra de ventas a obtener sería:

$$\frac{253.000 + 200.000}{1 - 0{,}60} = 1.132.500$$

La Cuenta de Resultados arrojaría los siguientes datos:

	Ventas	1.132.500
Menos:		
	Costes variables: 0,60 × 1.132.500	(679.500)
	Costes fijos	(253.000)
	Beneficio	200.000

Por otra parte, los costes fijos operan de tal manera que, una vez cubierto o alcanzado el punto muerto, todo incremento en la cifra de ventas operará un incremento más que proporcional en la cifra de beneficios y esto es lógico, por cuanto los costes fijos, si los estimamos constantes, se diluyen entre un mayor volumen de ventas, lo que provoca ese mayor crecimiento proporcional de los beneficios. Este efecto se conoce como **Apalancamiento operativo**.

Si en nuestro ejemplo, partiendo de unas ventas de 1.132.500 u.m. para obtener un beneficio de 200.000 u.m., las ventas se incrementaran en un 10 por 100, el beneficio lo haría en la siguiente proporción:

	Ventas: 1.132.500 × 1,10	1.245.750
Menos:		
	Costes variables: 0,60 × 1.245.700	(747.450)
	Costes fijos	(253.000)
	Beneficio	245.300

Porcentaje de variación de beneficios:

$$\frac{245.300 - 200.000}{200.000} \times 100 \quad 22{,}65\ \%$$

Porcentaje de variación de ventas .... 10 %

Esta dilución de los costes fijos entre una cifra cada vez mayor de ventas hace que el efecto que hemos denominado **apalancamiento operativo** tienda a anularse a medida que la cifra de ventas se va incrementando, llegando un momento en que los porcentajes de incremento de ventas y de beneficios sean coincidentes.

3.1.1. Limitaciones en el estudio del Punto Muerto

Para entender en todo su significado el alcance del estudio del punto muerto es necesario conocer sus limitaciones e hipótesis de las que se parte, cuales son, entre otras [3]:

— La producción ha de coincidir con la venta, de forma que los inventarios no varíen significativamente en el período considerado [4].
— Los precios de venta no han de alterarse en el período.
— Como hemos apuntado es un análisis a corto plazo, para que se admita la constancia de los costes fijos. Igualmente, se computan los costes variables como si fueran proporcionales a la venta.
— Se supone un único producto. En caso de que la producción sea múltiple es necesario que se mantenga constante una determinada combinación o mezcla de productos vendidos.

4. ESTUDIO DE LAS DIFERENTES RENTABILIDADES

Hablamos de rentabilidad cuando relacionamos el resultado obtenido con la magnitud que directa o indirectamente lo ha provocado. Así, podemos hablar de:

— Rentabilidad de pasivos o fuentes financiación.
— Rentabilidad de activos.

4.1. RENTABILIDAD DE LAS FUENTES DE FINANCIACION PROPIAS

Para los propietarios de la empresa, la magnitud central en su análisis lo constituye el resultado obtenido después de impuestos, para relacionarlo con su aportación, midiendo así la rentabilidad de su inversión [5]. Así, pues, la rentabilidad de los fondos aportados por los propietarios, o fondos propios será:

$$\frac{\text{Beneficios después de impuestos}}{\text{Fondos propios}}$$

[3] *Vid.* LUENGO MULET, P.: «Análisis Coste-Volumen-Beneficios». Instituto Planificación Contable. Madrid, 1988. Capítulo 3.

[4] Esta limitación sería, en principio, irrelevante si se utilizara un sistema de cómputo de «direct costing» (Vid. Capítulo 4).

[5] Veremos más adelante otras consideraciones sobre ese punto, como son las que se refieren a la percepción de dividendos en relación con el coste de la inversión.

En el caso en que los fondos propios hayan tenido variación en el período de tiempo que se tome en el cálculo de la anterior relación, deberíamos operar con datos medios. Normalmente, el analista externo no contará más que con datos referidos a balances de fin de ejercicio, por lo que tomará la media entre saldos iniciales y finales de ejercicio.

En el caso de la Sociedad MIRLO, tenemos:

Rentabilidad del ejercicio n+1:

– Saldo inicial fondos propios:		
Capital desembolsado	1.600.000	
Reservas	320.000	1.920.000
– Saldo final fondos propios:		
Capital desembolsado	1.800.000	
Reservas	320.000	2.120.000
– Saldo medio: $\frac{1.920.000 + 2.120.000}{2}$		2.020.000
– Resultados después de impuestos		95.550
– Rentabilidad fondos propios:		
$\frac{95.550 \times 100}{2.020.000}$		4,73 %

Hay analistas que opinan que debería incluirse como fondos propios en el anterior cálculo la media de los resultados del ejercicio, suponiendo una consecución regular de los mismos. En definitiva, lo más relevante son las tendencias, por lo que estimamos que no es necesario llegar a esa precisión. Ligado a lo anterior, sería necesario conocer la rentabilidad media obtenida por los fondos propios en el ejercicio n, dato que, para ser homogéneo con el calculado, necesita de la magnitud del saldo medio de fondos propios, magnitud que no conocemos al no contar con el balance del ejercicio n−1. No obstante, en estos casos podemos utilizar tan sólo datos finales [6].

Para la Sociedad MIRLO, el dato de la rentabilidad de fondos propios para el ejercicio n, en este caso, sería:

– Capital desembolsado fin ejercicio n	1.600.000
– Reservas fin de ejercicio n	320.000
	1.920.000
– Resultados después de impuestos ejercicio n	19.500
– Rentabilidad:	
$\frac{19.500 \times 100}{1.920.000}$	1,02 %

[6] En todos los casos, el analista operará con los datos de que disponga y no deberá tratar de forzarlos estableciendo premisas que no tienen por qué ser ciertas.

Por tanto, la rentabilidad de los fondos propios, también llamada **rentabilidad financiera**, se ha incrementado en un 364 por 100 para la Sociedad MIRLO en el último ejercicio respecto al precedente.

En valores absolutos, el dato de rentabilidad calculado no puede ser calificado como adecuado o no, tal como ya tuvimos ocasión de comentar al hablar del resultado. Habrá de juzgarse la tendencia, en este caso positiva, así como la relación que guarde con empresas del mismo sector de actividad y características similares; aquí vuelven a jugar nuevamente un papel importante los datos suministrados por la Central de Balances del Banco de España.

La rentabilidad de los fondos propios, o riesgo asumido por los propietarios, hay que ligarla al funcionamiento de la empresa como ente productivo, así como a la relación de endeudamiento que en la misma se dé. Con carácter general, una empresa es o no rentable según sea el comportamiento de sus activos, con independencia de cómo esté financiada. Surge así el concepto de **rentabilidad económica** o rentabilidad de los activos y la **rentabilidad financiera** o excedente de la anterior que va a manos de los propietarios, una vez deducido el coste de la deuda [7].

Para hacer el pertinente análisis, podemos descomponer el ratio de rentabilidad financiera o de fondos propios como sigue, utilizando la misma nomenclatura que en el capítulo anterior, es decir:

FP = Fondos propios.
FA = Fondos ajenos.
FT = Fondos totales.
Gf = Gastos financieros.
RL = Beneficio después de impuestos.
R'L = Beneficio después de impuestos más gastos financieros netos.
A = Activos totales.

$$\frac{RL}{FP} = \frac{R'L}{FT} \times \frac{RL}{R'L} \times \frac{FT}{FP}$$

En el Capítulo 11 hablábamos de fondos ajenos remunerables; aquí podemos seguir hablando de esta magnitud o de fondos totales, con lo que identificaríamos esta magnitud con la de activos totales [8]. De esta manera, la igualdad anterior adquiriría la siguiente expresión:

$$\frac{RL}{FP} = \frac{R'L}{A} \times \frac{RL}{R'L} \times \frac{A}{FP}$$

[7] Recuérdese lo visto en el capítulo anterior, respecto del efecto apalancamiento financiero.

[8] Hay analistas que consignan como activos totales el Inmovilizado más el Capital Circulante.

El primer componente,

$$\frac{R'L}{A} = \frac{\text{Beneficio después de impuestos + Coste financiero neto}}{\text{Activo}}$$

mide la rentabilidad de la inversión o **rentabilidad económica:**

El segundo componente

$$\frac{RL}{R'L} = \frac{\dfrac{\text{Beneficio después de impuestos}}{\text{Fondos propios}}}{\dfrac{\text{Beneficio después de impuestos + Coste financiero neto}}{\text{Fondos totales}}}$$

mide, como sabemos, el efecto **apalancamiento financiero.**

Y, finalmente, el tercer componente,

$$\frac{A}{FP} = \frac{\text{Activos}}{\text{Fondos propios}}$$

mide la proporción en que participan los fondos propios en la financiación del activo o, lo que es lo mismo, la relación de endeudamiento, o si se quiere lo que se denomina, como inversa de la anterior, «autonomía financiera».

4.2. RENTABILIDAD DE LA INVERSION O DE LOS ACTIVOS

Como decimos, se trata de apreciar cuál es la rentabilidad de los activos, con independencia de quien financie los mismos, para lo cual sumamos al beneficio neto, el coste financiero neto, es decir, deducido impuestos.

La importancia de este ratio es capital para juzgar la eficiencia en la gestión empresarial, de manera que cuanto mayor sea el ratio más eficiente será ésta, en principio.

Uno de los problemas de definición con que nos encontramos al calcular y analizar este ratio es qué componentes del activo han de computarse: ¿todos los activos o sólo los afectos directamente a la producción y, por tanto, los que colaboran a la generación de beneficios? Nosotros entendemos que, con carácter general, habrá de computarse la totalidad de los activos estén o no afectos a la producción, ya que de esta manera mediremos correctamente la rentabilidad de los capitales invertidos. Por otra parte, y en último extremo, podríamos restar los activos que aún no han entrado en producción, como son los activos en curso de ejecución; en este caso, si operáramos con Cuentas de Resultados por naturaleza no deberían incluirse en el numerador del ratio los gastos financieros capitalizados en ese activo en curso.

Al igual que vimos para medir la rentabilidad de los fondos propios, sería necesario contar con datos medios lo más depurados posibles o, en todo caso, con datos medios de saldos finales de balances de situación.

Para el caso de la Sociedad MIRLO, y tomando en consideración todos los activos, tendríamos, referente al ejercicio n+1:

– **Rentabilidad de activos:**

• Saldo inicial de activos	2.450.000
• Saldo final de activos	2.622.500
Saldo medio	2.536.250
• Resultados después de impuestos	95.550
• Coste financiero neto: 50.000 (1 – 0,35)	32.500
Suma	128.050

Rentabilidad de activos: $\frac{128.050}{2.536.250} \times 100 =$ 5,05 %

A su vez, esta relación es consecuencia del beneficio global que arrojan las ventas y del número de veces que las ventas cubren el activo; es decir, designando por V la cifra de ventas, tendríamos:

$$\frac{R'L}{A} = \frac{R'L}{V} \times \frac{V}{A}$$

El primer término del segundo miembro lo denominaremos **beneficio global sobre ventas** y el segundo **rotación de activos**. En nuestro ejemplo:

$$\frac{R'L}{A} = \left(\frac{128.050}{1.000.000} \times \frac{1.000.000}{2.536.250}\right) \times 100$$

$$\frac{R'L}{A} = (0,128 \times 0,394) \times 100 = 5,05\ \%$$

De igual modo, para la medición de la rentabilidad de los fondos propios, ésta también se puede desglosar en:

$$\frac{RL}{FP} = \frac{RL}{V} \times \frac{V}{FP}$$

Siendo, en este caso, el primer término del segundo miembro el beneficio neto sobre ventas. Al ser la rentabilidad de la inversión el producto del beneficio global sobre ventas por la rotación de los activos, el dato resultante admite infinitas combinaciones, de manera que para obtener una cifra dada de rentabilidad de la inversión, se puede actuar sobre el margen global de beneficio o sobre la rotación de los activos. Obviamente, a mayor tasa de beneficio global se requerirá menos rotación de activos y a la inversa. En una empresa con activos de gran volumen, como pueden ser las empresas siderúrgicas o eléctricas, la rotación del activo será relativamente baja, por lo que para obtener una rentabilidad adecuada el beneficio global sobre ventas habrá de ser alto. Por el contrario, en empresas de servicios, cuyos activos son de escasa entidad en general, la rotación de los mismos será alta, por lo que el beneficio sobre ventas podrá ser inferior.

Aquí vuelve a jugar un papel importante la estructura fija y, por tanto, los costes fijos que analizamos en otro punto.

La rotación de los activos medirá la eficacia operativa de la empresa y su comportamiento lo vimos al hacer el análisis de la situación financiera, con lo que, una vez más, insistimos en la interrelación del análisis, con un enfoque global.

Gráficamente, esta interrelación se puede mostrar en la forma que se hace en el esquema siguiente, conocido como gráfico de Du Pont de Nemours, por ser esta empresa quien lo utilizó por primera vez y quien lo divulgó.

4.3. COMPONENTES DE LA RENTABILIDAD FINANCIERA

En resumen, la rentabilidad financiera, o de fondos propios, vendrá dada por la conjunción de los siguientes componentes:

$$\frac{RL}{FP} = \frac{R'L}{V} \times \frac{V}{A} \times \frac{RL}{R'L} \times \frac{A}{FP}$$

Que, para el caso de la Sociedad MIRLO en el ejercicio n+1 y siempre con valores medios, sería:

$$\frac{R'L}{V} = \frac{128.050}{1.000.000} \times 100 = 12{,}80\ \%$$

$$\frac{V}{A} = \frac{1.000.000}{2.536.250} \times 100 = 39{,}43\ \%$$

$$\frac{RL}{R'L} = \frac{95.550}{128.050} \times 100 = 74{,}62\ \%$$

$$\frac{A}{FP} = \frac{2.536.250}{2.020.000} \times 100 = 125{,}56\ \%$$

$$\frac{RL}{FP} = \frac{95.550}{2.020.000} \times 100 = 4{,}73\ \%$$

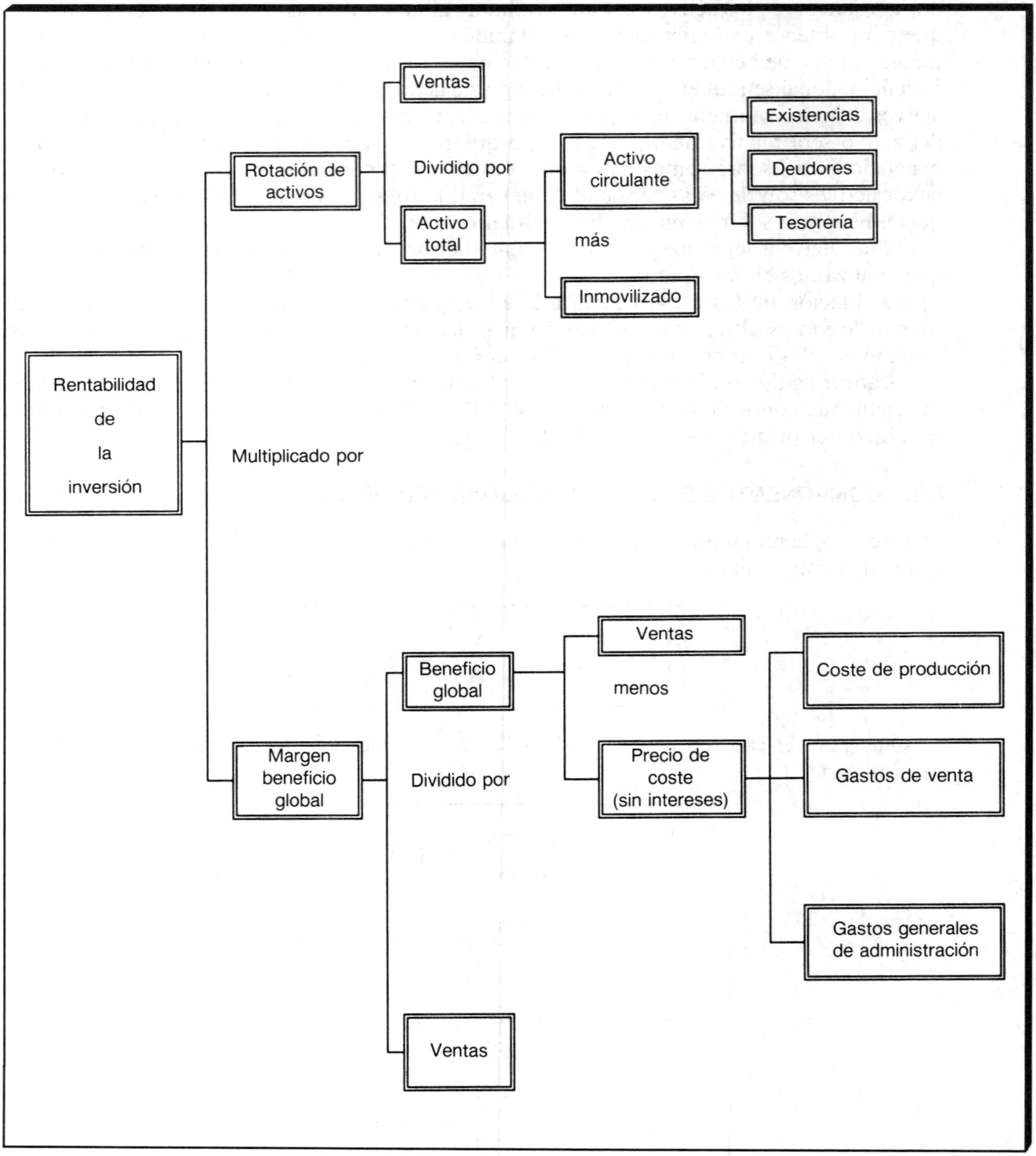
Rentabilidad de la inversión
Multiplicado por
Rotación de activos
Ventas
Dividido por
Activo total
Activo circulante
Existencias
Deudores
Tesorería
más
Inmovilizado
Margen beneficio global
Beneficio global
Ventas
menos
Precio de coste (sin intereses)
Coste de producción
Gastos de venta
Gastos generales de administración
Dividido por
Ventas

Cuadro 12.5.

$$4{,}73\ \% = 12{,}80\ \% \cdot 39{,}43\ \% \cdot 74{,}62\ \% \cdot 125{,}56\ \%$$

En la combinación más óptima de todos estos factores radica el que la rentabilidad de los fondos aportados por los propietarios sea mayor o menor.

4.4. RENTABILIDAD EFECTIVA PARA EL ACCIONISTA

Desde el punto de vista del inversor, éste puede analizar su rentabilidad, bien tomando como referencia el coste de su acción o bien el valor de mercado (cotización) de la misma en el momento del cálculo.

En este caso, más que el beneficio de la empresa, se tomará como dato el dividendo percibido, en su importe bruto o neto, es decir, deducido el impuesto.

De esta manera se toman en consideración por el analista externo algunos ratios en relación a estos valores, tales como:

— **Pay-out**, o relación entre el dividendo acordado y el beneficio obtenido por la empresa, es decir:

$$\frac{\text{Dividendo}}{\text{Beneficio neto}}$$

— **P.E.R. (Price Earning Ratio)** o relación que guarda la cotización de la acción con el beneficio obtenido por la empresa, es decir:

$$\frac{\text{Valor de cotización de la acción}}{\text{Beneficio neto}}$$

ACTIVIDADES RECOMENDADAS

a) El lector verificará el efecto del apalancamiento operativo en una serie de incrementos, sucesivos e iguales, de la cifra de negocios.

b) El lector tratará de exponer brevemente y con datos numéricos los factores que intervienen en la determinación de la rentabilidad de los fondos aportados por los propietarios.

c) El lector explicará la importancia del Informe de Auditoría en el análisis de los resultados de la empresa.

EJERCICIOS DE AUTOCOMPROBACION

Indique usted si son verdaderas (**V**) o falsas (**F**) las siguientes proposiciones:

1. La rentabilidad de las inversiones de la empresa es función de cómo estén financiadas .... **V F**
2. Para el accionista, la rentabilidad es función del resultado de la explotación, así como del grado y coste del endeudamiento .... **V F**
3. La rentabilidad de la inversión condicionará la proporción o relación de endeudamiento .... **V F**
4. El precio de venta es indiferente del volumen de ventas .... **V F**
5. Para analizar la rentabilidad en el caso de producción múltiple es necesario contar con información desglosada o por segmentos .... **V F**
6. A corto plazo, la rentabilidad dependerá del criterio seguido para el cómputo del Coste de Ventas .... **V F**
7. El punto muerto es aquella cifra que iguala el importe de las ventas con los costes fijos .... **V F**

SOLUCIONES A LOS EJERCICIOS DE AUTOCOMPROBACION

1. **F**
2. **V**
3. **V**
4. **F** (A partir de determinado volumen)
5. **V**
6. **V**
7. **F**

CASOS PRACTICOS. SERIE 4. CAPITULOS 11 Y 12

ENUNCIADOS

CASO PRACTICO N.º 4.1. Tasas de rentabilidad, apalancamiento financiero y efecto de la deducibilidad fiscal de los intereses [1]

Las empresas «A» y «B» presentan los siguientes datos referidos a los ejercicios 19X2, 19X3 y 19X4:

	Activo	Deuda a largo plazo	Capital social	Beneficio antes de intereses e impuestos
19X2				
Empresa «A»	1.000.000	400.000	600.000	150.000
Empresa «B»	1.000.000	—	1.000.000	150.000
19X3				
Empresa «A»	1.000.000	400.000	600.000	60.000
Empresa «B»	1.000.000	—	1.000.000	60.000
19X4				
Empresa «A»	1.000.000	400.000	600.000	25.000
Empresa «B»	1.000.000	—	1.000.000	25.000

Información complementaria:

a) El tipo impositivo sobre los beneficios es del 50 por 100.

b) El tipo de interés de la deuda es el 6 por 100 anual.

SE PIDE:

1. Calcule las tasas de rentabilidad del activo y de los fondos propios de ambas sociedades en los tres ejercicios y comente los resultados alcanzados.
2. Indique si es preferible la estructura financiera de la empresa «A» (endeudada) o de la empresa «B», en cada uno de los tres ejercicios.
3. Calcule el valor del apalancamiento financiero y sus componentes en cada ejercicio.
4. Cuantifique y comente el efecto de la deducibilidad fiscal de los intereses de la deuda con referencia al ejercicio 19X3.

[1] Adaptación del ejercicio recogido en BERNSTEIN, L. A.: *Análisis de Estados Financieros*. Teoría, Aplicación e Interpretación, págs. 616-620. Editorial McGraw-Hill/Irwin, Madrid, 1995.

CASO PRACTICO N.º 4.2. Cálculo de las tasas de rentabilidad y determinación de la mejor alternativa de financiación para ampliar el volumen de actividad

La Cuenta de Resultados de la empresa GAVIOTA, S. A., para el ejercicio terminado en 31 de diciembre de 19X0, arroja los siguientes datos (cifras en miles de pesetas):

Debe		Haber	
Existencias iniciales	14.000	Ventas	42.100
Compras de existencias	22.000	Existencias finales	4.000
Devoluciones de ventas	1.000	Devoluciones de compras	600
Gastos de compra	600		
Gastos de ventas	1.500		
Intereses de préstamos bancarios (6 % anual)	600		
Gastos generales	2.000		
Intereses de préstamos hipotecarios (5 % anual)	400		
Impuesto de sociedades (35 %)	1.610		
Saldo	2.990		
Total Debe	46.700	Total Haber	46.700

Información adicional:

a) Durante 19X0 no han experimentado movimiento en el principal los préstamos que tiene formalizados la sociedad.

b) El Capital social, totalmente desembolsado, asciende a 40 millones de ptas., y las Reservas a 2 millones.

c) Se estima que si las Ventas netas se elevaran a 61.500.000 ptas., el Consumo de existencias aumentaría proporcionalmente, los Gastos de venta en un 50 por 100 y los Gastos generales ascenderían a 3.800.000 ptas.

d) Para financiar esta ampliación del volumen de actividad de la empresa se dispone de dos soluciones alternativas:
1. Ampliación del Capital social en 10 millones de ptas.
2. Obtención de un préstamo del mismo importe al 6,5 por 100 anual.

SE PIDE:

1. Cálculo de la rentabilidad de los recursos propios en 19X0.
2. Cálculo de la rentabilidad general de la empresa en 19X0.
3. Con el criterio de maximización de la rentabilidad de los recursos propios, determínese cuál de las dos alternativas de financiación de la ampliación expuesta es preferible.

CASO PRACTICO N.º 4.3. Interpretación de la evolución de la rentabilidad

Del estudio de la situación económico-financiera de la empresa GAVILAN, S. A., referido a los ejercicios de 19X0 y 19X9, se han obtenido los siguientes datos:

	19X0	19X9
CUENTA DE RESULTADOS (en porcentajes):		
Ventas netas	100,00	100,00
Materias primas consumidas	40,83	44,42
Suministros exteriores	17,01	15,54
Gastos de personal	24,06	28,13
Amortizaciones	6,33	4,45
Beneficio de explotación	11,77	7,46
Resultados extraordinarios	0,92	0,29
Beneficio antes de intereses e impuestos	12,69	7,75
Gastos financieros	3,84	6,15
Impuestos	1,85	0,92
Beneficio líquido	7	0,68
ROTACION DEL ACTIVO		
Ventas netas/Activo total	1,042	1,162
TASAS DE RENTABILIDAD Y ENDEUDAMIENTO		
Rentabilidad del activo	12,99 %	9,00 %
Endeudamiento	63,97 %	53,68 %
Coste del capital ajeno	7,38 %	13,40 %
Rentabilidad de los fondos propios	22,95 %	3,90 %

SE PIDE: A la vista de los datos anteriores, cuantifique y comente los siguientes indicadores:

a) Apalancamiento financiero en 19X0 y cuantificación de sus componentes.

b) Apalancamiento financiero en 19X9 y cuantificación de sus componentes.

c) ¿Qué medida o medidas recomendaría usted adoptar, a fin de restablecer la rentabilidad de los fondos propios alcanzada en 19X0 (22,95 por 100)?

d) ¿Cuál tendría que haber sido el coste del capital ajeno en 19X9 para que, permaneciendo invariables los otros datos, se obtuviese una rentabilidad de los fondos propios igual a la de 19X0?

e) ¿Cuál ha sido el verdadero coste del capital ajeno si el tipo del Impuesto de sociedades es el 36 por 100?

f) Señale las causas fundamentales que han conducido a la situación de 19X9.

CASO PRACTICO N.º 4.4. Cálculo del incremento necesario de la deuda para financiar un proyecto de expansión

La Sociedad Anónima KIWI presenta la siguiente situación en 31-12-19X1, en unidades monetarias (u.m.):

BALANCE DE SITUACION

Activo		Pasivo	
Fijo neto	18.000	Patrimonio	14.000
Circulante neto	3.000	Pasivo remunerable	7.000
	21.000		21.000

CUENTA DE RESULTADOS

Ventas netas	10.000
Coste de ventas	5.000
Margen bruto	5.000
Gastos generales y de administración	2.000
Gastos financieros (15 % anual)	1.200
Beneficio antes de impuestos	1.800
Impuestos sobre beneficios (35 %)	630
Beneficio después de impuestos	1.170

El pasivo remunerable está constituido por un préstamo obtenido el 1 de enero de 19X0 por 9.000 u.m., a reembolsar por partes iguales en 9 años, el 31 de diciembre de cada año.

Se espera iniciar una fase de expansión para lograr en 19X2 un aumento en las ventas de un 25 por 100, con lo que el coste de ventas se incrementará en la misma medida y los gastos generales y de administración en 15 por 100. En el mercado financiero se espera que el coste del dinero sea 2 puntos superior al que satisface actualmente la sociedad.

SE PIDE: ¿En cuánto debe endeudarse la empresa, en la fase de expansión, para que al 31-12-19X2, la rentabilidad de los fondos propios sea del 10 por 100 después de impuestos?

CASO PRACTICO N.º 4.5. Cálculo de las tasas de rentabilidad y evaluación de distintas alternativas para financiar un proyecto de expansión

La Cuenta de Resultados de la sociedad LIBELULA arroja los siguientes datos, referidos al ejercicio 19X1, expresados en unidades monetarias (u.m.):

Ventas		85.000
Coste de ventas:		
Existencias iniciales	28.000	
Compras	44.000	
Existencias finales	(8.000)	64.000
Margen bruto		21.000
Gastos de venta		3.000
Margen neto		18.000
Gastos financieros:		
Intereses préstamos bancarios (12 % anual)		1.200
Intereses préstamo hipotecario (10 % anual)		800
Gastos generales		4.000
Resultado operativo		12.000
Resultados extraordinarios		200
Beneficio antes de impuestos		12.200
Impuestos		4.270
Beneficio después impuestos		7.930

En el ejercicio 19X1, los préstamos no han experimentado movimiento y tampoco tendrán movimiento en 19X2. El patrimonio neto tiene la siguiente composición: Capital desembolsado: 80.000 u.m., y Reservas: 4.000 u.m.

En 19X2 se espera aumentar las ventas en un 50 por 100 y, dada la composición de costes y su comportamiento, se estima que los gastos de venta aumentarán en un 40 por 100 y los gastos generales en un 30 por 100. Este incremento de actividad exige un incremento de la financiación, para lo cual existen dos alternativas:

a) Aumentar el capital social en 20.000 u.m.; y

b) Obtener un préstamo de 20.000 u.m., al 13 por 100 de interés anual.

SE PIDE:

1. Calcular la rentabilidad de los recursos propios en 19X1.
2. Calcular la rentabilidad de la empresa en 19X1; y
3. Exponer cuál será la alternativa de financiación para 19X2 que hará máxima la rentabilidad de los fondos propios.

CASO PRACTICO N.º 4.6. Cálculo del margen bruto y análisis de su variación

La empresa comercial VOLGA, S. A., que vende un único artículo, facilita los siguientes datos (cifras en unidades monetarias):

	19X9	19X8
Ventas	8.150	6.300
Devoluciones de ventas	590	400
Compras de mercaderías	3.850	3.600
Variación de existencias de mercaderías (aumento en ambos ejercicios)	390	500

El número de artículos vendidos ascendió a 2.360 unidades 19X8 y a 2.160 unidades en 19X9.

SE PIDE:

a) Calcular el margen comercial bruto en cada ejercicio; y

b) Cuantificar y comentar las causas determinantes de su variación.

CASO PRACTICO N.º 4.7. Relación entre el volumen de ventas y el resultado

TIBER, S. A., es una empresa recién constituida que fabrica un único producto que vende a 60 u.m. Para el primer año de su actividad, en el que se pretende obtener un beneficio de 480.000 u.m., se estima un coste variable unitario de 20 u.m. y unos costes fijos totales de 540.000 u.m.

Para el año siguiente se espera que los costes fijos se incrementen en 200.000 u.m. y el coste variable por unidad producida se reduzca en 5 u.m.; siendo el volumen de ventas previsto para este segundo año de 30.000 unidades de producto.

SE PIDE:

a) Número de unidades que habrán de venderse el primer año para alcanzar la cifra de beneficios pretendida; y

b) Para el segundo año, y en base a las previsiones realizadas, ¿se debería subir el precio de venta por encima de 60 u.m. para conseguir un beneficio de 600.000 u.m.?

CASO PRACTICO N.º 4.8. Análisis de los componentes del resultado y de la variación del margen bruto. Cálculo de las tasas de rentabilidad

MOSQUITO, S. A., presenta los siguientes balances referidos al 31 de diciembre de dos ejercicios consecutivos (en miles de pesetas):

	19X5	19X4
ACTIVO		
Edificios	5.000	5.000
Maquinaria	20.000	19.000
Mobiliario	1.000	1.000
Inversiones financieras	400	1.000
Gastos de primer establecimiento	1.250	1.500
Materias primas	500	600
Productos en curso	1.500	500
Productos terminados	2.000	1.000
Clientes y efectos a cobrar	500	1.250
Tesorería	230	595
Otros activos	—	2.250
Efectos comerciales descontados	750	500
	33.130	34.195
PASIVO		
Capital	10.000	10.000
Reserva legal	2.500	2.250
Amortización acumulada	6.500	5.000
Empréstito obligaciones 19X3	5.625	7.500
Obligaciones a amortizar	1.875	1.875
Préstamos a largo plazo	600	500
Proveedores y efectos a pagar	2.250	1.400
Intereses a pagar	1.350	1.688
Pérdidas y ganancias	1.680	3.482
Deudas por efectos descontados	750	500
	33.130	34.195

Por su parte, el estado de resultados y la distribución del beneficio en ambos ejercicios son los siguientes (cifras igualmente en miles de pesetas):

	19X5	19X4
Ventas	25.000	24.750
Devoluciones de ventas	(2.500)	(563)
Ventas netas	22.500	24.187
Coste de ventas:		
Materias primas consumidas	3.600	4.069
Mano de obra directa	6.113	5.371
Gastos de fabricación	8.037	6.835
	17.750	16.275
Variación producción en curso	−1.000	−100
Variación producción terminada	−1.000	−50
Coste de ventas	15.750	16.125
Margen bruto en ventas	6.750	8.062
Gastos de venta	2.250	1.612
Gastos generales y de administración	1.000	900
Gastos financieros de estructura	1.470	1.793
Otros gastos financieros	350	275
Impuesto sobre beneficios	605	1.250
Resultado del ejercicio	1.075	2.232
Número de unidades vendidas	9.000	10.750
Distribución del resultado:		
Reservas	250	250
Dividendo	700	1.600
Otras atenciones estatutarias	125	382
	1.075	2.232

SE PIDE:

a) Prepare un estado comparativo de resultados y señale los aspectos más significativos.

b) Calcular el beneficio bruto o margen comercial unitario en ambos ejercicios.

c) Desglosar la variación del margen bruto en ventas.

d) Comentar la evolución de los componentes del coste de ventas.

e) Calcular las tasas de rentabilidad y los componentes del apalancamiento financiero.

CASO PRACTICO N.º 4.9. Análisis del margen bruto y de la rentabilidad económica en dos ejercicios consecutivos

A continuación se exponen algunas magnitudes económico-financieras relativas a los ejercicios 19X2 y 19X3 de la sociedad industrial CANARIO, en unidades monetarias.

	19X2	19X3
Consumo materias primas	5.000	8.000
Mano de obra directa	6.000	7.000
Gastos indirectos de fabricación	9.000	9.100
Inventario inicial de productos en proceso	4.000	3.000
Inventario inicial de productos terminados	1.500	1.800
Inventario final de productos en proceso	3.000	5.000
Inventario final de productos terminados	1.800	1.890
Ventas brutas	38.000	46.800
Devoluciones de ventas	3.500	4.200
Gastos de venta	3.450	3.550
Gastos de administración	5.000	5.500
Gastos financieros	1.200	1.350
Activos totales	220.000	225.000
Otra información		
Unidades físicas vendidas	345	355
Impuesto sobre beneficios	35%	35%

SE PIDE:

a) Analice las causas de la variación del margen bruto en ventas entre los ejercicios 19X2 y 19X3.

b) Cuantifique la rentabilidad de los activos, en ambos ejercicios, en sus dos componentes.

CASO PRACTICO N.º 4.10. Análisis de la situación financiera a largo plazo

La sociedad IGUANA, S. A., presenta los balances de situación que siguen, correspondientes a los ejercicios 1994 y 1995, en millones de pesetas, así como el estado de resultados del ejercicio cerrado en 31 de diciembre de 1995, igualmente en millones de pesetas:

	31-12-1994	31-12-1995
ACTIVO		
Inmovilizado material	15.000	14.000
Amortización acumulada	(3.000)	(4.200)
	12.000	9.800
Inmovilizado inmaterial	1.000	1.000
Amortización acumulada	(500)	(600)
	500	400
Inmovilizado financiero	800	1.100
Gastos amortizables	300	200
ACTIVO FIJO	13.600	11.500
Existencias comerciales	4.000	5.000
Clientes y efectos a cobrar	3.000	2.700
Tesorería	500	600
Ajustes por periodificación	50	40
ACTIVO CIRCULANTE	7.550	8.340
TOTAL ACTIVO	21.150	19.840
PASIVO		
Capital	7.000	7.000
Reservas	1.000	1.000
Pérdidas y ganancias	500	100
	8.500	8.100
Préstamos a largo plazo	6.000	7.000
PASIVO FIJO	14.500	15.100
Proveedores y efectos a pagar	4.450	3.000
Préstamos bancarios a corto plazo	2.000	1.600
Hacienda Pública	100	100
Remuneraciones pendientes de pago	100	40
PASIVO CIRCULANTE	6.650	4.740
TOTAL PASIVO	21.150	19.840

	Ejercicio terminado en 31-12-1995
Ventas netas	20.000
Coste de ventas	13.500
Margen sobre ventas	6.500
Gastos de personal	1.800
Servicios exteriores	500
Gastos financieros	1.260
Amortizaciones	2.500
Resultados diversos	290
	6.350
Beneficio antes de impuestos	150
Impuestos	50
BENEFICIO DEL PERIODO	100

Se sabe que la política de dividendos para 1995 será la misma que para 1994.

Por otra parte, en 1995 se vendió activo fijo material por un importe de 300, cuyo coste de venta estaba formado como sigue:

— Coste origen	1.500
— Amortización acumulada	1.100
	400

A la vista de la anterior información, y con objeto de analizar la situación a largo plazo de la sociedad IGUANA, S. A.

SE PIDE:

a) La estructura financiera comparada de ambos ejercicios.

b) Ratio de cobertura de los costes de la deuda para 1995.

c) El anterior referido a los recursos operacionales de 1995.

CAPITULO

13

Análisis global de estados financieros. Caso general

1. OBJETIVOS DEL CAPITULO Y ENFOQUE DADO AL TRABAJO

Hemos visto en capítulos anteriores las diversas fases del análisis financiero o, si se prefiere, los diversos aspectos del mismo. En el presente pretendemos dar una visión de conjunto, utilizando datos publicados por una gran empresa española. Se ha llevado a cabo un enfoque global, analizando, por tanto:

— La situación financiera a corto plazo.
— La situación financiera a largo plazo.
— Las variaciones en los resultados.
— Las rentabilidades.

La información real utilizada es la referente a Petróleos del Mediterráneo, S. A. (PETROMED) extraída de su Informe al ejercicio 1990. Insertamos la información origen tal como aparece en el documento, por lo que, en algunos casos, pueden aparecer referencias tanto a la empresa matriz como al Grupo; hemos de advertir que el trabajo llevado a cabo hace sólo referencia a los datos de la empresa y no a los del Grupo.

Hemos elegido la información de PETROMED para nuestro caso general porque es una de las más completas que conocemos, así como por contar con un informe de auditoría «limpio», es decir, con opinión sin observaciones cuya divulgación en otro caso, a pesar del carácter público del documento, hubiera podido considerarse inoportuna.

No se ha elaborado un informe global conjunto, sino que nos ha parecido más pedagógico hacer en cada apartado los comentarios que hemos estimado oportunos. En la vida profesional se suele presentar un informe global, acompañado de anexos, donde se exponen los cálculos llevados a cabo.

Digamos, por último, que para ser fieles con lo expuesto a lo largo del texto, no hemos «forzado» la información, sino que hemos utilizado la disponible, tal como en la realidad se le presenta al analista. Así, pues, es obvio que algunos de los aspectos o puntos que en el libro se contemplan no han podido ser de aplicación en el ejemplo general porque, en otro caso, hubiéramos «inventado» un ejemplo teórico, que no era nuestro propósito.

(*Nota*: En la solución del caso se han utilizado las cifras en millones de ptas.)

2. INFORME DE PETROMED AL EJERCICIO 1990

PETROLEOS DEL MEDITERRANEO, S.A

CUENTAS ANUALES DEL EJERCICIO 1990

- Balance de situación
  al 31 de diciembre de 1990/1989

- Cuenta de Pérdidas y Ganancias
  del Ejercicio 1990/1989

- Memoria 1990

OPINIÓN DE LOS AUDITORES EXTERNOS

Edificio Price Waterhouse
Paseo de la Castellana, 43
28046 Madrid

Teléfono 308 35 00
Telex 42 164 (PWCO E)
Telefax 308 35 66

Price Waterhouse

Informe de auditoría independiente de las cuentas anuales

A los accionistas de Petróleos del Mediterráneo, S.A.:

Hemos auditado las cuentas anuales de Petróleos del Mediterráneo, S.A. (PETROMED) y las consolidadas de Petróleos del Mediterráneo, S.A. (PETROMED) y su grupo de compañías, las cuales se presentan separadamente, que comprenden el balance de situación al 31 de diciembre de 1990, la cuenta de pérdidas y ganancias y la memoria correspondientes al ejercicio anual terminado en dicha fecha y cuya formulación es reponsabilidad de los Administradores. Nuestra responsabilidad es expresar una opinión sobre las citadas cuentas anuales en su conjunto, basada en el trabajo realizado de acuerdo con las normas de auditoría generalmente aceptadas, que incluyen el examen, mediante la realización de pruebas selectivas, de la evidencia justificativa de las cuentas anuales y la evaluación de su presentación, de los principios contables aplicados y de las estimaciones realizadas.

De acuerdo con la legislación mercantil, los Administradores presentan, a efectos comparativos, con cada una de las partidas del balance y de la cuenta de pérdidas y ganancias de la matriz y del grupo consolidado, además de las cifras del ejercicio 1990, las correspondientes al ejercicio anterior. Dado que tales cifras del ejercicio 1989 no constituyen cuentas anuales completas, nuestra opinión se refiere exclusivamente a las cuentas anuales de la matriz y del grupo consolidado del ejercicio 1990. Con fecha 2 de marzo de 1990 emitimos nuestros informes de auditoría acerca de las cuentas anuales del ejercicio 1989 de Petróleos del Mediterráneo, S.A. (PETROMED) y de las del grupo consolidado en los que expresamos opiniones favorables.

Tal como se indica en la Nota 3.j de la memoria de PETROMED y en la Nota 3.m de la memoria del grupo consolidado, los precios definitivos de venta a CAMPSA no pueden ser determinados en el momento de la entrega de los productos, siendo éstos fijados con posterioridad. En consecuencia, PETROMED contabiliza el saldo resultante de las liquidaciones definitivas en el ejercicio en que se conocen dichas liquidaciones (ver Notas 25 de las memorias respectivas). Los importes de las liquidaciones definitivas pendientes que finalmente ingrese la compañía serán los que en su día sean aprobados como consecuencia de los acuerdos que adopte al respecto el Consejo de Ministros.

Price Waterhouse Auditores, S.A.
R. M. Madrid, hoja 87.250-1, folio 75, tomo 9.267, libro 80504, sección 3ª
Inscrita en el R.O.A.C. con el número 193

Página 2

En nuestra opinión, las cuentas anuales adjuntas expresan, en todos los aspectos significativos, la imagen fiel del patrimonio y de la situación financiera de Petróleos del Mediterráneo, S.A. (PETROMED) y de su grupo consolidado al 31 de diciembre de 1990 y de los resultados de sus operaciones y de los recursos obtenidos y aplicados durante el ejercicio anual terminado en dicha fecha y contienen la información necesaria y suficiente para su interpretación y comprensión adecuada, de conformidad con principios y normas contables generalmente aceptados que guardan uniformidad con los aplicados en el ejercicio anterior.

Los informes de gestión adjuntos del ejercicio 1990 de Petróleos del Mediterráneo, S.A. (PETROMED) y de su grupo consolidado contienen las explicaciones que los Administradores consideran oportunas sobre la situación de la Sociedad y de su grupo, la evolución de sus negocios y sobre otros asuntos y no forman parte integrante de las cuentas anuales. Hemos verificado que la información contable que contienen los citados informes de gestión concuerdan con la de las cuentas anuales del ejercicio 1990. Nuestro trabajo como auditores se limita a la verificación de los informes de gestión con el alcance mencionado en este mismo párrafo y no incluye la revisión de información distinta de la obtenida a partir de los registros contables de las compañías consolidadas.

Price Waterhouse Auditores, S.A.

José Luis Fernández Baños
Socio. Auditor de Cuentas

Madrid, 14 de marzo de 1991

PETRÓLEOS DEL MEDITERRÁNEO, S.A.
BALANCE DE SITUACIÓN
AL 31 DE DICIEMBRE DE 1990/1989

ACTIVO

	Pesetas 1990	1989
INMOVILIZADO	**50.039.211.586**	**51.431.812.212**
Inmovilizaciones inmateriales (Nota 4)	122.052.133	85.081.610
Aplicaciones informáticas	122.052.133	85.081.610
Inmovilizaciones materiales (Nota 5)	16.232.819.273	14.045.224.645
Terrenos y construcciones	1.853.589.825	1.855.198.695
Instalaciones técnicas y maquinaria	33.461.757.652	31.561.623.556
Otras instalaciones, utillaje y mobiliario	3.896.189.201	3.585.181.127
Anticipos e inmovilizaciones en curso	4.911.856.445	3.103.084.461
Amortización	(27.890.573.850)	(26.059.863.194)
Inmovilizaciones financieras (Nota 6)	33.684.340.180	37.301.505.957
Participaciones en empresas del grupo	8.754.978.270	7.054.978.270
Créditos a empresas del grupo	165.000.000	6.455.000.000
Participaciones en empresas asociadas	11.839.003.882	11.787.840.397
Cartera de valores a largo plazo	15.658.911.547	12.207.169.297
Otros créditos	303.892.029	324.779.576
Depósitos y fianzas constituidos a largo plazo	15.624.839	13.957.839
Provisiones	(3.053.088.387)	(542.219.422)
GASTOS A DISTRIBUIR EN VARIOS EJERCICIOS	**260.336.257**	**0**
GASTOS A DISTRIBUIR PLAN PENSIONES (NOTA 13)	**2.454.793.821**	**0**
ACTIVO CIRCULANTE	**21.573.186.173**	**13.958.888.914**
Existencias (Nota 7)	8.792.178.509	6.756.561.926
Materias primas	5.633.516.779	4.376.757.926
Productos terminados	3.168.306.190	2.817.521.277
Otros aprovisionamientos	761.513.710	715.627.820
Provisiones	(771.158.170)	(1.153.345.097)
Deudores (Nota 8)	9.368.641.543	6.429.746.346
Clientes por ventas y prestación de servicios	5.191.627.063	4.007.126.620
Empresas del grupo, deudores	2.322.384.816	909.055.684
Empresas asociadas, deudores	900.157.178	697.524.569
Deudores varios	272.579.682	193.662.957
Personal	196.202.260	187.727.682
Administraciones públicas	511.948.585	455.652.782
Provisiones	(26.258.041)	(21.003.948)
Inversiones financieras temporales (Nota 9)	2.810.171.348	0
Cartera de valores a corto plazo	2.810.171.348	0
Tesorería	414.870.665	257.332.038
Ajustes por periodificación	187.324.108	515.248.604
TOTAL ACTIVO	**74.327.527.837**	**65.390.701.126**

PETRÓLEOS DEL MEDITERRÁNEO, S.A.
BALANCE DE SITUACIÓN
AL 31 DE DICIEMBRE DE 1990/1989

PASIVO

	Pesetas 1990	Pesetas 1989
FONDOS PROPIOS (NOTA 10)........	**37.911.828.376**	**36.759.344.330**
Capital suscrito	10.050.980.000	10.050.980.000
Reserva de revalorización	7.451.292.253	7.452.558.465
Reservas	17.915.675.198	16.793.912.586
Reserva legal	2.010.196.000	2.010.196.000
Otras reservas	15.905.479.198	14.783.716.586
Pérdidas y ganancias (beneficio)	4.504.076.925	4.472.089.279
Dividendo a cuenta entregado en el ejercicio (Nota 12)	(2.010.196.000)	(2.010.196.000)
PROVISIONES PARA RIESGOS Y GASTOS	**1.850.352.523**	**3.037.755.294**
Provisiones para pensiones (Nota 13)	465.303.645	1.810.001.976
Provisiones para impuestos (Nota 14)	762.382.426	671.449.528
Otras provisiones (Nota 14)	622.666.452	556.303.790
OBLIGACIONES PLAN PENSIONES (NOTA 13)	**2.454.793.821**	**0**
ACREEDORES A LARGO PLAZO	**1.036.795.162**	**5.868.670.162**
Deudas con empresas del grupo y asociadas (Nota 15)	1.030.000.000	5.861.875.000
Deudas con empresas del grupo	1.030.000.000	5.851.875.000
Otros acreedores	6.795.162	6.795.162
Fianzas y depósitos recibidos a largo plazo	6.795.162	6.795.162
ACREEDORES A CORTO PLAZO	**31.073.757.955**	**19.724.931.340**
Emisión de obligaciones (Nota 16)	12.323.714.130	0
Otras deudas representadas en valores negociables	12.323.714.130	0
Deudas con entidades de crédito (Nota 17)	6.164.249.366	13.446.874.139
Préstamos y otras deudas	5.985.544.366	13.165.464.139
Deudas por intereses	178.705.000	281.410.000
Deudas con empresas del grupo y asociadas a corto plazo (Nota 15)	6.049.536.827	125.532.313
Deudas con empresas del grupo	6.047.170.207	124.143.113
Deudas con empresas asociadas	2.366.620	1.389.200
Acreedores comerciales	2.562.999.035	2.927.524.814
Deudas por compras o prestación de servicios.	2.562.999.035	2.927.015.539
Deudas representadas por efectos a pagar	0	509.275
Otras deudas no comerciales	3.973.258.597	2.983 603.673
Administraciones públicas	222.516.659	213.279.682
Otras deudas (Nota 6.5)	3.210.607.741	2.257.472.586
Remuneraciones pendientes de pago	540.134.197	512.851.405
Ajustes por periodificación	0	241 396.401
TOTAL PASIVO	**74.327.527.837**	**65.390.701.126**

PETRÓLEOS DEL MEDITERRÁNEO, S.A.
CUENTA DE PÉRDIDAS Y GANANCIAS
DEL EJERCICIO 1990/1989

GASTOS

Pesetas

	1990	1989
Aprovisionamientos	64.009.693.816	53.832.779.092
Consumo de materias primas y otras materias consumibles	64.009.693.816	53.832.779.092
Gastos de personal (Nota 21)	3.987.539.760	3.678.421.439
Sueldos, salarios y asimilados	2.903.581.985	2.584.792.794
Cargas sociales	655.932.028	625.748.656
Dotaciones plan pensiones	428.025.747	467.879.989
Dotaciones para amortizaciones de inmovilizado	1.872.404.168	1.979.202.973
Variación de las provisiones de tráfico	(352.358.631)	(3.275.731.703)
Variación de provisiones de existencias	(362.114.680)	(3.277.531.571)
Variación de provisiones y pérdidas de créditos incobrables	9.756.049	1.799.868
Otros gastos de explotación	6.586.615.398	7.589.249.150
Servicios exteriores (Nota 23)	6.478.456.540	7.514.966.092
Tributos	104.401.310	74.283.058
Otros gastos de gestión corriente	3.757.548	0
TOTAL GASTOS EXPLOTACIÓN	**76.103.894.511**	**63.803.920.951**
BENEFICIOS DE EXPLOTACIÓN	**8.639.967.794**	**2.301.036.023**
Gastos financieros y gastos asimilados	2.581.930.332	1.891.440.004
Por deudas con empresas del grupo	350.909.749	482.958.833
Por deudas con empresas asociadas	93.316.700	0
Por deudas con terceros y gastos asimilados (Nota 24)	2.137.703.883	1.408.481.171
Variación de las provisiones de inversiones financieras	2.749.630.928	462.219.422
Diferencias negativas de cambio	1.038.845.510	730.002.104
TOTAL GASTOS FINANCIEROS	**6.370.406.770**	**3.083.661.530**
BENEFICIOS DE LAS ACTIVIDADES ORDINARIAS	**5.878.772.499**	**2.804.867.429**
Pérdidas procedentes del inmovilizado inmaterial, material y cartera de control	7.182.551	1.998.481
Gastos extraordinarios	23.221.802	3.958.885
TOTAL GASTOS EXTRAORDINARIOS	**30.404.353**	**5.597.366**
BENEFICIOS ANTES DE IMPUESTOS	**6.269.910.100**	**6.102.188.476**
Impuesto sobre sociedades	1.765.833.175	1.630.099.197
RESULTADO DEL EJERCICIO (BENEFICIOS)	**4.504.076.925**	**4.472.089.279**
TOTAL	**88.774.615.734**	**72.995.368.323**

PETRÓLEOS DEL MEDITERRÁNEO, S.A.
CUENTA DE PÉRDIDAS Y GANANCIAS
DEL EJERCICIO 1990/1989

INGRESOS

	Pesetas 1990	Pesetas 1989
Importe neto de la cifra de negocios	82.553.178.126	66.044.360.341
Ventas (Nota 25)...	82.553.178.126	66.044.360.341
Aumento de existencias de productos terminados y en curso de fabricación	350.784.913	464.742.561
Trabajos efectuados por la empresa para el inmovilizado	8.967.759	11.575.402
Otros ingresos de explotación (Nota 26)	1.830.931.507	1.563.481.643
Ingresos accesorios y otros de gestión corriente	1.796.574.406	1.563.481.643
Exceso de provisiones de riesgos y gastos	34.357.101	0
TOTAL INGRESOS EXPLOTACIÓN.....	**84.743.862.305**	**68.084.159.947**
Ingresos de participaciones en capital ...	1.380.224.372	1.912.354.928
En empresas del grupo....................................	2.700.000	640.200.000
En empresas asociadas....................................	372.574.440	333.507.575
En empresas fuera del grupo	1.004.949.932	938.647.353
Ingresos de otros valores negociables y de créditos del activo inmovilizado....	458.632.753	685.689.683
De empresas del grupo	440.770.565	658.883.658
De empresas fuera del grupo...........................	17.862.188	26.806.025
Otros intereses e ingresos asimilados	55.329.793	41.598.214
Otros intereses	55.329.793	41.598.214
Diferencias positivas de cambio	1.715.024.557	947.850.111
TOTAL INGRESOS FINANCIEROS.....	**3.609.211.475**	**3.587.492.936**
Beneficios en enajenación de inmovilizado inmaterial, material y cartera de control...	360.327.118	1.294.206.420
Ingresos extraordinarios	61.214.836	29.509.020
TOTAL INGRESOS EXTRAORDINARIOS (NOTA 27)	**421.541.954**	**1.323.715.440**
TOTAL.......................................	**88.774.615.734**	**72.995.368.323**

PETRÓLEOS DEL MEDITERRÁNEO, S.A.
MEMORIA DEL EJERCICIO 1990

NOTA 1 - ACTIVIDADES

La compañía PETROLEOS DEL MEDITERRANEO, S.A., en anagrama PETROMED, con domicilio social en Madrid, calle Fortuny, 18, fue constituida mediante escritura pública el día 4 de diciembre de 1965, con el nombre de ESSO PETROLEOS ESPAÑOLES, S.A., siendo inscrita en el Registro Mercantil de la Provincia de Madrid, en el Tomo 1834 general, 1237 de la Sección 3ª del Libro de Sociedades folio 57, hoja nº 9380 inscripción 1ª. Posteriormente se cambió a la actual denominación inscribiéndose la misma en el tomo 2759 general 2086 de la Sección 3ª del Libro de Sociedades del Registro Mercantil de la provincia de Madrid, folio 241, hoja nº 9380, inscripción 76ª, siendo su N.I.F. A-28135846.

La actividad principal es la importación y refino de crudos de petróleo, así como la venta de productos petrolíferos. La mayor parte de los productos son vendidos a la Compañía Arrendataria del Monopolio de Petróleos, S.A. (CAMPSA). La compañía tiene su domicilio social en Madrid, Fortuny nº 18, y desarrolla sus actividades fundamentalmente a través de su refinería en Castellón de la Plana. Adicionalmente, PETROMED tiene contratado a largo plazo, en régimen de casco desnudo, el buque tanque de bandera española "Alvaro de Bazán", el cual explota vinculado a su actividad principal.

NOTA 2 - BASES DE PRESENTACION DE LAS CUENTAS ANUALES

Las cuentas anuales están basadas en los registros contables de la sociedad, que concuerdan con los libros oficiales, mantenidos de acuerdo con la normativa vigente y en los que se fundamentan las declaraciones de impuestos y los derechos de los accionistas. Se han formulado siguiendo los principios de contabilidad generalmente aceptados en España recogidos en la legislación en vigor.

Los ejercicios contables a que se refieren los estados financieros, empiezan el 1 de enero y terminan el 31 de diciembre.
Las cifras contenidas en el balance de situación y la cuenta de pérdidas y ganancias, están expresadas en pesetas y las contenidas en las Notas que conforman la memoria en miles de pesetas.

Con el fin de poder comparar las cuentas anuales de 1990 con las correspondientes de 1989 se han efectuado las reclasificaciones pertinentes para posibilitar la comparación de partidas homogéneas de acuerdo con lo preceptuado en al art. 35.4 del código de Comercio.

NOTA 3 - NORMAS DE VALORACION

Los criterios contables más significativos aplicados en la formulación de las cuentas anuales son los que se describen a continuación:

a) Inmovilizaciones inmateriales (ver Nota 4)

Aplicaciones informáticas

Se incluyen bajo este concepto los importes satisfechos por la propiedad de programas informáticos en los que se prevé que su utilización abarcará varios ejercicios.

Los gastos de mantenimiento de estas aplicaciones informáticas se imputan directamente como gastos del ejercicio en que se producen.

Su amortización se realiza en un período máximo de 5 años desde el momento en que se inicia el uso de la aplicación informática correspondiente.

b) Inmovilizaciones materiales (ver Nota 5)

Las inmovilizaciones figuran contabilizadas al coste de adquisición o de construcción, afectado por los coeficientes correspondientes a la aplicación de las leyes fiscales de Regularización de Balances de 1973 y las de Actualización de Balances de 1979, 1981 y 1983.

- Los costes de ampliación, modernización y mejoras de los bienes del inmovilizado material son incorporados al activo como mayor valor del bién exclusivamente cuando suponen un aumento de su capacidad, productividad o alargamiento de la vida útil.
- Los importes relacionados con los trabajos efectuados por la empresa para el inmovilizado material se adicionan al valor de los elementos incorporados en el inmovilizado. Sus importes se muestran como abono a la cuenta de pérdidas y ganancias.
- El inmovilizado en curso está valorado a su precio de coste, que incluye servicios de ingeniería y asistencia técnica, equipos, instalaciones y obra civil, y no comienza su amortización hasta la puesta en funcionamiento.
- La amortización del inmovilizado material se calcula mediante la aplicación de porcentajes constantes, calculados en base a la vida útil aproximada, y dentro de los límites legales.

  Para las unidades de conversión (Fase II) y determinadas inversiones selectivas efectuadas a partir de 1984, se aplica el sistema de amortización degresiva por el método de porcentaje constante sobre el valor pendiente de amortización.

c) Inmovilizaciónes financieras (ver Nota 6)

Las inversiones financieras se contabilizan al coste de adquisición actualizado. El valor contabilizado se compara con la cotización media del último trimestre del año o del último dia del año, en los valores cotizados en Bolsa, y con el valor teórico conocido en los no cotizados, procediéndose a las regularizaciones pertinentes, con contrapartida a la cuenta de resultados, de conformidad con las disposiciones del Reglamento del Impuesto sobre Sociedades y Ley de Sociedades Anónimas.

Para la clasificación de las participaciones entre empresas del Grupo, asociadas y participadas, se sigue el criterio siguiente:

- Como Grupo se incluyen aquellas sociedades en las que la participación combinada supera el 50%.
- Como Asociadas se incluyen aquellas sociedades en las que la participación combinada está comprendida entre el 20 y el 50%.
- Como Participadas se incluyen aquellas en las que la participación combinada es inferior al 20%.

Los dividendos se contabilizan cuando se perciben con independencia del ejercicio al que corresponden.

d) Existencias (ver Nota 7)

El método utilizado en las valoración de los inventarios de crudo y productos es el autorizado por al Administración Tributaria, consistente en un promedio móvil del coste de adquisición de las compras de los últimos siete años de todos los crudos adquiridos en dicho período, que se transforman, con periodicidad anual, en equivalentes de un crudo representativo o de referencia, de acuerdo con sus calidades tipo y rendimientos. La valoración de productos se realiza sobre la base de la valoración anteriormente descrita de los crudos.

Con objeto de reflejar las disminuciones en el precio de los crudos y productos en los mercados internacionales y las variaciones en los tipos de cambio, cuando es necesario, se establece una provisión por depreciación de existencias, para adecuar la valoración de los crudos y productos petrolíferos a los precios de mercado vigentes al cierre del ejercicio.

Los inventarios de crudo en tránsito, hasta la llegada de los buques a la refinería, se valoran a su coste real de adquisición en origen más otros costes directos incurridos hasta la fecha del cierre del ejercicio. Los inventarios de materiales y repuestos (Otros Aprovisionamientos) figuran valorados a su coste promedio, el cual es inferior al precio de mercado.

e) Plan de pensiones (ver Nota 13)

La compañía tiene establecido un Plan de Previsión Social del Personal, que cubre jubilación, invalidez, viudedad y orfandad, cuyas prestaciones fueron mejoradas mediante la adopción de nuevas bases en 1979. Las prestaciones por jubilación cubren toda la plantilla y varían según los años de antigüedad y remuneración del empleado hasta el tope establecido. Son complementarias a las prestaciones de la Seguridad Social y no requieren contribuciones por parte del empleado.

PETROMED ha llevado a cabo las acciones necesarias para la adaptación del plan a los requisitos de la Ley 8/1987 de Regulación de Planes y Fondos de Pensiones y demás normativa concordante, habiendo presentado para ello a la Administración, a través de la correspondiente Comisión Promotora, la documentación pertinente así como el Plan de Reequilibrio Actuarial y Financiero.

Las dotaciones incluídas en las cuentas anuales para cubrir dichas obligaciones, se han determinado mediante estudios actuariales independientes y en cumplimiento del anteriormente mencionado Plan de Reequilibrio Actuarial y Financiero.

f) Provisiones para riesgos y gastos

- Provisión para grandes reparaciones

  El criterio general es el de la imputación a gastos en el ejercicio en que se efectúan.

  El coste de las reparaciones del buque Alvaro de Bazán en dique seco, se estima en base al coste de la reparación anterior y, conforme a la previsión de la reparación a efectuar, se periodifica linealmente hasta la fecha estimada de entrada en dique, que suele ser cada dieciocho meses.

g) Deudores y acreedores por operaciones de Tráfico

Los débitos y créditos originados por las operaciones de tráfico de la empresa, tanto deudores como acreedores, se registran por su valor nominal. Los intereses incluidos en el nominal de las transacciones con vencimiento superior a un ejercicio se d fieren y periodifican, imputándose a resultados según criterios financieros.

h) Emisión de obligaciones

Las deudas representadas en valores negociables se registran por su valor nominal y los intereses con vencimiento posterior al ejercicio se reflejan en la partida de Gastos a Distribuir en Varios Ejercicios, los cuales se periodifican e imputan a resultados de acuerdo con criterios financieros.

i) Transacciones en moneda extranjera

Las operaciones en moneda extranjera se refieren casi exclusivamente a la importación y exportación de mercancías. Dichas operaciones se contabilizan en pesetas al tipo de cambio asegurado, o según el cambio vigente en la fecha de las respectivas transacciones, si sus cambios no han sido asegurados y, siempre y cuando no haya fluctuaciones significativas en la paridad de la peseta, no se ajustan los saldos al final del año para reflejar el cambio del cierre sino que toda la diferencia en cambio se contabiliza àl realizarse, en el momento de la liquidación de la operación.

j) Ingresos y Gastos

Las ventas de bienes e ingresos por servicios prestados, se registran sin incluir los importes correspondientes a los impuestos que gravan estas operaciones, deduciéndose como menor importe de la operación todos los descuentos que no obedecen a pronto pago, los cuales son considerados como gastos financieros.

Los precios definitivos de venta a Campsa no se determinan en el momento de la entrega de los productos, ya que su fijación definitiva se realiza posteriormente. El saldo resultante de las liquidaciones definitivas de los precios estimados se contabiliza por Petromed en el ejercicio en el que se conocen dichas liquidaciones (ver Nota 25).

Los importes de los impuestos que recaigan sobre las compras de crudo y productos, excluido el Impuesto sobre el Valor Añadido (IVA), y los de los transportes y demás gastos asociados a la compra, se registran como mayor valor de los bienes adquiridos.

k) Criterios de determinación del plazo

Se definen las partidas de corto plazo como aquéllas cuyo vencimiento es inferior a doce meses.

Complementariamente, las partidas de largo plazo son aquéllas con vencimiento superior a doce meses.

i) Impuesto sobre Sociedades

La cuenta de pérdidas y ganancias del ejercicio recoge el gasto por el impuesto sobre Sociedades, en cuyo cálculo se contemplan las bonificaciones y deducciones de la cuota a que tiene derecho la compañía.

Se ha cuantificado el efecto del diferimiento de las diferencias producidas entre la base imponible del impuesto y el resultado contable, y no existen pasivos significativos.

Por criterios de prudencia se decide no reflejar en las cuentas el crédito fiscal existente al 31/21/1990 (ver Nota 18)

NOTA - 4 Inmovilizaciones inmateriales

Las inmovilizaciones inmateriales corresponden a Aplicaciones Informáticas compuestas básicamente de programas diseñados a medida del usuario y de programas comerciales, incluidos en el Proyecto Informático de Gestión.

El importe total asciende a 152.565.000 Pts. y la amortización del ejercicio, siguiendo el criterio expuesto en la Nota 3, supone 30.513.000 Pts.

NOTA 5 - Inmovilizaciones Materiales

Los importes y variaciones experimentados durante el ejercicio por las partidas que componen el inmovilizado material son los siguientes:

	Miles de Pts.				
	Saldo al 31/12/89	*Adiciones*	*Ventas y Retiros*	*Traspasos*	*Saldo al 31/12/90*
Terrenos y bienes naturales	*891.786*	-	-	-	*891.786*
Construcciones	*963.413*	-	-	*(1.609)*	*961.804*
Instalaciones técnicas y maquinaria	*31.561.623*	-	-	*1.900.135*	*33.461.758*
Utillaje	*100.244*	-	-	*3.552*	*103.796*
Otras instalaciones	*381.356*	-	-	*29.486*	*410.842*
Mobiliario	*247.534*	-	*(450)*	*29.356*	*276.440*
Equipos para el proceso de información	*2.793.134*	-	-	*213.164*	*3.006.298*
Elementos de transporte	*62.913*	-	*(15.814)*	*51.714*	*98.813*
Anticipos e inmovilizaciones en curso	*3.103.084*	*4.034.570*	-	*(2.225.798)*	*4.911.856*
	40.105.087	*4.034.570*	*(16.264)*	*0*	*44.123.393*

Las adiciones más importantes han sido la siguientes:

	Miles de Pts.
Modificación estructuras productivas de la refinería (Fase III)	*1.593.820*
Sistema de cogeneración	*546.801*
Splitter de Nafta	*512.373*
Expansión de la unidad Powerformer 2	*448.617*
Interconexión con la nueva factoría de Campsa	*392.474*
TOTAL	*3.494.085*

En la partida de Anticipos e Inmovilizaciones en curso se incluye un importe de 53.940.000 pesetas, correspondientes a compras de terrenos que están pendientes de inscripción en el Registro de la Propiedad.

Las variaciones de la amortización acumulada durante el ejercicio han sido:

	Miles de Pts.			
	Saldo al 31/12/89	*Adiciones*	*Ventas y retiros*	*Saldo al 31/12/90*
Terrenos y bienes naturales	-	-	-	-
Contrucciones	*434.990*	*33.579*	-	*468.569*
Instalaciones Técnicas y Maquinaria	*24.676.592*	*1.341.298*	-	*26.017.890*
Utillaje	*80.636*	*3.697*	-	*84.333*
Otras instalaciones	*191.727*	*20.711*	-	*212.438*
Mobiliario	*142.950*	*17.612*	*(176)*	*160.386*
Equipos para el proceso de información	*504.221*	*417.284*	-	*921.505*
Elementos de transporte	*28.747*	*8.937*	*(12.231)*	*25.453*
	26.059.863	*1.843.118*	*(12.407)*	*27.890.574*

El rango de los períodos de amortización se sitúa entre 6,67 y 50 años.

Se han llevado a cabo las actualizaciones contables autorizadas al amparo de las disposiciones legales que se citan en la Nota 3.

Incluido en las inmovilizaciones materiales existen activos reversibles al Ministerio de Obras Públicas y Urbanismo en función de las concesiones obtenidas con fecha 20/09/1966 y fecha de reversión 20/09/2065, por las instalaciones de recepción y embarque marítimos de crudo y productos petrolíferos, con una inversión de

2.729.552.000 pesetas y una amortización acumulada de 2.567.321.000 pesetas.

No existen hipotecas en garantía de pasivos de cualquier índole.

Al cierre del ejercicio existen compromisos firmes de compra de elementos para el inmovilizado material, por importe de 1.397.757.000 pesetas.

Es política de la compañía contratar todas las pólizas de seguros que se estiman necesarias para dar cobertura a los posibles riesgos que pudieran afectar a los elementos del inmovilizado material.

Las inmovilizaciones materiales afectas a deducción por inversiones al 31 de diciembre de 1990 son 22.954.327.000 pesetas.

Las disposiciones de los bienes afectos a la deducción por inversiones, para su enajenación antes de los plazos que señala la Ley, daría lugar a la pérdida del beneficio fiscal.

La sociedad, de acuerdo con lo establecido por el R.D. Ley 2/1985, y con las disposiciones de la Resolución de 11 de diciembre de la Direccion General de Tributos, dotó en el ejercicio 1985 la cuenta de "Previsión Libertad de Amortización Real Decreto Ley 2/1985". La dotación efectuada constituye una reserva que no es de libre disposición (ver Nota 10.4).

NOTA 6 - INMOVILIZACIONES FINANCIERAS

6.1 El importe y las variaciones experimentadas durante el ejercicio por las partidas que componen el inmovilizado financiero, así como la provisión por depreciación del mismo, en su caso, se muestran a continuación:

	Miles de Pts.			
	Saldo al 31/12/1989	Aumentos	Disminuciones	Saldo al 31/12/1990
Participaciones en empresas del grupo	7.054.978	1.700.000	-	8.754.978
Créditos a empresas del grupo	6.455.000	616.170	(6.906.170)	165.000
Participaciones en empresas asociadas	11.787.840	55.115	(3.951)	11.839.004
Cartera de valores a largo plazo	12.207.169	3.585.825	(134.083)	15.658.911
Otros créditos	324.780	68.458	(89.346)	303.892
Depósitos y fianzas constituidas a largo plazo	13.958	1.685	-	15.643
	37.843.725	6.027.253	(7.133.550)	36.737.428
Provisiones	(542.219)	(2.510.869)	-	(3.053.088)
	37.301.506	3.516.384	(7.133.550)	33.684.340

El detalle de las provisiones es el siguiente:

	Miles de Pts.	
	Ejercicio 1990	Acumulado
Invamed, S.A.	1.700.000	1.780.000
BPMed, S.A.	106.158	568.377
Asturiana de Zinc, S.A.	388.236	388.236
S.E. Acumuladores Tudor, S.A.	220.706	220.706
La Unión y El Fénix Español, S.A.	46.265	46.265
La Auxiliar de la Construcción-Sansón, S.A.	31.807	31.807
Wat, S.A.	17.697	17.697
TOTAL	2.510.869	3.053.088

Adicionalmente existe una provisión en el pasivo, en la partida de Otras Provisiones, de 238.762.000 pesetas para cubrir otras responsabilidades en Invamed. Esta cuantía está recogida en la cuenta de pérdidas y ganancias en la partida de Variación de las Provisiones de Inversiones Financieras.

6.2 Las inmovilizaciones en empresas del grupo al 31 de Diciembre de 1990 vienen representadas por la inversión en las siguientes entidades:

		Miles de Pts.					
Denominación y domicilio / Actividades	*Valor cont. participac.*	*Capital*	*Reservas*	*Resultado*	*Divid. recib.*	*Participación %*	*Clase*
PRODUCTOS QUIMICOS DEL MEDITERRANEO, S.A. *Fortuny, 18 - 28010 Madrid* *Fabricación y venta de caprolactama así como sulfato amónico*	*6.667.575*	*1.275.000*	*9.451.769*	*(473.729)*	*-*	*100*	*DIR.*
INTERNACIONAL MEDITERRANEA DE COMERCIO *Oria, 22 - 28002 Madrid* *Sociedad de gestión de mercancías*	*56.163*	*30.000*	*308.010*	*50.035*	*2.700*	*100* *50*	*IND.* *DIR.*
INMUEBLES Y VALORES DEL MEDITERRANEO *Fortuny, 18 - 28010 Madrid* *Sociedad de cartera de valores*	*-*	*1.780.000*	*(207.855)*	*(1.700.000)*	*-*	*100*	*DIR.*
PROMOCION DE EXPORTACIONES *Apartado 6-2875 El Dorado - Panamá* *República de Panamá* *Empresa que actúa como intermediaria en el comercio internacional*	*-*	*15.799*	*836*	*724*	*-*	*100*	*IND.*
PETROMED INTERNATIONAL, S.A. *Barerstrasse, 6300 ZUG - Suiza* *Sociedad de gestión internacional de mercancías*	*242.300*	*41.713*	*273.556*	*(53.948)*	*-*	*100*	*DIR.*
INCOMED TRADING CORPORATION *Avda. Justo Arosemena y Calle 31* *Panamá 5 / República de Panamá* *Sociedad de gestión internacional de mercancías*	*-*	*538.984*	*618.451*	*231.822*	*-*	*85,95*	*IND.*

Denominación y domicilio / Actividades	Valor cont. participac.	Capital	Reservas	Resultado	Divid. recib.	Participación % Clase
ENTER, S.L. Ciscar, 24 - 12003 Castellón Sociedad dedicada a prestar servicios de informática	8.940	1.500	63.676	3.007	-	59,67 IND. 42,67 DIR.

Las inmovilizaciones en empresas asociadas y participadas, de acuerdo con el art. 185.2 del Texto Refundido de la Ley de Sociedades Anónimas (más del 20% en empresas no cotizadas y del 3% en empresas que cotizan en Bolsa) son las siguientes:

		Miles de Pts.					
Denominación y domicilio / Actividades	Valor cont. participac.	Capital	Reservas	Resultado	Divid. recib.	Participación %	Clase
BPMED, S.A. General Perón, 40 - 28020 Madrid Empresa dedicada al comercio de combustibles, carburantes, aceites y grasas lubricantes	4.931.622	11.000.000	(924.439)	(211.888)	-	50	DIR.
PARTICIPACIONES, S.A. Fortuny, 18 - 28010 Madrid Sociedad de cartera de valores	-	40.000	3.801	3.018	-	50	IND.
TRUCKSTOP ESPAÑA, S.A. General Perón, 40 - 28020 Madrid Comercialización productos petrolíferos	-	1.000	(5)	(1.788)	-	49,90	IND.
BPMED DISTRIBUCION, S.A. General Perón, 40 - 28020 Madrid Comercialización productos petrolíferos y restauración	-	1.000	(5)	(10)	-	49,90	IND.

Denominación y domicilio / Actividades	Valor cont. participac.	Capital	Reservas	Resultado	Divid. recib.	Participación %	Clase
MARKOIL, S.A. General Perón, 40 - 28020 Madrid Explotación y gestión estaciones de servicio	-	1.000	(5)	(2.344)	-	49,90	IND.
NIGERMED PETROLEUM, S.A. Edificio Arango - Orillac, 3 - Calle 54 Panamá - República Panamá Sociedad de gestión internacional de mercancías	-	96.909	-	114.586	-	25,79	IND.
SOCIEDAD ESPAÑOLA DE OXIGENO, S.A. Paseo de Recoletos, 18 - 28001 Madrid Empresa dedicada a la actividad de gases, sector de equipos y consumibles	6.339.004	6.191.310	3.498.142	1.970.121	372.574	21,48%	DIR.
COMPAÑIA ARRENDATARIA DEL MONOPOLIO DE PETROLEOS, S.A. Capitán Haya, 41 - Madrid Empresa dedicada a la realización de toda clase de actividades comerciales e industriales relacionadas con el sector de hidrocarburos	5.805.930	35.029.000	76.899.000	10.974.000	287.739	7,51%	DIR.
SOCIEDAD ESPAÑOLA DEL ACUMULADOR TUDOR, S.A. Condesa de Venadito, 1 - 28027 Madrid Empresa dedicada a la fabricación y venta de baterías	774.068	6.302.827	9.882.666	1.070.464	38.304	5,06%	DIR.
LA AUXILIAR DE LA CONSTRUCCION, S.A. Avda Diagonal, 534. 08006 Barcelona Empresa dedicada a la fabricación de productos para la construcción	2.639.960	3.060.188	6.009.282	4.957.467	-	4,16%	DIR.
ASTURIANA DE ZINC, S.A. San Juan de la Nieva - Concejo de Castrillón Principado de Asturias Investigación, explotación y comercialización de sustancias minerales	681.201	7.700.000	6.040.389	5.566.495	63.020	3,40%	DIR.

Las cifras de este cuadro, referentes a capital, reservas y resultados corresponden al ejercicio de 1989.

Las anteriores relaciones no se han depositado en el Registro Mercantil.

La cotización de las sociedades que cotizan en Bolsa han sido como sigue:

	Cotización *Ultimo trimestre*	*Cierre ejercicio*
CAMPSA	*2.907,91 Pts.*	*3.375 Pts.*
TUDOR	*1.010,63 Pts.*	*970 Pts.*
ASTURIANA DE ZINC	*3.867,76 Pts.*	*2.600 Pts.*
SEO	*7.568,57 Pts.*	*9.680 Pts.*
SANSON	*20.788,90 Pts.*	*20.750 Pts.*

6.3 La compañía ha realizado las siguientes notificaciones, en cumplimiento de lo dispuesto en el artículo 86 del Texto Refundido de la Ley de Sociedades Anónimas, por haber llegado a poseer por sí misma o por medio de una sociedad filial, más del 10% del capital de otra sociedad, o por las sucesivas adquisiciones que superan el 5% del capital social de la mencionada sociedad:

Fecha notificación	*Sociedad participada*	*% Capital adquirido*	*% Capital poseído al 31/12/90*
10 Enero 1990	*S.E. Oxígeno, S.A.*	-	*21,48*
30 Enero 1990	*Wat, S.A.*	-	*7,53*
30 Enero 1990	*El Val, S.A.*	-	*13,39*
30 Enero 1990	*Ergransa, S.A.*	-	*11,34*

Asímismo, Petróleos del Mediterráneo, S.A., en virtud de lo dispuesto en el art. 86 del Texto Refundido de la Ley de Sociedades Anónimas, ha recibido la siguiente notificación:

Fecha notificación	*Sociedad Notificante*	*% Capital poseído al 31/12/90*
19 Dicbre 1989	*Banco Español de Crédito*	*superior al 10%*

6.4 La participación de Campsa fue adquirida en 1985 en virtud del protocolo firmado el 3 de Julio de 1985 por el Ministerio de Industria y Energía, el Instituto Nacional de Hidrocarburos, CAMPSA y las compañías refinadoras. Existen restricciones en cuanto a la libre disposición de dicha participación impuestas por el protocolo de referencia.

6.5 Al finalizar el ejercicio queda pendiente de desembolso 3.204.256.000 pesetas por compras de acciones incluidas en la Cartera de Valores. Dicho importe se refleja en el pasivo del balance en la partida de Otras Deudas.

NOTA 7 EXISTENCIAS

7.1 Las existencias en inventario, valoradas con los criterios explicitados en la NOTA 3, tienen la siguiente composición al final del ejercicio:

Descripción	*Miles de Pts.* *Importe*	*Provisión por depreciación*
Crudo en refinería	*5.633.517*	*585.662*
Crudo en tránsito	-	-
Productos petrolíferos	*3.168.306*	*170.321*
Otros aprovisionamientos	*761.514*	*15.175*
	9.563.337	*771.158*

NOTA 8 - DEUDORES

La compañía tiene registrados créditos de carácter comercial, a corto plazo, cuyos importes más significativos se distribuyen de la forma siguiente:

Clientes	*Miles de pts.*
Campsa	*3.240.522*
Repsol Butano, S.A.	*305.537*
Otros clientes nacionales	*26.988*
Clientes de exportación	*1.618.580*
	5.191.627

Empresas del grupo, deudores	
Proquimed, S.A.	*218.368*
Invamed, S.A.	*1.123.181*
Incomed Trading Co.	*980.777*
Incomed, S.A.	*59*
	2.322.385

Empresas asociadas, deudores	
BPMed, S.A.	*896.716*
Nigermed, S.A.	*3.441*
	900.157

Contra el saldo de clientes se ha dotado una provisión por insolvencias de 26.258.000 pesetas.

La rúbrica de Administraciones Públicas, deudores, por importe de 511.949.000 pesetas, responden al concepto de IVA a devolver.

NOTA 9 - INVERSIONES FINANCIERAS TEMPORALES

La compañía posee valores de renta fija de entidades ajenas al grupo y vencimiento inferior a un año por una cuantía de 2.810.171.000 pesetas que incluye 14.599.000 pesetas en concepto de intereses devengados y no cobrados al 31/12/1990. La tasa de rentabilidad de las anteriores inversiones financieras temporales se sitúa en torno al 15%.

NOTA 10 - FONDOS PROPIOS

10.1 El importe y los movimientos en las cuentas de capital y reservas durante el ejercicio terminado el 31 de diciembre de 1990 han sido los siguientes:

	Saldo al 31/12/1989	*Distribución Resultados 1989*	*Pago dividendos*	*Otros movimientos*	*Saldo al 31/12/1990*
Capital social	*10.050.980*	-	-	-	*10.050.980*
Reserva de revalorización	*7.452.558*	-	-	*(1.266)*	*7.451.292*
Reserva legal	*2.010.196*	-	-	-	*2.010.196*
Reservas voluntarias	*14.783.717*	*1.121.762*	-	-	*15.905.479*
Beneficio remanente	*4.472.089*	*(4.472.089)*	-	-	*4.504.077*
Dividendos	*(2.010.196)*	*3.350.327*	*(3.350.327)*	-	*(2.010.196)*
	36.759.344	*0*	*(3.350.327)*	*(1.266)*	*37.911.828*

10.2 El capital social al 31 de diciembre de 1990 está compuesto por 10.050.980 acciones ordinarias y al portador de 1.000 pesetas nominales cada una, totalmente desembolsadas.

Todas las acciones tienen los mismos derechos políticos y económicos y cotizan en la Bolsa de Madrid.

10.3 El Consejo de Administración ostenta la facultad de ampliar el capital de la sociedad hasta el límite de 11.215.439.000 pesetas, la cual fue conferida por la Junta Extraordinaria de Accionistas de 20 de Junio de 1988. Dicha autorización se extiende hasta el 19 de Junio de 1993.

10.4 La Reserva de Revalorización está compuesta por las cuentas de Actualización Ley de Presupuestos de 1983 (7.441.868.000 pesetas) y la de Previsión Libertad de Amortización RDL 2/1985 (9.424.000 pesetas).

La Actualización Ley de Presupuestos de 1983 fue verificada durante el ejercicio 1986 por la Inspección de Hacienda, y devino firme y efectiva, por lo que su saldo puede ser incorporado al Capital desde el momento de la aceptación fiscal, y durante un período de seis años a contar desde su verificación. Transcurrido este plazo (1992), el destino del saldo no dispuesto será la Reserva Legal en lo que a ésta falte para alcanzar el quinto del Capital suscrito desembolsado y el resto, si lo hubiera, a Reservas de no libre disposición.

10.5 La Reserva legal, por una cuantía de 2.010.196.000 pesetas no ha tenido variación en el ejercicio y, de conformidad con el artículo 214 del Texto Refundido de la Ley de Sociedades Anónimas de 22 de Diciembre de 1989, mientras no supere el límite del 20% del Capital Social, sólo podrá destinarse a la compensación de pérdidas en el caso de que no existan otras Reservas disponibles suficientes para este fin.

En todo caso, anualmente, se destinará una cantidad igual al 10% del beneficio del ejercicio a la dotación de esta Reserva hasta que alcance, al menos, el 20% del capital social.

La Reserva Voluntaria está sujeta en cuanto a su disponibilidad, a la restricción mencionada en la Nota 11

Nota 11 - Disponibilidad General de las Reservas.

En tanto la Reserva de Actualización Ley de Presupuestos 1983 no sea destinada a los fines previstos en la normativa vigente, cualquier minoración del neto patrimonial de la compañía referido al 31 de diciembre de 1983, sin incluir los resultados positivos del ejercicio, que no sea consecuencia de resultados negativos posteriores, se entenderá como una disposición de dicha Reserva, devengándose los correspondientes impuestos.

NOTA 12 - DIVIDENDO A CUENTA

El Consejo de Administración, en su reunión del día 29 de Octubre de 1990, aprobó el estado contable de la Sociedad, y los cuadros estimados del período 1 de Enero de 1990 al 31 de Octubre de 1990, así como la cuenta de Tesorería disponible a la fecha del dividendo a cuenta, y acordó distribuir un dividendo neto del quince por ciento (15%) sobre el valor nominal de cada acción, a cuenta de los beneficios correspondientes al Ejercicio de 1990, con arreglo al siguiente detalle:

Acciones números 1 al 10.050.980

Dividendo bruto	200 Pts. acción
Impuestos	50 Pts. acción
Dividendo neto	150 Pts. acción

El cuadro demostrativo de la existencia de un beneficio suficiente en el período que permitía la distribución del dividendo a cuenta, y el estado contable previsional justificativo de la existencia de liquidez suficiente para poder llevar a cabo dicha distribución, y que se formuló de acuerdo con lo preceptuado, son los siguientes:

	Miles de Pts.
Beneficio antes de impuestos en el período del 1 de Enero al 31 de Octubre de 1990	*9.194.000*
Provisión impuesto de sociedades	*(2.805.000)*
Límite distribución dividendos a cuenta	*6.389.000*
Cantidad que se propuso y distribuyó	*2.010.196*
Tesorería disponible en la fecha del acuerdo	*3.184.000*
Aumentos de Tesorería hasta la fecha de pago del dividendo a cuenta	*2.628.000*
Disminución de tesorería hasta el período del pago del dividendo a cuenta	*(1.110.000)*

Tesorería disponible a la fecha del pago del dividendo a cuenta	*4.702.000*
Importe bruto del dividendo a cuenta	*2.010.196*

NOTA 13 - PROVISION PARA PENSIONES Y OBLIGACIONES PLAN PENSIONES.

PETROMED ha adaptado su Plan de Pensiones a los requisitos de la Ley 8/1987 de Regulación de Planes y Fondos de Pensiones, habiendo integrado éste en "Petromed, Fondo de Pensiones", del que es Entidad Gestora La Unión y El Fénix Español.

Al mismo tiempo ha presentado a la Administración el correspondiente Plan de Reequilibrio Actuarial y Financiero en base al preceptivo estudio actuarial independiente realizado al efecto

El déficit existente entre Derechos por Servicios Pasados y los fondos adscritos a su cobertura, que ascendieron al 1 de Julio de 1990 a 2.587.588.000 Pesetas, se ha reconocido en las cuentas "GASTOS A DISTRIBUIR PLAN PENSIONES" y "OBLIGACIONES PLAN PENSIONES" y que de acuerdo con el anteriormente mencionado Plan de Reequilibrio será amortizado en el plazo máximo de 10 años, remunerando el saldo existente en cada momento al tipo de interés anual del 6%.

El movimiento de estas cuentas durante el ejercicio ha sido:

	Miles de Pts.
Deficit al 1/07/1990	*2.587.588*
Amortización déficit en 1990	*(132.794)*
	2.454.794

Los fondos internos adscritos a la cobertura del Plan de Pensiones serán transferidos, según acuerdo del también mencionado Plan de Reequilibrio, al fondo "Petromed, Fondo de Pensiones", en un plazo máximo de 5 años, remunerando el saldo existente en cada momento al tipo de interés anual del 10%.

El movimiento de la cuenta Provisión para Pensiones, que recoge tanto las dotaciones devengadas por el coste periódico como por gastos financieros y amortización del déficit, ha sido:

	Miles de Pts.
Saldo Inicial	*1.810.002*
Dotación ejercicio	*295.232*
Amortización déficit	*132.794*
Rendimiento financiero	*181.589*
Disposiciones de Fondo	*(12.801)*
Transferencia al Fondo Externo	*(1.941.512)*
Saldo final	*465.304*

NOTA 14 - PROVISIONES PARA IMPUESTOS Y OTRAS PROVISIONES

El importe y movimiento durante el ejercicio de las diversas cuentas de provisiones es el siguiente:

	Miles de Pts.		
	Provisión para impuestos	*Provisión para grandes reparaciones*	*Provisión para responsabilidades*
Importe al 31/12/1989	*671.450*	*192.210*	*364.094*
Dotaciones	*762.382*	*112.082*	*238.762*
Aplicaciones	*(671.450)*	*(250.083)*	*(34.399)*
Importe al 31/12/1990	*762.382*	*54.209*	*568.457*

NOTA 15 - DEUDAS CON EMPRESAS DEL GRUPO Y ASOCIADAS

El detalle de las deudas contraidas con las empresas del grupo y asociadas es el siguiente:

	Miles de Pts.	
	Empresas del Grupo	*Empresas asociadas*
Préstamos		
Proquimed	*1.030.000*	-
Deudas comerciales		
Proquimed	*39.096*	-
Incomed Trading Co.	*5.982.172*	-
Enter, S.L.	*25.902*	-
BPMED, S.A.	-	*2.367*
	6.047.170	*2.367*

NOTA 16 - EMISION OBLIGACIONES

El contenido de esta rúbrica lo constituye el nominal de los pagarés de empresa emitidos por PETROMED con vencimientos inferiores al año, con un tipo de interés anual medio del 14,94%.

NOTA 17 - DEUDAS CON ENTIDADES DE CREDITO

17.1 Por su destino, los préstamos pendientes de pago se clasifican como sigue:

	Miles de Pts.
Créditos de operación	*1.100.000*
Préstamos a la importación de crudos	*4.885.544*
Total	*5.985.544*

No existen garantías respecto a estos préstamos.

17.2 Por su coste, se pueden agrupar en los siguientes tramos:

	Miles de Pts.
Menor del 10% total anual	*4.885.544*
Entre el 15% y el 16% total anual	*1.100.000*
Total	*5.985.544*

17.3 Los préstamos en moneda extranjera al 31 de diciembre de 1990 ascienden a 50.960.000 dólares USA, de los cuales existe cambio asegurado por 17.000.000 dólares USA.

17.4 Al 31 de diciembre de 1990 existían 6.000.000.000 pesetas en cuentas de crédito disponibles y no dispuestos.

17.5 Los intereses devengados y no pagados al 31/12/1990 ascienden a 178.705.000 pesetas.

NOTA 18 - SITUACION FISCAL

Los años abiertos a inspección definitiva al 31 de diciembre de 1990 por los impuestos más significativos que le son de aplicación son:

Impuesto sobre Sociedades	*1987 a 1990*
Impuesto General sobre el Tráfico de las Empresas	*1985*
Impuestos Especiales	*1986 a 1990*
Retenciones a cuenta sobre el Rendimiento del Trabajo y del Capital	*1987 a 1990*
Impuesto sobre Transmisiones Patrimoniales	*1985 a 1990*
Renta de Aduanas	*1987 a 1990*
Impuesto sobre el Valor Añadido	*1987 a 1990*

La determinación del resultado contable del ejercicio se ha realizado básicamente con criterios fiscales, que fundamentalmente coinciden con los principios contables de obligatoria aplicación, por lo que la diferencia de valoración no es significativa sobre la carga fiscal futura.

El cargo por el Impuesto sobre Sociedades para el ejercicio 1990 de 1.765.833.000 pesetas se muestra neto de la deducción por inversiones que asciende a 177.374.000 pesetas.

En el supuesto de haberse considerado el reconocimiento del efecto impositivo mencionado en la NOTA 3.l, hubiese supuesto un crédito, por la existencia de bases imponibles fiscalmente compensables, en concepto de impuesto a deducir en próximos ejercicios de 113.088.000 pesetas.

Como consecuencia de las actuaciones inspectoras de las autoridades fiscales, existen actas de inspección por importe de 163.175.000 pesetas a las que la sociedad manifestó su disconformidad y presentó los recursos pertinentes.

El ejercicio de 1985 abierto a inspección fiscal por el Impuesto General sobre el Tráfico de las Empresas, podría originar una contingencia fiscal de aproximadamente 1.254.720.000 pesetas, si se aplicaran los criterios en que se basan las actas de la inspección por los años 1978 y 1979.

En opinión de la Dirección de la sociedad, y de acuerdo con las consultas efectuadas a sus asesores legales y fiscales, no se esperan pasivos adicionales significativos respecto de los contabilizados, por lo que en el balance de situación al 31 de Diciembre de 1990 no se incluye provisión alguna por estos conceptos.

NOTA 19 - GARANTIAS COMPROMETIDAS CON TERCEROS

Como más significativas cabe mencionar las siguientes:

	Miles de Pts.
Avales prestados por la Sociedad	*741.088*
Compromisos de inversión	*1.487.583*
Inventarios de terceros en poder de la Sociedad	*618.835*
	2.847.506

NOTA - 20 CONTRATOS A LARGO PLAZO

Los importes y devengos anuales se resumen como sigue:

			Calendario de pagos pór años de vigencia	
Contratista	*Objeto contratado*	*Años vigencia*	*Años*	*Miles pts.*
IBERNAVES	*Alquiler B/T*	*Hasta Agosto 92*	*1991*	*82.080*
			1992	*54.720*
EXXON RESEARCH	*Licencias*		*1991*	*437.532*
EXXON RESEARCH	*Asistencia técnica*	*Hasta Octubre 94*	*1991 a 1994*	*51.426 por año*
PRICE WATERHOUSE	*Auditoría*	*Hasta 1998*	*1991 a 1998*	*10.091 por año*
AXEL GROUP	*Informes económico-financieros de empresas*	*Hasta Enero 1994*	*1991 a 1994*	*3.667 por año*
PEMEX	*Compra crudo*	*Indefinido*	*-*	*20.000 barriles/día*
DFSC	*Venta productos*	*1991*	*1991*	*90.000 TM*

NOTA - 21 - PERSONAL

El número medio de personas empleadas en la empresa durante el ejercicio económico y su distribución por categorías es el siguiente:

Categoría	*Fijos*	*Eventuales*
GRUPO PERSONAL DIRECTIVO	*19,50*	-
GRUPO PERSONAL TECNICO		
Jefe de Sección	*25,00*	-
Jefe de Grupo	*17,00*	-
Técnico superior	*91,66*	*10,06*
Ayudante Técnico	*10,00*	*0,08*
Encargado	*20,00*	-
Analista Laboratorio muy cualificado	*7,00*	-
Analista Laboratorio	*4,00*	-
Auxiliar Laboratorio	*1,00*	-
Delineante Proyectista	*2,00*	*1,00*
Delineante	*2,00*	*1,50*
Oficial especialista muy cualificado	*35,27*	-
	214,93	*12,64*
GRUPO PERSONAL ADMINISTRATIVO		
Jefe Administrativo 1ª	*3.00*	-
Jefe Administrativo 2ª	*3.00*	-
Oficial Administrativo 1ª	*28.14*	*0.36*
Oficial Administrativo 2ª	*14.31*	*0.49*
Auxiliar Administrativo	*4.37*	*4.84*
	52.82	*5.69*
GRUPO PERSONAL OPERARIO		
Oficial 1ª	*52.89*	-
Oficial 2ª	*31.00*	-
Oficial 3ª	*8.83*	*2.68*
Ayudante especialista	*2.81*	*0.38*
	95.53	*3.06*

Categoría	Fijos	Eventuales
GRUPO PERSONAL SUBALTERNO		
Almacenero	1,00	-
Vigilante	18,71	-
Ordenanza	5,90	0,10
	25,61	0,10
GRUPO PERSONAL DE FLOTA	42,00	19,19
TOTALES	450,39	40,68

NOTA 22 - REMUNERACION DE LOS ORGANOS DE ADMINISTRACION

22.1 La remuneración global de los miembros del Consejo de Administración de la Sociedad es la siguiente:

	Miles de Pts.
Sueldos	88.728
Otras remuneraciones	202.683
	291.411
Primas Seguros Vida	56.706
	348.117

22.2 El importe global de las obligaciones contraidas en materia de pensiones por los miembros del órgano de administración ascienden a 21.779.000 pesetas.

22.3 Los préstamos que tienen concedidos los miembros del Consejo de Administración pendientes de amortizar al 31 de diciembre de 1990, ascienden a 2.327.000 pesetas los cuales devengan un interés medio anual del 8%.

NOTA 23 - SERVICIOS EXTERIORES

El detalle de los mismos es:

	Miles de Pts.
Gastos operación buques propios	*2.359.733*
Electricidad y agua	*1.377.428*
Mantenimiento y materiales	*693.149*
Seguros	*303.206*
Gastos bancarios	*260.231*
Alquiler de inmuebles	*130.967*
Asistencia Técnica	*119.901*
Seguridad y vigilancia	*96.249*
Publicidad	*82.966*
Gastos de ventas	*56.081*
Resto de gastos	*998.546*
	6.478.457

NOTA 24 - GASTOS FINANCIEROS Y GASTOS ASIMILADOS

Su desglose es el siguiente:

	Miles de Pts.
Por deudas con empresas del grupo:	
Proquimed, S.A.	*350.910*
Por deudas con empresas asociadas	
BPMED, S.A.	*93.317*
Por deudas con terceros y gastos asimilados	
Préstamos a corto en pesetas	*756.571*
Préstamos a corto en divisas	*293.468*
Créditos bancarios en pesetas	*669.282*
Pagarés	*233.303*
Fondo de pensiones	*181.589*
Otros	***3.490***
	2.581.930

NOTA 25 - VENTAS

La distribución del importe neto de la cifra de negocios es la siguiente:

	Miles de Pts.
Ventas a Campsa	*33.043.944*
Ventas a Campsa Monopolio	*22.212.529*
Ventas a BPMed	*5.976.443*
Ventas a Repsol Butano, S.A.	*4.008.008*
Ventas a Otros	*5.079.328*
Ventas nacionales	*70.320.252*
Ventas exportación	*11.012.926*
Ajustes de precios Campsa correspondientes a ejercicios anteriores	*1.220.000*
Total Ventas	*82.553.178*

A lo largo del ejercicio se ha percibido de Campsa 1.220.000.000 Pts. por liquidaciones a cuenta de los precios definitivos de 1988 y 1989.

De acuerdo con el criterio contable seguido por la sociedad, dichos importes se reflejan como ingresos de explotación en el ejercicio en el que son conocidos.

NOTA 26 - OTROS INGRESOS DE EXPLOTACION

El detalle de los mismos es el siguiente:

	Miles de Pts.
Fletes de buques a terceros	*1.130.760*
Uso instalaciones y suministros varios	*549.436*
Prestación de servicios	*116.378*
Exceso de provisiones de riesgosy gastos	*34.357*
	1.830.931

NOTA 27 - INGRESOS EXTRAORDINARIOS

Del total de ingresos extraordinarios, 358.774.000 pesetas corresponden a beneficios en la enajenación de Cartera de Control.

NOTA 28 - TRANSACCIONES CON EMPRESAS DEL GRUPO Y ASOCIADAS

Las transacciones efectuadas durante los ejercicios económicos con las empresas del grupo y asociadas han sido las siguientes:

	Miles de Pts.	
	Empresas del Grupo	*Empresas Asociadas*
Ventas	*2.265.449*	*5.976.443*
Compras	*35.460.472*	*72.229*
Intereses abonados	*350.910*	*93.317*
Intereses cargados	*440.771*	-
Dividendos recibidos	*2.700*	-
Dividendos distribuidos	*167.514*	-
Otros servicios recibidos	*86.211*	-
Otros servicios prestados	*246.571*	*46.319*

NOTA 29 - INFORMACION SOBRE LAS CUENTAS ANUALES CONSOLIDADAS

Las cuentas anuales consolidadas de Petróleos del Mediterráneo, S.A. y su Grupo de Compañías al 31 de Diciembre de 1990 muestran las siguientes magnitudes:

	Miles de Pts.
Resultado consolidado del ejercicio	*2.849.020*
Reservas totales consolidadas	*30.483.680*
Total Activo Consolidado	*88.356.906*

Petróleos del Mediterráneo, S.A.
Cuadro de Financiación
del Ejercicio 1990

Miles Pesetas

Recursos procedentes de las operaciones			
Beneficio neto de las operaciones			4.504.077
Aumentos			5.436.179
Dotaciones para amortizaciones y provisiones de las inmovilizaciones		4.383.273	
Dotación a las provisiones para riesgos y gastos		1.051.391	
Minusvalías en la enajenación del inmovilizado		1.515	
Disminuciones			(360.327)
Plusvalías en la enajenación del inmovilizado		(360.327)	
Total recursos			**9.579.929**
Orígenes de los recursos			
Recursos procedentes de las operaciones			9.579.929
Deudas a largo plazo			6.310.888
Con empresas del grupo		6.290.000	
De proveedores de inmovilizado y otros		20.888	
Enajenación de inmovilizaciones			500.665
Inmovilizaciones materiales		3.857	
Inmovilizaciones financieras		496.808	
Total orígenes			**16.391.482**
Aplicación de los recursos			
Adquisiciones para inmovilizaciones			9.444.679
Inmovilizaciones inmateriales		67.484	
Inmovilizaciones materiales		4.034.570	
Inmovilizaciones financieras		5.342.625	
Empresas del grupo	1.700.000		
Empresas asociadas	55.115		
Otras inversiones	3.587.510		
Cancelación de deuda a largo plazo			4.831.875
Empresas del grupo		4.831.875	
Dividendos			3.350.327
Provisiones para riesgos y gastos			2.238.794
Total aplicaciones			**19.865.675**
Disminución del capital circulante (Orígenes menos aplicaciones)			(3.474.193)
Variación del capital circulante			
Existencias		2.035.617	
Deudores		2.938.895	
Acreedores		(11.590.223)	
Inversiones financieras temporales		2.810.171	
Tesorería		157.539	
Ajustes por periodificación		173.808	
Total variación del capital circulante			**(3.474.193)**

I. Análisis de la situación financiera a corto plazo

I.1. *Cálculo del Capital Circulante*

a) Por diferencia entre los Capitales Permanentes, Pasivo Fijo o Fondos de Financiamiento y el Activo Fijo.

	Ejercicio 1990	Ejercicio 1989
Fondos de financiamiento		
Fondos propios	37.911	36.759
Provisión para riesgos y gastos	1.850	3.038
Plan de pensiones	2.455	—
Acreedores a largo plazo	1.037	5.869
	43.253	45.666
Activo fijo		
Inmovilizado	50.039	51.432
Gastos amortizables	2.715	—
	52.754	51.432
CAPITAL CIRCULANTE	**(9.501)**	**(5.766)**

b) Por diferencia entre el Activo Circulante y el Pasivo Circulante.

	Ejercicio 1990	Ejercicio 1989	Variación	%
Activo circulante				
Existencias	8.792	6.757	2.035	30,12
Deudores	9.369	6.430	2.939	45,71
Inversiones financieras temporales	2.810	—	2.810	—
Tesorería	415	257	158	61,48
Ajustes por periodificación	187	515	(328)	(63,69)
	21.573	13.959	7.614	54,54
Pasivo circulante				
Emisión de obligaciones	12.324	—	12.324	—
Deudas con entidades de crédito	6.164	13.447	(7.283)	(54,16)
Deudas con empresas del Grupo y asociadas a corto plazo	6.050	125	5.925	—
Acreedores comerciales	2.563	2.928	(365)	(12,46)
Otras deudas no comerciales	3.973	2.984	989	33,14
Ajustes por periodificación	—	241	(241)	—
	31.074	19.725	11.349	57,54
CAPITAL CIRCULANTE	**(9.501)**	**(5.766)**	**(3.735)**	**(64,78)**

La sociedad opera con un capital circulante negativo en ambos ejercicios, habiendo experimentado un aumento en el último ejercicio de 3.735 millones de pesetas, lo que representa, aproximadamente, un 65 por 100.

Mientras el activo circulante se ha incrementado en un 54,54 por 100, el pasivo a corto lo ha hecho en un 57,54 por 100. Estas variaciones se han traducido:

— En cuanto al activo circulante, ha habido un importante incremento en casi todas las partidas junto con la aparición de una importante inversión en títulos de renta fija a corto plazo. Tal como se informa en las Notas 9, 16 y 17, estas inversiones temporales tienen un tipo de rendimiento superior al coste medio de los pasivos con que trabaja la sociedad, aspecto éste positivo.

— En cuanto al pasivo circulante, en 1990 se ha sustituido financiación bancaria a corto por emisión de pagarés y recurso a empresas del Grupo y asociadas.

I.2. *Descomposición del Capital Circulante: Capital Circulante de Explotación y Capital Circulante fuera de la Explotación*

Para calcular estas magnitudes se han tenido en cuenta, además de las cifras que figuran en el Balance, la información suministrada por las Notas 8 y 15.

a) Capital Circulante de Explotación.

	Ejercicio 1990	Ejercicio 1989
Activo circulante de explotación		
Existencias	8.792	6.757
Clientes por ventas y prestación de servicios	5.192	4.007
Empresas del Grupo, deudores	2.323	909
Empresas asociadas, deudores	900	698
Provisiones (Clientes)	(26)	(21)
	17.181	12.350
Pasivo circulante de explotación		
Deudas comerciales, con empresas del grupo y asociadas	6.050	125
Acreedores comerciales	2.563	2.928
	8.613	3.053
CAPITAL CIRCULANTE DE EXPLOTACION	**8.568**	**9.297**

b) Capital Circulante fuera de la Explotación.

	Ejercicio 1990	Ejercicio 1989
Activo circulante fuera de la explotación		
Deudores no comerciales	980	836
Inversiones financieras temporales	2.810	—
Tesorería	415	258
Ajustes por periodificación	187	515
	4.392	1.609
Pasivo circulante fuera de la explotación		
Emisión de obligaciones	12.324	—
Deudas con entidades de crédito	6.164	13.447
Otras deudas no comerciales	3.973	2.984
Ajustes por periodificación	—	241
	22.461	16.672
CAPITAL CIRCULANTE FUERA DE EXPLOTACION	**(18.069)**	**(15.063)**

El análisis de la composición del capital circulante pone de manifiesto que es el componente no relacionado directamente con la explotación el origen del signo negativo, lo que implica que la sociedad financia sus necesidades de inversión a largo plazo con pasivos a corto plazo. Sería necesario conocer la cadencia de los pagos de estos pasivos y su acomodación o no a la generación de dinero, por parte de la Sociedad. No obstante y tal como veremos en otro apartado, la sociedad cuenta con una financiación ajena que provoca un «leverage» financiero positivo.

I.3. *Ratios de Circulante*

I.3.1. Ratio de Circulante o Solvencia

	Ejercicio 1990	Ejercicio 1989
Activo Circulante (a)	21.573	13.959
Pasivo Circulante (b)	31.074	19.725
Capital Circulante (a – b)	(9.501)	(5.766)
Ratio de Circulante (a/b)	0,69	0,71

Si bien en valores absolutos el capital circulante de PETROMED desciende en un 65 por 100, el ratio de circulante no ha experimentado una variación sustancial al final del ejercicio 1990 respecto de 1989.

I.3.2. Prueba del Acido o «Acid-Test Ratio»

Sus componentes son los siguientes en ambos ejercicios:

	Ejercicio 1990	Ejercicio 1989
Tesorería	415	258
Inversiones financieras temporales	2.810	—
Deudores	9.369	6.429
Suma (c)	12.594	6.687
Pasivo Circulante (b)	31.074	19.725
Prueba del ácido (c/b)	0,40	0,34

I.3.3. Ratio de Tesorería

Sus componentes son:

	Ejercicio 1990	Ejercicio 1989
Tesorería	415	258
Inversiones financieras temporales	2.810	—
Suma (d)	3.225	258
Pasivo Circulante (b)	31.074	19.725
Ratio tesorería (d/b)	0,104	0,013

Tanto el «Ratio de tesorería» como la «prueba del ácido» confirman la favorable evolución experimentada por la Sociedad en su liquidez inmediata.

I.3.4. Descomposición del Ratio de Circulante

En un primer paso, procedemos a cuantificar el peso de cada uno de los componentes del activo circulante, ordenado de mayor a menor liquidez, sobre el importe total de esta magnitud, resultando:

	Ejercicio 1990		Ejercicio 1989	
	Importes	%	Importes	%
Tesorería	415	0,02	257	0,02
Inv. financ. temporales	2.810	0,13	—	—
Deudores	9.369	0,43	6.430	0,46
Existencias	8.792	0,41	6.757	0,48
Ajustes por periodificación	187	0,01	515	0,04
	21.573	100	13.959	100

Confirmando análisis precedentes, los resultados obtenidos ponen de manifiesto la mayor capacidad de la empresa para atender sus compromisos a corto al 31 de diciembre de 1990, pues mientras que en esa fecha los activos líquidos (dinero y «cuasi-dinero») suponen el 15 por 100 del activo circulante total, en 1989 sólo representan el 2 por 100. Complementariamente, tanto los créditos activos a corto como las existencias han reducido su peso relativo en el 3 por 100 y el 7 por 100, respectivamente.

En una segunda etapa, procedemos a relacionar las partidas del activo circulante acumulativamente con el pasivo circulante.

	Ejercicio 1990		Ejercicio 1989	
	Importes Acumulados	% s/PC	Importes Acumulados	% s/PC
Tesorería	415	0,01	257	0,01
Inv. financ. temporales	3.225	0,10	257	0,01
Deudores	12.594	0,41	6.687	0,34
Existencias	21.386	0,68	13.444	0,68
Ajustes por periodificación	21.573	0,69	13.959	0,70

El ratio acumulativo viene a corroborar la mejora en la liquidez a corto plazo.

I.4. *Ratios de giro o rotación*

I.4.1. Ratio de giro de clientes (plazo de cobro)

	Ejercicio 1990	Ejercicio 1989
Clientes, por ventas y prestación de servicios	5.192	4.007
Empresas del Grupo, deudores	2.323	909
Empresas asociadas, deudores	900	698
	8.415	5.614
Deudores comerciales (saldo medio)	7.014	5.614[1]
Ventas a crédito[2]	82.553	66.044
Ratio de giro (Rotaciones) (veces)	11,77	11,76
Plazo de cobro (365 días) (días)	31	31

[1] Desconocemos este saldo al 31-12-1988.

[2] Suponemos que todas las ventas se efectúan a crédito.

I.4.2. Ratio de giro de materias primas y aprovisionamientos (período de almacenamiento)

	Ejercicio 1990	Ejercicio 1989
Existencias iniciales materias primas y aprovisionamientos	5.093	Dato desconocido
Existencias finales materias primas y aprovisionamientos	6.395	5.093
Existencias (saldo medio)	5.744	5.093
Consumo anual	64.010	53.833
Ratio de giro (rotaciones) (veces)	11,14	10,57
Plazo de almacenamiento (365 días) (días)	33	35

I.4.3. Ratio de giro de productos terminados (período de almacenamiento)

	Ejercicio 1990	Ejercicio 1989
Existencias iniciales de productos terminados	2.817	Dato desconocido
Existencias finales de productos terminados	3.168	2.817
Existencias (saldo medio)	2.993	2.817
Ventas del período	82.553	66.044
Ratio de giro (rotación) (veces)	27,58	23,44
Plazo de almacenamiento (365 días) (días)	13	16

I.4.4. Ratio de giro de proveedores (plazo de pago)

	Ejercicio 1990	Ejercicio 1989
Deudas comerciales	8.613	3.053
Saldo medio	5.833	3.053
Compras del período [3]	65.312	53.832
Ratio de giro (rotación) (veces)	11	18
Plazo de pago (365 días) (días)	33	20

El período de maduración de PETROMED no varía sensiblemente de un ejercicio a otro, si bien el período financiero disminuye en 1990 en 18 días.

	Ejercicio 1990 (días)	Ejercicio 1989 (días)
Clientes	31	31
Materiales	33	35
Productos terminados	13	16
	77	82
Proveedores	(33)	(20)
	44	62

[3] Ver cálculo en el Apartado II.2.

II. Análisis de la situación financiera a largo plazo

II.1. *Análisis estático*

En primer lugar elaboraremos la Estructura económico-financiera de los ejercicios 1990 y 1989:

	Ejercicio 1990			Ejercicio 1989		
	Importe	Porcentajes		Importe	Porcentajes	
		Parcial	Total		Parcial	Total
I. Fondos de financiamiento						
Propios:						
Capital social desembolsado	10.051	26,51		10.051	27,34	
Reservas	25.366	66,91		24.246	65,96	
Parte no exigible de resultados [4]	2.494	6,58		2.462	6,70	
	37.911	100,00	87,65	36.759	100,00	80,50
Ajenos:						
Provisión para riesgos y gastos	1.850	34,63		3.038	34,11	
Plan de pensiones	2.455	45,95		—	—	
Acreedores a largo plazo	1.037	19,42		5.869	65,89	
	5.342	100,00	12,35	8.907	100,00	19,50
FONDOS TOTALES DE FINANCIAMIENTO	**43.253**		**100**	**45.666**		**100**
II. Inversiones						
Activo fijo:						
Inmovilizado material neto	16.233	30,77		14.045	27,31	
Inmovilizado inmaterial neto	122	0,23		85	0,16	
Inmovilizado financiero	33.684	63,85		37.302	72,53	
Gastos amortizables	2.715	5,15		—	—	
	52.754	**100,00**	**121,96**	**51.432**	**100,00**	**112,62**
Capital circulante:						
Activo circulante	21.573	—		13.959	—	
Pasivo circulante	(31.074)	—		(19.725)	—	
	(9.501)	—	(21,96)	(5.766)	—	(12,62)
INVERSIONES TOTALES	**43.253**		**100**	**45.666**		**100**

Nota: Los porcentajes parciales suman 100 por estar referidos a subtotales.

[4] Suponemos que es el exceso sobre el dividendo a cuenta del ejercicio.

La empresa cuenta con una fuerte aportación de fondos propios frente a los fondos ajenos a largo plazo. Dentro de estos últimos figura el pasivo por «plan de pensiones» que aparece por primera vez en el balance de 1990, al haberse contabilizado con cargo a una cuenta de «Gastos amortizables». Si comparáramos los datos de manera homogénea, en lugar de la relación 87,65/12,35 que presenta en 1990 frente al 80,50/19,50 de 1989, tendríamos 92,92/7,08 frente a 80,50/19,50, habiendo, por tanto, fortalecido notablemente su posición financiera a largo plazo.

Dentro de los fondos propios, la autofinanciación se incrementa de un ejercicio a otro, optando, en principio, por una política de dividendos adecuada.

Los datos referentes a la autofinanciación son los siguientes:

	Ejercicio 1990	Ejercicio 1989
1. Autofinanciación de enriquecimiento		
Reservas totales	25.366	24.246
Resultados no exigibles	2.494	2.462
(–) Reserva de revalorización	(7.452)	(7.453)
	20.408	19.255
2. Autofinanciación de mantenimiento		
Amortización acumulada Inmovilizado Material	27.890	26.060
Idem Inmovilizado Inmaterial	30	30[5]
Provisiones de Activo fijo	3.053	542
	30.973	26.632
TOTAL	**51.381**	**45.887**

Que representan los siguientes porcentajes respecto al capital social:

	Ejercicio 1990	Ejercicio 1989
Autofinanciación total (a)	51.381	45.887
Capital social (b)	10.051	10.051
Proporción (a/b)	5,11	4,56

La autofinanciación global del ejercicio 1990 respecto al capital social ha sido de:

Beneficio no exigible	2.494
Dotación amortizaciones y provisiones de inmovilizado	4.383
Total (a)	**6.877**
Capital social (b)	10.051
Proporción (a/b)	**0,68**

[5] Suponemos que no ha variado.

Dentro del activo cabe destacar el alto peso de las inversiones financieras que representan un 72,53 por 100 del total del activo fijo en 1989 y un 63,85 por 100 en 1990, debiéndose tal baja no a desinversiones sino a minusvalías por depreciaciones de valor. El Inmovilizado Material se incrementa en 2.188 millones de pesetas en 1990, lo que representa un aumento de 15,57 por 100 respecto a 1989. Como veremos en su momento, el activo fijo material se ve compensado con un incremento en la cifra de ventas.

También, con carácter general, vemos que la rotación global del activo ha mejorado, pasando de 1,01 en 1989 a 1,11 en 1990, tal como se desprende de los siguientes datos:

	Ejercicio 1990	Ejercicio 1989
Ventas (a)	82.553	66.044
Activo (b)	74.327	65.391
Rotación (a/b)	1,11	1,01

La solvencia a largo plazo ha descendido ligeramente en 1990 respecto al ejercicio anterior, de acuerdo con los siguientes datos:

	Ejercicio 1990	Ejercicio 1989
Fondos de financiamiento (a)	43.253	45.666
Activo fijo (b)	52.754	51.432
Proporción (a/b)	0,82	0,89

El capital circulante es negativo en ambos ejercicios, como ya vimos, habiendo aumentado el activo en un 54,54 por 100 en 1990 y el pasivo en un 57,53 por 100, desequilibrando más la proporción establecida en 1989. En este apartado nos remitimos a los comentarios hechos en el punto anterior.

Por lo que se refiere a la relación de endeudamiento total, la situación ha empeorado ligeramente de un ejercicio a otro, sin constituir, en absoluto, ninguna situación alarmante [6].

	Ejercicio 1990	Ejercicio 1989
Pasivo a largo plazo	5.342	8.907
Pasivo a corto plazo	31.074	19.725
Suma (a)	36.416	28.632
Fondos propios (b)	37.911	36.759
Proporción (a/b)	0,96	0,78

[6] Ya apuntamos la falta de homogeneidad en la contabilización del fondo de pensiones entre un ejercicio y otro. No obstante, no la tenemos en cuenta, a efectos operativos.

Al relacionar esta proporción con la rentabilidad de los fondos, estudiamos el efecto apalancamiento financiero, que en el caso de la empresa que nos ocupa es positivo, tal como vemos a continuación.

Los tipos impositivos efectivos para ambos ejercicios son:

	Ejercicio 1990	Ejercicio 1989
Impuesto de sociedades (a)	1.766	1.630
Beneficio antes de impuestos (b)	6.270	6.102
Tipo efectivo (a/b) por 100	28,16	26,71

	Ejercicio 1990	Ejercicio 1989
Beneficio después de impuestos (a)	4.504	4.472
Fondos propios antes de beneficios (b)	35.417	34.297
$r_1 = \frac{(a)}{(b)}$	0,1272	0,1304
Beneficio después de impuestos	4.504	4.472
Coste financiero neto	1.855	1.386
Suma (c)	6.359	5.858
Fondos propios antes de beneficios	35.417	34.297
Pasivos renumerados:		
Empresas grupo largo plazo	1.030	5.862
Obligaciones	12.323	—
Entidades de crédito	6.164	13.447
Empresas grupo corto plazo	6.049	125
Suma (d)	60.983	53.731
$r_2 = \frac{(c)}{(d)}$	0,1043	0,1090

Antes de seguir adelante, hemos de advertir que a efectos de rentabilidad hemos tomado saldos finales de capitales si bien lo correcto es utilizar la base del devengo del gasto, es decir capitales vivos; no obstante, la tendencia y la comparación son válidas.

El efecto apalancamiento viene dado por las relaciones siguientes:

	Ejercicio 1990	Ejercicio 1989
r_1	0,1272	0,1304
r_2	0,1043	0,1090
Apalancamiento $\frac{r_1}{r_2}$	1,217	1,192

Se observa, pues, que la financiación ajena ocasiona un incremento marginal en el beneficio de la financiación propia, siendo este efecto positivo mayor en el ejercicio 1990 que en el ejercicio precedente.

II.2. *Análisis dinámico*

a) Estudio de la generación de beneficios

El ratio de cobertura de gastos financieros nos muestra cuál es la capacidad de la empresa para hacer frente a sus compromisos de pago, contando con una permanente o acentuada refinanciación. Para PETROMED tenemos:

	Ejercicio 1990	**Ejercicio 1989**
Beneficio después de impuestos	4.504	4.472
Impuestos	1.766	1.630
Gastos financieros (b)	2.582	1.891
Suma (a)	8.852	7.993
Ratio de cobertura (a/b)	3,43	4,22

El ratio de cobertura de gastos fijos es amplio y aunque en valores absolutos el margen aumenta en el ejercicio 1990, el ratio disminuye.

b) Estudio de la generación de fondos

El anterior análisis ha de completarse con el correspondiente a la verificación de la capacidad de generar fondos líquidos con los que hacer frente al pago de la deuda.

Para PETROMED el «cash-flow por actividades de operaciones» se evalúa como sigue:

— *Cobros*		
Por ventas y otros ingresos		84.384
Menos: Aumento deuda de clientes		(1.185)
		83.199
Por ingresos de dividendos y otros:		
Participaciones en capital		1.380
Otros valores		458
Otros		55
Total cobros		85.092
— *Pagos*		
Consumos de materias primas y otros	64.010	
Variación de materias primas y otros	1.302	
Compras		65.312
Más: Disminución deuda con proveedores		364
Menos: Aumento deuda con empresas del grupo (Nota 15)		(5.924)
Pagos por compras		59.752
Gastos de personal		3.988
Menos: Aumento deudas con personal		(27)
Pagos por personal		3.961
Otros gastos		6.587
Gastos financieros:		
Gastos	2.582	
Diferencias de cambio:		
Positivas	(1.715)	
Negativas	1.038	
Pagos por gastos financieros		1.905[7]
Impuestos		1.630
— *Resumen*		
Total cobros		85.092
Total pagos		73.835
Cash-flow		11.257

[7] Obsérvese que a efectos de caja se han tenido en cuenta las diferencias de cambio que no habían sido consideradas a efectos del «efecto apalancamiento».

Obviamente, en este caso el margen de cobertura es aún mayor del que resultó del anterior estudio, siendo para 1990 de:

$$\frac{11.257}{2.582} = 4,36$$

margen muy holgado.

Podemos concluir este apartado apuntando que PETROMED como firma individualmente considerada y no como grupo, ya que éste no ha sido estudiado, cuenta, en ambos ejercicios, con una situación financiera a largo plazo solvente, ofreciendo garantía a sus acreedores en la recuperación de sus deudas.

III. Análisis de las variaciones en los resultados

III.1. *Cuenta de resultados por naturaleza*

Las variaciones experimentadas en ambos ejercicios son las siguientes:

	Ejercicio 1990	Ejercicio 1989	Variación	
			Importe	%
DEBE				
Consumo de aprovisionamientos	64.010	53.833	10.177	18,90
Gastos de personal	3.987	3.678	309	8,40
Amortizaciones inmovilizado	1.872	1.979	(107)	(5,41)
Variación provisiones de tráfico	(352)	(3.276)	2.924	—
Otros gastos de explotación	6.587	7.589	(1.002)	(13,20)
Suma gastos de explotación	76.104	63.803	12.301	19,28
Gastos financieros y asimilados	2.582	1.891	691	36,54
Variación provisiones financieras	2.750	462	2.288	495,23
Diferencias negativas de cambio	1.038	730	308	42,19
Suma gastos financieros	6.370	3.083	3.287	106,62
Gastos extraordinarios	30	6	24	—
Impuesto sobre sociedades	1.766	1.630	136	8,34
BENEFICIO DEL EJERCICIO	4.504	4.472	32	0,72
Total DEBE	88.774	72.994	15.780	21,62
HABER				
Ventas	82.553	66.044	16.509	25,00
Aumento existencias productos terminados y en curso	351	465	(114)	(24,52)
Trabajos para el inmovilizado	9	12	(3)	(25,00)
Otros ingresos de explotación	1.831	1.563	268	17,15
Suma ingresos de explotación	84.744	68.084	16.660	24,47

Ingresos participaciones en capital ...	1.380	1.912	(532)	(27,82)
Ingresos de otros valores	458	686	(228)	(33,24)
Otros ingresos financieros	55	41	14	34,15
Diferencias positivas de cambio	1.715	948	767	80,91
Suma ingresos financieros	3.608	3.587	21	0,59
Ingresos extraordinarios	422	1.323	(901)	68,10
TOTAL HABER	88.774	72.994	15.780	21,62

Los márgenes que configuran el resultado final tienen el siguiente desglose:

	Ejercicio 1990	Ejercicio 1989	Variación	
			Importe	%
Ingresos de explotación	84.744	68.084	16.660	24,47
Gastos de explotación	76.104	63.803	(12.301)	19,28
I. Resultados de explotación	8.640	4.281	4.359	100,82
Ingresos financieros	3.608	3.587	21	0,58
Gastos financieros	6.370	3.083	(3.287)	106,62
II. Resultados financieros	(2.762)	504	(3.266)	—
Ingresos extraordinarios	422	1.323	(901)	(68,10)
Gastos extraordinarios	30	6	(24)	—
III. Resultado extraordinario	392	1.317	(925)	(70,24)
TOTAL RESULTADOS ANTES DE IMPUESTOS	6.270	6.102	168	2,75
IV. Impuestos sobre Sociedades	(1.766)	(1.630)	(136)	(8,34)
TOTAL BENEFICIO DESPUES DE IMPUESTOS	4.504	4.472	32	0,72

De acuerdo con la anterior información tenemos la siguiente estructura de resultados antes de impuestos:

	Ejercicio 1990		Ejercicio 1989		Variación	
	Importes	%	Importes	%	Importes	%
I. Resultado de explotación	8.640	137,80	4.281	70,16	4.359	101,82
II. Resultado financiero	(2.762)	(44,05)	504	8,26	(3.266)	—
III. Resultado extraordinario	392	6,25	1.317	21,58	(925)	(70,24)
TOTAL	6.270	100,00	6.102	100,00	168	2,75

La información suministrada nos indica que si bien el resultado antes de impuestos en 1990 es sólo superior en un 2,75 por 100 el experimentado en 1989, el resultado habido en la explotación del negocio es algo más del doble del registrado en 1989, lo que implica una mejora notable en la gestión de esta área. Los ingresos de explotación han aumentado en un 24,47 por 100, en tanto que los gastos de esta naturaleza lo han hecho sólo en un 19,28 por 100, lo que justifica el incremento comentado.

Esta notable mejora en la explotación se ve compensada por un resultado adverso en el área financiera, debido principalmente a la pérdida registrada por las minusvalías en los valores representativos de sus inversiones financieras, que experimentan una variación de 2.287 millones de pesetas, junto con unos mayores gastos financieros de 691 millones de pesetas. Adicionalmente, los ingresos por participaciones en capital han sido inferiores en 531 millones de pesetas. Por último, el componente que totaliza la variación en el resultado financiero es el de diferencias de cambio que ha arrojado un saldo positivo.

Por todo lo anterior, el resultado normal del negocio en 1990 es sólo superior al de 1989 en 1.093 millones de pesetas, lo que equivale a un incremento del 22,84 por 100.

En cuanto a los resultados extraordinarios son muy inferiores a los registrados en 1989, en cuyo ejercicio colaboraron en el 21,58 por 100 de la generación del resultado total del ejercicio.

IV. Análisis de las rentabilidades

En el estudio que sigue, y por desconocer los datos referidos al 31 de diciembre de 1988, no tomamos en consideración saldos medios, sino los saldos existentes a final de cada uno de los ejercicios 1990 y 1989, contrariamente a como hemos hecho en algún punto anterior.

IV.1. *Rentabilidad financiera o de los fondos propios*

	Ejercicio 1990	Ejercicio 1989
Beneficio después de impuestos (a)	4.504	4.472
Fondos propios antes de beneficios (b)	35.417	34.297
Rentabilidad de los fondos propios (a/b)	12,72 %	13,04 %

IV.II. *Rentabilidad económica o del activo*

	Ejercicio 1990	Ejercicio 1989
Beneficio después de impuestos	4.504	4.472
Coste financiero neto	1.855	1.386
Suma (c)	6.359	5.858
Suma de activos (d)	74.328	65.391
Rentabilidad de los activos (c/d)	8,55 %	8,96 %

IV.III. *Descomposición de la rentabilidad financiera*

Los datos que vamos a utilizar, en ambos ejercicios, son los siguientes:

	Ejercicio 1990	Ejercicio 1989
Beneficio después de impuestos (RL)	4.504	4.472
Beneficio después de impuestos más coste financiero (R'L)	6.359	5.858
Suma de activos (A)	74.327	65.391
Ventas del ejercicio (V)	82.553	66.044
Fondos propios antes de beneficios (FP)	35.417	34.297

Tenemos que la rentabilidad financiera es el producto de los componentes siguientes:

$$\frac{RL}{FP} = \frac{R'L}{V} \times \frac{V}{A} \times \frac{RL}{R'L} \times \frac{A}{FP}$$

	Ejercicio 1990	Ejercicio 1989
$\frac{R'L}{V}$	$\frac{6.359}{82.553} \times 100 = 7{,}70\ \%$	$\frac{5.858}{66.044} \times 100 = 8{,}87\ \%$
$\frac{V}{A}$	$\frac{82.553}{74.327} \times 100 = 111{,}06\ \%$	$\frac{66.044}{65.391} \times 100 = 101{,}00\ \%$
$\frac{RL}{R'L}$	$\frac{4.504}{6.359} \times 100 = 70{,}83\ \%$	$\frac{4.472}{5.858} \times 100 = 76{,}34\ \%$
$\frac{A}{FP}$	$\frac{74.327}{35.417} \times 100 = 209{,}87\ \%$	$\frac{65.391}{34.297} \times 100 = 190{,}66\ \%$
$\frac{RL}{FP}$	$\frac{4.504}{35.417} \times 100 = 12{,}72\ \%$	$\frac{4.472}{34.297} \times 100 = 13{,}04\ \%$

Ejercicio 1990; 7,70 % × 111,06 % × 70,83 % × 209,87 % = 12,72 %
Ejercicio 1989; 8,87 % × 101,00 % × 76,34 % × 190,66 % = 13,04 %

De lo anterior se puede deducir que la baja experimentada en la rentabilidad de los capitales propios en 1990 respecto a 1989, tiene como principales componentes:

a) Un inferior margen de beneficio sobre ventas.
b) Una inferior influencia en la rentabilidad marginal procedente de los fondos ajenos (menor leverage financiero).

CASOS PRACTICOS. SERIE 5. EJERCICIOS DE RECAPITULACION

ENUNCIADOS

CASO PRACTICO N.º 5.1. Completar un Balance a partir de un conjunto de ratios

Del Balance de la empresa TAJO, S. A., referido al 31 de diciembre de 19X0, conocemos los siguientes datos:

ACTIVO		PASIVO	
Inmovilizado	294.000	Capital social	300.000
Existencias	?	Resultados	?
Clientes	?	Deudas a largo plazo	?
Tesorería	25.000	Proveedores	?
		Sueldos a pagar	25.000
Total Activo	432.000	Total Pasivo	?

Sabiendo además que:

a) El ratio de circulante asciende a 1,5.

b) El ratio de endeudamiento (Exigible total/Fondos de financiamiento propios) es 0,8.

c) La rotación de existencias, relacionando la cifra de ventas y el inventario, es 15 veces.

d) La rotación de existencias, cociente entre el coste de ventas y el inventario, es 10,5 veces.

e) El beneficio bruto en ventas para el ejercicio de 19X0 asciende a 315.000 u.m.

SE PIDE:

Calcule los saldos desconocidos que se han señalado con el signo de interrogación.

CASO PRACTICO N.º 5.2. Análisis de liquidez y rentabilidad

DANUBIO, S. A., presenta las siguientes Cuentas Anuales referidas a dos ejercicios consecutivos:

Balances de situación	19X8	19X9
ACTIVO		
Edificios y construcciones	20.000	18.000
Mobiliario y enseres	16.000	22.000
menos: Amortización acumulada	(4.000)	(6.000)
Existencias	14.000	12.500
Clientes y efectos a cobrar	20.000	5.000
Caja y bancos	4.000	500
	70.000	52.000
PASIVO		
Fondos propios	45.000	45.000
Préstamo a largo plazo	13.000	—
Proveedores	10.000	6.500
Otros acreedores a corto plazo	2.000	500
	70.000	52.000

Estados de resultados	19X8	19X9
Ventas	140.000	50.000
menos: Coste de ventas	112.000	37.500
Margen bruto de explotación	28.000	12.500
menos: Gastos de explotación	19.600	8.100
Resultado de explotación	8.400	4.400
menos: Interés del préstamo	1.400	440
Resultado ordinario	7.000	3.960
más: Beneficio venta inmueble	—	1.000
Resultado antes de impuestos	7.000	4.960
Impuesto sobre beneficios	2.800	1.984
Resultado después de impuestos	4.200	2.976

Se conocen, además, los saldos que al 31-12-19X7 presentaban las siguientes cuentas:

Existencias	16.000
Clientes y efectos a cobrar	24.000
Caja y bancos	5.000
Préstamos a largo plazo	17.000
Proveedores	6.000
Otros acreedores a corto plazo	2.750

Haciendo uso de las técnicas de análisis que estime más apropiadas SE PIDE su opinión sobre:

1. La evolución de la situación financiera a corto y motivos que la explican.
2. La evolución de la rentabilidad tanto de los fondos propios como de los fondos totales y motivos que la explican.

CASO PRACTICO N.º 5.3. Análisis del Capital Circulante y rendimiento del activo

El Informe Anual de la empresa NILO, S. A., correspondiente a 19X2, proporciona la siguiente información:

Estado de resultados		**Información obtenida del Balance**		
Ventas (90.500 unidades)	760.200	Activo inmovilizado (neto)		352.950
Coste de ventas	452.500			
Margen comercial bruto	*307.700*	Pasivo circulante		223.050
Amortizaciones	22.980	(-) Activo circulante:		
Otros gastos de explotación	132.680	Tesorería	5.973	
Resultado antes de impuestos	*152.040*	Clientes	70.952	
Impuesto sobre beneficios	68.418	Existencias	113.125	190.050
Resultado después de impuestos	*83.622*	*Capital circulante*		*33.000*

Estimaciones para 19X3:

- ventas: 100.000 unidades a un precio unitario de 8,30 u.m.;
- el activo circulante aumentará en igual proporción que las ventas;
- el tipo impositivo será del 40 por 100; y
- la estructura de costes será:

	Costes fijos	Coste variable unitario
Coste de ventas		4,9
Amortizaciones	15.450	—
Otros gastos de explotación	114.270	1,1
Totales	129.720	6,0

SE PIDE:

1. Para el ejercicio 19X2 (suponga 300 días de actividad en el año):

   a) Plazo medio de cobro a clientes.
   b) Rotación del inventario de existencias.
   c) Días necesarios para cubrir el déficit de capital circulante; y
   d) Rentabilidad del activo.

2. Rentabilidad esperada del activo para 19X3.

CASO PRACTICO N.º 5.4. Análisis de la evolución temporal de la situación financiera a corto plazo y de la rentabilidad económica

---

La Sociedad Anónima MARIPOSA presenta la información que sigue, referida al 31 de diciembre de los ejercicios 19X1, 19X2 y 19X3:

Balances de situación

	19X3	19X2	19X1
ACTIVO			
Activos fijos	930,0	710,0	835,0
Existencias	380,0	420,0	350,0
Clientes	300,0	320,0	300,0
Disponible	60,0	40,0	75,0
Gastos anticipados	30,0	10,0	40,0
	1.700,0	1.500,0	1.600,0
PASIVO			
Capital	1.010,0	800,0	800,0
Reservas	127,0	158,0	86,0
Pérdidas y ganancias	58,5	13,0	104,0
Préstamos (8 % anual)	300,0	300,0	300,0
Entidades públicas	39,5	10,0	80,0
Proveedores	120,0	180,0	170,0
Otro pasivo a corto plazo	45,0	39,0	60,0
	1.700,0	1.500,0	1.600,0

Cuentas de Resultados

	19X3	19X2	19X1
Ventas netas	1.200,0	900,0	1.100,0
Coste de ventas	760,0	600,0	650,0
Gastos de venta y administración	320,0	242,0	263,0
Gastos financieros	30,0	38,0	27,0
Impuesto sobre beneficios	31,5	7,0	56,0
Beneficio líquido	58,5	13,0	104,0

SE PIDE:

1. Hacer un análisis de la situación financiera a corto plazo de MARIPOSA en 19X3 respecto a 19X2.
2. Determinar la rentabilidad económica de los tres ejercicios.

CASO PRACTICO N.º 5.5. Análisis contable del riesgo de cambio [1]

Analice los resultados y riesgos en que se incurre al efectuar una inversión de 10.000$ USA a 1 año, al 12 por 100 de interés y cuyas alternativas de financiación son:

1. Con un préstamo en dólares, de igual plazo e importe, y al 10 por 100 de interés.
2. Con un préstamo en pesetas, a igual plazo y por un importe equivalente, y al 15 por 100 de interés.
3. Con un préstamo en pesetas a igual plazo, importe equivalente, 15 por 100 de interés y suscribiendo una operación de seguro de cambio.

Suponga vigentes el tipo de cambio y los tipos de interés siguientes:

Cambio de contado: 1 $ = 100 ptas.
Tipo de interés de mercado a 1 año:

— préstamo en ptas. = 15 por 100.
— préstamo en $ = 10 por 100.

Finalmente, realice los apuntes contables más relevantes a efectuar en el libro diario, en cada uno de los casos anteriormente planteados. A efectos de liquidación final de la operación, suponga que, al término de ésta, todos los dólares se venden en el mercado al cambio de 95 pesetas.

[1] Este supuesto se inserta en esta colección para mostrar un caso interesante de análisis del riesgo de cambio, aunque se salga del contexto de los temas tratados en el libro.

CASO PRACTICO N.º 5.6. Análisis y diagnóstico de ROCINANTE, S. A.

ROCINANTE, S. A., es una sociedad constituida en la década de los setenta, de carácter familiar, estando las acciones en poder de cinco socios. Su actividad consiste en la edición de libros y discos de temática manchega, así como en la venta de libros de texto.

Los mercados tradicionales son organismos oficiales y colegios, concentrándose la actividad en el período septiembre-febrero. Tiene otros mercados potenciales como revistas, vídeos, etc., aunque apenas ha intentado penetrar en ellos.

La plantilla de los últimos años ha sido de 16 empleados en 1990, 18 en 1991 y 17 en 1992. La compañía cuenta también con más de trescientos colaboradores indirectos (traductores, fotógrafos, etc.).

Además de la información anterior, a usted, como analista financiero en el Banco XXX, se le facilita la siguiente información financiera, no auditada y facilitada por la propia sociedad, con objeto de que analice y diagnostique la situación de la sociedad.

Balance (en miles de pesetas)

	1990	1991	1992
ACTIVO			
Inmovilizado material neto	51.526	63.114	114.530
Inmovilizado financiero	85	3.085	3.085
Gastos establecimiento	8.000	329	65
Inmovilizado inmaterial	—	10.030	8.639
Total Activo Fijo	59.611	76.558	126.319
Existencias	124.087	166.428	223.439
Clientes	89.963	60.327	73.147
I.F. Temporales	500	—	—
Tesorería	7.728	8.348	3.662
Total Activo Circulante	222.278	235.103	300.248
Total Activo	281.889	311.661	426.567
PASIVO			
Capital social	6.500	6.500	6.500
Reservas	56.378	70.724	81.758
Pérdias y ganancias	15.285	11.785	9.798
Recursos Propios	78.163	89.009	98.056
Deudas bancarias a L.P.	61.747	55.876	62.035
Otras deudas a L.P.	31.627	31.474	40.689
Total Exigible a L.P.	93.374	87.350	102.724
Deudas bancarias	—	2.382	53.754
Acreedores comerciales	91.290	124.109	160.542
Otras deudas comerciales	19.062	8.811	11.491
Total Pasivo Circulante	110.352	135.302	225.787
Total Pasivo	281.889	311.661	426.567

Cuenta de resultados (en miles de pesetas)

	1990	1991	1992
Ventas netas	295.415	336.063	332.398
Coste ventas	(154.962)	(161.940)	(149.517)
Costes de personal	(42.659)	(58.901)	(61.272)
Amortización	(6.958)	(7.884)	(10.151)
Otros gastos de explotación	(66.195)	(92.940)	(98.932)
Beneficio explotación	24.641	14.398	12.526
Gastos financieros	(5.869)	(8.343)	(9.619)
Margen ordinario	18.772	6.055	2.907
Resultados extraordinarios	7.100	7.097	7.905
Impuesto de sociedades	(10.587)	(1.367)	(1.014)
Beneficio neto	15.285	11.785	9.798

CASOS PRACTICOS. Serie 1

SOLUCIONES

CASO PRACTICO N.º 1.1.

a) Los Principios de Contabilidad Generalmente Aceptados (PCGA) no permiten la afloración de plusvalías latentes, salvo que ello se ampare en disposición legal expresa. En particular, el *principio del precio de adquisición* exige mantener estos terrenos valorados por su coste histórico, y el *principio de prudencia valorativa* impide explícitamente reconocer ganancias o beneficios no realizados.

b) El *principio del precio de adquisición* exige que los trabajos que realice la empresa para su inmovilizado se contabilicen por su coste de producción. Por tanto, el «ahorro» conseguido por la empresa en esta operación no es admisible reconocerlo como ganancia o ingreso extraordinario en el ejercicio en que la obra se realizó.

c) Procede contabilizar como ingreso del ejercicio 19X9 las 200.000 ptas. recuperadas, pues dicho importe ya fue reconocido como gasto en el ejercicio anterior. Esta partida constituye *un resultado con origen en ejercicios anteriores*, por lo que estamos realmente ante una ganancia o resultado extraordinario positivo para este ejercicio, pero imputable a 19X8.

d) El *principio de correlación de ingresos y gastos* requiere que los ingresos se reconozcan en el mismo ejercicio al que se imputen los costes que originan dichos ingresos. En consecuencia, si el coste de las mercaderías vendidas en esta operación se va a imputar al ejercicio siguiente, es también en éste cuando habrá de contabilizarse el ingreso correlativo. Por tanto, la cifra de 2 millones de pesetas recibidas del cliente supone un pasivo de la empresa ABC al 31 de diciembre de 19X9 que figurará en Balance, por ejemplo, en la cuenta «Anticipos recibidos de clientes». Adicionalmente, *el principio de registro* exige contabilizar las cuentas a cobrar y pagar en el momento en que nazcan los derechos y obligaciones.

e) Esta plusvalía latente, o diferencia positiva entre el precio en el mercado de estas acciones y su coste, no es admisible imputarla como ganancia del ejercicio que se cierra por tratarse de un beneficio no realizado, ya que no se ha producido la transacción de mercado que permita su objetiva cuantificación y verificabilidad. Este tratamiento encuentra su justificación más directa en el *principio de prudencia valorativa.*

f) El resultado positivo de naturaleza financiera, a reconocer por esta operación en el ejercicio de 19X9, será la diferencia entre el ingreso obtenido por la venta de los derechos y el precio de coste estimado de los mismos. Esto es, 750.000 − 100.000 = 650.000 ptas. El tratamiento contable de esta operación es, por tanto, idéntico al que se aplica para registrar la venta de cualquier activo y el resultado derivado de la operación.

g) El premio de lotería constituye una ganancia o resultado extraordinario positivo del ejercicio en el que el premio se obtuvo. Esta calificación se justifica por la naturaleza atípica de este resultado y el carácter no recurrente del mismo.

h) El *principio del devengo* y el *principio de correlación de ingresos y gastos* exigen prorratear el rendimiento total de esta operación a lo largo del tiempo de duración de la misma. A su vez, la normativa contable establece que esta distribución se realice de acuerdo con un criterio financiero. Por ello necesitaremos determinar la tasa de interés implícito mensual (i_{12}) que calculamos así:

$$900.000\,(1 + i_{12})^4 = 1.000.000$$

$$i_{12} = 0{,}0267$$

Y el rendimiento a reconocer en el ejercicio 19X9 será:

Noviembre de 19X9	= 900.000 × 0,0267 =	24.030
Diciembre de 19X9	= 924.030 × 0,0267 =	24.672
	Total	48.702

CASO PRACTICO N.º 1.2.

a) El *principio de devengo* y el *principio de correlación de ingresos y gastos* exigen imputar al ejercicio de 19X1 la sexta parte (un mes) del alquiler cobrado. Cálculo:

Alquiler total cobrado	120.000
Ingreso por alquileres de 19X1	(20.000)
Alquileres cobrados por anticipado (pasivo)	100.000

b) El importe total a pagar por el cliente por esta venta (66.000 pesetas) tiene dos componentes:

Precio de venta al contado	60.000
Más: Recargo por aplazamiento de pago	6.000

Si la empresa reconoce el ingreso en el momento en que la operación de venta se concluye, registrará la totalidad del precio de venta al contado como ingreso del ejercicio 19X1 y prorrateará el recargo financiero cargado en el intervalo de tiempo que dura el aplazamiento. Por tanto, la mitad de estos intereses se reconocerán como ingreso financiero del ejercicio 19X1 y el resto en 19X2.

c) Se registrará como ingreso por ventas la cifra realmente facturada, esto es, 250.000 pesetas.

d) El *principio de correlación de ingresos y gastos* exige imputar al mismo período en el que se contabiliza el ingreso por ventas, en nuestro caso 19X1, los gastos que esta operación pueda acarrear en el futuro, aunque éstos sólo puedan cuantificarse por estimación. También el *principio de prudencia* justifica, aunque sea por razones distintas, esta forma de proceder.

El Plan General de Contabilidad de 1990 ha habilitado la cuenta «499. Provisión para otras operaciones de tráfico» para reflejar en Balance estas dotaciones señalando que esta cuenta recogerá las «provisiones para cobertura de gastos por devoluciones de ventas, garantías de reparación, revisiones y otros conceptos análogos». Es evidente que esta cuenta está mal emplazada en el Plan General de Contabilidad, ya que se trata de un pasivo exigible y no de una corrección de valor.

e) En el ejercicio 19X1 no procederá reconocer ingreso alguno por esta operación, por no haberse concluido la venta. En consecuencia, estas existencias, valoradas por su coste de adquisición, habrán de formar parte del inventario al 31 de diciembre de este ejercicio.

f) Por tratarse de un gasto asociado al ejercicio siguiente, no tendrá reflejo alguno en las cuentas anuales referidas al 31 de diciembre de 19X1, ni como gasto ni como pasivo.

g) Los *principios de devengo* y de *correlación* exigen reconocer como gasto del ejercicio que se cierra la mitad del importe que, por los conceptos que se mencionan, habrá de pagarse en el ejercicio siguiente. El desconocimiento de la cuantía exacta de estos pagos futuros no exime su periodificación e imputación al ejercicio terminado, siempre que su significatividad o importancia relativa lo justifiquen.

CASO PRACTICO N.º 1.3.

Como criterio general, las existencias deben valorarse por su precio de coste o valor de mercado, el más bajo.

El Plan General de Contabilidad, en la Norma de Valoración 13.ª.4, señala que a estos efectos se entenderá por valor de mercado:

a) Para las *materias primas*, su precio de reposición o valor neto de realización si fuese menor.

b) Para las *mercaderías* y *productos terminados*, su valor de realización, deducidos los gastos comerciales que correspondan.

c) Para los *productos en curso*, el valor de realización de los productos terminados correspondientes, deducidos la totalidad de los costes de fabricación pendientes de incurrir y los gastos de comercialización.

En el cuadro que se presenta a continuación se recogen los valores de mercado (coste de reposición o valor neto de realización), que en comparación con el coste histórico (precio de adquisición o coste de producción), permiten determinar la valoración adecuada, de acuerdo con la normativa contable vigente. Esta valoración es la que se muestra en la última columna.

Tipo de existencia	Coste histórico	Valores de mercado		Valoración correcta
		Coste de reposición	Valor neto de realización [1]	
Mercancía «A»	1.200	1.180	1 300	**1.200**
Materias primas	450	440	420	**420**
Materias auxiliares	95	110	100	**95**
Producto terminado «B»	1.020	—	1.060	**1.020**
Productos en curso	810	—	790 [2]	**790**

[1] El «valor neto de realización» se ha obtenido restando al precio de venta estimado los gastos de venta o comercialización estimados.

[2] Los costes de fabricación pendientes para transformar los productos en curso en productos aptos para la venta ascienden al 25 por 100. Por tanto, el valor de mercado que sirve de referencia para su valoración se ha calculado así:

Valor neto de realización del Producto terminado	1.060
(–) Costes de producción necesarios para el acabado del Producto en curso [25 × 810/75]	(270)
Valor de mercado del Producto en curso	790

CASO PRACTICO N.º 1.4.

SOLUCION EJERCICIO N.º 1

Debe	Cuenta		Cuenta	Haber
	15-10-19X1			
20.250.000	*Compras de mantequilla*			
		a	*Proveedores, moneda extranjera*	*19.800.000*
		a	*Bancos, c/c*	*450.000*
	20-10-19X1			
22.560.000	*Clientes*			
60.000	*Gastos de venta*			
		a	*Ventas de mantequilla*	*22.500.000*
		a	*Bancos, c/c*	*120.000*
	10-12-19X1			
9.000.000	*Compras de harina*			
		a	*Proveedores*	*9.000.000*
	20-12-19X1			
960.000	*Proveedores, moneda extranjera*			
		a	*«Rappel» por compras de mantequilla*	*960.000*
	28-12-19X1			
450.000	*Proveedores*			
		a	*Descuento por compras de harina*	*450.000*
	31-12-19X1			

* Ajuste de la deuda en libras irlandesas. Cálculos: 19.380.000
Deuda en libras = 120.000 − 6.000 = 114.000 £
Contravalor al cambio de cierre (114.000 × 170) . . . .
Deuda registrada en contabilidad . . . . (18.840.000)
Diferencia (incremento de la deuda) 540.000

Debe	Cuenta		Cuenta	Haber
540.000	*Diferencias negativas de cambio*			
		a	*Proveedores, moneda extranjera*	*540.000*
	31-12-19X1			

* Valoración del inventario final:

	Mantequilla	*Harina*
Compras	20.250.000	9.000.000
«Rappel» sobre compras	(960.000)	—
Descuento por compras	—	(450.000)
Precio de adquisición total	19.290.000	8.550.000
Inventario final a coste	4.822.500 (*)	8.550.000

(*) Cálculo: 0,25 × 19.290.000 = 4.822.500 ptas.

29.850.000	*Resultados*			
		a	*Compras de mantequilla*	*20.250.000*
		a	*Gastos de venta*	*60.000*
		a	*Compras de harina*	*9.000.000*
		a	*Diferencias negativas de cambio*	*540.000*
		d/d		
4.822.500	*Existencias finales de mantequilla*			
8.550.000	*Existencias finales de harina*			
22.500.000	*Ventas de mantequilla*			
960.000	*«Rappel» por compras de mantequilla*			
450.000	*Descuentos por compras de harina*			
		a	*Resultados*	*37.282.500*

* * *

SOLUCION EJERCICIO N.º 2

a) Verificación de la valoración efectuada por la sociedad

- Cuantía máxima del coste financiero capitalizable:

  $24.000 \times 0{,}015 \times 4 = 1.440$ u.m.

- Costes imputables como gastos del período:

Costes de administración	4.000
Costes financieros (2.520 – 1.440)	1.080
Combustible consumido	13.480
	18.560

- Ajuste que se propone:

Balance	Cuenta de pérdidas y ganancias
18.560 Pérdidas y ganancias a Instalaciones 18.560	18.560 Gastos activados a Saldo (P. y G.) 18.560

b) Verificación de la amortización dotada por la sociedad

Cuota de amortización dotada (100.000 × 0,125 × 3/12)	3.125
Cuota de amortización según nueva valoración (81.440 × 0,125 × 3/12)	(2.545)
Ajuste por menor cuota	580

Balance	Cuenta de pérdidas y ganancias
580 Amortización acumulada de instalaciones a Pérdidas y ganancias 580	580 Saldo (P. y G.) a Gastos de amortización 580

SOLUCION EJERCICIO N.º 3

El grado de avance de cada una de las obras en curso de realización equivale al porcentaje que representan los costes incurridos hasta ese momento, con respecto al coste total estimado del proyecto. Y el resultado a reconocer en el ejercicio se determinará de la siguiente forma:

- Tratándose de beneficio: la parte que corresponda a aquel porcentaje considerando, en su caso, el beneficio reconocido en ejercicios anteriores, y
- Tratándose de pérdida: se provisionará el importe total estimado en ese momento, con independencia del porcentaje de obra realizada.

a) Cálculos y anotaciones en el libro Diario al 31-12-19X1

- Porcentaje de obra realizada:

$$\frac{15.000}{15.000 + 32.000} \times 100 = 31,91\ \%$$

- Resultado esperado:

$$45.000 - (15.000 + 32.000) = -2.000 \text{ (pérdida)}$$

- Apunte en el libro Diario:

		31-12-19X1		
15.000	*Obras en curso*			
2.000	*Dotación provisión obras en curso*			
		a	*Materiales y gastos*	*15.000*
		a	*Provisión obras en curso*	*2.000*
		X X X		

b) Cálculos y anotaciones en el libro Diario al 31-12-19X2

- Porcentaje de obra realizada: 100 por 100
- Resultado obtenido: 45.000 – 39.000 = 6.000
- Apunte en el libro Diario:

		31-12-19X2		
30.000	*Obras en curso* (Costes del ejercicio + beneficio)			
2.000	*Provisión obras en curso*			
		a	*Materiales y gastos*	*24.000*
		a	*Resultados ejercicio 19X2*	*8.000*
		X X X		

La totalidad del resultado se imputa al ejercicio 19X2, si entendemos que en 19X1 las estimaciones fueron correctas, habida cuenta de la información con que contaba en ese momento la empresa ROSA.

SOLUCION EJERCICIO N.º 4

a) Ampliación de capital de la sociedad «B»

Coste antes de la ampliación $= \dfrac{2.520}{420} = 6$ u.m.

Coste después de la ampliación $= \dfrac{1 \times 6 + 1 \times 0}{1 + 1} = 3$ u.m.

Coste teórico del derecho $= 6 - 3 = 3$ u.m.

Asiento por la donación de los derechos:

——————— X X X ———————

1.260	*Resultados extraordinarios*			
		a	*Acciones sin cotización oficial*	*1.260*

* *Cálculo: 420 derechos × 3 u.m.*

——————— X X X ———————

b) Regularización de la cuenta *Acciones S. A. «X» con cotización oficial*

——————— X X X ———————

150	*Acciones S. A. «X» con cotización oficial*			
		a	*Ingresos financieros (o Resultados en venta de cartera)*	*150*

——————— X X X ———————

c) Verificación de la valoración registrada para las acciones de la sociedad «A»

Cálculo del valor teórico contable de esta sociedad:

Capital social	2.500
Reserva legal	500
Reservas voluntarias	2.000
Investigaciones a amortizar	(500)
Resultados negativos	(1.750)
Patrimonio neto	2.750

Coste de la participación en «A»	2.500
Valor teórico (0,80 × 2.750)	(2.200)
Provisión a dotar	300

Asiento por la dotación de esta provisión:

——————— X X X ———————

300	*Dotación provisión por depreciación de acciones sin cotización oficial*			
		a	*Provisión por depreciación de acciones sin cotización oficial*	*300*

——————— X X X ———————

d) Verificación de la valoración registrada para las acciones de la sociedad «B»

El Patrimonio neto de esta sociedad asciende a:

Capital social	6.000
Reservas	1.000
Resultados	100
	7.100

$$\text{Porcentaje de participación} = \frac{2.100}{6.000} \times 100 = 35\ \%$$

Valor contable de la participación (0,35 × 7.100)	2.485
Coste de la participación	(1.260)
Plusvalía	1.225

Como el valor teórico contable de estas acciones supera su precio de adquisición prevalece este último.

CASO PRACTICO N.º 1.5.

---

a) La capitalización o activación de gastos financieros en la adquisición o producción de un elemento del inmovilizado sólo es admisible hasta el momento en que éste está «en condiciones de entrar en funcionamiento». Si interpretamos que la maquinaria adquirida cumple este requisito, procede proponer que se minore la valoración registrada en la cuantía de los gastos financieros indebidamente activados y, como contrapartida, reducir por el mismo importe el resultado del ejercicio que estará reflejado en el saldo de la cuenta *Pérdidas y ganancias*.

Esto, expresado en lenguaje contable, se traduciría en el siguiente ajuste[1]:

——— X ———

1.000.000 Pérdidas y ganancias
(Trabajos realizados para el inmovilizado material)

a Maquinaria 1.000.000

——— X ———

b) El cargo por amortizaciones del ejercicio no debe depender del mayor o menor resultado obtenido en el mismo, sino de la depreciación efectiva estimada en función del plan sistemático de amortización previamente elaborado. Por tanto, no es admisible el incremento discrecional de la dotación por amortizaciones realizado por la sociedad y procedería efectuar el siguiente ajuste:

——— X ———

7.000.000 Amortización acumulada de elementos de transporte

a Pérdidas y ganancias 7.000.000
(Dotación para amortización de inmovilizado)

——— X ———

[1] Los ajustes se presentan en formato de asiento de Libro Diario. Aunque podrían practicarse dos anotaciones, una relativa a las cuentas de Balance que resultan afectadas y otra a las correspondientes al Estado de resultados, aquí propondremos sólo la relativa a las partidas de Balance que se propone rectificar. No obstante, entre paréntesis se muestra también la partida de resultados a ajustar cuya contrapartida sería en todos los casos el saldo de este estado contable.

c) Este activo inmaterial (el fondo de comercio) debe sanearse totalmente por tratarse, en este caso, de un auténtico activo ficticio dado que no tiene capacidad de influir positivamente sobre la futura actividad de la sociedad. En consecuencia, se propone el siguiente ajuste:

	—————— X ——————		
5.000.000	*Pérdidas y ganancias (Resultados extraordinarios)*		
		a Fondo de comercio	*5.000.000*
	—————— X ——————		

d) En virtud del principio de prudencia, los riesgos previsibles y las pérdidas eventuales deberán contabilizarse tan pronto sean conocidas y se puedan cuantificar razonablemente. Tratándose de elementos patrimoniales activos, si la pérdida se considera reversible o no definitiva, se procederá a dotar la oportuna provisión; en caso contrario se registrará directamente la disminución de valor del activo afectado. En consecuencia, en este caso, se propone el siguiente ajuste:

	—————— X ——————		
100.000.000	*Pérdidas y ganancias (Resultados extraordinarios)*		
		a Provisión por depreciación del inmovilizado material	*100.000.000*
	—————— X ——————		

e) Para determinar si procede o no ajustar este pasivo habrá de compararse el contravalor en pesetas de esta deuda en función del cambio vigente al cierre del ejercicio, con el importe en pesetas registrado. Cálculo:

Contravalor registrado	120.000.000
Contravalor según cambio de cierre	155.000.000
Incremento de deuda	35.000.000

Por tanto, como la evolución del tipo de cambio ha supuesto un incremento de la deuda, procedería, de acuerdo con el principio de prudencia y siguiendo el criterio generalmente aceptado sobre valoración al cierre del ejercicio de los créditos y débitos en moneda extranjera, proponer el siguiente ajuste:

	—————— X ——————		
35.000.000	*Pérdidas y ganancias (Gastos financieros. Diferencias negativas de cambio)*		
		a Préstamos recibidos en moneda extranjera	*35.000.000*
	—————— X ——————		

f) Unicamente procede reconocer como ingresos del período el importe correspondiente a los servicios, en este caso los viajes, realmente prestados, debiendo ajustar la cifra de *Ventas* por el importe de los cobrados anticipadamente. Cálculos:

Precio de cada viaje (10.000/25) = 400 ptas.

Total cobrado y registrado como ingreso	10.000.000
Ingresos del ejercicio (20.000 × 400)	(8.000.000)
Pasivo al cierre	2.000.000

Por tanto, para adecuar la información formulada por la sociedad al criterio señalado, habría de proponerse el siguiente ajuste:

		X		
2.000.000	*Pérdidas y ganancias (Ventas o Ingresos por servicios)*			
		a	*Anticipos de clientes*	*2.000.000*
		X		

CASO PRACTICO N.º 1.6.

a) Al objeto de que el saldo de Tesorería represente las disponibilidades líquidas realmente efectivas al 31-12-19X7 habrán de proponerse los siguientes ajustes[2]:

		X		
20	*Gastos anticipados*			
10	*Deudores. Anticipos a justificar*			
		a	*Caja*	*30*
		X		
300	*Inversiones financieras a largo plazo*			
		a	*Bancos, c/c*	*300*
		X		
200	*Bancos, c/c*			
		a	*Deudas a corto plazo*	*200*
		X		

b) Si se entiende que la maquinaria está en fase de construcción o adaptación, y al cierre del ejercicio no se ha incorporado al proceso productivo, sería aceptable la activación de gastos financieros por los intereses del préstamo por seis meses, desde el 1 de julio al 31 de diciembre de 19X7. Cálculos:

- Intereses capitalizables:

$$1.000 \times 0{,}15 \times \frac{6}{12} = 75 \text{ u.m.}$$

- Intereses a diferir:

$$322{,}50 - 75 = 247{,}5 \text{ u.m.}$$

En este caso se propondría el ajuste:

		X		
247,5	*Gastos financieros diferidos*			
		a	*Maquinaria*	*247,5*
		X		

[2] Igual que en el Caso Práctico 1.5 los ajustes que se proponen se realizan sobre las partidas de balance, indicando entre paréntesis las partidas de resultados que, en su caso, pudieran resultar igualmente afectadas.

Si se interpreta, por el contrario, que este activo está a disposición de la empresa y en condiciones de entrar en funcionamiento desde el momento en que se adquirió, no es aceptable la capitalización del coste de su financiación. En consecuencia, en este caso procedería proponer el siguiente ajuste:

	X		
75	*Pérdidas y ganancias (Gastos financieros del ejercicio)*		
247,5	*Gastos financieros diferidos*		
		a Maquinaria	*332,5*
	X		

c) El «grado de avance» o «porcentaje de obra terminada» al 31 de diciembre de 19X7 es:

$$\frac{750}{2.500} \times 100 = 30\ \%$$

Y el beneficio imputable al ejercicio:

$$\frac{30}{100} \times 500 = 150 \text{ u.m.}$$

Por tanto, la aplicación de este criterio exigiría practicar el ajuste siguiente:

	X		
150	*Existencias. Obras en curso*		
		a Pérdidas y ganancias (Beneficio imputado por obras en curso)	*150*
	X		

Observe que operando de esta manera el activo quedará valorado al precio de venta equivalente (coste más beneficio estimado), y el margen de beneficio incorporado al mismo se reconoce como resultado del ejercicio en el que la obra se ha ejecutado, sin demorar su reconocimiento hasta el momento en que se produzca su entrega.

d) El *principio de prudencia* requiere contabilizar las pérdidas potenciales tan pronto como puedan ser objeto de estimación razonable. Asimismo, el *principio de correlación de ingresos y gastos* exige dotar las provisiones por insolvencias con cargo al ejercicio en que se imputan los ingresos o ventas que originan aquellos créditos, sin esperar al momento en que se consideren definitivamente fallidos.

Con la información disponible en este caso es posible una estimación razonable de la provisión que, para respetar aquellos principios, debería lucir en el balance al cierre del ejercicio de 19X7. Cálculos:

Ejercicio	Ventas	Saldos cancelados por insolvencias definitivas
19X4	10.000	480 + 200 + 50 = 730
19X5	12.000	350 + 300 = 650
	22.000	1.380

Para el cálculo sólo se han tenido en cuenta los años 19X4 y 19X5, pues, debido al plazo de cobro, ya no se pueden producir faltas de cobro de ventas de esos dos años. De esta manera, la estimación será más ajustada.

Porcentaje de fallidos por ventas realizadas en 19X4 y 19X5:

$$\frac{1.380}{22.000} \times 100 = 6,27\ \%$$

Provisión 19X6 = 14.000 × 0,0627 = 878 u.m.
Provisión 19X7 = 16.000 × 0,0627 = 1.003 u.m.

De esta forma, la previsión de créditos contra clientes potencialmente fallidos al cierre del ejercicio 19X7, será la diferencia entre las cifras anteriores y los saldos ya cancelados en esta fecha. Esto es:

- Con origen en ventas de 19X6: 878 – (350 + 250) = 278
- Con origen en ventas de 19X7: 1.003 – 100 = 903

Importe de la provisión 1.181

Ajuste:

——————— X ———————

278	*Pérdidas y ganancias* (Resultados de ejercicios anteriores)		
903	*Pérdidas y ganancias* (Dotaciones de provisiones ejercicio 19X7)		
		a Provisión para insolvencias	*1.181*

——————— X ———————

e) El coste total de la operación, a distribuir entre los tres años de duración de la misma, ha de ser la suma de los gastos de acondicionamiento más los de reacondicionamiento, esto es, 7.200 u.m. Y suponiendo una distribución lineal de este importe a cada ejercicio habrán de imputarse: 7.200/3 = 2.400 u.m.

En consecuencia, procede proponer los siguientes ajustes a las cuentas referidas al 31-12-19X7:

——————— X ———————

2.400	*Gastos anticipados*		
		a Pérdidas y ganancias	*2.400*

* Por la periodificación de los gastos de acondicionamiento

——————— X ———————

1.200	*Pérdidas y ganancias*		
		a Provisión para gastos	*1.200*

* Por la parte de los gastos de reacondicionamiento imputables al ejercicio 19X7

——————— X ———————

f) Procede minorar el resultado del ejercicio 19X7 y reconocer el pasivo contraído, por el importe de la compra de mercancía no registrada. Ajuste:

——————— X ———————

5.000	*Pérdidas y ganancias (Compras de mercaderías)*		
		a Proveedores	*5.000*

——————— X ———————

g) La operación de permuta, en virtud del principio de prudencia valorativa, no puede originar resultados positivos. Por tanto, el activo recibido habrá de valorarse por el valor neto contable del activo cedido o por el valor de mercado del activo recibido, si éste fuese menor. Ajuste que se propone:

——————————— X ———————————

1.000 Pérdidas y ganancias
(Ventas de mercaderías)
a Provisión inversiones financieras 1.000

——————————— X ———————————

CASO PRACTICO N.º 1.7.

---

1. Inmovilizado financiero: Cartera de control

El valor teórico de la sociedad EL PAPAGAYO asciende a:

Capital social	20.000
Amortización acelerada (reservas)	4.000
Pérdidas de ejercicios anteriores	(6.000)
Patrimonio neto	18.000

Por lo que la valoración máxima de esta participación será: 0,90 × 18.000 = 16.200 u.m., procediendo dotar una provisión de 1.800 u.m., que es la diferencia entre el precio de adquisición de estos títulos y su valor contable al cierre del ejercicio.

Balance	Cuenta de pérdidas y ganancias
1.800 Pérdidas y ganancias a Provisión cartera de control 1.800	1.800 Dotación provisión cartera de control a Saldo (P. y G.) 1.800

2. Inmovilizado inmaterial: gastos de I + D

El Plan General de Contabilidad, en la Norma de valoración 15.ª, establece que, con carácter general, los gastos de investigación y desarrollo se tratarán como gastos del ejercicio en que se realicen. Unicamente podrán activarse como inmovilizado inmaterial cuando reúnan las siguientes condiciones:

1. Estar específicamente individualizados por proyectos y su coste claramente establecido, para que pueda ser distribuido en el tiempo, y
2. Tener motivos fundados del éxito técnico y de la rentabilidad económico-comercial del proyecto o proyectos de que se trate.

En consecuencia, en nuestro caso procede minorar el saldo de esta partida tanto por los costes no identificados con proyectos concretos como por los costes asociados a los proyectos 400A y 410B toda vez que, por la información facilitada, se deduce que tales desembolsos no cumplen los requisitos exigidos por la citada normativa.

Ajuste que se propone (suponemos que tanto los costes de investigación general como los imputados al proyecto 410B corresponden a gastos activados en 19X9):

Balance			Cuenta de pérdidas y ganancias		
2.000	Pérdidas y ganancias *(resultados de ejercicios anteriores)*		2.000	Pérdidas de ejercicios anteriores	
5.000	Pérdidas y ganancias *(resultados ejercicio 19X9)*		5.000	Trabajos realizados para el inmovilizado inmaterial	
	a Gastos de investigación y desarrollo	7.000		a Saldo (P. y G.)	7.000

3. Valoración de existencias producidas por la sociedad

Por la información facilitada se deduce que la sociedad ha reconocido como ingreso del ejercicio 19X9 el precio de venta de la totalidad de los equipos contratados, y no la parte correspondiente a los equipos entregados. Además, se observa que el coste de ventas imputado a los equipos entregados se ha calculado así:

$$50 \times \frac{47.250}{60} = 50 \times 787{,}50 = 39.375 \text{ u.m.}$$

Siendo éste el procedimiento correcto:

$$\text{Coste unitario} = \frac{47.250}{50 + 0{,}25 \times 10} = 900 \text{ u.m.}$$

$$\text{Coste de ventas} = 50 \times 900 = 45.000 \text{ u.m.}$$

En consecuencia, procede ajustar las cuentas que se relacionan a continuación en los siguientes importes:

	Saldo según la sociedad	Saldo ajustado	Cuantía del ajuste
Ventas de equipos	60.000	50.000	(–) 10.000
Clientes	20.000	10.000	(–) 10.000
Coste de ventas	39.375	45.000	(+) 5.625
Producción en curso	7.875	2.250	(–) 5.625

Ajuste en forma de asiento del libro Diario:

Balance			Cuenta de pérdidas y ganancias		
15.625	Pérdidas y ganancias		10.000	Ventas de productos terminados	
	a Clientes	10.000	5.625	Existencias finales de productos en curso (*o Variación de existencias*)	
	a Existencias de productos en curso	5.625		a Saldo (P. y G.)	15.625

4. Valoración de existencias adquiridas (mercaderías)

a) Por las diferencias detectadas en el inventario al 31-12-19X8.

La omisión de la partida de 12.000 u.m. propició que en 19X8 la contabilidad reflejase un resultado inferior en ese importe a la cifra correcta. Por otra parte, la no inclusión de la partida de 1.000 u.m. no tuvo repercusión alguna en aquel resultado, si bien ni la cifra de *Compras* ni la de *Existencias finales* de aquel ejercicio mostraban los importes correctos.

En consecuencia, y en relación con las Cuentas Anuales referidas al 31-12-19X9, únicamente procedería realizar el siguiente ajuste:

Balance			Cuenta de pérdidas y ganancias		
12.000	Pérdidas y ganancias a Pérdidas y ganancias *(Resultados de ejercicios anteriores)*	12.000	12.000	Existencias iniciales de mercaderías *(o Variación de existencias)* a Saldo (P. y G.)	12.000

b) Valoración del inventario realizado en 31-12-19X9.

El inventario realizado en esta fecha y, por tanto, el resultado calculado por la sociedad para el ejercicio 19X9, incluyen el margen comercial correspondiente a una partida devuelta por el cliente. Obviamente, ambas rúbricas habrán de ser minoradas por este importe. Cálculo:

$$4.200 - 4.200/1,20 = 700 \text{ u.m.}$$

Ajuste:

Balance			Cuenta de pérdidas y ganancias		
700	Pérdidas y ganancias a Existencias de mercaderías	700	700	Existencias finales de mercaderías *(o Variación de existencias)* a Saldo (P. y G.)	700

A su vez, por la devolución de la mercancía vendida, haremos:

Balance			Cuenta de pérdidas y ganancias		
4.200	Pérdidas y ganancias a Clientes	4.200	4.200	Ventas a Saldo (P. y G.)	4.200

5. Inversiones financieras temporales

a) Por la provisión no dotada al cierre del ejercicio 19X8.

Cálculo: 2.100.000 – 1.400.000 = 700.000 u.m. Y el ajuste, en miles de pesetas:

Balance			Cuenta de pérdidas y ganancias		
700	Pérdidas y ganancias *(Resultados de ejercicios anteriores)* a Provisión inversiones financieras temporales	700	700	Resultados de ejercicios anteriores a Saldo (P. y G.)	700

b) Venta de los derechos de suscripción en julio de 19X9.

La sociedad abonó la cuenta que recogía este activo por el precio de venta de los derechos, debiendo haberlo hecho por el coste estimado del mismo, en función de la baja de coste:

$$1.050 - \frac{1 \times 500 + 5 \times 1.050}{6} = 91,67 \text{ u.m.}$$

Y el valor teórico del derecho será:

$$700 - \frac{1 \times 500 + 5 \times 700}{6} = 33,33 \text{ u.m.}$$

De esta forma la provisión por derecho vendido será:

$$91,67 - 33,33 = 58,34 \text{ u.m.}$$

Asiento que hizo	Asiento que debió hacer
120.000 Tesorería a Inversiones financieras temporales 120.000	120.000 Tesorería 116.680 Provisión inversiones financieras temporales *(2.000 × 58,34)* a Inversiones financieras temporales 183.340 a Ingresos financieros 53.340

Y el ajuste que se propone:

Balance	Cuenta de pérdidas y ganancias
116.680 Provisión inversiones financieras temporales a Inversiones financieras temporales 63.340 a Pérdidas y ganancias 53.340	53.340 Saldo (P. y G.) a Ingresos financieros 53.340

c) Ajuste de la provisión según cambio al 31-12-19X9.

Coste de las acciones (2.100.000 − 183.340)	1.916.660
Cotización al 31-12-19X9 (1,10 × 1.000.000)	(1.100.000)
Provisión total	916.660
Menos: Saldo provisión ya constituida	(583.320)
Provisión a dotar	333.340

Ajuste:

Balance	Cuenta de pérdidas y ganancias
333.340 Pérdidas y ganancias a Provisión inversiones financieras temporales 333.340	333.340 Dotación provisiones a Saldo (P. y G.) 333.340

CASO PRACTICO N.º 1.8.

Supuesto n.º 1

Como tema previo a la solución de este supuesto, es necesario recordar que, según las normas de general aceptación, todo desembolso posterior a la adquisición de un activo fijo que tenga como efecto, o bien una mayor eficacia o eficiencia del mismo o bien un alargamiento en su vida útil, es capitalizable.

Ahora bien, en primer lugar esta capitalización deberá tener un distinto reflejo contable, si se trata de incremento de eficacia o eficiencia o si se trata de alargamiento de la vida útil. En segundo lugar, la cantidad a capitalizar dependerá de ese efecto positivo. En el caso que nos ocupa, no se puede considerar igual que se alargue la vida útil en un año que en diez, por poner un ejemplo.

Por lo que respecta al primer aspecto, la capitalización, entendemos que debe hacerse vía la cuenta de amortización acumulada, por tratarse de una recuperación de la misma (se puede hablar de *rejuvenecimiento* del bien).

En cuanto al segundo aspecto, deberá capitalizarse tan sólo el importe que cuantifique ese *rejuvenecimiento.*

La solución que ha dado la empresa, que para nosotros es incorrecta, si bien hay autores que la consideran correcta, ha sido capitalizar la totalidad del desembolso y modificar después, y a partir de ese momento, la cuota de amortización; de ahí, los datos que arroja la contabilidad son:

— Valor origen 120.000
— Amortización acumulada a final de 19X6:
$120.000 \times 0{,}10 \times 5$ 60.000

Como capitalizó las 20.000 en cuenta «Instalación», ésta arroja un saldo al 31-12-19X7 de 140.000. Por lo anteriormente expuesto, la cuota de amortización calculada para el año 19X7 ha sido:

$$\frac{140.000 - 60.000}{8} = 10.000$$

Ocho son los años que le quedan de vida útil, una vez computado el incremento de tres años. Por esto la cuenta de «Amortización acumulada» arroja un saldo de 70.000.

Si tomamos en cuenta los razonamientos antes expuestos, la cuenta de «Instalación» no debería ser incrementada, y la cuenta «Amortización acumulada» disminuida, ¿en qué importes?

Amortización que hubiera tenido la instalación al cabo de 5 años (principio de 19X7, cuando tiene lugar la inversión) si la vida útil fuera de 13 años (diez iniciales más tres que se alarga):

$$\frac{120.000}{13} \times 5 = 46.154$$

Por lo que la *recuperación* de amortización acumulada, debida a la inversión de 20.000, ha sido tan sólo de:

$$60.000 - 46.154 = 13.846$$

que es el importe que, a nuestro juicio, debe ser capitalizado en la cuenta de «Amortización acumulada». El resto, hasta las 20.000 debe ser considerado como gasto del ejercicio, por cuanto no tiene el efecto de alargar más la vida útil de la instalación.

Por otra parte, entendemos que la cuota de amortización del ejercicio no es de 10.000, sino de:

$$\frac{120.000}{13} = 9.231$$

Por tanto, si los apuntes que hizo la sociedad fueron de este tenor:

		XX		
20.000	Instalaciones			
		a	Bancos	20.000
		XX		
10.000	Dotación amortizaciones			
		a	Amortización acumulada de instalación	10.000
		XX		

Cuando en la solución propuesta deberían haber sido éstos:

		XX		
13.846	Amortización acumulada de instalación			
6.154	Gastos de reparaciones			
		a	Bancos	20.000
		XX		

y, por la amortización del ejercicio:

		XX		
9.231	Dotación amortizaciones			
		a	Amortización acumulada de instalación	9.231
		XX		

El ajuste que proponemos será el siguiente:

		XX		
14.615	*Amortización acumulada de instalación*			
6.154	*Gastos de reparaciones*			
		a	*Instalación*	*20.000*
		a	*Dotación amortizaciones*	*769*
		XX		

Supuesto n.º 2

En la valoración de activos fijos elaborados por la empresa han de seguirse los mismos criterios que para valorar la producción comercial. En el caso que nos ocupa, parece ser que los costes indirectos se imputan a los trabajos en función de la mano de obra, mediante un coeficiente de absorción de esos gastos.

Ese coeficiente vendrá dado por la relación:

$$\frac{\text{Gastos indirectos de producción}}{\text{Gastos de personal directo}}$$

es decir:

$$\frac{490.000}{350.000} = 1{,}40$$

La empresa, en lo que afecta a los activos fijos ha utilizado un coeficiente de $1{,}5\left(\frac{1.500}{1.000}\right)$.

Por lo que ha capitalizado 100 de gastos indirectos indebidamente.
Por ello, el ajuste será:

		XX		
100	*Pérdidas y ganancias (Trabajos para el inmovilizado)*			
		a	*Maquinaria*	*100*
		XX		

Con esta valoración queda por debajo del precio de mercado (5.450), por lo que no es necesario hacer ningún ajuste complementario.

Supuesto n.º 3

La empresa ha contabilizado conjuntamente el coste del terreno y del edificio, además de cometer otras incorrecciones en el cálculo de los costes. Veamos los componentes separadamente y propongamos, finalmente, el ajuste adecuado.

Coste incorrecto computado en edificio

— Terreno	200.000
— Coste derribo	14.000
— Coste de edificio	500.000
— Coste de personal	20.000
— Intereses	45.000 (*)
Coste computado	779.000

(*) 500.000 × 0,18 × 0,5

— Amortización computada: 0,02 × 779.000	15.580

Coste correcto

- Terreno:

— Coste	200.000
— Coste de derribo	14.000
— Menor coste por recuperación	−10.000
Total coste de terreno	204.000

- Edificio:

— Coste	500.000
— Coste de personal	20.000
— Intereses	45.000
Total coste de edificio	565.000
— Amortización correcta a computar: 0,02 × 565.000	11.300

Ajustes

		XX		
204.000	*Terrenos*			
10.000	*Pérdidas y ganancias (Ingresos diversos)*			
		a	*Edificios*	*214.000*
		XX		
4.280	*Amortización acumulada de edificios*			
		a	*Pérdidas y ganancias (Dotación amortizaciones)*	*4.280*
		XX		

Supuesto n.º 4

La sociedad ha computado como coste de producción 400.000, en concepto de depreciación del activo industrial, cuando ésta alcanza sólo un importe de 350.000 (10 por 100 de 3.500.000). El resto es una distribución de beneficios que no debe afectar al coste de producción. Por ello, el coste de producción correcto será de 2.050.000.

El porcentaje de productos sin vender, respecto a la producción del año, es de:

$$\frac{50.000}{2.100.000} = 0{,}0238095$$

Dado que la empresa utiliza un método FIFO para costear las salidas, las existencias en almacén pertenecen a las producidas en el año, por lo que las existencias corregidas serán:

$$0{,}0238095 \times 2.050.000 = 48.810$$

Así pues, los ajustes a hacer serán:

		XX		
50.000	*Amortización acumulada activo industrial*			
		a	*Pérdidas y ganancias (Dotación de amortizaciones)*	*50.000*
		XX		
1.190	*Pérdidas y ganancias (Variación de existencias)*			
		a	*Productos terminados*	*1.190*
		XX		

Supuesto n.º 5

Aunque el coste del acondicionamiento del local tenga una vida útil de 20 años, es evidente que ha de recuperarse, como máximo, durante la vida del arrendamiento al que está indisolublemente unido. Por tanto, la amortización ha de ser de 7.500 y no de 3.750. Por ello, el ajuste será:

		XX		
3.750	*Pérdidas y ganancias (Dotación de amortizaciones)*			
		a	*Amortización acumulada acondicionamiento local alquilado*	*3.750*
		XX		

CASO PRACTICO N.º 1.9.

Supuesto n.º 1

En éste, como en los demás casos de valoración de existencias, hay que aplicar la regla de «coste o mercado, el más bajo».

Al tratarse de *Productos en curso*, el «mercado» será el equivalente al valor neto de realización del producto, una vez llegado a su total terminación, menos los costes pendientes de devengar hasta que haya llegado a ese total grado de terminación.

Tendremos, por tanto:

Producto	Valor neto de realización menos costes pendientes	Coste actual	Valoración que prevalece
Producto 1	1.800 – 100 – 500 = 1.200	1.000	1.000
Producto 2	2.500 – 100 – 600 = 1.800	2.000	1.800
Producto 3	2.000 – 400 – 200 = 1.400	2.500	1.400
Producto 4	3.500 – 150 – 1.000 = 2.350	1.800	1.800

Ajuste global:

Producto 2: 2.000 – 1.800 = 200
Producto 3: 2.500 – 1.400 = 1.100
1.300

El ajuste tiene una doble alternativa:

——————— XX ———————

1. *1.300 Pérdidas y ganancias (Variación de existencias)*
   a Productos en curso 1.300

——————— XX ———————

2. *1.300 Pérdidas y ganancias (Dotación a la provisión)*
   a Provisión depreciación existencias 1.300

——————— XX ———————

Supuesto n.º 2

En este caso, la obra en curso es valorada a precio de venta, lo cual implica que se calcula un resultado en función del «grado de terminación de la obra», cuyo grado de terminación suele medirse como una relación entre los costes devengados hasta la fecha del cálculo y los costes totales previstos de la obra.

Veamos esto por cada una de las obras.

- Grado de terminación:

$$\text{Obra 1.} \quad \frac{4.000}{4.000 + 8.000} = \frac{1}{3}$$

$$\text{Obra 2.} \quad \frac{8.000}{8.000 + 12.000} = 0{,}25$$

$$\text{Obra 3.} \quad \frac{5.000}{5.000 + 5.000} = 0{,}50$$

- Beneficio acumulado que ha de reconocerse al 31-12-1991:

Obra 1: 1/3 (15.000 − 12.000) = 1.000

Obra 2: En este caso, al preverse pérdida, ésta debe ser reconocida ya en su totalidad:

(18.000 − 20.000) = 2.000

Obra 3: 0,5 (12.000 − 10.000) = 1.000

Y los apuntes a hacer serán:

— Por la Obra 1, dado que ya se reconoció un beneficio de 750, ahora habrá que reconocer un beneficio de 250 (1.000 − 750), mediante el apunte:

———————— XX ————————

250 Productos en curso

a Pérdidas y ganancias (Variación de existencias) 250

———————— XX ————————

— En cuanto a la Obra 2, dado que ya se reconoció un beneficio de 500, y las previsiones actuales arrojan una pérdida de 2.000, habrá de contabilizarse una pérdida de 2.500:

———————— XX ————————

2.500 Pérdidas y ganancias (Dotación provisiones)

a Provisión para riesgos y gastos 2.000

a Productos en curso 500

———————— XX ————————

— Por lo que se refiere a la Obra 3, al igual que hicimos en la n.º 1, registraremos la diferencia de beneficio global a reconocer hasta ahora menos el ya reconocido, es decir, 1.000, dado que no había ningún beneficio previamente reconocido.

———————— XX ————————

1.000 Productos en curso

a Pérdidas y ganancias (Variación de existencias) 1.000

———————— XX ————————

Supuesto n.º 3

En este caso, la sociedad ha cometido dos errores en la valoración del activo fijo: el primero se refiere a la imputación como coste de producción de un concepto que no implica tal coste de producción, cual es un coste de estructura de la empresa (coste de administración). El segundo es haber computado incorrectamente el importe de los gastos financieros capitalizados. Así las cosas, tendremos el siguiente coste correctamente calculado:

- Coste financiero incurrido durante 4 meses (del 1 de marzo al 1 de julio):

$$12.000 \times 0{,}015 \times 4 = 720$$

- Total coste correcto:

— Materiales	15.000
— Coste de personal de producción	10.000
— Costes indirectos de producción	15.000
— Costes financieros devengados	720
	40.720

Y el ajuste que habría de hacerse sería el siguiente:

		XX		
2.540	*Pérdidas y ganancias (Trabajos realizados para el inmovilizado)*			
		a	*Maquinaria*	*2.540*
	(43.260 – 40.720 = 2.540)			
		XX		

Supuesto n.º 4

En la contabilización de la cartera de «Z» existen varios errores, tanto de concepto como de valoración.

En primer lugar, el dividendo que la sociedad ha contabilizado como ingreso, dadas las circunstancias de su percepción, ha de entenderse que se encontraba en el coste de la cartera, como mayor valor de la misma, por lo que el apunte habrá que ajustarlo mediante el siguiente asiento:

		XX		
50.000	*Resultados de ejercicios anteriores*			
		a	*Acciones*	*50.000*
		XX		

Como consecuencia de lo anterior, la sociedad sobrevaloró el importe de la provisión a establecer, dado que el coste unitario de los títulos no es de 140 u.m., sino de 130 u.m., una vez deducido el dividendo. Así pues, la provisión debería haberse hecho por 25.000 unidades [(130 – 125) × 5.000 = 25.000] en lugar de las 75.000 contabilizadas. El ajuste será, por tanto:

		XX		
50.000	*Provisión depreciación acciones*			
		a	*Resultados de ejercicios anteriores*	*50.000*
		XX		

Por otra parte, el tratamiento de los derechos de suscripción adolece de varios errores. En primer lugar, el coste teórico del derecho de suscripción no es de 5 u.m. por derecho, tal como se aprecia de los asientos realizados por la sociedad. Este importe de 5 surge de haber considerado como coste unitario de la cartera 140 u.m. en lugar de 130 u.m., tal como podemos ver:

$$140 - \frac{(1 \times 110) + (5 \times 140)}{6} = 5$$

El coste teórico correcto será:

$$130 - \frac{(1 \times 110) + (5 \times 130)}{6} = 3{,}33$$

De esta manera, el asiento de segregación de los derechos de suscripción habrá que ajustarlo mediante el siguiente asiento:

		XX		
8.350	*Acciones*			
		a	*Derechos de suscripción*	*8.350*
	[5.000 × (5 – 3,33)]			
		XX		

Y el asiento de compra de las acciones habrá que ajustarlo, igualmente, por el coste de los derechos incorrectamente computado. El ajuste será:

		XX		
4.175	*Derechos de suscripción*			
		a	*Acciones*	*4.175*
	[2.500 × (5 – 3,33)]			
		XX		

Por lo que se refiere a la venta de los derechos de suscripción, con independencia del error en el cálculo del coste del derecho ya comentado, en el asiento hecho por la sociedad no se ha dado de baja la provisión correspondiente a esos derechos vendidos, cuya cuantía en buena técnica contable vendrá dada por la diferencia entre el coste teórico del derecho (3,33) y su valor teórico, que vendrá dado, a su vez, en función del valor de la cartera una vez devaluada, es decir, 125 u.m. Así pues, el valor teórico será:

$$125 - \frac{(1 \times 110) + (5 \times 125)}{6} = 2,5$$

Y el apunte debió ser el siguiente:

		XX		
17.500	Caja (2.500 × 7)			
2.075	Provisión depreciación acciones [2.500 × (3,33 – 2,5)]			
		a	Derechos de suscripción (2.500 × 3,33)	8.325
		a	Beneficio en inversiones financieras	11.250
		XX		

El beneficio surge de la diferencia entre:

Precio de venta	7
Valor teórico (al estar la cartera provisionada)	2,5
Beneficio unitario	4,5
Beneficio total: 2.500 × 4,50 = 11.250	

Por lo que el ajuste será:

		XX		
2.075	*Provisión depreciación acciones*			
4.175	*Derechos de suscripción*			
		a	*Beneficio en inversiones financieras*	*6.250*
		XX		

Supuesto n.º 5

Tal como se indica en las reglas de valoración del Plan General de Contabilidad, «*tratándose de valores negociables no admitidos a cotización en un mercado secundario organizado figurarán en balance por su precio de adquisición.* ***No obstante, cuando el precio de adquisición sea superior al importe que resulte de aplicar criterios valorativos racionales admitidos en la práctica, se dotará la correspondiente provisión por la diferencia existente.*** *A estos efectos, cuando se trate de participaciones en capital, se tomará el valor teórico contable que corresponda a dichas participaciones,* ***corregido en el importe de las plusvalías tácitas existentes en el momento de la adquisición y que subsistan en el de la valoración posterior».***

Efectuando los cálculos para dar cumplimiento a la norma anteriormente transcrita, tendremos:

- Valor contable de BETA al 31-12-1992

— Al 31-12-1991	250
— Dotación de reservas: 10 % s/ 50	5
	255

- Plusvalía tácita al 31-12-1992

— Beneficio sector: 15 % s/ 250	37,50
— Beneficio esperado	45,00
Superbeneficio	7,50

La plusvalía tácita que persiste ha de entenderse como el superbeneficio de los dos años que restan, 1993 y 1994. Este superbeneficio ha de calcularse en su valor actual descontado al tipo de interés de compra que, en nuestro caso, es del 12 por 100. Así, tendremos:

$$\frac{7,5}{1,12} + \frac{7,5}{(1,12)^2} = 12,60 \text{ u.m.}$$

Por tanto, el valor teórico de la sociedad BETA a esa fecha, corregido con la plusvalía tácita será:

$$255 + 12,60 = 267,60 \text{ u.m.}$$

Dado que la sociedad LUGO posee el 75 por 100, tendremos un valor teórico equivalente de:

$$75 \% \text{ s/ } 267,60 = 201 \text{ u.m.}$$

Y como el valor contable es de 210 u.m., habrá que corregir éste mediante el asiento:

———————— XX ————————

9 *Dotación provisiones*

a *Provisión depreciación acciones* 9

———————— XX ————————

Supuesto n.º 6

En la valoración de los productos terminados de la Sociedad PONTEVEDRA se han cometido los siguientes errores: en primer lugar incluir en dicha valoración costes no reales (costes de oportunidad) y en segundo lugar, el hecho de que los contabiliza a precio de venta, siendo éste superior al precio de coste.

1. Rectificación del coste de producción terminada

— Costes computados	62.500
— Costes no reales	−5.000
Costes reales	57.500

Porcentaje de productos en curso sobre producción total:

$$\frac{2.500}{62.500} = 0{,}04$$

Aplicando este mismo porcentaje al coste rectificado, tendremos la correcta valoración de los productos en curso:

$$0{,}04 \times 57.500 = 2.300 \text{ u.m.}$$

Así pues, el coste real de productos terminados será:

$$57.500 - 2.300 = 55.200 \text{ u.m.}$$

2. Rectificación de la valoración de los productos terminados en almacén, dado que la sociedad lo hace a precio de venta:

— Producción terminada a precio de coste		55.200
— Producción terminada a precio de venta:		
• Ventas	50.000	
• Inventario final a precio de venta	8.000	58.000

El porcentaje entre precio de coste real y precio de venta es de:

$$\frac{55.200}{58.000} = 0{,}9517$$

Dado que el almacén, a precio de venta es de 8.000 u.m., a precio de coste será:

$$8.000 \times 0{,}9517 = 7.614 \text{ u.m.}$$

Finalmente, el ajuste que habrá que realizar surge de la siguiente comparación:

Existencias	Valoración según la sociedad	Valor corregido	Ajuste
Producto en curso	2.500	2.300	200
Productos terminados	8.000	7.614	386
	10.500	9.914	586

Asiento:

——————————— XX ———————————

586 Pérdidas y ganancias
(Variación de existencias)

	a	*Productos en curso*	*200*
	a	*Productos terminados*	*386*

——————————— XX ———————————

CASO PRACTICO N.º 1.10.

A) AJUSTES Y RECLASIFICACIONES QUE SE PROPONEN

1. Inventario

La sociedad ha valorado su inventario de existencias al 31-12-19X5 en 6.000.000 de ptas., según se refleja tanto en el balance como en la cuenta de resultados. Por la información adicional disponible se deduce que este saldo incluye los dos componentes siguientes:

Existencias propias (500 u. × 10.000 ptas.)	5.000.000
Mercaderías recibidas en consignación	1.000.000

El auditor deberá proponer que ambas cifras sean ajustadas. En efecto, la valoración atribuida al inventario en propiedad, de acuerdo con el método FIFO, es incorrecta ya que la prima por consumo o «rappel» obtenido del proveedor representa un menor precio de adquisición. Por tanto, la valoración de este primer componente del inventario final habrá de minorarse en: 0,10 × 500 × 10.000 = 500.000 ptas.

La contrapartida en balance será el resultado del ejercicio, magnitud que incluirá el «rappel» incorrectamente registrado como ingreso. Estas mismas partidas habrán de ser ajustadas en la cuenta de pérdidas y ganancias. El ajuste, en formato de asiento de libro Diario y en miles de pesetas, sería éste[1]:

AJUSTE (1)

Balance	Cuenta de pérdidas y ganancias
500 Pérdidas y ganancias a Mercaderías 500	500 Inventario final de mercaderías a Saldo (P. y G.) 500

En relación con el segundo componente incluido en el inventario final de 19X5, las mercaderías recibidas en consignación por la Sociedad «H», habrá de proponerse su total eliminación por tratarse de existencias que, sin ser propiedad de la sociedad, han sido incorrectamente inventariadas como propias. Ajuste:

AJUSTE (1′)

Balance	Cuenta de pérdidas y ganancias
1.000 Pérdidas y ganancias *(Resultados de ejercicios anteriores)* a Mercaderías 1.000	1.000 Inventario final de mercaderías a Inventario inicial de mercaderías 1.000 ... X ... 1.000 Gastos y pérdidas de ejercicios anteriores a Saldo (P. y G.) 1.000

[1] Este mismo formato se utilizará para presentar todos los ajustes: en la parte izquierda se hará el apunte relativo a las partidas de balance afectadas y en la parte derecha, en su caso, las partidas de resultados rectificadas por el ajuste. En todos los casos el registro se realizará en *miles de pesetas*.

2. Cartera de acciones

Por la información suministrada en este punto y la proporcionada en el balance y en la cuenta de resultados, se deduce que el saldo de la cuenta *Acciones sin cotización oficial* es consecuencia de los siguientes cargos realizados en la misma:

Precio de adquisición desembolsado el 1-1-19X5	4.000.000
Nominal de las acciones liberadas obtenidas en concepto de «dividendo» (0,10 × 4.000.000)	400.000
Prima de emisión pagada por las acciones liberadas (0,20 × 400.000)	80.000
	4.480.000

Por tanto, la Sociedad «H» contabilizó la suscripción de las acciones liberadas de la siguiente forma:

		X		
480.000	*Acciones sin cotización oficial*			
		a	*Caja o Bancos, c/c*	*80.000*
		a	*Acciones liberadas* (cuenta de ingresos)	400.000
		X		

en lugar de valorar los títulos suscritos por el coste efectivamente satisfecho y hacer:

		X		
80.000	*Acciones sin cotización oficial*			
		a	*Caja o Bancos, c/c*	*80.000*
		X		

En consecuencia, para rectificar, tanto la incorrecta valoración de este activo como la repercusión producida en el resultado del ejercicio, procede proponer el ajuste siguiente:

AJUSTE (2)

Balance	Cuenta de pérdidas y ganancias
400 Pérdidas y ganancias a Acciones sin cotización oficial 400	400 Acciones liberadas a Saldo (P. y G.) 400

3. Caja

El saldo de esta partida debe recoger únicamente la disponibilidad real de efectivo. El ajuste a proponer será:

AJUSTE (3)

Balance	Cuenta de pérdidas y ganancias
3 Anticipos de viajes 2 Gastos anticipados a Caja 5	Las partidas de gastos e ingresos no resultan afectadas

4. Cuenta corriente en el Banco «Z»

El estado de conciliación presentaría la siguiente forma:

Saldo según libros de la empresa		500.000
MAS:		
Talones entregados y no compensados	50.000	
Intereses a favor de la empresa	5.000	55.000
MENOS:		
Efectos descontados devueltos	45.000	
Remesas no contabilizadas por el Banco	10.000	(–) 55.000
Saldo según extracto bancario		500.000

Y procedería proponer el ajuste siguiente:

AJUSTE (4)

Balance		Cuenta de pérdidas y ganancias	
5 Banco Z, c/c		5 Saldo (P. y G.)	
45 Efectos comerciales impagados		a Ingresos financieros	5
a Pérdidas y ganancias	5		
a Banco Z, c/c	45		

5. Línea de descuento comercial

Si el límite de descuento concedido por el banco a la Sociedad «H» asciende a 1.500.000 ptas. y al 31-12-19X5 pueden descontarse efectos por 1.000.000 ptas., ello significa que el pasivo contraído por efectos descontados pendientes de vencimiento asciende a 500.000 ptas.

Al no figurar esta deuda registrada en balance interpretamos que la sociedad, por las operaciones de descuento en conjunto, realizó el apunte siguiente:

———————— X ————————

(Efectivo) *Banco Z, c/c*
(Gastos) *Gastos por descuento de efectos*
a *Efectos comerciales a cobrar* *(Nominal)*

———————— X ————————

Y debió hacer:

———————— X ————————

(Efectivo) *Banco Z, c/c*
(Gastos) *Gastos por descuento de efectos*
a *Deudas por efectos descontados* *(Nominal)*

———————— X ————————

Por tanto, al objeto de revelar el pasivo contraído por las operaciones de descuento, habría de proponerse el siguiente ajuste:

AJUSTE (5)

Balance	Cuenta de pérdidas y ganancias
500 Efectos comerciales a cobrar a Deudas por efectos descontados 500	Las partidas de gastos e ingresos no resultan afectadas

Si se interpretase que el límite de 1.000.000 de ptas. no incluye el efecto devuelto por 45.000 ptas., al que hacía referencia el punto anterior, aquella cifra ascendería a 1.045.000 ptas. y, en este caso, el pasivo que debería aflorarse importaría 455.000 ptas.

6. Empréstito

Por la información facilitada interpretamos que la sociedad registró esta emisión de obligaciones de la siguiente forma:

		X		
7.200.000	*Tesorería*			
800.000	*Gastos por intereses diferidos de obligaciones*			
		a	*Obligaciones en circulación (8.000 oblig. × 1.000 ptas.)*	*8.000.000*
		X		

Ahora bien, como los pasivos deben registrarse por su valor de reembolso y los gastos amortizables asociados a los mismos deben corresponder a la diferencia entre aquel valor y el líquido obtenido por el prestatario, procede incorporar en ambas partidas el importe de la prima de reembolso no considerada. Cálculo: 0,20 × 8.000.000 = 1.600.000 ptas. Ajuste:

AJUSTE (6)

Balance	Cuenta de pérdidas y ganancias
1.600 Gastos por intereses diferidos de obligaciones a Obligaciones en circulación 1.600	Las partidas de gastos e ingresos no resultan afectadas

Además se observa que al cierre del ejercicio de 19X5 la sociedad no ha realizado apunte alguno en relación con este empréstito. Sin embargo, habrían de registrarse:

— los intereses devengados en 19X5. Cálculo: 0,15 × 8.000.000 = 1.200.000 ptas.;
— el valor de reembolso de los títulos amortizables el 1-1-19X6. Cálculo: 0,25 × 9.600.000 = 2.400.000 ptas.
— el saneamiento de los gastos amortizables que, considerando el anterior ajuste, ascienden a 2.400.000 ptas. Si este saneamiento se realiza en proporción al capital vivo al principio de cada año, corresponderá al ejercicio 19X5 la cifra de: 4/10 × 2.400.000 = 960.000 ptas.

Y los ajustes a proponer, en base a las anteriores consideraciones, serían:

AJUSTE (6′)

Balance	Cuenta de pérdidas y ganancias
1.200 Pérdidas y ganancias a Intereses de obligaciones a pagar 1.200	1.200 Intereses de obligaciones a Saldo (P. y G.) 1.200
2.400 Obligaciones en circulación a Obligaciones a reembolsar 2.400	Las partidas de gastos e ingresos no resultan afectadas
960 Pérdidas y ganancias a Gastos por intereses diferidos de obligaciones 960	960 Intereses de obligaciones a Saldo (P. y G.) 960

7. Compra de mobiliario en 19X5

Para registrar esta adquisición la sociedad hizo el apunte siguiente:

		X		
2.000.000	*Mobiliario y enseres*			
		a	*Tesorería o Acreedores*	*1.800.000*
		a	*Descuento por pronto pago en compra de mobiliario*	*200.000*
		X		

Sin embargo, este inmovilizado debió valorarse por su precio de adquisición real, esto es, 1.800.000 pesetas, sin computar ingreso alguno. Para eliminar el efecto sobre ambas magnitudes se propone el ajuste:

AJUSTE (7)

Balance	Cuenta de pérdidas y ganancias
200 Pérdidas y ganancias a Mobiliario y enseres 200	200 Descuento por pronto pago en compra de mobiliario a Saldo (P. y G.) 200

Como consecuencia de este ajuste procedería rectificar la amortización dotada en el ejercicio, circunstancia que consideraremos en el siguiente punto.

8. Amortización del ejercicio

Por desconocer la fecha de adquisición de los elementos integrantes del inmovilizado, no es posible verificar si el montante de la amortización acumulada es correcto. Sí es posible, en cambio, comprobar la dotación anual por amortizaciones suponiendo que la totalidad del inmovilizado material depreciable, ha formado parte del patrimonio de la sociedad durante todo el ejercicio 19X5. Cálculo:

	Precio de adquisición	%	Cuota anual
Edificios y construcciones	33.400.000	2	668.000
Instalación comercial	8.000.000	10	800.000
Mobiliario y enseres	4.000.000	20	800.000
			2.268.000

Como la dotación anual calculada coincide con la practicada por la sociedad, únicamente procedería ajustar esta cifra por el exceso de amortización correspondiente al mobiliario adquirido en este ejercicio, cuya valoración fue objeto de ajuste en el punto anterior. Cálculo: 0,20 × 200.000 = 40.000 pesetas.

AJUSTE (8)

Balance	Cuenta de pérdidas y ganancias
40 Amortización acumulada inmovilizado material a Pérdidas y ganancias 40	40 Saldo (P. y G.) a Amortizaciones 40

B) ESTADOS FINANCIEROS AJUSTADOS (en miles de pesetas)

Para obtener los estados ajustados se utilizan tradicionalmente unos estadillos, denominados Hojas de trabajo, similares a los que se reproducen a continuación. Estas Hojas de trabajo constan de cuatro columnas con el siguiente contenido, de izquierda a derecha:

— la *primera columna* recoge en la parte superior las cuentas comunicadas por la sociedad en los estados financieros formulados por ésta; y, en la parte inferior, las partidas que puedan surgir en los ajustes propuestos por el auditor;
— la *segunda columna*, dividida en dos subcolumnas, registra los saldos que presentan las referidas cuentas en la contabilidad de la sociedad;
— la *tercera columna* representa en forma esquemática el diario de ajustes;
— finalmente en la *cuarta columna* y última, se presentan los saldos ajustados, objetivo último de todo el proceso.

Estos saldos se obtienen rectificando los presentados por la sociedad mediante los ajustes practicados, y, de acuerdo con el convenio sobre funcionamiento de las cuentas, en partida doble. Esto es: los cargos en el diario auxiliar de ajustes se suman si corresponden a una partida deudora o se restan si afectan a partidas de signo acreedor; los abonos incrementan los saldos acreedores y minoran los de signo deudor.

1. Balance ajustado: Hoja de trabajo

Cuentas	Balance sociedad		Ajustes		Balance ajustado	
	Activo	Pasivo	Debe	Haber	Activo	Pasivo
Terrenos y bienes naturales	1.000				1.000	
Depreciación de terrenos	(100)				(100)	
Edificios y otras construcciones	33.400				33.400	
Instalación comercial	8.000				8.000	
Mobiliario y enseres	4.000			(7) 200	3.800	
Amortización acumulada inmovilizado material	(18.000)		(8) 40		(17.960)	
Gastos por intereses diferidos de obligaciones	800		(6) 1.600	(6′) 960	1.440	
Acciones sin cotización oficial	4.480			(2) 400	4.080	
Depósitos a plazo fijo	1.800				1.800	
Mercaderías	6.000			(1) 500 (1′) 1.000	4.500	
Clientes	4.000				4.000	
Efectos comerciales a cobrar	1.000		(5) 500		1.500	
Provisión para insolvencias	(100)				(100)	
Caja, ptas.	10			(3) 5	5	
Banco Z, c/c	500			(4) 40	460	
Gastos anticipados	110		(3) 2		112	
Capital social		21.200				21.200
Reservas		3.800				3.800
Obligaciones en circulación		8.000	(6′) 2.400	(6) 1.600		7.200
Proveedores		10.000				10.000
Entidades públicas		800				800
Pérdidas y ganancias		3.100	(1) 500 (1′) 1.000 (2) 400 (6′) 2.160 (7) 200	(4) 5 (8) 40		(1.115)
Totales	46.900	46.900				
Anticipos de viaje			(3) 3		3	
Efectos comerciales impagados			(4) 45		45	
Deudas por efectos descontados				(5) 500		500
Obligaciones a reembolsar				(6′) 2.400		2.400
Intereses de obligaciones a pagar				(6′) 1.200		1.200
Totales			8.850	8.850	45.985	45.985

2. Cuenta de resultados ajustada: Hoja de trabajo

Cuentas	Cuenta de resultados de la sociedad		Ajustes		Cuenta de resultados ajustada	
	Debe	Haber	Debe	Haber	Debe	Haber
Inventario inicial de mercaderías	4.000			(1′) 1.000	3.000	
Compras de mercaderías	45.000				45.000	
Gastos de personal	10.000				10.000	
Gastos por descuento de efectos	500				500	
Amortizaciones	2.268			(8) 40	2.228	
Provisiones	100				100	
Depreciación de terrenos	100				100	
Saldo	3.100		(4) 5 (8) 40	(1) 500 (2) 400 (6′) 2.160 (7) 200		115
Inventario final de mercaderías		6.000	(1) 500 (1′) 1.000			4.500
Ventas de mercaderías		53.668				53.668
Comisiones		200				200
Rappel por compras de mercaderías		4.500				4.500
Ingresos financieros		100		(4) 5		105
Descuentos por pronto pago en compra de mobiliario		200	(7) 200			—
Acciones liberadas		400	(2) 400			—
Totales	65.068	65.068				
Intereses de obligaciones			(6′) 2.160		2.160	
Totales			4.305	4.305	63.088	63.088

CASOS PRACTICOS. Serie 2

SOLUCIONES

CASO PRACTICO N.º 2.1.

a) **Balance de situación sin clasificar**

Cuentas	Saldos deudores	Saldos acreedores
Bancos, c/c [1]	34.505	
Caja	3.640	
Clientes	40.500	
Provisión para insolvencias		2.025
Proveedores		32.000
Existencias de piensos [2]	6.400	
Existencias de cereales [3]	42.500	
Terreno[4]	490.000	
Préstamo hipotecario a largo plazo		243.000
Préstamo hipotecario a corto plazo		27.000
Edificios e instalaciones	176.400	
Amortización acumulada de edificios e instalaciones		88.200
Impuesto sobre beneficios a pagar [5]		18.500
Impuestos reclamados a cobrar	2.800	
Gratificación a pagar a empleados		7.000
Capital social		140.000
Prima de emisión de acciones [6]		115.000
Dividendo activo a pagar		45.000
Resultados de 19X4 y Reservas [7]		79.020
	796.745	796.745

Notas:

[1] El disponible en la cuenta corriente bancaria al 31 de diciembre de 19X4 asciende a:

Saldo de la cuenta según extracto remitido por el banco	43.825
Menos: Cheques en circulación	(9.320)
	34.505

[2] Las existencias en inventario de piensos equivalen al 20 por 100 de las compras no consumidas. Cálculo: 0,20 × 32.000 = 6.400.

[3] Ante la imposibilidad de determinar el coste de producción de los cereales en existencias al cierre del ejercicio, es aceptable el precio de mercado en esa fecha, máxime al ser un precio asegurado oficialmente. Cálculo: 10.000 × 3,5 + 5.000 × 1,5 = 42.500.

[4] El principio del precio de adquisición requiere valorar los terrenos propiedad de la empresa por el precio de coste de los mismos. Cálculo: 1.250 × 200 + 600 × 400 = 490.000.

[5] El impuesto sobre los beneficios del ejercicio 19X4 es un gasto imputable a este ejercicio, por lo que procede reconocer en la fecha del cierre la deuda contraída por el mismo. En cambio, la contribución rústica y pecuaria corresponde imputarla al ejercicio siguiente —en base a los principios de devengo y de correlación de ingresos y gastos— por lo que este concepto no tiene ningún reflejo en el Balance referido al 31 de diciembre de 19X4.

[6] El exceso entre el capital desembolsado por los accionistas y el valor nominal de las acciones, es una partida que formará parte del neto o fondos propios de la empresa. La normalización contable española, que denomina a esta partida *Prima de emisión de acciones*, la considera una reserva, si bien su origen no está en beneficios obtenidos por la compañía y no distribuidos, sino en aportaciones directas realizadas por los accionistas. Cálculo: 255.000 − 140.000 = 115.000.

[7] La diferencia entre los activos totales y pasivos totales (propios y ajenos) ha de interpretarse como recursos generados por la empresa, en el ejercicio 19X4 y en ejercicios anteriores, y no distribuidos. Se carece de información para realizar el desglose pertinente entre ambos conceptos. Cálculo: 796.745 − 717.725 = 79.020.

b) Balance de situación clasificado

AGROPECUARIA, S. A.
Balance de situación al 31 de diciembre de 19X4

Activo			Pasivo		
Activo fijo		**578.200**	**Fondos propios**		**334.020**
Terrenos	490.000		Capital social	140.000	
Edificios e instalaciones	176.400		Prima de emisión acciones	115.000	
Amortización acumulada de edificios e instalaciones	(88.200)		Reservas y Resultados	79.020	
			Deudas a largo plazo		**243.000**
Activo circulante		**128.320**	Préstamo hipotecario a largo plazo	243.000	
Existencias de piensos	6.400				
Existencias de cereales	42.500		**Pasivo circulante**		**129.500**
Impuestos reclamados a cobrar	2.800				
Clientes	40.500		Proveedores	32.000	
Provisión insolvencias	(2.025)		Préstamo hipotecario a corto plazo	27.000	
Bancos, c/c	34.505		Impuestos a pagar	18.500	
Caja	3.640		Gratificación a pagar	7.000	
			Dividendo activo a pagar	45.000	
TOTAL ACTIVO		**706.520**	**TOTAL PASIVO**		**706.520**

CASO PRACTICO N.º 2.2.

1. Coste de las materias primas consumidas

Para calcular esta magnitud se sumarán al inventario inicial de materias primas las compras del ejercicio, valoradas al precio de adquisición resultante, y se deducirán las existencias finales, igualmente valoradas a coste histórico.

Conceptos	Importes
Inventario inicial	10.000.000
(+) Compras [1.000 × 1.200 + 500 × 1.300]	1.850.000
(+) Transportes y fletes de compras [200.000 + 100.000]	300.000
(–) Rappels sobre compras [0,15 × 1.850.000]	(277.500)
Coste de materias primas disponibles	11.872.500
(–) Inventario final (*)	(652.500)
Coste de materias primas consumidas	***11.220.000***

(*) Esta cifra se ha calculado así:
Unidades = 10.000 + 1.000 – 5.000 + 500 – 6.000 = 500 u.
Coste (FIFO) = 500 × (1.300 – 0,15 × 1.300) + 100.000 = 652.500 u.m.

2. Coste de los productos terminados vendidos o coste de ventas

La suma de los materiales consumidos en el período más los restantes costes de producción, determinan el *Coste de producción del período.* Ajustando esta magnitud por el importe de la variación del inventario de la producción en curso obtendremos el *Coste de la producción terminada*. Finalmente, para determinar el *Coste de la producción vendida* o *Coste de ventas* habrá de rectificarse la magnitud anterior incorporando la variación de existencias de productos terminados acaecida en el período considerado.

Conceptos		Importes
Materias primas consumidas		11.220.000
Gastos de producción		60.000.000
Coste de producción del período		*71.220.000*
Variación de trabajos en curso		680.000
(+) Inventario inicial	10.000.000	
(–) Inventario final	(9.320.000)	
Coste de la producción terminada		*71.900.000*
Variación de productos terminados		7.900.000
(+) Inventario inicial	25.000.000	
(–) Inventario final (**)	(17.100.000)	
Coste de ventas		***79.800.000***

(**) Inventario final de productos terminados:
Unidades = 5.000 + 12.000 – 14.000 = 3.000 unidades

$$\text{Coste medio} = \frac{25.000.000 + 71.900.000}{5.000 + 12.000} = 5.700 \text{ ptas./unidad}$$

Existencias finales = 3.000 × 5.700 = 17.100.000 ptas.

3. Margen industrial

La diferencia entre los ingresos por ventas de productos y el coste de ventas antes calculado, constituye el primer margen de resultados que, tratándose de una empresa industrial, se denomina *Margen industrial.*

Conceptos	Importes
Ventas de productos terminados	100.000.000
(–) Coste de ventas	(79.800.000)
Margen industrial	***20.200.000***

4. Resultado de los fondos de financiación totales y de los fondos de financiación propios

La diferencia entre el margen industrial y la totalidad de los gastos de estructura, esto es, todos los gastos no incorporados al coste de producción excepto el coste financiero del endeudamiento a largo plazo, constituye el *Resultado de los fondos totales* o rendimiento del activo. Y si a esta magnitud restamos los intereses de la financiación ajena a largo plazo, se obtiene el *Resultado atribuible a los fondos propios.*

Conceptos	Importes
Margen industrial	20.200.000
(–) Gastos de venta, de administración y generales	(2.500.000)
(–) Gastos financieros por descuento de efectos [1]	(1.500.000)
Resultado de los fondos totales	***16.200.000***
(–) Intereses de obligaciones	(5.000.000)
Resultado de los fondos propios	***11.200.000***

[1] Convencionalmente, los gastos por descuento de efecto se consideran de operación y no derivados de pasivos.

CASO PRACTICO N.º 2.3.

---

a) **Diario del primer trimestre de 19X2, incluido el cálculo del resultado**

1. Asiento de apertura				
4.200.000	Caja y bancos			
450.000	Clientes			
315.850	Efectos a cobrar			
610.000	Materias primas			
190.000	Materias auxiliares			
300.000	Productos terminados			
400.000	Productos en curso			
80.150	Gastos de administración anticipados			
2.700.000	Edificio-fábrica			
500.000	Maquinaria			
600.000	Patente	a	Proveedores	146.000
		a	Efectos a pagar	200.000
		a	Capital social	6.000.000
		a	Reservas	2.000.000
		a	Resultados 19X1	2.000.000

2. Aplicación del resultado de 19X1				
2.000.000	Resultados 19X1	a	Dividendo activo a pagar	600.000
		a	Participación Consejeros	200.000
		a	Participación personal	200.000
		a	Provisión para reparaciones extraordinarias	100.000
		a	Remanente	900.000

3. Por los cobros, según libro auxiliar de Caja y Bancos				
1.370.000	Caja y bancos	a	Ventas de productos terminados	300.000
		a	Clientes	600.000
		a	Efectos a cobrar	470.000

4. Por los pagos, según libro auxiliar de Caja y Bancos				
60.000	Materias primas			
350.000	Mano de obra directa			
150.000	Gastos de fabricación			
175.000	Gastos de administración			
180.000	Efectos a pagar	a	Caja y bancos	915.000

5. Por las ventas a crédito				
700.000	Clientes	a	Ventas de productos terminados	700.000

6. Por las compras a crédito				
12.500	Materias primas	a	Proveedores	12.500

7. Por los efectos girados a clientes				
350.000	Efectos a cobrar	a	Clientes	350.000

8. Por los efectos girados por los proveedores				
45.000	Proveedores	a	Efectos a pagar	45.000

9. Por los gastos generales de administración imputables al primer trimestre del ejercicio 19X2. Cálculo: 80.150 – 40.000 = 40.150 ptas.				
40.150	Gastos de administración	a	Gastos de administración anticipados	40.150

10. Por los gastos de amortización del período, que supondremos que forman parte del coste de producción

10.000	Gastos de amortización	a	Amortización acumulada inmovilizado material	9.000
		a	Amortización acumulada inmovilizado inmaterial	1.000

11. Por el coste de producción del trimestre. Cálculos para determinar el consumo de materias primas:

	Kg	Precio/Unidad	Ptas.
Inventario inicial	6.100	100	610.000
Compras al contado	500	120	60.000
Compras a crédito	100	125	12.500
	6.700		682.500

Coste medio unitario = 682.500/6.700 = 101,86 ptas.

Materias primas disponibles	682.500
Inventario final (4.100 × 101,86)	(417.626)
Materias primas consumidas	264.874

874.874	Coste de producción	a	Materias primas	264.874
		a	Materias auxiliares (190.000 – 90.000)	100.000
		a	Mano de obra directa	350.000
		a	Gastos de fabricación	150.000
		a	Gastos de amortización	10.000

12. Para determinar el coste de la producción terminada

1.249.874	Coste de la producción terminada	a	Coste de producción	874.874
		a	Productos en curso (400.000 – 25.000)	375.000

13. Por el coste de ventas. Cálculo del coste medio unitario de los productos terminados en el primer trimestre de 19X2: 1.249.874/5.000 = 250 ptas. Nótese que el coste es igual al asignado al inventario inicial

1.050.000	Productos terminados [Ef]			
499.874	Coste de ventas (*redondeado*) [(1.200+5.000–4.200) × 250]			
		a	Productos terminados [Ei]	300.000
		a	Coste de la producción terminada	1.249.874

14. Para determinar el resultado del trimestre				
1.000.000	Ventas de productos terminados			
		a	Coste de ventas	499.874
		a	Gastos de administración	215.150
		a	Resultados 1.er trim. 19X2	284.976

b) Balance al 31-3-19X2 según modelo del Plan General de Contabilidad

Activo			Pasivo		
Inmovilizado inmaterial		**599.000**	**Fondos propios**		**9.184.976**
Patente	600.000		Capital social	6.000.000	
Amortización acumulada patente	(1.000)		Reservas	2.000.000	
			Remanente 19X1	900.000	
Inmovilizado material		**3.191.000**	Resultados 1.er trim. 19X2	284.976	
Edificio-fábrica	2.700.000				
Maquinaria	500.000		**Provisiones para riesgos y gastos**		**100.000**
Amortización acum. inm. material	(9.000)		Provisión para grandes reparaciones	100.000	
Existencias		**1.582.626**	**Acreedores a corto plazo**		**1.178.500**
Materias primas	417.626		Proveedores	113.500	
Materias auxiliares	25.000		Efectos a pagar	65.000	
Productos en curso	90.000		Dividendos activos a pagar	600.000	
Productos terminados	1.050.000		Participación Consejeros	200.000	
			Participación personal	200.000	
Deudores		**395.850**			
Clientes	200.000				
Efectos a cobrar	195.850				
Tesorería		**4.655.000**			
Caja y bancos	4.655.000				
Ajustes por periodificación		**40.000**			
Gastos de administración anticipados	40.000				
Total Activo		**10.463.476**	Total Pasivo		**10.463.476**

c) Cuenta de resultados en formato vertical, clasificando los gastos funcionalmente

Ventas de productos terminados		1.000.000
Materias primas consumidas	264.874	
Materias auxiliares consumidas	100.000	
Mano de obra directa	350.000	
Gastos de fabricación	150.000	
Gastos de amortización	10.000	
Coste de producción	874.874	
(+) Productos en curso [Ei]	400.000	
(–) Productos en curso [Ef]	(25.000)	
Coste de la producción terminada	1.249.874	
(+) Productos terminados [Ei]	300.000	
(–) Productos terminados [Ef]	(1.050.000)	
Coste de ventas		(498.874)
Margen bruto en ventas		500.126
Gastos de administración		(215.150)
Resultado antes de impuestos		284.976

d) Estado de resultados en forma de cuenta

Debe		Haber	
Materias primas (Ei)	610.000	Materias primas (Ef)	417.000
Materias auxiliares (Ei)	190.000	Materias auxiliares (Ef)	90.000
Productos en curso (Ei)	400.000	Productos en curso (Ef)	25.000
Productos terminados (Ei)	300.000	Productos terminados (Ef)	1.050.000
Compras de materias primas	72.500	Ventas de productos terminados	1.000.000
Mano de obra directa	350.000		
Gastos de fabricación	150.000		
Gastos de amortización	10.000		
Gastos de administración	215.150		
Saldo (beneficio)	284.976		
Total Debe	2.582.626	Total Haber	2.582.626

CASO PRACTICO N.º 2.4.

1. Estado de variaciones patrimoniales y financieras

Cuentas	19X2	19X1	Diferencias deudoras (inversión)	Diferencias acreedoras (financiación)
ACTIVO Accionistas, desembolsos no exigidos	2.500	—	2.500	
Gastos de establecimiento	800	1.000		200
Instalaciones	6.500	6.000	500	
Vehículos	3.600	3.600	—	
Existencias	3.760	4.200		440
Clientes	2.980	—	2.980	
Inversiones financieras temporales	1.000	—	1.000	
Tesorería	1.360	1.200	160	
Sumas	22.500	16.000		
PASIVO Capital social	15.000	10.000		5.000
Amortización acumulada inmovilizado material	1.010	—		1.010
Deudas a largo plazo	1.600	2.780	1.180	
Deudas a corto plazo	1.270	1.120		150
Proveedores	1.580	2.100	520	
Hacienda Pública, acreedor	240	—		240
Resultado	1.800	—		1.800
Sumas	22.500	16.000	8.840	8.840

Comentario

Las diferencias deudoras se producen por incrementos de los saldos de las cuentas deudoras (adquisición de activos) o disminuciones de las cuentas acreedoras (reembolso de pasivos) y representan el destino dado, en términos netos, a los recursos de todo tipo generados en el ejercicio.

Las diferencias acreedoras son debidas a minoraciones en el saldo de las cuentas deudoras (realización de activos) o incrementos de los saldos de las cuentas acreedoras (aumento del endeudamiento o de los recursos propios).

Repárese en que el resultado del período y las amortizaciones practicadas, que son gastos computados en el período que no provocan salidas de fondos, representan los recursos generados por la propia empresa como consecuencia de su normal actividad. En este caso:

Resultado líquido (después de impuestos)	1.800.000
Amortización de gastos de establecimiento	200.000
Amortización inmovilizado material	1.010.000
Recursos generados por la actividad	3.010.000

2. EOAF si el término «fondos» se identifica con Capital Circulante (CC)

Bajo esta acepción, las partidas que representan *Orígenes de fondos* o financiación, serán todas aquellas cuya variación sea de signo acreedor, excepto las que formen parte del Capital Circulante. Análogamente, representarán *Aplicaciones de fondos* o inversión las variaciones de signo deudor de partidas que formen parte de los activos fijos, pasivos fijos y recursos propios.

De esta forma, y partiendo de las diferencias ya calculadas en el Estado de variaciones, se obtiene el cuadro siguiente que muestra, en la parte superior, las causas que han motivado la variación neta del Capital Circulante en 19X2 y, en la parte inferior, la variación de cada una de las partidas integradas en esta magnitud.

EL ZANGANO, S. A.
EOAF. Ejercicio 19X2. Versión: Capital Circulante

Origen de fondos		
Resultado del ejercicio	1.800	
Amortización gastos de establecimiento	200	
Amortización inmovilizado material	1.010	
Recursos generados por operaciones		3.010
Por ampliación del capital social (*)		5.000
Total Orígenes		8.010
Aplicación de fondos		
Crédito contraído por los accionistas		2.500
Para ampliación de las instalaciones		500
Para reembolso de deudas a largo plazo		1.180
Total Aplicaciones		4.180
Aumento neto del Capital Circulante		3.830

Variaciones en las partidas del Capital Circulante

CUENTAS	Aumento del CC	Disminución del CC
Existencias		440
Clientes	2.980	
Inversiones financieras temporales	1.000	
Tesorería	160	
Deudas a corto plazo		150
Proveedores	520	
Hacienda Pública, acreedor		240
	4.660	830
Aumento neto del Capital Circulante		3.830
	4.660	4.660

(*) Un formato alternativo a éste consistiría en mostrar en esta línea únicamente el capital social desembolsado en la ampliación, esto es, los recursos netos obtenidos. En este caso, la cifra a consignar en esta partida sería 2.500.000 ptas., eliminándose en el apartado de *Aplicación de fondos* el epígrafe que informa del crédito contraído por los accionistas, originado por la ampliación del capital.

3. EOAF si el término «fondos» se identifica con Capital Circulante Financiero (CCF)

Si se excluye del activo circulante las existencias, esto es, su componente generalmente menos líquido, la magnitud resultante por diferencia entre el activo circulante residual y el pasivo circulante se denomina Capital Circulante Financiero. Si el EOAF tiene por objeto explicitar los cambios experimentados por esta magnitud resultaría el estado siguiente:

EL ZANGANO, S. A.
EOAF. Ejercicio 19X2. Versión: Capital Circulante Financiero

Origen de fondos	
Recursos generados por operaciones	3.010
Por disminución del inventario de existencias	440
Por ampliación del capital social	5.000
Total Orígenes	8.450
Aplicación de fondos	
Crédito contraído por los accionistas	2.500
Para ampliación de las instalaciones	500
Para reembolso de deudas a largo plazo	1.180
Total Aplicaciones	4.180
Aumento neto del Capital Circulante Financiero	4.270

Variaciones en el Capital Circulante Financiero

CUENTAS	Aumento del CCF	Disminución del CCF
Clientes	2.980	
Inversiones financieras temporales	1.000	
Tesorería	160	
Deudas a corto plazo		150
Proveedores	520	
Hacienda Pública, acreedor		240
	4.660	390
Aumento neto del Capital Circulante Financiero		4.270
	4.660	4.660

4. EOAF si el término «fondos» se identifica con Activos Líquidos Netos (ALN)

Esta magnitud se define como la diferencia entre los Activos Líquidos, esto es, Tesorería (T) e Inversiones Financieras Temporales (IFT), y el Pasivo Circulante (PC):

$$ALN = (T + IFT) - PC$$

Observe que se ha excluido del activo circulante, además de las existencias, las cuentas a cobrar (clientes, deudores, etc.). Y el estado de fondos resultante sería el siguiente:

EL ZANGANO, S. A.
EOAF. Ejercicio 19X2. Versión: Activos Líquidos Netos

Origen de fondos	
Recursos generados por operaciones	3.010
Por disminución del inventario de existencias	440
Por ampliación del capital social	5.000
Total Orígenes	8.450
Aplicación de fondos	
Crédito contraído por los accionistas	2.500
Para ampliación de las instalaciones	500
Para reembolso de deudas a largo plazo	1.180
Crédito concedido a clientes	2.980
Total Aplicaciones	7.160
Aumento neto de los Activos Líquidos Netos	1.290

Variaciones en los Activos Líquidos Netos

CUENTAS	Aumento ALN	Disminución ALN
Inversiones financieras temporales	1.000	
Tesorería	160	
Deudas a corto plazo		150
Proveedores	520	
Hacienda Pública, acreedor		240
	1.680	390
Aumento neto de los Activos Líquidos Netos		1.290
	1.680	1.680

5. EOAF si el término «fondos» se identifica con Disponibilidades Líquidas o Tesorería

El estado que muestra las causas de la variación neta experimentada por la Tesorería (efectivo en caja más disponible en cuentas corrientes bancarias a la vista) recibe el nombre de Estado de Cash-Flow, Estado de Tesorería o Estado de Flujos de Tesorería. En este caso, los *Orígenes de fondos* representan los cobros netos del período, y las *Aplicaciones de fondos,* los pagos realizados. Las partidas de ingresos y gastos habrán de ajustarse al objeto de transformarlas en cobros y pagos, respectivamente.

EL ZANGANO, S. A.
EOAF. Ejercicio 19X2. Versión: Tesorería

Origen de fondos (Cobros)		
Cobros por ventas		10.540
Ventas de mercaderías	13.520	
(–) Crédito concedido a clientes	(2.980)	
Cobros por otros ingresos		280
Por ampliación del capital social		2.500
Por deudas a corto plazo		150
Total Cobros		13.470
Aplicación de fondos (Pagos)		
Pagos por compras		7.280
Compras del ejercicio [7.200 – 4.200 + 3.760]	6.760	
(+) Disminución de la deuda con proveedores	520	
Para alquileres		1.200
Para gastos financieros		1.850
Para otros gastos		300
Para ampliación de las instalaciones		500
Para reembolso de deudas a largo plazo		1.180
Para inversiones financieras a corto plazo		1.000
Total Pagos		13.310
Aumento neto de la Tesorería		160

6. EOAF si el término «fondos» se identifica con Activos Líquidos (AL)

Si por el término fondos se alude a los Activos Líquidos, esto es, disponible en caja y cuentas corrientes bancarias más inversiones financieras a corto plazo, el estado de fondos mostrará cuáles fueron las causas que motivaron la variación de aquella magnitud, así como las variaciones experimentadas por los componentes de la misma.

EL ZANGANO, S. A.
EOAF. Ejercicio 19X2. Versión: Activos Líquidos

Origen de fondos		
Cobros por ventas		10.540
Ventas de mercaderías	13.520	
(–) Crédito concedido a clientes	(2.980)	
Cobros por otros ingresos		280
Por ampliación del capital social		2.500
Por deudas a corto plazo		150
Total Orígenes de Fondos		13.470
Aplicación de fondos		
Pagos por compras		7.280
Compras del ejercicio [7.200 – 4.200 + 3.760]	6.760	
(+) Disminución de la deuda con proveedores	520	
Para alquileres		1.200
Para gastos financieros		1.850
Para otros gastos		300
Para ampliación de las instalaciones		500
Para reembolso de deudas a largo plazo		1.180
Total Aplicaciones de Fondos		12.310
Aumento neto de los Activos Líquidos		1.160

Variaciones en los Activos Líquidos

CUENTAS	Aumento AL	Disminución AL
Inversiones financieras temporales	1.000	
Tesorería	160	—
	1.160	
Aumento neto de los Activos Líquidos		1.160
	1.160	1.160

CASO PRACTICO N.º 2.5.

a) Diario auxiliar de los ajustes necesarios para formular el Estado de Origen y Aplicación de Fondos de 19X1

Ajuste (1). Anulación del abono a *Mobiliario* para expresar la inversión real en este activo, así como la autofinanciación por amortización.

50	Mobiliario	a	Amortización acumulada de mobiliario	50

Ajuste (2). Rectificación de la anotación practicada para registrar la mejora en edificios. La finalidad del ajuste es doble; por un lado, mostrar los fondos reales aplicados en esta inversión y, por otra parte, presentar los fondos obtenidos por amortizaciones.

300	Edificios	a	Amortización acumulada de edificios	300

Ajuste (3). Por idénticas razones a las apuntadas en el Ajuste (1) procedería practicar la siguiente anotación en razón de la variación experimentada por la partida Patentes:

100	Patentes	a	Amortización acumulada de patentes	100

Ajuste (4). Calculamos en primer lugar el importe del empréstito amortizado en 19X1:

Saldo de la cuenta al 31-12-19X0	1.150
(+) Obligaciones emitidas en 19X1	1.500
Total abonos	2.650
(−) Saldo de la cuenta al 31-12-19X1	(2.135)
Empréstito amortizado en 19X1	515

Para mostrar en el EOAF los recursos obtenidos en el ejercicio mediante esta fuente de financiación (1.500 u.m.) y de los fondos aplicados al reembolso de esta partida (515 u.m.), debe incorporarse en la Hoja de trabajo el ajuste siguiente:

515	Reembolso de obligaciones	a	Empréstito de obligaciones	515

Con ello la Hoja de trabajo proporcionará la siguiente información:

Cuentas	Diferencias		Ajustes		Fondos	
	D	H	D	H	F.A.	F.O.
Empréstito de obligaciones		985		(4) 515		1.500
Reembolso de obligaciones			(4) 515		515	

b) Hoja de trabajo

Cuentas	Diferencias		Ajustes		Fondos		Circulante	
	D	H	D	H	F.A.	F.O.	(+)	(–)
Edificios	1.000		(2) 300		1.300			
Terrenos	—							
Mobiliario y enseres	—	220	(1) 50			170		
Patentes	—	100	(3) 100					
Caja y bancos	—	750						750
Clientes	1.715						1.715	
Efectos a cobrar	150						150	
Existencias	379						379	
Gastos anticipados	—	50						50
Capital social	2.400				2.400			
Reservas	—							
Pérdidas y ganancias	—	2.229				2.229		
Proveedores	—	1.200						1.200
Empréstito obligaciones	—	985		(4) 515		1.500		
Amortización acumulada de edificios	—	100		(2) 300		400		
Provisión clientes dudosos	—	10						10
Sumas	**5.644**	**5.644**						
Amortización acumulada de mobiliario				(1) 50		50		
Amortización acumulada de patentes				(3) 100		100		
Reembolso de obligaciones			(4) 515		515			
Sumas			**965**	**965**	**4.215**	**4.449**	**2.244**	**2.010**

c) Estado de Origen y Aplicación de Fondos

MIRLO, S. A.
Estado de Origen y Aplicación de Fondos. Ejercicio 19X1

Origen de fondos		
Recursos procedentes de la explotación		2.779
— Resultados	2.229	
— Amortizaciones del ejercicio	550	
Por endeudamiento a largo plazo		1.500
Por venta de inmovilizado		170
Total Orígenes		4.449
Aplicación de fondos		
Inversión en edificios		1.300
Amortización de capital (rescate de acciones)		2.400
Reembolso de obligaciones		515
Total Aplicaciones		4.215
Aumento del Capital Circulante		234

Variaciones netas de los componentes del Capital Circulante

CUENTAS	Aumentos	Disminuciones
Caja y bancos		750
Clientes	1.715	
Efectos a cobrar	150	
Existencias	379	
Gastos anticipados		50
Proveedores		1.200
Provisión clientes dudosos		10
Totales	2 244	2.010
Aumento del Capital Circulante		234
Totales	2.244	2.244

CASO PRACTICO N.º 2.6.

1. Hoja de trabajo del Estado de Tesorería

Cuentas	Diferencias		Ajustes		Movimientos de tesorería	
	Debe	Haber	Debe	Haber	Pagos	Cobros
Edificios	800				800	
Maquinaria		650	750 (2)		100	
Existencias	500			500 (3)		
Clientes	500			500 (4)		
Gastos financieros anticipados		10	10 (5)			
Tesorería		390				390
Capital social		900				900
Reservas		200	200 (6)			
Empréstito	200				200	
Proveedores	300			300 (7)		
Hacienda Pública		150	150 (8)			
Amortización acumulada	350		400 (9)	750 (2)		
Pérdidas y ganancias		350	900 (1)	550 (6)		
Ventas		100.000	500 (4)			99.500
Otros ingresos		1.000				1.000
Coste de ventas	89.300		500 (3) 300 (7)		90.100	
Gastos de personal	10.000				10.000	
Amortizaciones	400			400 (9)		
Gastos financieros	100			10 (5)	90	
Impuesto de sociedades	300			150 (8)	150	
Saldo (P. y G.)	900			900 (1)		
Dividendos pagados			350 (6)		350	
Totales	103.650	103.650	4.060	4.060	101.790	101.790

Justificación de los ajustes practicados en la hoja de trabajo

Ajuste (1). Para anular el saldo representativo del resultado del ejercicio, que figura tanto en el balance como en el estado de resultados:

900	Pérdidas y ganancias	a	Saldo (P. y G.)	900

Ajuste (2). El registro de la baja de una máquina totalmente amortizada no originó movimiento de efectivo. Por ello se ha procedido a anular el efecto de aquel apunte mediante el siguiente ajuste:

750	Maquinaria	a	Amortización acumulada	750

Ajuste (3). El aumento del inventario de existencias, entre el 31-12-19X1 y 31-12-19X2, no implica necesariamente salidas de tesorería. La anulación de esta diferencia tendrá como contrapartida la cuenta *Coste de ventas*, que incluye las compras del ejercicio y la variación de existencias.

500	Coste de ventas	a	Existencias	500

Ajuste (4). El crédito concedido a los clientes no provoca aumento de la tesorería en el momento en que se registra la venta, sino en el momento del cobro. Ello exige anular esta diferencia al objeto de obtener el montante cobrado por ventas de mercaderías.

500	Ventas	a	Clientes	500

Ajuste (5). El saneamiento de la partida *Gastos financieros anticipados* habrá repercutido en el resultado del ejercicio, pero no sobre la tesorería, por lo que debe anularse.

10	Gastos financieros anticipados	a	Gastos financieros	10

Ajuste (6). Por la distribución de resultados del ejercicio 19X1, registrada en contabilidad en 19X2, procede anular su efecto sobre las partidas que no afectaron a cuentas de tesorería y explicitar las partidas que sí lo hicieron, esto es, los pagos efectuados por dividendos.

200	Reservas			
350	Dividendos pagados	a	Pérdidas y ganancias	550

Nótese que la partida *Dividendos pagados* surge en este momento al objeto de informar de la salida de efectivo que, por este concepto, tuvo lugar en el ejercicio 19X2.

Ajuste (7). La disminución del saldo de *Proveedores* representa el importe pagado a éstos, adicionalmente a la cifra de compras del ejercicio. Por ello, se ha realizado el siguiente ajuste:

300	Coste de ventas	a	Proveedores	300

De esta forma, el saldo que muestra en este momento la partida *Coste de ventas*, una vez rectificado su saldo contable por la variación de existencias [Ajuste (3)] y por la variación del saldo de proveedores [Ajuste (7)], representa la cifra total pagada a los suministradores de existencias durante el ejercicio 19X2.

Ajuste (8). El incremento de la deuda con la Hacienda Pública no implicará salida de efectivo hasta el momento de su liquidación. Por ello la diferencia en esta partida habrá de anularse contra la partida de gastos correspondiente. De esta forma el Estado de Tesorería pondrá de manifiesto la cifra pagada por impuestos en el ejercicio 19X2.

150	Hacienda Pública	a	Impuesto de sociedades	150

Ajuste (9). El cargo a resultados del ejercicio por la amortización del inmovilizado no originó salida de tesorería, por lo que aquel apunte debe anularse.

400	Amortización acumulada	a	Amortizaciones	400

2. Estado de Tesorería de la sociedad VISON, S. A., correspondiente al ejercicio 19X2

2.1. Modelo I: Resumen global de los movimientos de Tesorería

Cobros:		
Emisión de acciones	900	
Ventas	99.500	
Otros ingresos	1.000	101.400
Pagos:		
Compras de mercaderías	90.100	
Gastos de personal	10.000	
Gastos financieros	90	
Impuestos	150	
Dividendos	350	
Reembolso empréstito	200	
Compra de edificios	800	
Compra de maquinaria	100	101.790
Disminución de Tesorería		*390*

2.2. Modelo II: Estado de Tesorería clasificado por actividades

CASH-FLOW POR OPERACIONES DE EXPLOTACION		
Cobros:		
Por ventas de mercaderías	99.500	
Por otros ingresos	1.000	100.500
Pagos:		
Por compras de mercaderías	90.100	
Por gastos de personal	10.000	
Por gastos financieros	90	
Por impuestos	150	100.340
Cash-flow por operaciones de explotación		**(+) 160**
CASH-FLOW POR OPERACIONES DE FINANCIACION		
Cobros:		
Por emisión de acciones	900	900
Pagos:		
Por dividendos	350	
Por reembolso del empréstito	200	550
Cash-flow por operaciones de financiación		**(+) 350**
CASH-FLOW POR OPERACIONES DE INVERSION		
Cobros:		
	—	
Pagos:		
Por adquisición de edificios	800	
Por adquisición de maquinaria	100	900
Cash-flow por operaciones de inversión		**(–) 900**
CASH-FLOW TOTAL (160 + 350 – 900) *(Disminución neta de Tesorería)*		**(–) 390**

Comentario

El Estado de Tesorería pone de manifiesto que esta sociedad, en el ejercicio 19X2:

- ha obtenido superávit de tesorería tanto en su actividad típica como en su actividad financiera;
- que la disminución neta final de sus disponibilidades líquidas ha sido consecuencia de su actividad inversora, materializada en adquisiciones de edificios y maquinaria.

Por tanto, el juicio global que merece la gestión de tesorería practicada es positivo.

CASO PRACTICO N.º 2.7.

1. Hoja de trabajo del Estado de Tesorería

Cuentas	19X3	19X2	Diferencias		Ajustes		Pagos	Cobros
			Debe	Haber	Debe	Haber		
Terrenos	24.000	21.000	3.000	—	—	1.000 (3)	2.000	—
Edificios y otras construcciones	78.000	70.000	8.000	—	—	—	8.000	—
Maquinaria e instalaciones	130.000	130.000	—	—	2.000 (6)	1.000 (5)	1.000	—
Elementos de transporte	5.000	4.000	1.000	—	—	—	1.000	—
Mobiliario y enseres	1.500	1.500	—	—	—	—	—	—
Instalaciones en curso	2.000	2.300	—	300	1.000 (5)	—	700	—
Gastos ampliación capital	1.200	1.000	200	—	1.000 (9)	—	1.200	—
Gastos emisión obligaciones	6.000	7.000	—	1.000	1.000 (9)	—	—	—
Estudios y proyectos en curso	5.000	4.200	800	—	—	—	800	—
Acciones sociedad filial	15.000	12.000	3.000	—	—	—	3.000	—
Existencias materias primas	55.000	38.000	17.000	—	—	17.000 (8)	—	—
Existencias productos terminados	60.000	70.000	—	10.000	10.000 (8)	—	—	—
Obras en curso	5.000	3.000	2.000	—	—	2.000 (8)	—	—
Accionistas, capital sin desembolsar	5.000	3.000	2.000	—	—	2.000 (4)	—	—
Clientes	15.000	28.000	—	13.000	13.000 (14)	—	—	—
Caja y Bancos	2.000	1.500	500	—	—	—	500	—
	409.700	**396.500**						
Capital social	120.000	110.000	—	10.000	2.000 (4)	—	—	8.000
Reserva legal	23.000	22.000	—	1.000	1.000 (1)	—	—	—
Reserva voluntaria	3.000	2.000	—	1.000	1.000 (3)	—	—	—
Prima emisión acciones	6.000	4.000	—	2.000	—	—	—	2.000
Préstamos a largo plazo	10.000	8.000	—	2.000	—	2.000 (7)	—	4.000
Obligaciones en circulación	92.500	104.000	11.500	—	—	—	11.500	—
Proveedores	48.000	63.000	15.000	—	—	15.000 (15)	—	—
Impuestos a pagar	4.000	2.500	—	1.500	1.500 (17)	—	—	—
Gastos personal a pagar	1.000	—	—	1.000	1.000 (13)	—	—	—
Provisión existencias	1.000	—	—	1.000	1.000 (12)	—	—	—
Resultados ejercicio	10.200	6.000	—	4.200	10.200 (2)	6.000 (1)	—	—
Amort. acum. inm. material	83.000	71.000	—	12.000	14.000 (9)	2.000 (6)	—	—
Prov. invers. financieras	5.000	3.000	—	2.000	2.000 (11)	—	—	—
Provisión clientes dudosos	3.000	1.000	—	2.000	2.000 (10)	—	—	—
	409.700	**396.500**	**64.000**	**64.000**				

1. Hoja de trabajo del Estado de tesorería *(continuación)*

Cuentas	19X3	19X2	Diferencias		Ajustes		Pagos	Cobros
			Debe	Haber	Debe	Haber		
DEBE								
Existencias iniciales:								
— Materias primas	38.000	—	38.000	—	—	38.000 (8)	—	—
— Productos terminados	70.000	—	70.000	—	—	70.000 (8)	—	—
— Obras en curso	3.000	—	3.000	—	—	3.000 (8)	—	—
Compras materias primas	200.000	—	200.000	—	15.000 (15)	—	215.000	—
Gastos de personal	100.000	—	100.000	—	—	1.000 (13) 800 (16)	98.200	—
Gastos financieros	10.000	—	10.000	—	—	—	10.000	—
Provisión clientes	2.000	—	2.000	—	—	2.000 (10)	—	—
Amortizaciones	16.000	—	16.000	—	—	16.000 (9)	—	—
Provisión cartera valores	2.000	—	2.000	—	—	2.000 (11)	—	—
Provisión existencias	1.000	—	1.000	—	—	1.000 (12)	—	—
Impuesto sobre sociedades	3.000	—	3.000	—	—	1.500 (17)	1.500	—
Saldo (P. y G.)	10.200	—	10.200	—	—	10.200 (2)	—	—
HABER								
Existencias finales:								
— Materias primas	55.000	—	—	55.000	55.000 (8)	—	—	—
— Productos terminados	60.000	—	—	60.000	60.000 (8)	—	—	—
— Obras en curso	5.000	—	—	5.000	5.000 (8)	—	—	—
Ventas	334.200	—	—	334.200	—	13.000 (14)	—	347.200
Trabajos para inmovilizado (estudios y proyectos)	800	—	—	800	800 (16)	—	—	—
Resultados varios	200	—	—	200	200 (6)	—	—	—
Dividendos pagados	—	—	—	—	5.000 (1)	—	5.000	—
Fondos obten. venta instalaciones	—	—	—	—	—	200 (6)	—	200
Reembolso préstamos a l/p	—	—	—	—	2.000 (7)	—	2.000	—
			455.200	**455.200**	**206.700**	**206.700**	**361.400**	**361.400**

Justificación de los ajustes realizados en la hoja de trabajo

Ajuste (1). Por el reparto del beneficio del ejercicio 19X2 se ha procedido a anular el apunte realizado en 19X3. Este ajuste, presentado en forma de asiento de libro Diario, es:

1.000	Reserva legal			
5.000	Dividendos pagados	a	Resultados del ejercicio	6.000

Ajuste (2). Anulación del resultado del ejercicio 19X3 en el Balance y en la Cuenta de resultados. La cuenta cargada procede del Balance y la abonada, de la Cuenta de Pérdidas y Ganancias. Este saldo ha sido sustituido por la totalidad de los componentes del mismo, esto es, los ingresos y gastos del ejercicio.

10.200	Resultados del ejercicio	a	Saldo (P. y G.)	10.200

Ajuste (3). Anulación de la plusvalía registrada en terrenos por ser ésta una operación que no supuso movimiento de tesorería.

1.000	Reserva voluntaria	a	Terrenos	1.000

Ajuste (4). Anulación del incremento de la deuda de los accionistas derivada de la ampliación de capital.

2.000	Capital social	a	Accionista, capital sin desembolsar	2.000

Ajuste (5). Para anular el traspaso realizado el 31-12-19X3 entre estas cuentas.

1.000	Instalaciones en curso	a	Maquinaria e instalaciones	1.000

Ajuste (6). Ajuste para anular el efecto de la baja de instalaciones totalmente amortizadas y aflorar la tesorería originada por la venta de la chatarra.

2.000	Maquinaria e instalaciones			
200	Resultados varios	a	Amortización acumulada inmovilizado material	2.000
		a	Fondos obtenidos por venta de instalaciones	200

Ajuste (7). Por la información disponible en relación con la cuenta *Préstamos a largo plazo*, se deduce que el movimiento de la misma a lo largo del ejercicio ha sido éste:

Préstamos a largo plazo			
Reembolsos del año	2.000	Saldo inicial	8.000
Saldo final	10.000	Endeudamiento del año	4.000
	12.000		12.000

Y como la columna de «Diferencias» de la Hoja de trabajo únicamente informa de la diferencia de los saldos inicial y final, para poder mostrar la tesorería obtenida y aplicada por este concepto, se ha realizado el siguiente apunte:

2.000	Reembolso de préstamos a largo plazo	a	Préstamos a largo plazo	2000

Después de este ajuste las columnas finales de la Hoja de trabajo mostrarán la corriente real de tesorería, esto es:

Cuentas	Diferencias		Ajustes		Tesorería	
	Debe	Haber	Debe	Haber	Pagos	Cobros
Préstamos a largo plazo	—	2.000	—	2.000	—	4.000
Reembolso préstamos a largo plazo	—	—	2.000	—	2.000	—

Ajuste (8). Por la anulación de los inventarios de existencias.

10.000	Existencias de productos terminados			
55.000	Materias primas (Ef)			
60.000	Productos terminados (Ef)			
5.000	Obras en curso (Ef)	a	Existencias materias primas	17.000
		a	Obras en curso	2.000
		a	Materias primas (Ei)	38.000
		a	Productos terminados (Ei)	70.000
		a	Obras en curso (Ei)	3.000

Ajustes (9), (10), (11) y (12). Tienen por finalidad anular las dotaciones del ejercicio por amortizaciones y provisiones, por tratarse de cargos a resultados que no originan pagos.

AJUSTE (9)

1.000	Gastos de ampliación de capital			
1.000	Gastos de emisión de obligaciones			
14.000	Amortización acumulada inmovilizado material	a	Amortizaciones	16.000

AJUSTE (10)

2.000	Provisión clientes dudosos	a	Provisión clientes *(dotación del ejercicio)*	2.000

AJUSTE (11)

2.000	Provisión para inversiones financieras	a	Provisión cartera de valores *(dotación del ejercicio)*	2.000

AJUSTE (12)

1.000	Provisión para existencias	a	Provisión existencias *(dotación del ejercicio)*	1.000

Ajuste (13). Para anular el montante de los gastos de personal devengados y no pagados al cierre del ejercicio 19X3.

1.000	Gastos de personal a pagar	a	Gastos de personal	1.000

Ajuste (14). El movimiento de la cuenta de *Clientes* que se deduce de la información disponible ha sido (suponemos que todas las ventas se hicieron a crédito):

Clientes			
Saldo inicial	28.000	Cobros del período	347.200
Cargos por ventas	334.200	Saldo final	15.000
	362.200		362.200

El importe de los cobros del período por ventas a crédito se ha calculado así:

$$(28.000 + 334.200) - 15.000 = 347.200 \text{ ptas.}$$

Por tanto, para llegar a esta cifra procede practicar el siguiente ajuste:

13.000	Clientes	a	Ventas	13.000

Obteniéndose la siguiente información para estas dos partidas:

Cuentas	Diferencias		Ajustes		Tesorería	
	Debe	Haber	Debe	Haber	Pagos	Cobros
Clientes	—	13.000	13.000 (14)	—	—	—
Ventas	—	334.200	—	13.000 (14)	—	347.200

El importe ajustado corresponde a la variación del crédito contra clientes (28.000 − 15.000). Esta diferencia representa la cifra cobrada en el año por ventas realizadas en el ejercicio anterior.

Ajuste (15). Este apunte tiene idéntico objetivo que el anterior, con respecto, en este caso, a la partida de *Compras*. Se trata de ajustar el importe por este concepto registrado en la Cuenta de Resultados para que refleje el montante pagado a proveedores de existencias en el ejercicio. Con tal objeto habrá de incorporarse la reducción experimentada en el saldo de *Proveedores* haciendo:

15.000	Compras de materias primas	a	Proveedores	15.000

Y la Hoja de trabajo mostrará la siguiente información:

Cuentas	Diferencias		Ajustes		Tesorería	
	Debe	Haber	Debe	Haber	Pagos	Cobros
Proveedores	15.000	—	—	15.000 (15)	—	—
Compras	200.000	—	15.000 (15)	—	215.000	—

Los Ajustes (14) y (15) suponen, en definitiva, sustituir el principio de devengo por el principio de caja a la hora de calcular las magnitudes significativas de ventas y compras a los efectos de la formulación del Estado de Tesorería.

Ajuste (16) Este apunte tiene por objeto anular los costes activados en la cuenta *Estudios y proyectos en curso*, por tratarse de un registro contable que no motivó movimiento alguno en la tesorería de la empresa.

800	Trabajos para el inmovilizado (estudios y proyectos)	a	Gastos de personal	800

La minoración del importe de los gastos de personal, en lugar de la partida *Estudios y proyectos en curso* objeto de la capitalización, nos permitirá desglosar los cobros y pagos por actividades (explotación, financiación e inversión), en lugar de hacerlo por conceptos o partidas de gasto.

Ajuste (17). Para mostrar los pagos por impuestos se ha hecho:

1.500	Impuestos a pagar	a	Impuestos sobre sociedades	1.500

2. Estado de Tesorería de la sociedad ABLAÑA correspondiente al ejercicio 19X3

CASH-FLOW POR OPERACIONES DE EXPLOTACION		
Cobros:		
Por ventas de productos terminados	347.200	347.200
Pagos:		
Por compras de materias primas	215.000	
Por gastos de personal	98.200	
Por gastos financieros	10.000	
Por impuestos	1.500	324.700
Cash-flow por operaciones de explotación		**(+) 22.500**
CASH-FLOW POR OPERACIONES DE FINANCIACION		
Cobros:		
Por emisión de acciones	8.000	
Por prima de emisión de acciones	2.000	
Por préstamos a largo plazo	4.000	14.000
Pagos:		
Por gastos de ampliación de capital	1.200	
Por dividendos	5.000	
Por obligaciones amortizadas	11.500	
Por reembolso de préstamos a largo plazo	2.000	19.700
Cash-flow por operaciones de financiación		**(–) 5.700**
CASH-FLOW POR OPERACIONES DE INVERSION		
Cobros:		
Por venta de instalaciones	200	200
Pagos:		
Por compra de terrenos	2.000	
Por adquisición de edificios	8.000	
Por adquisición de instalaciones	1.000	
Por adquisición de vehículos	1.000	
Por desembolsos en instalaciones en curso	700	
Por gastos activados en estudios y proyectos en curso	800	
Por compra de acciones de sociedad filial	3.000	16.500
Cash-flow por operaciones de inversión		**(+) 16.300**

RESUMEN	
Cash-flow por actividades de explotación	(+) 22.500
Cash-flow por actividades de financiación	(–) 5.700
Cash-flow por actividades de inversión	(–) 16.300
CASH-FLOW TOTAL (aumento de Tesorería)	**(+) 500**

SOLUCIONES

CASO PRACTICO N.º 3.1.

1. Rotación de las cuentas a cobrar y plazo medio de cobro a clientes

	19X2	19X1
$RCL = \dfrac{\text{Ventas netas}}{\dfrac{S_i + S_f}{2}}$	$\dfrac{290.000}{\dfrac{40.000 + 60.000}{2}} = 5,8$	$\dfrac{270.000}{\dfrac{20.000 + 40.000}{2}} = 9$
$PCL = \dfrac{365}{RCL}$	$\dfrac{365}{5,8} = 63$ días	$\dfrac{365}{9} = 41$ días

2. Rotación de existencias y plazo medio de almacenamiento

	19X2	19X1
$REx = \dfrac{\text{Coste de ventas}}{\dfrac{S_i + S_f}{2}}$	$\dfrac{210.000}{\dfrac{90.000 + 100.000}{2}} = 2,2$	$\dfrac{200.000}{\dfrac{80.000 + 90.000}{2}} = 2,4$
$PEx = \dfrac{365}{REx}$	$\dfrac{365}{2,2} = 166$ días	$\dfrac{365}{2,4} = 152$ días

3. Rotación de cuentas a pagar y plazo medio de pago a proveedores

	19X2	19X1
$RPr = \dfrac{\text{Compras netas}}{\dfrac{S_i + S_f}{2}}$	$\dfrac{140.000}{\dfrac{60.000 + 70.000}{2}} = 2,2$	$\dfrac{100.000}{\dfrac{45.000 + 60.000}{2}} = 1,9$
$PPr = \dfrac{365}{RPr}$	$\dfrac{365}{2,2} = 166$ días	$\dfrac{365}{1,9} = 192$ días

PERIODO MEDIO DE MADURACION

Ejercicio	Plazos medios (días)			
	Cobro a clientes	Almacenamiento	Pago a proveedores	Total
19X1	41	152	(192)	1
19X2	63	166	(166)	63

En esencia, los resultados obtenidos ponen de manifiesto:

- que el tiempo que tarda la empresa en convertir en efectivo cada peseta invertida en el circulante ha pasado de 193 días en 19X1 a 229 días en 19X2 y el período a financiar ha pasado de 1 día en 19X1 a 63 días en 19X2, y
- que en el ejercicio 19X2 ha empeorado la rotación de los tres componentes analizados.

No obstante, para emitir un juicio definitivo sobre la situación financiera a corto plazo de esta empresa sería necesario complementar este análisis con otros indicadores de liquidez e informaciones adicionales.

CASO PRACTICO N.º 3.2.

1. Subperíodo de almacenamiento de materias primas y auxiliares

a) Existencias medias

— De materias primas:

$$\frac{3.560 + 3.340 + 3.802 + 3.740 + 3.270}{5} = 3.542{,}4 \text{ u.m.}$$

— De materias auxiliares:

$$\frac{784 + 812 + 764 + 950 + 994}{5} = 860{,}8 \text{ u.m.}$$

— Existencias medias totales:

$$3.542{,}4 + 860{,}8 = 4.403{,}2 \text{ u.m.}$$

b) Rotación de materias primas y auxiliares:

$$\frac{\text{Consumos}}{\text{Existencias medias}} = \frac{39.818 + 5.170}{4.403{,}2} = 10{,}217 \text{ veces}$$

c) Plazo medio de almacenamiento:

$$\frac{365}{\text{Rotación}} = \frac{365}{10{,}217} = 36 \textit{ días}$$

2. Subperíodo de fabricación

a) Existencias medias de productos en curso:

$$\frac{3.140 + 3.230 + 3.076 + 2.738 + 2.970}{5} = 3.030{,}8 \text{ u.m.}$$

b) Rotación de la producción en curso:

$$\frac{\text{Coste de producción del período}}{\text{Existencias medias}} = \frac{70.150}{3.030{,}8} = 23{,}145 \text{ veces}$$

c) Plazo medio de fabricación:

$$\frac{365}{\text{Rotación}} = \frac{365}{23{,}145} = \textit{16 días}$$

3. Subperíodo de almacenamiento de productos terminados

a) Existencias medias de productos terminados:

$$\frac{2.076 + 2.320 + 3.096 + 2.996 + 2.700}{5} = 2.637{,}6 \text{ u.m.}$$

b) Rotación de productos terminados:

$$\frac{\text{Coste de ventas}}{\text{Existencias medias}} = \frac{69.696}{2.637{,}6} = 26{,}424 \text{ veces}$$

c) Plazo medio de almacenamiento:

$$\frac{365}{\text{Rotación}} = \frac{365}{26{,}424} = \textit{14 días}$$

4. Subperíodo de cobro a clientes

a) Saldo medio de Clientes y Efectos comerciales a cobrar:

$$\frac{(3.940 + 640) + (3.720 + 940) + (3.660 + 780) + (4.280 + 920)}{4} = 4.720 \text{ u.m.}$$

b) Rotación de cuentas a cobrar:

$$\frac{\text{Ventas}}{\text{Saldo medio}} = \frac{101.860}{4.720} = 21{,}58 \text{ veces}$$

c) Plazo medio de cobro:

$$\frac{365}{\text{Rotación}} = \frac{365}{21{,}58} = \textit{17 días}$$

5. Subperíodo de pago a proveedores

a) Saldo medio de Proveedores y Efectos comerciales a pagar:

$$\frac{(3.120 + 3.278) + (2.520 + 3.944) + (2.368 + 3.728) + (2.592 + 3.530)}{4} = 6.270 \text{ u.m.}$$

b) Rotación de cuentas a pagar:

$$\frac{\text{Compras}}{\text{Saldo medio}} = \frac{39.528 + 5.380}{6.270} = 7{,}162 \text{ veces}$$

c) Plazo medio de pago:

$$\frac{365}{\text{Rotación}} = \frac{365}{7{,}162} = \textit{51 días}$$

6. Período de maduración

	Días
Almacenamiento de materias primas y auxiliares	36
Plazo medio de fabricación	16
Almacenamiento de productos terminados	14
Plazo medio de cobro a clientes	17
Total	83
(−) Plazo medio de pago a proveedores	(51)
Período de maduración	*32*

CASO PRACTICO N.º 3.3.

1. Cálculo del ratio de circulante de ambas sociedades

	AXA, S. A.	BOL, S. A.
Activo circulante (a)	140	100
Pasivo circulante (b)	100	70
Ratio de circulante (a/b)	$\frac{140}{100} = 1{,}40$	$\frac{100}{70} = 1{,}42$

Al ser estos ratios prácticamente iguales es necesario analizar la calidad de los activos circulantes de ambas sociedades, sobre todo en lo que afecta a las funciones de venta y cobro a clientes, para poder emitir un juicio comparativo sobre su capacidad para hacer frente a los compromisos a corto plazo.

2. Análisis de la calidad del activo circulante

2.1. Cálculo del plazo medio de almacenamiento de los productos terminados o plazo de venta

	AXA, S. A.	BOL, S. A.
Coste de ventas (c)	106	38
Existencias medias (d)	7	19
Ratio de giro o rotación (e=c/d)	15 veces	2 veces
Plazo de almacenamiento (365/e)	*24 días*	*183 días*

2.2. Cálculo del plazo medio de cobro a clientes

	AXA, S. A.	BOL, S. A.
Ventas (f)	354	45
Clientes, saldo medio (g)	35	21
Ratio de rotación (h=f/g)	10 veces	2,14 veces
Plazo de cobro (365/h)	*37 días*	*170 días*

3. Interpretación de los indicadores calculados

Tanto el plazo medio de almacenamiento de la producción terminada como el plazo medio de cobro a clientes, son sensiblemente más favorables para la sociedad AXA (24 y 37 días) que para la sociedad BOL (183 y 170 días).

En consecuencia, siendo éstos los activos circulantes más significativos, hay que concluir que, en base a la información disponible, la sociedad AXA se encuentra en mejor situación para hacer frente a sus deudas con los proveedores.

CASO PRACTICO N.º 3.4.

---

1. Cálculo de los ratios de circulante

	19X7	19X8
Activo circulante (*a*) Pasivo circulante (*b*)	500.000 280.000	450.000 160.000
Capital circulante (*a-b*)	220.000	290.000
Ratio de circulante (*a/b*)	1,7857	2,8125

Comentario

La evolución del ratio de circulante, que ha pasado de 1,78 en 19X7 a 2,81 en 19X8, sugiere en principio una importante mejoría en la evolución de la situación financiera a corto plazo. No obstante, es preciso analizar la calidad de los distintos elementos componentes del activo y pasivo circulante para poder emitir un juicio más fundamentado.

Esta tarea puede realizarse, tanto descomponiendo este ratio mediante acumulaciones sucesivas, agregando las partidas de mayor a menor liquidez, como determinando las rotaciones y plazos de los distintos componentes del capital circulante.

2. Descomposición del ratio de circulante

	19X7	Ratio acumulado	19X8	Ratio acumulado
ACTIVO CIRCULANTE				
Caja y bancos	26.000	0,09	36.200	0,22
Inversiones financieras temporales	40.000	0,23	80.000	0,72
Clientes y efectos a cobrar	180.000	0,87	147.800	1,65
Productos terminados	114.000	1,28	80.000	2,15
Productos en curso	60.000	1,50	42.000	2,41
Materias primas	80.000	1,78	64.000	2,81
Total Activo Circulante	500.000		450.000	
PASIVO CIRCULANTE				
Préstamos a corto plazo	190.000		80.000	
Proveedores y efectos a pagar	82.000		77.000	
Gastos pendientes de pago	8.000		3.000	
Total Pasivo Circulante	280.000		160.000	
Ratio de circulante	1,7857		2,8125	

Comentario

La descomposición del ratio de circulante confirma plenamente la mejoría en cuanto a la capacidad de la empresa para atender sus compromisos financieros a corto plazo. En efecto, los ratios acumulativos calculados demuestran que esta mejoría en la liquidez ha afectado a todos los componentes del circulante.

3. Rotaciones y plazos con los que opera la empresa

3.1. Ciclo de almacenamiento de materias primas

$$19X7\text{: Rotación} = \frac{516.000}{\dfrac{89.000 + 80.000}{2}} = 6{,}10 \text{ veces}$$

$$\text{Plazo de almacenamiento} = \frac{365}{6{,}10} = \textit{60 días}$$

$$19X8\text{: Rotación} = \frac{568.000}{\dfrac{80.000 + 64.000}{2}} = 7{,}88 \text{ veces}$$

$$\text{Plazo de almacenamiento} = \frac{365}{7{,}88} = \textit{46 días}$$

Ha mejorado la gestión del inventario de materias primas reduciéndose su plazo medio de almacenamiento en 14 días.

3.2. Ciclo de producción

$$19X7\text{: Rotación} = \frac{1.235.000}{\frac{63.000 + 60.000}{2}} = 20{,}08 \text{ veces}$$

$$\text{Plazo} = \frac{365}{20{,}88} = \textit{18 días}$$

$$19X8\text{: Rotación} = \frac{1.366.000}{\frac{60.000 + 42.000}{2}} = 26{,}78 \text{ veces}$$

$$\text{Plazo} = \frac{365}{26{,}78} = \textit{14 días}$$

La duración del ciclo de producción en el ejercicio 19X8, se ha acortado en 4 días con respecto al ejercicio anterior.

3.3. Ciclo de venta de los productos terminados

$$19X7\text{: Rotación} = \frac{1.240.000}{\frac{119.000 + 114.000}{2}} = 10{,}64 \text{ veces}$$

$$\text{Plazo de almacenamiento} = \frac{365}{10{,}64} = \textit{34 días}$$

$$19X8\text{: Rotación} = \frac{1.400.000}{\frac{114.000 + 80.000}{2}} = 14{,}43 \text{ veces}$$

$$\text{Plazo de almacenamiento} = \frac{365}{14{,}43} = \textit{25 días}$$

El plazo medio de almacenamiento de productos para la venta se ha reducido en 9 días, como consecuencia de la mayor rotación del almacén de productos terminados.

3.4. Ciclo de cobro a clientes

$$19X7\text{: Rotación} = \frac{1.600.000}{180.000} = 8{,}88 \text{ veces}$$

$$\text{Plazo de cobro} = \frac{365}{8{,}88} = \textit{41 días}$$

$$19X8\text{: Rotación} = \frac{1.900.000}{\frac{180.000 + 147.800}{2}} = 11{,}59 \text{ veces}$$

$$\text{Plazo de cobro} = \frac{365}{11{,}59} = \textit{31 días}$$

El plazo medio de cobro a clientes se ha reducido en 19X8 en 10 días en relación con el ejercicio anterior.

3.5. Ciclo de pago a proveedores

$$\text{19X7: Rotación} = \frac{507.000}{82.000} = 6{,}18 \text{ veces}$$

$$\text{Plazo de pago} = \frac{365}{6{,}18} = \textit{59 días}$$

$$\text{19X8: Rotación} = \frac{552.000}{\frac{82.000 + 77.000}{2}} = 6{,}94 \text{ veces}$$

$$\text{Plazo de cobro} = \frac{365}{6{,}94} = \textit{52 días}$$

3.6. Período de maduración

En consecuencia el período medio de maduración de cada ejercicio es:

19X7: 60 + 18 + 34 + 41 − 59 = 94 días

19X8: 46 + 14 + 25 + 31 − 52 = 64 días

Comentario

Los resultados obtenidos al calcular el período medio de maduración confirman nuevamente la mejoría experimentada en todos los componentes del capital circulante en relación con la liquidez de los mismos, si exceptuamos la financiación conseguida de los proveedores. Pero aun este último dato debe interpretarse por lo general positivamente, pues ello habrá permitido un mejor aprovechamiento de los recursos líquidos disponibles abaratando el coste de los aprovisionamientos al reducirse el plazo de pago a los proveedores, por ejemplo, consiguiendo descuentos por pronto pago.

CASO PRACTICO N.º 3.5.

Comenzamos calculando el ratio de circulante de ambas sociedades (cifras en miles de u.m.):

	Sociedad «A»	Sociedad «B»
Activo circulante (AC)	672	922
Pasivo circulante (PC)	250	320
Ratio de circulante (AC/PC)	2,69	2,88

La comparación de los ratios calculados pone de manifiesto que la sociedad «B» presenta, en cuanto a su posición financiera a corto plazo, una situación ligeramente más favorable. Para confirmar o refutar esta apreciación podemos, con los datos que se proporcionan, calcular los plazos de retención con que operan ambas sociedades en relación con las funciones de venta y cobro.

	Sociedad «A»	Sociedad «B»
Días de venta:		
(a) Coste de ventas	700.000	900.000
(b) Coste de ventas diario [a/365]	1.918	2.465
(c) Existencias	450.000	460.000
(d) Días [c/b]	**235 días**	**187 días**
Días de cobro:		
(e) Ventas	1.000.000	1.500.000
(f) Ventas diarias [e/365]	2.740	4.110
(g) Clientes	137.000	217.000
(h) Días [g/f]	**50 días**	**52 días**
Total	**285 días**	**239 días**

El análisis de los plazos de retención confirma la mejor situación de la sociedad «B» para el cumplimiento de sus compromisos financieros a corto plazo.

CASO PRACTICO N.º 3.6.

1. Capital circulante mínimo

a) Inversión mínima en existencias de materiales

— Unidades a producir:

• Para vender	100.000
• Para almacenar (10 días de venta)	2.740
	102.740

— Consumos del ejercicio:
20 u.f. × 2,5 × 102.740 .... 5.137.000 u.m.

— Consumo medio diario:

$$\frac{5.137.000}{365} = 14.073,97$$

— Consumo del período de almacenamiento:

$$M = 14.073,97 \times 10 = 140.740 \text{ u.m.}$$

b) *Inversión mínima en fabricación en proceso*

— Coste de producción del ejercicio:

$$102.740 \times 65 = 6.678.100 \text{ u.m.}$$

— Coste diario:

$$\frac{6.678.100}{365} = 18.296{,}16$$

— Inversión del período en costes en proceso:

$$\boxed{FC = 18.296{,}16 \times 15 = 274.442 \text{ u.m.}}$$

c) *Inversión mínima en productos terminados*

— Coste de ventas del período:

$$100.000 \times 65 = 6.500.000$$

— Coste de venta medio diario:

$$\frac{6.500.000}{365} = 17.808{,}22$$

— Inversión del período en productos terminados almacenados:

$$\boxed{PT = 17.808{,}22 \times 10 = 178.082 \text{ u.m.}}$$

d) *Inversión mínima de créditos concedidos a clientes*

— Ventas del ejercicio:

$$100.000 \times 100 = 10.000.000$$

— Ventas medias diarias:

$$\frac{10.000.000}{365} = 27.397{,}26$$

— Crédito concedido a clientes:

$$\boxed{CL = 27.397{,}26 \times 60 = 1.643.836 \text{ u.m.}}$$

e) *Crédito concedido por proveedores*

— Compras del ejercicio:

- Para consumir: $102.740 \times 50 = 5.137.000$
- Para almacenar: $\frac{102.740}{365} \times 10 \times 50 = 140.740$

$$\underline{5.277.740}$$

— Compra media diaria:

$$\frac{5.277.740}{365} = 14.459,56$$

— Crédito de proveedores:

$$\boxed{PR = 14.459,56 \times 90 = 1.301.363 \text{ u.m.}}$$

CAPITAL CIRCULANTE MINIMO:

Activo circulante	
— Materiales	140.740
— Fabricación en curso	274.442
— Productos terminados	178.082
— Clientes	1.643.836
Suma	2.237.100
Pasivo circulante	
— Proveedores	1.301.363
Capital circulante mínimo	935.737

2. Análisis de las causas que justifican la tesorería neta

	Circulante mínimo	Circulante real	Diferencias
Materiales	140.740	141.764	+1.024
Fabricación en curso	274.442	332.287	+57.845
Productos terminados	178.082	349.855	+171.773
Clientes	1.643.836	1.976.769	+332.933
Tesorería	—	100.000	+100.000
	2.237.100	2.900.675	+663.575
Proveedores	1.301.363	1.991.985	+690.622
Créditos bancarios	—	500.000	+500.000
	1.301.363	2.491.985	+1.190.622
	935.737	408.690	−527.047

2.1. Variaciones en materiales

— Consumo previsto: 102.740 × 20 u.f. = 2.054.800 u.f.

— Consumo real: 98.000 × 22 u.f. = 2.156.000 u.f.

— Coste unitario previsto: 2,5 u.m./u.f.

— Coste unitario real: 3 u.m./u.f.

— Coste previsto diario: $\frac{2.054.800 \times 2,5}{365} = 14.074$

— Coste real diario: $\frac{2.156.000 \times 3}{365} = 17.720{,}55$

— Plazo previsto de suministro: 10 días

— Plazo real de suministro: $\frac{141.764}{17.720{,}55} = 8$ días

— Causas de la desviación:

- Por consumo: (17.720,55 − 14.074) × 10 .... +36.465
- Por plazo: 17.720,55 × (8 − 10) .... −35.441

+1.024

2.2. Variaciones en producción en curso

— Coste real de producción diario: $\frac{8.663.200}{365} = 23.734{,}79$

— Coste previsto de producción diario: $\frac{6.678.100}{365} = 18.296{,}16$

— Duración prevista del ciclo de producción: 15 días

— Duración real del ciclo de producción: $\frac{332.287}{23.734{,}79} = 14$ días

— Causas de la desviación:

- Por costes: (23.734,79 − 18.296,16) × 15 .... +81.580
- Por plazos: 23.734,79 × (14 − 15) .... −23.735

+57.845

2.3. Variaciones en productos terminados

— Coste real de ventas diario: $\frac{7.981.058}{365} = 21.865{,}91$

— Coste previsto de ventas diario: $\frac{6.500.000}{365} = 17.808{,}22$

— Plazo de almacenamiento previsto: 10 días

— Plazo de almacenamiento real: $\frac{349.855}{21.865{,}91} = 16$ días

— Causas de la desviación:

- Por costes: (21.865,91 − 17.808,22) × 10 .... +40.577
- Por plazos: 21.865,91 × (16 − 10) .... +131.196

+171.773

2.4. Variaciones en Clientes

— Ventas totales reales: 93.704 × 110 = 10.307.440

— Ventas totales previstas: 100.000 × 100 = 10.000.000

— Ventas diarias reales: $\frac{10.307.440}{365} = 28.239,56$

— Ventas diarias previstas: $\frac{10.000.000}{365} = 27.397,26$

— Plazo de cobro previsto: 60 días

— Plazo de cobro real: $\frac{1.976.769}{28.239,56} = 70$ días

— Causas de la desviación:

• Por ventas: (28.239,56 − 27.397,26) × 60	+50.538
• Por plazos: 28.239,56 × (70 − 60)	+282.395
	+332.933

2.5. Variaciones en proveedores

— Compras reales:

- Para consumir: 98.000 u.f.
- Para almacenar: $\frac{98.000}{365} \times 8 = 2.148$ u.f.
- Total importe: 100.148 × 22 × 3 = 6.609.768
- Compra real diaria: $\frac{6.609.768}{365} = 18.108,95$

— Compras previstas:

- Para consumir: 102.740 u.f.
- Para almacenar: $\frac{102.740}{365} \times 10 = 2.814,79$ u.f.
- Total importe: 105.554,79 × 20 × 2,5 = 5.277.740
- Compra prevista diaria: $\frac{5.277.740}{365} = 14.459,56$

— Plazo de pago previsto: 90 días

— Plazo de pago real: $\frac{1.991.985}{18.108,95} = 110$ días

— Causas de la desviación:

• Por compra: (18.108,95 − 14.459,56) × 90	+328.442
• Por plazo: 18.108,95 × (110 − 90)	+362.180
	+690.622

CASO PRACTICO N.º 3.7.

1. Estado de Tesorería

1.1. Hoja de trabajo del Estado de Tesorería

Cuentas	Diferencias		Ajustes		Movimientos de Tesorería	
	Debe	Haber	Debe	Haber	Pagos	Cobros
Edificios	7.000				7.000	
Maquinaria	3.000				3.000	
Existencias	5.000			(b) 5.000		
Clientes		1.000	(c) 1.000			
Tesorería		5.500				5.500
Amortización acumulada		2.400	(d) 2.400			
Capital social		5.000				5.000
Reservas		450	(a) 450			
Empréstito obligaciones	2.000				2.000	
Proveedores		1.000	(e) 1.000			
Impuestos a pagar		600	(f) 600			
Dividendos activos a pagar		1.050	(a) 1.650		600	
Ventas		71.000		(c) 1.000		72.000
Variación de existencias		5.000	(b) 5.000			
Compras	61.000			(e) 1.000	60.000	
Intereses de obligaciones	1.000				1.000	
Amortizaciones	2.400			(d) 2.400		
Otros gastos de explotación	8.100				8.100	
Impuestos sobre beneficios	1.400			(f) 600	800	
Saldo (P. y G.)	2.100			(a) 2.100		
Sumas	**93.000**	**93.000**	**12.100**	**12.100**	**82.500**	**82.500**

Justificación de los ajustes practicados en la hoja de trabajo

Ajuste (a). Para anular la aplicación del resultado de 19X2 que no ha originado movimiento de tesorería:

450	Reservas			
1.650	Dividendos activos a pagar	a	Saldo (P. y G.)	2.100

Ajuste (b). Para anular la variación de existencias:

5.000	Variación de existencias	a	Existencias	5.000

Ajuste (c). Para anular la variación del saldo de clientes y determinar la cifra cobrada por ventas:

1.000	Clientes	a	Ventas	1.000

Ajuste (d). El cargo a resultados del ejercicio por la amortización del inmovilizado no originó salida de tesorería, por lo que aquel apunte debe anularse.

2.400	Amortización acumulada	a	Amortizaciones	2.400

Ajuste (e). Para anular la variación del saldo de proveedores, que no supone movimiento de efectivo, y computar los pagos realizados a éstos por compras de mercaderías.

1.000	Proveedores	a	Compras	1.000

Ajuste (f). Por la parte del gasto registrado por impuestos no pagados:

600	Impuestos a pagar	a	Impuestos sobre beneficios	600

1.2. Estado de Tesorería de NORTON, S. A., correspondiente al ejercicio de 19X2

CASH-FLOW POR OPERACIONES DE EXPLOTACION	
Cobros:	
Por ventas de mercaderías	72.000
Pagos:	
Por compras de mercaderías	60.000
Por gastos financieros	1.000
Por otros gastos de explotación	8.100
Por impuestos	800
	69.900
Cash-flow por actividades de explotación	**(+) 2.100**
CASH-FLOW POR ACTIVIDADES DE FINANCIACION	
Cobros:	
Por emisión de acciones	5.000
Pagos:	
Por dividendos	600
Por reembolso del empréstito	2.000
	2.600
Cash-flow por actividades de financiación	**(+) 2.400**
CASH-FLOW POR ACTIVIDADES DE INVERSION	
Cobros:	
	—
Pagos:	
Por compra de edificios	7.000
Por compra de maquinaria	3.000
	10.000
Cash-flow por actividades de inversión	**(–) 10.000**
CASH-FLOW TOTAL [2.100 + 2.400 – 10.000] (disminución de la Tesorería)	**(–) 5.500**

2. Análisis de la capacidad de la empresa para atender el pago de sus compromisos a corto plazo

Calcularemos en primer lugar algunos indicadores de la liquidez:

Ejercicio	Capital circulante	Ratio de circulante	Resultado/ Ventas	Rotación clientes	Rotación existencias
19X1	20.400 – 14.400 = 6.000	$\frac{20.400}{14.400} = 1,4$	$\frac{2.000}{50.000} = 4\%$	$\frac{50.000}{5.000} = 10$ v.	$\frac{35.000}{9.000} = 4$ v.
19X2	18.900 – 17.050 = 1.850	$\frac{18.900}{17.050} = 1,1$	$\frac{3.500}{71.000} = 5\%$	$\frac{71.000}{4.500} = 16$ v.	$\frac{56.000}{11.500} = 5$ v.

La situación financiera a corto plazo ha empeorado en 19X2 en relación con el período anterior, puesto que el fondo de maniobra se ha reducido significativamente y ha empeorado el ratio de circulante. Otro indicador tal vez negativo es el margen neto de explotación puesto que, aunque ha aumentado un punto, parece que se encuentra en un nivel todavía bajo (5 por 100).

No obstante, destaca un importante número de factores atenuantes del riesgo apuntado tales como:

— los recursos líquidos generados por operaciones son positivos,
— ha mejorado la gestión de clientes y stocks,
— la empresa parece tener capacidad para obtener recursos de sus accionistas, pues el capital social se ha incrementado en un 50 por 100, y
— la empresa tiene una sólida estructura que bien le puede permitir un mayor endeudamiento (en efecto, el ratio activo fijo/deudas a largo es 3,325).

3. Proponga posibles actuaciones concretas al objeto de aliviar la situación financiera de la empresa analizada

Deberían adoptarse medidas tendentes a:

1. Reducir los resultados distribuidos a los accionistas (50 por 100 en 19X1 y 78,75 por 100 en 19X2),
2. Conseguir financiación a medio y largo plazo,
3. Mejorar el margen de explotación (reduciendo costes, incrementando los ingresos o actuando conjuntamente sobre ambas magnitudes), y
4. Mejorar las rotaciones de deudores, existencias y proveedores.

SOLUCIONES

CASO PRACTICO N.º 4.1.

1. Cálculo de las tasas de rentabilidad del activo y de los fondos propios de ambas sociedades en los tres ejercicios y comentario de los resultados alcanzados

1.1. Rentabilidad del activo o de los fondos totales (r_2):

$$r_2 = \frac{\textit{Beneficio líquido} + \textit{Cargas financieras}\,(1 - t)}{\textit{Fondos totales a su estado medio}}$$

Cálculo del beneficio líquido o beneficio después de intereses e impuestos:

	Empresa A			Empresa B		
	19X2	19X3	19X4	19X2	19X3	19X4
Beneficio antes de intereses e impuestos .	150.000	60.000	25.000	150.000	60.000	25.000
Intereses (6% sobre fondos ajenos)	24.000	24.000	24.000	—	—	—
Beneficio antes impuestos	126.000	36.000	1.000	150.000	60.000	25.000
Impuestos (50 %)	63.000	18.000	500	75.000	30.000	12.500
Beneficio líquido	63.000	18.000	500	75.000	30.000	12.500

Tasas de rentabilidad económica:

	Empresa «A»	Empresa «B»
19X2	$\frac{63.000 + 24.000\,(1 - 0{,}50)}{1.000.000} \times 100 = 7{,}5\ \%$	$\frac{75.000 + 0}{1.000.000} \times 100 = 7{,}5\ \%$
19X3	$\frac{18.000 + 24.000\,(1 - 0{,}50)}{1.000.000} \times 100 = 3\ \%$	$\frac{30.000 + 0}{1.000.000} \times 100 = 3\ \%$
19X4	$\frac{500 + 24.000\,(1 - 0{,}50)}{1.000.000} \times 100 = 1{,}25\ \%$	$\frac{12.500 + 0}{1.000.000} \times 100 = 1{,}25\ \%$

Los porcentajes calculados ponen de manifiesto que la rentabilidad económica (rentabilidad del activo o rentabilidad de los fondos totales) es idéntica para las dos sociedades en los tres ejercicios considerados, esto se debe a que con la misma cifra de activos han conseguido igual resultado antes de intereses e impuestos.

Esto significa que la rentabilidad económica es independiente de la estructura del pasivo, esto es, es indiferente que los recursos financieros sean propios o ajenos.

1.2. Rentabilidad de los fondos propios (r_1):

$$r_1 = \frac{\text{Beneficio líquido}}{\text{Fondos propios}} \times 100$$

	Empresa «A»	Empresa «B»
19X2	$\frac{63.000}{600.000} \times 100 = 10{,}5\ \%$	$\frac{75.000}{1.000.000} \times 100 = 7{,}5\ \%$
19X3	$\frac{18.000}{600.000} \times 100 = 3\ \%$	$\frac{30.000}{1.000.000} \times 100 = 3\ \%$
19X4	$\frac{500}{600.000} \times 100 = 0{,}08\ \%$	$\frac{12.500}{1.000.000} \times 100 = 1{,}25\ \%$

2. Indique si es preferible la estructura financiera de la sociedad «A» (endeudada) o de la «B», a lo largo de los tres ejercicios

a) En 19X2, la rentabilidad de los fondos totales es la misma para la empresa «A» que para la «B» (7,5 por 100). Sin embargo, la rentabilidad de los fondos propios de «A» (10,5 por 100) es superior a la de «B» (7,5 por 100). Por tanto, de acuerdo con el criterio de maximización de la rentabilidad de los recursos propios, es preferible la estructura financiera que presenta la sociedad «A». Ello se debe a que la contribución obtenida por el uso de recursos ajenos es positiva (el rendimiento de la inversión supera el coste del endeudamiento).

b) En 19X3, desde el punto de vista de las rentabilidades, la situación para las dos empresas es la misma. Después se verá el efecto que produce la deducibilidad fiscal de los intereses a la hora de calcular la base imponible del Impuesto sobre sociedades.

c) En 19X4, la rentabilidad de los fondos totales es la misma (1,25 por 100) para las dos sociedades. Sin embargo, la rentabilidad de los fondos propios de «A» (0,08 por 100) es inferior a la conseguida por «B» (1,25 por 100). En este caso, el coste de la financiación ajena supera el rendimiento de la inversión; ésto es, el efecto apalancamiento para la Sociedad «A» es, en este ejercicio, negativo.

3. Cuantía del apalancamiento financiero y de sus componentes en cada ejercicio

Sólo cabe calcularlo para la Sociedad «A», ya que «B» no está endeudada.

$$\text{Apalancamiento} = (r_2 - r_3)\frac{\text{FA}}{\text{FP}} \qquad (1)$$

siendo:

r_2 = Rentabilidad económica o de los fondos totales

r_3 = Coste financiero de los fondos ajenos, una vez deducido el ahorro fiscal derivado del endeudamiento

FA = Fondos ajenos

FP = Fondos propios

Como además r_1 (rentabilidad de los fondos propios) es igual a:

$$r_1 = r_2 + (r_2 - r_3)\frac{FA}{FP},$$ el apalancamiento también es:

(2) $$\boxed{\text{Apalancamiento} = r_1 - r_2}$$

Apalancamiento 19X2:

(1) $$[7{,}5 - 6(1 - 0{,}50)]\frac{400.000}{600.000} = 3\ \%$$

(2) $10{,}5 - 7{,}5 = 3\ \%$

Este apalancamiento positivo se produce porque el coste de los fondos ajenos, considerado el efecto de la deducibilidad fiscal de esta partida, es inferior a la rentabilidad del activo.

Apalancamiento 19X3:

(1) $$[3 - 6(1 - 0{,}50)]\frac{400.000}{600.000} = 0\ \%$$

(2) $3 - 3 = 0\ \%$

No existe efecto apalancamiento. El coste por intereses de los capitales ajenos, considerado el efecto impositivo, es igual a la rentabilidad del activo.

Apalancamiento 19X4:

(1) $$[1{,}25 - 6(1 - 0{,}50)]\frac{400.000}{600.000} = -1{,}17\ \%$$

(2) $0{,}08 - 1{,}25 = -1{,}17\ \%$

Apalancamiento negativo, esto es, el coste neto de los fondos ajenos utilizados por la sociedad [3 por 100] es superior a la rentabilidad del activo [1,25 por 100].

4. Efecto de la deducibilidad fiscal de los intereses de la deuda, con referencia a 19X3

Considerando exclusivamente las tasas de rentabilidad económica y financiera se concluiría que es indiferente la situación de ambas sociedades en 19X3, esto es, que su estructura financiera no resulta determinante. Sin embargo, si se contemplan conjuntamente los intereses de todos los aportantes de recursos (propietarios y acreedores) concluiríamos que es preferible la posición de la sociedad endeudada, por el efecto de la deducibilidad fiscal de los intereses pagados por la deuda.

En efecto, si se calcula el rendimiento total para accionistas y acreedores en ambas sociedades, tenemos:

	Empresa A	Empresa B
Beneficio antes de intereses e impuestos	60.000	60.000
Intereses (6 % sobre 400.000)	24.000	—
Beneficio antes de impuestos	36.000	60.000
Impuestos (50 %)	18.000	30.000
Beneficio después de impuestos	18.000	30.000
Más: Intereses pagados a los obligacionistas o prestamistas	24.000	—
Rendimiento de accionistas y obligacionistas	42.000	30.000

Por tanto, dispondremos de 12.000 u.m. más para retribuir a accionistas y acreedores en la sociedad «A» que en «B». Observe que esta diferencia equivale al mayor importe pagado al liquidar el Impuesto sobre sociedades por «B», que pagó 30.000 u.m. por este concepto, mientras que «A» sólo pagó 18.000 u.m.

CASO PRACTICO N.º 4.2.

---

1. Rentabilidad de los fondos propios en 19X0

$$r_1 = \frac{2.990.000}{42.000.000} \times 100 = 7,119\ \%$$

2. Rentabilidad de los fondos totales en 19X0

Magnitudes que intervienen en su cálculo:

Beneficios después de impuestos	2.990.000
Gastos financieros netos del efecto impositivo (1.000.000 × 0,65)	650.000
RENDIMIENTO DE LOS FONDOS TOTALES	3.640.000
Fondos propios	42.000.000
Fondos ajenos remunerables (600.000 ÷ 0,06 + 400.000 ÷ 0,05)	18.000.000
FONDOS TOTALES	60.000.000

$$r_2 = \frac{3.640.000}{60.000.000} \times 100 = 6,066\ \%$$

3. Análisis de las alternativas de financiación para ampliar el volumen de actividad

Puesto que en el ejercicio 19X0 la rentabilidad de la empresa (6,066 por 100) es menor que la rentabilidad de los fondos propios (7,119 por 100), el recurso a la financiación ajena será conveniente siempre que el margen obtenido por las ventas pueda absorber el incremento de costes.

Para determinar las tasas de rentabilidad esperadas para el ejercicio 19X1 será preciso preparar un Estado previsional de resultados, a partir de las estimaciones de ingresos y gastos realizadas.

3.1. Margen con el que trabaja la empresa en 19X0

	Importes		%
Ventas netas		41.100.000	100,00
(+) Ventas	42.100.000		
(–) Devoluciones de clientes	(1.000.000)		
Coste de ventas		32.000.000	77,86
(+) Existencias iniciales	14.000.000		
(+) Compras	22.000.000		
(+) Gastos de compra	600.000		
(–) Existencias finales	(4.000.000)		
(–) Devoluciones a proveedores	(600.000)		
MARGEN BRUTO		9.100.000	22,14

3.2. Incremento del beneficio derivado de la expansión

Incremento del margen bruto: [(61.500.000 – 41.100.000) × 0,2214]	4.516.560
Incremento de los gastos de venta: (1.500.000 × 0,50)	(750.000)
Incremento de los gastos generales: (3.800.000 – 2.000.000)	(1.800.000)
Incremento del beneficio antes de intereses e impuestos	*1.966.560*
Incremento de los gastos financieros: (10.000.000 × 0,065)	(650.000)
Incremento del beneficio antes de impuestos	*1.316.560*
Incremento del impuesto sobre beneficios: (1.316.560 × 0,35)	(460.796)
Incremento del beneficio después de impuestos	*855.764*

3.3. Cálculo de las tasas de rentabilidad si se elige la alternativa a) *—ampliación del capital social*

a) Rentabilidad de los fondos propios (r_1):

Fondos propios en 19X0	42.000.000
Ampliación de capital	10.000.000
FONDOS PROPIOS EN 19X1	52.000.000
Beneficio líquido en 19X0	2.990.000
Incremento esperado del beneficio en 19X1 antes de intereses e impuestos	1.966.560
(–) Incremento del Impuesto sobre beneficios (0,35 × 1.966.560)	(688.296)
BENEFICIO DESPUES DE IMPUESTOS EN 19X1	4.268.264

El beneficio después de impuestos de 19X1 se podría calcular también de la siguiente manera:

Beneficio líquido de 19X0	2.990.000
Incremento esperado en 19X1	855.764
Incremento de los gastos financieros, neto del efecto impositivo (650.000 × 0,65)	422.500
	4.268.264

En consecuencia:

$$r_1 = \frac{4.268.264}{52.000.000} \times 100 = 8,21 \%$$

b) Rentabilidad de los fondos totales (r_2):

Fondos propios en 19X1	52.000.000
Fondos ajenos (se suponen iguales a los utilizados en 19X0)	18.000.000
FONDOS TOTALES EN 19X1	70.000.000
Rendimiento obtenido en 19X0	3.640.000
Incremento en 19X1 (0,65 × 1.966.560)	1.278.264
RENDIMIENTO DE LOS FONDOS TOTALES EN 19X1	4.918.264

Por tanto:

$$r_2 = \frac{4.918.264}{70.000.000} \times 100 = 7{,}03\ \%$$

3.4. Cálculo de las tasas de rentabilidad si se elige la alternativa b) *—recurso a la financiación ajena*

a) Rentabilidad de los fondos propios (r_1)

Fondos propios en 19X0	42.000.000
FONDOS PROPIOS EN 19X1	42.000.000
Beneficio líquido en 19X0	2.990.000
Incremento esperado del beneficio líquido en 19X1	855.764
BENEFICIO DESPUES DE IMPUESTOS EN 19X1	3.845.764

En consecuencia:

$$r_1 = \frac{3.845.764}{42.000.000} \times 100 = 9{,}16\ \%$$

b) Rentabilidad de los fondos totales (r_2)

Esta tasa será idéntica a la calculada para la alternativa *a*), esto es, 7,03 por 100, puesto que es independiente de la estructura financiera o composición del pasivo.

En definitiva, *es preferible acudir a la financiación ajena* para financiar la expansión prevista, pues ello permitirá una remuneración más elevada de los capitales propios en 19X1 (9,16 por 100) frente a la conseguida ampliando el capital social (8,21 por 100).

CASO PRACTICO N.º 4.3.

---

a) *Apalancamiento financiero en 19X0*

El apalancamiento financiero para este ejercicio es positivo, pues la rentabilidad de los fondos propios (r_1) supera la rentabilidad del activo o de los fondos totales (r_2). En efecto:

$$r_1 - r_2 = 22{,}95\ \% - 12{,}99\ \% = \mathbf{9{,}96\%}$$

Componentes:

$$r_1 - r_2 = (r_2 - r_3)\,\frac{\text{FA}}{\text{FP}}$$

$$9{,}96 = (12{,}99 - 7{,}38)\,\frac{63{,}97}{36{,}03}$$

b) *Apalancamiento financiero en 19X9*

En este ejercicio el signo del apalancamiento ha sido negativo e igual a:

$$r_1 - r_2 = 3{,}90\ \% - 9\ \% = \mathbf{-5{,}1\ \%}$$

Componentes:

$$-5{,}1 = (9 - 13{,}4)\,\frac{53{,}68}{46{,}32}$$

c) *Posibles medidas a adoptar para restablecer la rentabilidad de los fondos propios*

Las alternativas son:

1. Reducir el endeudamiento,
2. Reducir el tipo de interés, y
3. Incrementar la rentabilidad del activo.

En cuanto a la primera, cabe señalar que el endeudamiento ya se ha reducido pasando del 63,97 por 100 al 53,68 por 100.

En cuanto a la reducción del tipo de interés, hay que apuntar que ésta es una variable sobre la que normalmente una empresa no puede influir significativamente, siendo un dato que viene determinado por el mercado de capitales.

Por tanto, la tercera vía será normalmente la mejor alternativa para lograr el objetivo de incrementar la rentabilidad de los fondos propios, esencialmente mediante incrementos de productividad.

d) *Coste financiero en 19X9 para que la rentabilidad del empresario fuese el 22,95 por 100*

$$r_1 = r_2 + (r_2 - r_3)\,\frac{\text{FA}}{\text{FP}}$$

$$22{,}95 = 9 + (9 - X)\,\frac{53{,}68}{46{,}32}$$

$$\mathbf{X = -3{,}03\ \%}$$

Es decir, el coste de capital ajeno debería haber sido negativo. Este resultado corrobora el comentario realizado en el apartado anterior.

e) *Coste efectivo del capital ajeno considerando el ahorro fiscal derivado del endeudamiento*

19X0: $7{,}38\ (1 - 0{,}36) = \mathbf{4{,}72\ \%}$
19X9: $13{,}40\ (1 - 0{,}36) = \mathbf{8{,}576\ \%}$

f) Causas del deterioro de la situación

Con los datos disponibles se puede señalar:

— Que la razón última que explica el descenso en la rentabilidad de los fondos propios es la escasa rentabilidad del activo. En efecto, el beneficio antes de intereses e impuestos ha caído 5 puntos desde 19X0 a 19X9 (del 12,69 por 100 se ha pasado al 7,75 por 100 del volumen de ventas netas).
— Que, en esencia, lo anterior es consecuencia del aumento del peso relativo del coste de las materias primas y del factor trabajo en el coste de ventas.
— Asimismo, los costes financieros han influido negativamente, pues a pesar de reducirse el endeudamiento en el período citado (del 63,97 por 100 al 53,68 por 100) el porcentaje que este gasto representa sobre la cifra de ventas ha pasado del 3,84 por 100 en 19X0 al 6,15 por 100 en 19X9.
— Como indicador positivo hay que señalar la mejora experimentada en la rotación del activo (1,162) que ha mejorado respecto a 19X0 (1,042).

CASO PRACTICO N.º 4.4.

Cuenta de Resultados previsional correspondiente al ejercicio 19X2:

Magnitudes y márgenes de resultados	Importes
Ventas (10.000 × 1,25)	12.500
Coste de ventas (5.000 × 1,25)	(6.250)
Margen bruto	6.250
Gastos generales y de administración (2.000 × 1,15)	(2.300)
Gastos financieros:	
— Capitales antiguos (7.000 × 0,15)	(1.050)
— Capital nuevo (*X* × 0,17)	(0,17*X*)
Beneficio antes de impuestos	2.900 – 0,17*X*
Impuesto sobre beneficios (35 %)	(1.015 – 0,0595*X*)
Beneficio líquido	1.885 – 0,1105*X*

Y siendo la tasa de rentabilidad de los fondos propios (r_1) el cociente entre el beneficio después de impuestos y los capitales propios invertidos tenemos:

$$0{,}10 = \frac{1.885 - 0{,}1105X}{14.000} \times 100$$

$$X = \underline{\underline{4.389 \text{ u.m.}}}$$

que es la cuantía del préstamo a conseguir para alcanzar una rentabilidad de los fondos propios del 10 por 100, de acuerdo con las estimaciones realizadas.

CASO PRACTICO N.º 4.5

1. Rentabilidad de los recursos propios en 19X1

$$r_1 = \frac{7.930}{84.000} \times 100 = \underline{\underline{9{,}44\ \%}}$$

2. Rentabilidad de la empresa o de los fondos totales en 19X1

$$r_2 = \frac{7.930 + 2.000\,(1 - 0{,}35)}{84.000 + 10.000 + 8.000} \times 100 = \underline{\underline{9{,}05\ \%}}$$

siendo el tipo impositivo: 4.270/12.200 = 0,35.

3. Análisis de las alternativas para financiar la expansión prevista para 19X2

a) Aumentar el Capital social en 20.000 u.m.

Cuenta de Resultados Previsional:

Magnitudes y márgenes de resultados	Importes
Ventas (85.000 × 1,5)	127.500
Coste de ventas (64.000 × 1,5)	(96.000)
Margen bruto	31.500
Gastos de venta (3.000 × 1,4)	(4.200)
Margen neto	27.300
Gastos financieros	(2.000)
Gastos generales (4.000 × 1,3)	(5.200)
Beneficio antes de impuestos	20.100
Impuesto sobre beneficios (0,35 × 20.100)	(7.035)
Beneficio líquido	13.065

Tasas de rentabilidad esperadas:

$$r_1 = \frac{13.065}{84.000 + 20.000} \times 100 = \underline{\underline{12{,}56\ \%}}$$

$$r_2 = \frac{13.065 + 2.000 \times 0{,}65}{104.000 + 18.000} \times 100 = \underline{\underline{11{,}77\ \%}}$$

b) Obtener un préstamo de 20.000 u.m. al 13 por 100 anual

Cuenta de Resultados Previsional:

Magnitudes y márgenes de resultados	Importes
Ventas (85.000 × 1,5)	127.500
Coste de ventas (64.000 × 1,5)	(96.000)
Margen bruto	31.500
Gastos de venta (3.000 × 1,4)	(4.200)
Margen neto	27.300
Gastos financieros:	
— Capitales antiguos	(2.000)
— Capital nuevo (20.000 × 0,13)	(2.600)
Gastos generales (4.000 × 1,3)	(5.200)
Beneficio antes de impuestos	17.500
Impuesto sobre beneficios (0,35 × 17.500)	(6.125)
Beneficio líquido	11.375

Tasas de rentabilidad esperadas:

$$r_1 = \frac{11.375}{84.000} \times 100 = \underline{\underline{13,54\ \%}}$$

$$r_2 = \frac{11.375 + 4.600 \times 0,65}{84.000 + 18.000 + 20.000} \times 100 = \underline{\underline{11,77\ \%}}$$

Conclusión: Es preferible financiar la expansión prevista acudiendo a la financiación externa, pues la tasa de rentabilidad prevista de los fondos propios es en este caso del 13,54 por 100 frente al 12,56 por 100 de la alternativa *a*).

CASO PRACTICO N.º 4.6

a) Cálculo del margen comercial bruto y de su variación

	19X9	19X8	Diferencias
Ventas	8.150	6.300	
Devoluciones de ventas	(590)	(400)	
Ventas netas	7.560	5.900	+ 1.660
Compras	3.850	3.600	
Variación existencias	(390)	(500)	
Coste de ventas	3.460	3.100	+ 360
MARGEN BRUTO	4.100	2.800	+ 1.300

b) Análisis de la diferencia en el margen bruto

Cálculos previos:

	19X9	19X8
Unidades vendidas	2.160	2.360
Precio de venta unitario	$\frac{7.560}{2.160} = 3,5$	$\frac{5.900}{2.360} = 2,5$
Precio de coste unitario	$\frac{3.460}{2.160} = 1,602$	$\frac{3.100}{2.360} = 1,313$

- Disminución por unidades vendidas:
  (2.160 − 2.360) × (2,5 − 1,313) .... (−) 237,40
- Incremento por precio unitario de venta:
  2.160 × (3,5 − 2,5) .... (+) 2.160
- Disminución por coste unitario:
  2.160 × (1,602 − 1,313) .... (−) 624,24

Variación del margen bruto 1.298,36*

* La diferencia se debe al redondeo realizado al calcular los precios de coste unitarios con los que se ha operado.

Comentario

La descomposición de la variación del margen bruto indica que éste ha aumentado en el ejercicio 19X9, con respecto al del año anterior, debido fundamentalmente al incremento experimentado por el precio unitario de venta (40 por 100). En cambio, ha disminuido el número de unidades vendidas, presumiblemente como consecuencia del aumento del precio de venta, y ha aumentado el coste unitario, contribuyendo ambos factores negativamente sobre el margen bruto en los importes calculados.

Si la empresa opera en un sector competitivo, es lógico pensar que para incrementar, o al menos mantener, su margen comercial, no puede confiar en un aumento sostenido de los precios de venta, por lo que habrá de incidir fundamentalmente sobre el coste del producto o, por tratarse de una empresa comercial, sobre su política de compras.

CASO PRACTICO N.º 4.7

---

a) Número de unidades que habrán de venderse el primer año

Ingreso = Costes Variables + Costes Fijos + Beneficio

$60X = 20X + 540.000 + 480.000$

$$X = \frac{1.020.000}{60 - 20} = 25.500 \text{ unidades}$$

b) Precio de venta por unidad (p) para el segundo año

$30.000 \times p = 30.000 \times 15 + 740.000 + 600.000$

$$p = \frac{1.790.000}{30.000} = 59{,}66 \text{ u.m./unidad}$$

Por tanto, el precio de venta unitario puede mantenerse en 60 u.m. para que se cumplan las previsiones realizadas.

CASO PRACTICO N.º 4.8.

---

1. Estado comparativo de resultados

Conceptos	19X5	%	19X4	%	Diferencia	Indice (Base = 19X4)
Ventas netas	22.500	100	24.187	100	−1.687	93,02
Coste de ventas	15.750	70	16.125	67	−375	97,67
Margen bruto	**6.750**	30	**8.062**	33	**−1.312**	83,72
Gastos de ventas	2.250	10	1.612	7	638	139,57
Margen comercial	4.500	20	6.450	27	−1.950	69,76
Gastos generales	1.000	4,4	900	4	100	111,11
Gastos financieros de estructura	1.470	6,5	1.793	7	−323	81,98
Otros gastos financieros	350	1,5	275	1	75	127,27
Resultado antes de impuestos	1.680	7,4	3.482	14	−1.802	48,24
Impuesto sociedades	605	2,4	1.250	5	−645	48,40
Beneficio líquido	1.075	5	2.232	9	−1.157	48,16

Como hechos más destacables de este análisis comparativo hay que señalar:

— el significativo descenso experimentado en 19X5 por el margen bruto que descendió un 16,28 por 100 (100 – 83,72) con respecto al ejercicio anterior,
— el incremento de los gastos de venta en un 39,57 por 100, hecho especialmente significativo teniendo en cuenta que la cifra de ventas ha descendido un 7 por 100, y
— la disminución del beneficio después de impuestos en más de un 50 por 100.

2. Cálculo del beneficio bruto unitario o margen comercial

	19X5	19X4
Precio de venta unitario (Ventas netas/Número de unidades vendidas)	$\frac{22.500}{9.000}$ = 2.500 ptas.	$\frac{24.187}{10.750}$ = 2.250 ptas.
Coste de venta unitario (Coste de ventas/Número de unidades vendidas)	$\frac{15.750}{9.000}$ = 1.750 ptas.	$\frac{16.125}{10.750}$ = 1.500 ptas.
Margen comercial unitario	750 ptas.	750 ptas.

3. Desglose de la variación del beneficio bruto

3.1. *Analizando separadamente las causas de las variaciones en el volumen de ventas y en el coste de los productos vendidos*

a) Variaciones por el volumen de ventas:

— Factor volumen: $(U_{n+1} - U_n) \times P_n$ = (9.000 – 10.750) × 2.250	–3.937.500
— Factor precio: $(P_{n+1} - P_n) \times U_n$ = (2.500 – 2.250) × 10.750	2.687.500
— Factor volumen-precio: $(U_{n+1} - U_n) \times (P_{n+1} - P_n)$ = (9.000 – 10.750) × (2.500 – 2.250)	–437.500
TOTAL VARIACION VENTAS NETAS	–1.687.500

b) Variaciones derivadas del coste de ventas:

— Factor volumen: $(U_{n+1} - U_n) \times C_n$ = (9.000 – 10.750) × 1.500	–2.625.000
— Factor precio: $(C_{n+1} - C_n) \times U_n$ = (1.750 – 1.500) × 10.750	2.687.500
— Factor volumen-precio: $(U_{n+1} - U_n) \times (C_{n+1} - C_n)$ = (9.000 – 10.750) × (1.750 – 1.500)	–437.500
TOTAL VARIACION COSTE DE VENTAS	–375.000

En resumen:

Variación por volumen de ventas	−1.687.500
(−) Variación por coste de ventas	375.000
Variación del margen bruto	*−1.312.500*

3.2. Analizando directamente la variación experimentada por el margen bruto en ventas

a) *Por el número de unidades vendidas*: Al haber disminuido el número de unidades vendidas se ha producido una disminución del beneficio bruto igual a:
= Disminución de unidades vendidas × Margen ejercicio anterior =
= (10.750 − 9.000) (2.250 − 1.500) = *−1.312.500 ptas.*

b) *Por la variación del precio de venta*: El haber incrementado el precio de venta repercute positivamente sobre el beneficio bruto. Cálculo:
= Unidades vendidas en el ejercicio 19X5 × Incremento precio venta =
= 9.000 × (2.500 − 2.250) = + *2.250.000* ptas.

c) *Por la variación del coste unitario*: El incremento del coste unitario supone una disminución del beneficio bruto. Cálculo:
= Unidades vendidas en ejercicio 19X5 × Incremento coste unitario =
= 9.000 × (1.750 − 1.500) = − *2.250.000 ptas.*

En resumen:

−1.312.500 + 2.250.000 − 2.250.000 = *−1.312.500 ptas.*

4. Análisis de la evolución de los componentes del coste de ventas

Conceptos	19X5	%	19X4	%	Variación	Indices
Materias primas consumidas	3.600	22,9	4.069	25	−469	88,4
Mano de obra directa	6.113	38,8	5.371	33	742	113,8
Gastos de fabricación	8.037	51,0	6.835	43	1.202	117,5
Variación productos en curso	−1.000	−6	−100	−0,6	−900	1.000
Variación productos terminados . . .	−1.000	−6	−50	−0,3	−950	2.000
Coste de ventas	15.750	100	16.125	100	−375	

La lectura del cuadro anterior pone de manifiesto, como hecho más destacado, el espectacular crecimiento experimentado por los inventarios de productos en curso y productos terminados. El incremento de esta última partida parece guardar estrecha relación con el significativo incremento experimentado por las devoluciones de ventas, lo que supuso que se redujeran las ventas netas. Se impone por ello un control de calidad de la producción más riguroso.

Podría estudiarse asimismo la posibilidad de facilitar mejores condiciones de pago a los clientes, pues al 31-12-19X5, los saldos de éstos se han reducido un 60 por 100 con respecto a la misma fecha del año anterior, porcentaje muy superior a la reducción experimentada por las ventas.

5. Cálculo de las tasas de rentabilidad y componentes del apalancamiento financiero

Fondos de financiamiento	19X5		19X4	
Fondos propios		12.750		12.500
Capital	10.000		10.000	
Reserva legal	2.500		2.250	
Resultados (no exigible)	250		250	
Fondos ajenos		8.100		9.875
Empréstito	7.500		9.375	
Préstamos a largo plazo	600		500	
Fondos totales		20.850		22.375

a) Rentabilidad de los fondos propios (r_1):

$$r_1 = \frac{\text{Beneficio líquido}}{\text{Fondos propios}} \times 100$$

$$19X5: \frac{1.680 - 605}{12.750} \times 100 = 8{,}43\ \%$$

$$19X4: \frac{3.482 - 1.250}{12.500} \times 100 = 17{,}85\ \%$$

b) Rentabilidad de los fondos totales (r_2):

$$r_2 = \frac{\textit{Beneficio líquido + Carga financiera de estructura}\ (1 - t)}{\textit{Fondos totales}}$$

$$\textit{siendo } t = \frac{605}{1.680} = \frac{1.250}{3.482} = 0{,}36\ \%$$

$$19X5: \frac{1.075 + 1.470\ (1 - 0{,}36)}{20.850} \times 100 = 9{,}67\ \%$$

$$19X4: \frac{2.232 + 1.793\ (1 - 0{,}36)}{22.375} \times 100 = 15{,}10\ \%$$

c) Coste financiero efectivo (r_3):

$$r_3 = \frac{\textit{Gastos financieros de estructura}\ (1 - t)}{\textit{Fondos ajenos}} \times 100$$

$$19X5: \frac{1.470\ (1 - 0{,}36)}{8.100} \times 100 = 11{,}61\ \%$$

$$19X4: \frac{1.793\ (1 - 0{,}36)}{9.875} \times 100 = 11{,}62\ \%$$

d) Componentes del apalancamiento financiero

La rentabilidad suplementaria por el empleo de financiación ajena ha sido:

$$19X5: r_1 - r_2 = 8{,}43\ \% - 9{,}67\ \% = -1{,}24\ \%$$
$$19X4: r_1 - r_2 = 17{,}85\ \% - 15{,}10\ \% = +2{,}75\ \%$$

siendo sus componentes:

$$19X5: (9{,}67 - 11{,}61)\frac{8.100}{12.750}$$

$$19X4: (15{,}10 - 11{,}62)\frac{9.875}{12.500}$$

CASO PRACTICO N.º 4.9

1. Causas de la variación del margen bruto

1.1. Cálculo del coste de ventas en ambos ejercicios

Partidas y costes	19X2	19X3
Consumo de materias primas	5.000	8.000
Mano de obra directa	6.000	7.000
Gastos indirectos de fabricación	9.000	9.100
Coste de producción	20.000	24.100
(+) Inventario inicial de productos en proceso	4.000	3.000
(–) Inventario final de productos en proceso	(3.000)	(5.000)
Coste de la producción terminada	21.000	22.100
(+) Inventario inicial de productos terminados	1.500	1.800
(–) Inventario final de productos terminados	(1.800)	(1.890)
Coste de ventas	20.700	22.010

1.2. Márgenes de resultados y diferencias

	19X2	19X3	Diferencias 19X3-19X2
Ventas brutas	38.000	46.800	8.800
Devoluciones de ventas	(3.500)	(4.200)	(700)
Ventas netas	34.500	42.600	8.100
Coste de ventas	(20.700)	(22.010)	(1.310)
Margen bruto en ventas	13.800	20.590	**6.790**
Gastos de venta	(3.450)	(3.550)	(100)
Gastos de administración	(5.000)	(5.500)	(500)
Gastos financieros	(1.200)	(1.350)	(150)
Beneficio antes de impuestos	4.150	10.190	6.040
Impuesto sobre beneficios (35 %)	(1.452,5)	(3.566,5)	2.144
Beneficio líquido	2.697,5	6.623,5	3.926

1.3. Margen bruto unitario

	19X2	19X3
Precio de venta unitario	$\frac{34.500}{345}$ = 100 ptas.	$\frac{42.600}{355}$ = 120 ptas.
(–) Coste de venta unitario	$\frac{20.700}{345}$ = 60 ptas.	$\frac{22.010}{355}$ = 62 ptas.
Margen bruto unitario	40 ptas.	58 ptas.

1.4. Análisis de la variación del margen bruto

El incremento del margen bruto: 20.590 – 13.800 = 6.790 u.m. se debe a:

a) Variaciones por el volumen de ventas:

— Factor volumen: $(U_{n+1} - U_n) \times P_n$ = (355 – 345) × 100	1.000
— Factor precio: $(P_{n+1} - P_n) \times U_n$ = (120 – 100) × 345	6.900
— Factor volumen-precio: $(U_{n+1} - U_n) \times (P_{n+1} - P_n)$ = (355 – 345) × (120 – 100)	200
TOTAL INCREMENTO VENTAS NETAS	8.100

b) Variación por coste de ventas:

— Factor volumen: $(U_{n+1} - U_n) \times C_n$ = (355 – 345) × 60	600
— Factor precio: $(C_{n+1} - C_n) \times U_n$ = (62 – 60) × 345	690
— Factor volumen-precio: $(U_{n+1} - U_n) \times (C_{n+1} - C_n)$ = (355 – 345) × (62 – 60)	20
TOTAL INCREMENTO COSTE DE VENTAS	1.310

En resumen:

Incremento volumen de ventas	8.100
Incremento coste de ventas	(1.310)
Incremento del margen bruto	6.790

2. Rentabilidad de los activos, en sus dos componentes

Rentabilidad del activo (r_2)	=	Margen	×	Rotación de activos

$$r_2 = \frac{R'L}{A} = \frac{R'L}{V} \times \frac{V}{A}$$

19X2:

$R'L = 2.697{,}5 + 1.200\ (1 - 0{,}35) = 3.477{,}5$ u.m.

$$r_2 = \frac{3.477{,}5}{34.500} \times \frac{34.500}{220.000} \times 100 = 0{,}1008 \times 0{,}1568 \times 100 = \underline{\underline{1{,}58\ \%}}$$

19X3:

$R'L = 6.623{,}5 + 1.350\ (1 - 0{,}35) = 7.501$ u.m.

$$r_2 = \frac{7.501}{42.600} \times \frac{42.600}{225.000} \times 100 = 0{,}1761 \times 0{,}1893 \times 100 = \underline{\underline{3{,}33\ \%}}$$

La rentabilidad del activo en 19X3 ha duplicado la obtenida en 19X2, por el efecto combinado de la mejora tanto del resultado global sobre ventas como de la rotación de activos.

CASO PRACTICO N.º 4.10

a) Estructura financiera comparada

	1995	%	1994	%	Diferencia
I. Fondos de financiamiento					
Propios					
Capital	7.000		7.000		
Reservas	1.000		1.000		
	8.000	53,33	8.000	57,14	—
Ajenos					
Préstamos a largo plazo	7.000	46,67	6.000	42,86	1.000
TOTAL	15.000	100	14.000	100	1.000
II. Inversiones					
Activo fijo					
Inmovilizado material	9.800		12.000		(2.200)
Inmovilizado inmaterial	400		500		(100)
Inmovilizado financiero	1.100		800		300
Gastos amortizables	200		300		(100)
	11.500	76,67	13.600	97,14	(2.100)
Capital circulante					
Activo circulante	8.340		7.550		
Pasivo circulante (*)	4.840		7.150		
	3.500	23,33	400	2,86	3.100
TOTAL	15.000	100	14.000	100	1.000

(*) Incluyendo el dividendo activo de ambos ejercicios.

Comentario

Se observa un debilitamiento importante en la actividad inversora de la sociedad, a pesar de un mayor endeudamiento a largo plazo, situación que se acentúa con una política de dividendos que podemos calificar de poco austera, tratándose de una empresa en la que el activo fijo tiene un peso importante, pasando del 97,14 por 100 al 76,67 por 100 de la inversión total, de un ejercicio a otro.

Por su parte, el capital circulante experimenta un incremento notable en 1995, pasando del 2,86 por 100 de las inversiones al 23,33 por 100 de las mismas. En ese tránsito tiene un peso importante el stock de productos para la venta que incrementa en un 25 por 100 y la baja de endeudamiento a corto, tanto en créditos de funcionamiento o bancarios, como en créditos de provisión.

Por lo que se refiere a la relación de endeudamiento, empeora ligeramente de un ejercicio a otro, en parte por el mayor endeudamiento y en parte por la estabilidad en la financiación propia.

b) Ratio de cobertura de los costes de la deuda para 1995

Como se sabe, este ratio de cobertura mide la estabilidad de la empresa en un horizonte de a largo plazo, ya que representa la capacidad para renegociar la deuda, al asegurar al prestamista su rentabilidad.

Para el año 1995, los resultados antes de impuestos y coste financiero, que es la magnitud adecuada para su cálculo, por el «ahorro» impositivo que supone la propia carga, son:

• Beneficio después de impuestos	100
• Impuestos	50
• Gastos financieros	1.260
	1.410

El ratio de cobertura será:

$$\frac{1.410}{1.260} = 1{,}12$$

Esto quiere decir que la sociedad genera beneficios suficientes para cubrir el coste financiero, aunque en un importe muy ajustado.

La empresa debería renegociar los créditos de provisión sin un coste explícito, de tal manera que redujera el capital circulante, mediante esta vía. Por otra parte, los márgenes de resultados con que opera la empresa son, en principio, muy ajustados.

c) *Ratio de cobertura con los recursos operacionales*

Los flujos de Tesorería del ejercicio 1995 se desglosan como sigue**:

Por operaciones		
— Cobros por ventas		20.300
— Pagos por:		
• Compras	15.950	
• Gastos de personal	1.860	
• Servicios exteriores	490	
• Gastos financieros	1.260	
• Impuestos	50	19.610
Cash-flow operacional		690
Por actividades de inversión:		
— Cobros		300
— Pagos		990
Cash-flow de inversión		(690)
Por actividades de financiación:		
— Cobros		1.000
— Pagos		900
Cash-flow de financiación		100

$$\text{Ratio} = \frac{690}{1.260} = 0{,}55$$

Si tomamos en consideración en el numerador el importe de los pagos por carga financiera, tendremos:

$$\frac{690 + 1.260}{1.260} = 1{,}55$$

Estos ratios corroboran lo visto en otro apartado y es el estrecho margen con que trabaja la sociedad, derivado de sus operaciones corrientes.

** Los datos consignados a continuación surgen del tratamiento de la información que se muestra en la hoja de trabajo incluida al final.

HOJA DE TRABAJO. ESTADO DE TESORERIA

Cuentas	Diferencias		Ajustes		Movimientos de Tesorería	
	Debe	Haber	Debe	Haber	Pagos	Cobros
Inmovilizado material		1.000	1.500 (3)		500	
Inmovilizado financiero	300				300	
Gastos amortizables		100	100 (7)			
Existencias comerciales	1.000			1.000 (4)		
Clientes y efectos		300	300 (6)			
Tesorería	100				100	
Ajustes por periodificación		10	10 (9)			
Amortización acumulada		1.300	2.400 (7)	1.100 (3)		
Pérdidas y ganancias	400		100 (2)	500 (1)		
Préstamos a largo plazo		1.000				1.000
Proveedores y efectos	1.450			1.450 (5)		
Préstamos bancarios	400				400	
Remuneracs. pendtes. pago . . .	60			60 (8)		
Ventas		20.000		300 (6)		20.300
Coste de ventas	13.500		1.000 (4) 1.450 (5)		15.950	
Gastos de personal	1.800		60 (8)		1.860	
Servicios exteriores	500			10 (9)	490	
Gastos financieros	1.260				1.260	
Amortizaciones	2.500			2.500 (7)		
Resultados diversos	290			100 (3)	190	
Impuesto s/ beneficios	50				50	
SALDO	100			100 (2)		
Dividendos pagados			500 (1)		500	
Cobros baja inmovilizado				300 (3)		300
TOTALES	23.710	23.710	7.420	7.420	21.600	21.600

CASOS PRACTICOS. Serie 5

SOLUCIONES

CASO PRACTICO N.º 5.1.

1. Cálculo del saldo de *Proveedores*

$$\frac{AC}{PC} = 1{,}5$$

AC = Total Activo − Inmovilizado = 432.000 − 294.000 = 138.000

$$PC = \frac{AC}{1{,}5} = \frac{138.000}{1{,}5} = 92.000$$

Proveedores = 92.000 − 25.000 = *67.000*

2. Cálculo del saldo de *Resultados* y *Deudas a largo plazo*

$$\frac{P}{N} = 0{,}8$$

$P + N = 432.000$

$0{,}8\ N + N = 432.000$

$N = 240.000$

Resultados = 240.000 − 300.000 = *−60.000* (pérdidas)

Deudas a largo plazo = 432.000 − (240.000 + 92.000) = *100.000*

3. Cálculo del saldo de *Existencias* y *Clientes*

$$\frac{V}{E} = 15 \qquad (1)$$

$$\frac{CV}{E} = 10{,}5 \qquad (2)$$

$$V - CV = 315.000 \qquad (3)$$

sustituyendo en (3) nos queda:

$15\ E - 10{,}5\ E = 315.000$

$$Existencias = \frac{315.000}{4{,}5} = 70.000$$

Clientes = 138.000 − (70.000 + 25.000) = *43.000*

4. Balance de TAJO, S. A., al 31 de diciembre de 19X0

ACTIVO		PASIVO	
Inmovilizado	294.000	Capital social	300.000
Existencias	70.000	Resultados	(60.000)
Clientes	43.000	Deudas a largo	100.000
Tesorería	25.000	Proveedores	67.000
		Sueldos a pagar	25.000
	432.000		432.000

CASO PRACTICO N.º 5.2

1. Evolución de la situación financiera a corto plazo y motivos que la explican

1.1. Clasificación funcional del balance: variaciones absolutas y números índices

	19X9	19X8	Variación	Indice (B = 19X8)
ACTIVO				
Edificios y construcciones	18.000	20.000	(–) 2.000	90
Mobiliario y enseres	22.000	16.000	(+) 6.000	137,50
Amortización acumulada	(6.000)	(4.000)	(+) 2.000	150
Inmovilizado neto	34.000	32.000	(+) 2.000	106,25
Existencias	12.500	14.000	(–) 1.500	98,28
Clientes	5.000	20.000	(–) 15.000	25
Caja y bancos	500	4.000	(–) 3.500	12,50
Activo circulante	18.000	38.000	(–) 20.000	47,36
Total Activo	52.000	70.000	(–) 18.000	74,28
PASIVO				
Fondos propios	45.000	45.000	—	100
Préstamos a largo plazo	—	13.000	(–) 13.000	—
Fondos totales	45.000	58.000	(–) 13.000	77,58
Proveedores	6.500	10.000	(–) 3.500	65
Otros acreedores a corto	500	2.000	(–) 1.500	25
Pasivo circulante	7.000	12.000	(–) 5.000	58,33
Total Pasivo	52.000	70.000	(–) 18.000	74,28

Comentario

De la comparación de los balances anteriores se deduce, como hecho más relevante, el descenso de la actividad experimentado en el ejercicio 19X9. En efecto, los índices calculados ponen de manifiesto una reducción superior al 25 por 100 del activo y el pasivo en el curso del último ejercicio. Además:

- la cifra de ventas se ha reducido drásticamente: de 140.000 u.m. en 19X8 ha pasado a tan sólo 50.000 u.m. en 19X9,

- la única partida del balance (si exceptuamos el fondo de amortización acumulada) que ha experimentado aumento ha sido *Mobiliario y enseres*,
- se ha procedido a liquidar el préstamo a largo plazo amortizándose 13.000 u.m. en 19X9 mientras que en 19X8 sólo se habían devuelto 4.000 u.m. Este proceso de reconversión de la estructura financiera podría estar motivado por el brusco descenso experimentado en la actividad de la empresa.

1.2. Cálculo del Fondo de maniobra o Capital circulante

	19X8	19X9
a) Fondos de financiamiento	58.000	45.000
Menos: Inmovilizaciones	<32.000>	<34.000>
FONDO DE MANIOBRA	26.000	11.000
b) Activo circulante	38.000	18.000
Menos: Pasivo circulante	<12.000>	<7.000>
CAPITAL CIRCULANTE	26.000	11.000

Comentario

La disminución del Capital circulante es consistente con la reducción del volumen de negocio: las ventas han disminuido en un 64,28 por 100, con respecto a la cifra de 19X8, y el Fondo de maniobra en un porcentaje ligeramente inferior, el 57,69 por 100.

1.3. Ratios más relevantes para explicar la evolución de la situación financiera a corto plazo

	19X8	19X9
1. Prueba del ácido		
$\frac{\text{Caja y bancos + Clientes y E.C.}}{\text{Pasivo circulante}}$	$\frac{24.000}{12.000} = \mathbf{2}$	$\frac{5.500}{7.000} = \mathbf{0{,}78}$
2. Ratio de circulante o de solvencia financiera		
$\frac{\text{Activo circulante}}{\text{Pasivo circulante}}$	$\frac{38.000}{12.000} = \mathbf{3{,}16}$	$\frac{18.000}{7.000} = \mathbf{2{,}57}$

Comentario

Mientras que la solvencia o situación financiera a medio plazo continúa siendo desahogada, pueden aparecer dificultades para atender algunos pagos a lo largo de los primeros meses posteriores al cierre del ejercicio 19X9. Esto aconseja elaborar un detallado plan de tesorería e intentar influir sobre algunas de las magnitudes incluidas en el numerador y el denominador del ratio de liquidez calculado. Para identificar posibles actuaciones en este sentido es importante conocer la rotación de las distintas partidas de circulante que calcularemos a continuación.

1.4. Rotaciones

$$\text{Rotación de existencias (REx)} = \frac{\text{Coste de ventas}}{\text{Existencias medias}}$$

$$\text{Período medio de almacenamiento (PMA)} = \frac{365}{\text{REx}}$$

19X8:

112.000/(16.000 + 14.000) : 2 = **7,46 veces**

PMA = 365/7,46 = **48 días**

19X9:

37.500/(14.000 + 12.500) : 2 = **2,83 veces**

PMA = 365/2,83 = **128 días**

$$\text{Rotación de clientes (RCl)} = \frac{\text{Ventas}}{\text{Saldo medio de cuentas a cobrar}}$$

$$\text{Período medio de cobro concedido a clientes (PMC)} = \frac{365}{\text{RCl}}$$

19X8:

140.000/(24.000 + 20.000) : 2 = **6,36 veces**

PMC = 365/6,36 = **57 días**

19X9:

50.000/(20.000 + 5.000) : 2 = **4 veces**

PMC = 365/4 = **92 días**

$$\text{Rotación de proveedores (RPr)} = \frac{\text{Compras}}{\text{Saldo medio de proveedores}}$$

$$\text{Período medio de pago a proveedores (PMP)} = \frac{365}{\text{RPr}}$$

Cálculos previos:

Compras = Coste de ventas + Existencias finales − Existencias iniciales
Compras 19X8 = 112.000 + 14.000 − 16.000 = 110.000
Compras 19X9 = 37.500 + 12.500 − 14.000 = 36.000

19X8:

110.000/(6.000 + 10.000) : 2 = **13,75 veces**

PMP = 365/13,75 = **27 días**

19X9:

36.000/(10.000 + 6.500) : 2 = **4,36 veces**

PMP = 365/4,36 = **84 días**

2. Evolución de la rentabilidad de los fondos propios y de los fondos totales

Magnitudes	19X8	19X9
Fondos propios	45.000	45.000
Fondos ajenos: [(17.000 + 13.000):2]	15.000	
[(13.000 + 0):2]		6.500
Fondos totales	60.000	51.500
Beneficio después de impuestos	4.200	2.976
Coste efectivo financiación ajena:		
Cf (1 – *t*) = 1.400 (1 – 0,40)	+840	
Cf (1 – *t*) = 440 (1 – 0,40)		+264
Beneficio ajustado	5.040	3.240

a) **Rentabilidad de los FP**	**19X8**	**19X9**
$r_1 = \frac{\text{Beneficio Líquido}}{\text{Fondos Propios}} \times 100$	$\frac{4.200}{45.000}$ = **9,33 %**	$\frac{2.976}{45.000}$ = **6,61 %**
b) **Rentabilidad de los FT**		
$r_2 = \frac{\text{B° Líquido} + \text{Cf}(1-t)}{\text{FP} + \text{FA (saldo medio)}}$	$\frac{5.040}{60.000}$ = **8,40 %**	$\frac{3.240}{51.500}$ = **6,29 %**
c) **Coste financiero de los FA**		
$r_3 = \frac{\text{Gtos. Fin.}(1-t)}{\text{Fondos Ajenos}}$	$\frac{840}{15.000}$ = **5,6 %**	$\frac{264}{6.500}$ = **4,06 %**
d) **Apalancamiento financiero o leverage**		

$$(r_1 - r_2) = (r_2 - r_3)\,\frac{\text{Fondos Ajenos}}{\text{Fondos Propios}}$$

19X8: $9,33 - 8,4 = (8,4 - 5,6)\,\frac{15.000}{45.000} = +\,0,93$

19X9: $6,61 - 6,29 = (6,29 - 4,06)\,\frac{6.500}{45.000} = +\,0,32$

Comentario

— La rentabilidad, tanto de los Fondos Propios como de los Fondos Totales, ha descendido en 19X9 con respecto al año anterior.

— En los dos ejercicios el recurso a la financiación ajena influye positivamente sobre la rentabilidad de los Fondos Propios.

CASO PRACTICO N.º 5.3.

1. Plazos, rotaciones y rentabilidad del activo en 19X2

1.1. Plazo medio de cobro a clientes en 19X2

$$\frac{\text{Ventas}}{\text{Clientes} \div 300} = \frac{760.200}{70.950 \div 300} = \frac{300}{10,7142} = 28 \text{ días}$$

1.2. Rotación del inventario de existencias en 19X2

$$\frac{\text{Coste de ventas}}{\text{Existencias}} = \frac{452.500}{113.125} = 4 \text{ veces}$$

1.3. Días necesarios para cubrir el déficit de capital circulante

Recursos generados por operaciones:

Resultado después de impuestos	83.622
Más: Amortizaciones	22.980
Total	106.602

$$\frac{\text{Recursos generados por operaciones}}{\text{Déficit de capital circulante} \div 300} = \frac{106.602}{33.000 \div 300} = \frac{300}{3,23036} = 93 \text{ días}$$

1.4. Tasa de rentabilidad del activo en 19X2

Por no contar la empresa con pasivos ajenos remunerables tenemos:

$$r_1 = \frac{\text{Resultado después de impuestos}}{\text{Activo total}} = \frac{83.622}{352.950 + 190.050} \times 100 = 15,4\ \%$$

2. Rentabilidad esperada del activo en 19X3

a) Cuenta de Resultados previsional:

Ventas (100.000 × 8,3)		830.000
Menos:		
Costes variables (100.000 × 6)	600.000	
Costes fijos	129.720	729.720
		100.280
Impuesto sobre beneficios (0,40 × 100.280)		40.112
Resultado líquido		60.168

b) Activo total estimado:

Incremento de ventas ([830.000/760.200) × 100] = 109,18 %

Activo inmovilizado neto en 19X2	352.950
Menos: Amortizaciones 19X3	15.450
Activo inmovilizado neto al cierre de 19X3	337.500
Activo circulante 19X3 (190.500 × 1,0918)	207.988
Total activo estimado 19X3	545.488

$$r_1 = \frac{\text{Resultado después de impuestos}}{\text{Activo total}} = \frac{60.168}{545.488} \times 100 = 11\ \%$$

CASO PRACTICO N.º 5.4.

1. Análisis de la situación financiera a corto plazo de MARIPOSA en 19X3 con respecto a 19X2

1.1. Cálculo del ratio de circulante en ambos ejercicios y descomposición del mismo por acumulación

	19X3	19X2
Activo circulante (a)	770	790
Pasivo circulante (b)	204,5	229,5
Ratio de circulante (a/b)	$\frac{770}{204,5} = 3,765$	$\frac{790}{229,5} = 3,450$

Desde un punto de vista estático, la situación a corto, marcada por el ratio de circulante, ha mejorado ligeramente. Veamos ahora en qué rúbricas acumula, en ambos años, la sociedad su liquidez a corto plazo.

	19X3	19X2
$\frac{D}{PC}$	0,293	0,157
$\frac{D + C}{PC}$	1,760	1,572
$\frac{D + C + E}{PC}$	3,618	3,406
$\frac{AC}{PC}$	3,765	3,450

La tendencia marcada por el ratio de circulante se ve corroborada por el ratio acumulativo, cuyos componentes más líquidos tienen mayor peso relativo en 19X3 que en 19X2.

1.2. Rotaciones y plazos

La calidad de la gestión, que viene marcada por las diferentes rotaciones, es la siguiente:

	19X3	19X2
$REx = \dfrac{\text{Coste de ventas}}{\dfrac{S_i + S_f}{2}}$	$\dfrac{760}{\dfrac{420 + 380}{2}} = 1{,}9$	$\dfrac{600}{\dfrac{350 + 420}{2}} = 1{,}558$
$PEx = \dfrac{365}{REx}$	$\dfrac{365}{1{,}9} = 192$ días	$\dfrac{365}{1{,}558} = 234$ días
$RCL = \dfrac{\text{Ventas netas}}{\dfrac{S_i + S_f}{2}}$	$\dfrac{1.200}{\dfrac{320 + 300}{2}} = 3{,}871$	$\dfrac{900}{\dfrac{300 + 320}{2}} = 2{,}903$
$PCL = \dfrac{365}{RCL}$	$\dfrac{365}{3{,}871} = 94$ días	$\dfrac{365}{2{,}903} = 126$ días

También aquí se ve corroborada la mejora en la gestión a corto plazo, por los diferentes plazos de retención.

2. Tasas de rentabilidad económica en los tres ejercicios

La rentabilidad de los capitales invertidos o rentabilidad económica (r_2) se calcula del siguiente modo:

$$r_2 = \frac{\text{Beneficio líquido} + \text{Coste pasivo remunerable } (1 - t)}{\text{Fondos totales}}$$

19X3	$r_2 = \dfrac{58{,}5 + 24 \times 0{,}65}{1.010 + 127 + 300} \rightarrow 5{,}10\ \%$
19X2	$r_2 = \dfrac{13{,}0 + 24 \times 0{,}65}{800 + 158 + 300} \rightarrow 2{,}23\ \%$
19X1	$r_2 = \dfrac{104 + 24 \times 0{,}65}{800 + 86 + 300} \rightarrow 10{,}10\ \%$

CASO PRACTICO N.º 5.5.

1. Análisis de los cash-flow

Para analizar los resultados que se obtendrían en las diferentes opciones, vamos a calcular los cash-flow que se generan.

1.1. Financiación con préstamo en dólares a igual plazo

Se trataría de una operación efectuada en el mercado del dólar y, en consecuencia, con una rentabilidad igualmente en esta moneda. Los cash-flow que se generan en este caso son:

	Movimiento de Caja
Tomar un préstamo en $ al 10 %	10.000$
Invertir al 12 %	(10.000)$
Un año después:	
Recuperar inversión con intereses	11.200$
Devolver préstamo con intereses	(11.000)$
Resultado	200$

1.2. Financiación en pesetas al 15 por 100

Se trata de una operación efectuada en el mercado de divisas (intervienen dos monedas, una en la que se invierte —dólares— y otra en la que se financia —pesetas—). Ello implica que las pesetas que obtenemos al recibir la financiación, son vendidas por dólares para efectuar la inversión. En consecuencia, existe un doble movimiento de caja, uno en pesetas y otro en dólares.

	Movimiento de Caja	
	Pesetas	Dólares
Tomar un préstamo en Ptas. al 15 %	1.000.000	—
Vender Ptas. por $ a 1$ = 100 Ptas.	(1.000.000)	10.000
Invertir $ a 1 año al 12 %	—	(10.000)
Un año después:		
Recuperamos inversión en $	—	11.200
Devolvemos préstamos en pesetas	(1.150.000)	—
Resultados	(1.150.000)	11.200

Los resultados que se derivan de esta operación son: flujos de caja positivos en dólares (11.200) y flujos de caja negativos en pesetas (1.150.000). En consecuencia, el resultado completo de la operación queda determinado por el tipo de cambio al que tendremos que vender los dólares (11.200) para hacer frente a la devolución del préstamo en pesetas (1.150.000).

1.3. Financiación en pesetas y suscripción de seguro de cambio

Como hemos visto en el Punto 2, la inversión y financiación en distintas monedas conlleva una inseguridad en el resultado final de una operación, al estar éste determinado por el tipo de cambio.

Una de las fórmulas utilizadas para eliminar el riesgo de cambio son los seguros de cambio. Se trata, en definitiva, de asegurarse un tipo de cambio para una fecha futura.

El tipo de cambio a plazo (o seguro de cambio) es aquel que, partiendo del tipo de cambio de contado (100 Ptas. por dólar) y considerando los tipos de interés de las monedas (15 por 100 para pesetas y 10 por 100 para dólares), equilibra los flujos financieros a igual plazo entre las dos monedas:

$$100\,(1 + 15/100) = X \cdot 1 \cdot (1 + 10/100)$$

$$X = \text{tipo de cambio a 1 año} = 104{,}55 \text{ Ptas./\$}$$

En nuestro ejemplo, la suscripción del seguro de cambio implicaría el asegurarnos la venta de los dólares para dentro de un año, a 104,55 Ptas/$. Los flujos de caja que esta operación implicaría, serían:

	Movimiento de Caja	
	Dólares	Pesetas
Tomar un préstamo en Ptas. al 15 %	—	1.000.000
Vender pesetas por $ a 1$ = 100 Ptas.	10.000	(1.000.000)
Invertir $ a 1 año al 12 %	(10.000)	—
Vender 11.200 $ a plazo a 104,55 Ptas/$	—	—
Un año después:		
Recuperamos inversión en $	11.200	—
Vender 11.200 $ a 104,55 Ptas/$	(11.200)	1.170.910
Devolvemos préstamos en pesetas más intereses	—	(1.150.000)
Resultados	—	20.910

El resultado en pesetas (20.910) equivale al diferencial de intereses obtenido en la inversión en dólares (12 por 100) respecto del tipo de interés de los depósitos a plazo de un año en dólares (10 por 100), que han servido para calcular el tipo de cambio a plazo y la venta de este importe a 104,55 Ptas. Obsérvese que si el tipo de interés de los préstamos hubiese sido el mismo que el de la inversión en dólares (12 por 100), el resultado final hubiese sido cero.

2. Riesgos

Los riesgos en que incurrimos en las operaciones planteadas pueden reducirse a:

1. Riesgo de crédito. Es la posibilidad de incurrir en pérdidas por incumplimiento de la parte contraria en sus obligaciones. En definitiva, es el riesgo comercial de la operación.

2. Riesgo de cambio. Es la posibilidad de registrar pérdidas por mantener una posición abierta en una moneda y registrar ésta movimientos adversos en su cotización.

Así definidos los riesgos, nos encontraríamos con que:

a) Existe riesgo de crédito en cualquiera de las tres opciones planteadas, y por el mismo importe (10.000$ USA).

b) Sólo existe riesgo de cambio en la segunda opción (financiación en distinta moneda y sin cobertura del riesgo de cambio), por ser en la única en que se mantienen posiciones abiertas en una moneda (10.000$).

3. Apuntes contables más relevantes en el libro Diario

Antes de efectuar los registros contables de las operaciones anteriormente señaladas, tenemos que recordar que cuando una compañía trabaja con más de una moneda, se debe llevar tantos libros Diarios como monedas, utilizando para el caso de operaciones en el mercado de divisas (inversión y financiación con distinta moneda) las correspondientes cuentas de posición en la divisa correspondiente.

Caso 1.º: **Inversión y financiación en la misma moneda**

Contabilidad en pesetas				**Contabilidad en dólares**	
Tomar un préstamo en dólares					
----------------- X ------------------			10.000	Bancos	
				a Préstamos	10.000
Invertir en bonos en dólares					
----------------- X ------------------			10.000	Bonos	
				a Bancos	10.000
Un año después:					
Recuperar la inversión más interés al 12 %					
			11.200	Bancos	
----------------- X ------------------				a Bonos	10.000
				a Productos financieros	1.200
Devolver préstamo más interés					
----------------- X ------------------			10.000	Préstamos	
			1.000	Coste financiero	
				a Bancos	11.000
Regularización de resultados					
19.000	Contravalor posición		1.200	Productos financieros	
	a Resultados en moneda extranjera (m.e.)[1]	19.000		a Coste financiero	1.000
				a Posición en m.e.	200
Venta en el mercado					
19.000	Bancos		200	Posición en m.e.	
	a Contravalor de la posición	19.000		a Bancos	200

(1) 200 \$ × 95 Ptas. = 19.000 (1 \$ = 95 Ptas., según el enunciado).

Caso 2.º: **Inversión y financiación en distinta moneda**

Contabilidad en pesetas			**Contabilidad en dólares**		
Tomar un préstamo en pesetas al 15 %					
1.000.000	Bancos a Préstamos	 1.000.000	----------	X	----------
Comprar dólares contra pesetas a 1 $ = 100 pesetas					
1.000.000	Contravalor de la posición a Bancos	 1.000.000	10.000	Bancos m.e. a Posición en m.e.	 10.000
Invertir los dólares a 1 año al 12 %					
----------	X	----------	10.000	Bonos a Bancos	 10.000
Un año después:					
Recuperar la inversión en dólares					
----------	X	----------	11.200	Bancos a Bonos a Productos financieros	 10.000 1.200
Regularización de resultados en moneda extranjera: 1 $ = 95 Ptas.					
114.000	Contravalor de la posición a Productos financieros en m.e.	 114.000	1.200	Productos financieros a Posición en m.e.	 1.200
Venta de la posición en dólares a 1 $ = 95 Ptas.					
1.064.000 50.000	Bancos Diferencias de cambio a Contravalor de la posición en m.e.	 1.114.000	11.200	Posición en m.e. a Bancos	 11.200
Devolución del préstamo en pesetas junto con sus intereses					
1.000.000 150.000	Préstamos Coste financiero a Bancos	 1.150.000	----------	X	----------

Caso 3.º: **Inversión y financiación en distinta moneda y cobertura con seguro de cambio**

Contabilidad en pesetas			Contabilidad en dólares		
Tomar un préstamo en pesetas al 15 %					
1.000.000	Bancos		--------------- X ---------------		
	a Préstamos	1.000.000			
Comprar dólares contra pesetas a 1 $ = 100 pesetas					
1.000.000	Contravalor de la posición		10.000	Bancos m.e.	
	a Bancos	1.000.000		a Posición en m.e.	10.000
Invertir los dólares a 1 año al 12 %					
--------------- X ---------------			10.000	Bonos	
				a Bancos m.e.	10.000
Vender dólares a plazo 11.200 a 104,55 [3]					
1.170.910	Compra de Ptas. a plazo		11.200	Posición plazo en m.e.	
	a Contravalor posición a plazo	1.170.910		a Venta dólares 1 año	11.200
Un año después:					
Recuperar la inversión en dólares					
--------------- X ---------------			11.200	Bancos m.e.	
				a Bonos	10.000
				a Productos financieros	1.200
Regularización de los resultados (1 $ = 104,55) [1]					
125.454	Contravalor de la posición		1.200	Productos financieros	
	a Productos financieros m.e.	125.454		a Posición en m.e.	1.200
Venta de los dólares a los precios convenidos en el seguro de cambio					
1) Anulación de compromisos [3]					
1.170.910	Contravalor posición de plazo		11.200	Venta dólares a plazo	
	a Compra pesetas a plazo	1.170.910		a Posición plazo en m.e.	11.200
2) Venta de dólares a 1 $ = 104,55					
1.170.910	Bancos		11.200	Posición en m.e.	
	a Contravalor posición	1.125.455		a Bancos	11.200
	a Productos financieros [2]	45.455			
Devolución del préstamo en pesetas					
1.000.000	Préstamos		--------------- X ---------------		
150.000	Coste financiero				
	a Bancos	1.150.000			

[1] Recuérdese que se formalizó un seguro de cambio a 1 $ = 104,55 para todos los dólares.

[2] Estos productos financieros corresponden al beneficio obtenido con la compra de 10.000$ a 100 Ptas. y su venta a 104,55, y que corresponde a la diferencia correctora de intereses entre el coste de financiación en pesetas a 1 año (15 %) y la rentabilidad de una inversión en dólares a igual plazo (10 por 100).

[3] Son asientos en cuentas de orden. Vender dólares equivale a comprar pesetas y viceversa.

4. Análisis de los resultados

	Caso 1.º	Caso 2.º	Caso 3.º
Productos financieros	114.000	114.000	170.910
Costes financieros	95.000	150.000	150.000
Margen financiero	**19.000**	**(36.000)**	**20.900**
Diferencias de cambio	—	(50.000)	—
Margen comercial	**19.000**	**(86.000)**	**20.910**

En los casos primero y tercero no existen diferencias de cambio, por no haber existido una posición abierta en moneda extranjera. En el primer caso, por ser una inversión y financiación en la misma moneda ($), y en el tercero, por haberse cubierto la posición creada (inversión en dólares financiados con pesetas) mediante el seguro de cambio (1 $ = 104,55 Ptas.). No obstante, mientras en el caso tercero el resultado de la operación en pesetas es conocido desde el principio de la operación (se ha comprometido la venta, mediante el seguro de cambio de los beneficios obtenidos en $ –200–, a 104,55 Ptas./$) en el primer caso el beneficio en pesetas quedará determinado por el precio del dólar el día de su venta (95 Ptas. en nuestro ejemplo).

En el segundo caso la composición del margen comercial es:

• Diferencia entre coste financiero en pesetas (15 %) y rendimiento de la inversión en dólares (12 %): 1.000.000 × (12 % – 15 %)	(30.000)
• Pérdida por diferencia de cambio, de la rentabilidad obtenida en dólares: 10.000$ × 12 % × (100 – 95)	(6.000)
Margen financiero	**(36.000)**
• Diferencias de cambio en la inversión efectuada: 10.000$ (100 – 95)	(50.000)
Margen comercial	**(86.000)**

CASO PRACTICO N.º 5.6

---

1. Variaciones operativas

En primer lugar, vamos a analizar las variaciones que se han producido en los balances de la empresa entre los tres años, viendo cuál ha sido el flujo de fondos y el empleo de los mismos, partiendo en este caso del «cash-flow» como magnitud:

	Miles de pesetas	
	1991	**1992**
Cash-flow bruto:		
Beneficio de explotación	14.398	12.526
Amortizaciones	7.884	10.151
Resultados extraordinarios	7.097	7.905
A deducir:		
Impuestos	(1.367)	(1.014)
Gastos financieros	(8.343)	(9.619)
Cash-flow bruto (antes de la inversión en circulante)	19.669	19.949

Variaciones de circulante (excluyendo créditos bancarios e inversiones financieras):

Existencias	42.341	57.011
Clientes	(29.636)	12.820
	12.705	69.831
Acreedores comerciales	32.819	36.433
Otras deudas comerciales	(10.251)	2.680
	22.568	39.113
Variación fondo de maniobra	(9.863)	30.718
Cash-flow neto (después de inversión en fondo de maniobra)	29.532	(10.769)

2. Variaciones no operativas

	1991	1992
Orígenes		
— Incremento deuda bancaria a corto plazo	2.382	51.372
— Incremento deudas bancarias a largo plazo	—	6.159
— Incremento otras deudas a largo plazo	—	9.215
— Disminución gastos establecimiento	7.671	264
— Disminución inmovilizado inmaterial	—	1.391
	10.053	68.401
Aplicaciones		
— Inversión en inmovilizado material (bruto, es decir, sin amortizaciones)	19.472	61.567
— Inversión en inmovilizado financiero	3.000	—
— Inversión en inmovilizado inmaterial	10.030	—
— Reducción deuda bancaria a largo plazo	5.871	—
— Reducción otras deudas a largo plazo	153	—
— Pagos de dividendos	939	751
	39.465	62.318
Variación no operativa	29.412	(6.083)
Cubierta con:		
— Cash-flow neto	29.532	(10.769)
— Variación de tesorería (incluyendo I.F. temporales)	(120)	4.686
	29.412	(6.083)

De los datos anteriores, se deduce que la empresa ha efectuado un proceso de inversión en inmovilizado material importante, que ha intentado realizar en el año 1991 sin tener que recurrir a la financiación bancaria (se han utilizado 2,4 millones de créditos bancarios, frente a una inversión de 39,4 millones), no reducir la Tesorería (considerando las inversiones financieras temporales la Tesorería ha aumentado en 120.000 pesetas en el año 91), lo que ha ocasionado una reducción del Fondo de Maniobra de 9,8 millones.

Esta política, arriesgada desde el punto de vista de liquidez (se estaba invirtiendo a largo plazo con financiación de circulante a corto plazo), ha sido corregida en 1992 con financiación bancaria, si bien ésta lo es a corto plazo. Excluida esta financiación, el Fondo de Maniobra para 1992 es coherente para el nivel de ventas de este año, con el existente en 1990[1].

Algunas cuestiones que deben ser comentadas con los responsables de la empresa (el balance y cuenta de resultados no están auditados) son:

— ¿Cuál es el motivo por el que los bancos no han concedido financiación a largo plazo? Es posible que para ello los bancos exijan garantías reales (hipotecarias, etc.) y éstas ya se hayan concedido en garantía de los préstamos anteriormente concedidos y todavía pendientes de amortizar.
— ¿Qué recoge la cuenta *Otras deudas a largo plazo*? Probablemente, dado el carácter familiar de la empresa, se trate de préstamos de los propios accionistas, en cuyo caso debemos recabar información para su consideración como recursos propios (por ejemplo, ampliaciones de capital pendientes de escriturar notarialmente).
— Los saldos de las cuentas *Gastos de establecimiento*, dado que la sociedad fue constituida en los años setenta, puede que estén mal imputados y realmente sean activos ficticios. Dada la actividad de la sociedad (editorial), probablemente recoja derechos de autor o similares, lo que conviene evaluar en términos económicos.
— ¿Cuál es el origen de los resultados extraordinarios? Esta partida ha pasado de representar el 46 por 100 del beneficio neto en 1990 al 81 por 100 en 1992. Dado el carácter cultural de la sociedad (edición de libros) pudiera tratarse de algún tipo de subvención oficial, en cuyo caso debemos obtener información completa de la misma y dada la fuerte dependencia de los resultados de esta partida, recabar de los responsables de la sociedad su opinión.

3. Análisis de las cuentas de circulante

El análisis de las cuentas operativas (cuentas de circulante) vamos a efectuarlo en función del nivel de actividad de la empresa:

	1990	1991	1992
Disponibilidades líquidas para atender las deudas comerciales (suponiendo que estén formalizadas en letras de cambio a 90 días)	7	6	2
Los deudores comerciales representan, según el ritmo de ventas de cada año, tener pendiente	110	65	79
Las existencias equivalen, según el consumo de cada año, a ventas de	228	370	538
A los proveedores, según el ritmo de consumo de cada año, se les deben compras por	212	276	387

Como puede observarse, en los tres años considerados:

— Las disponibilidades líquidas que permitían atender los pagos de 7 días se han reducido en 1992 a 2 días.
— Los días pendientes de cobro a los deudores comerciales se han reducido entre 1990 y 1992 en un 28 por 100 y ello a pesar de que las ventas han crecido un 12,5 por 100. Esto puede deberse,

[1] Para un nivel de ventas en 1990 de 295.415 miles de pesetas, el Fondo de Maniobra era de 111.926 (37,8 por 100 sobre ventas). En 1992 el Fondo de Maniobra, excluida la financiación bancaria a corto plazo, es de 128.215 miles de pesetas (38,5 por 100 de la cifra de ventas).

suponiendo que no hayan modificado sensiblemente las condiciones de pago dadas a los clientes, a un mayor uso del descuento comercial (bien de letras de cambio o recibos en donde se refleja la deuda de los clientes) con el fin de aumentar el grado de liquidez. Si esto fuese así, deberían efectuarse, a efectos de un adecuado análisis financiero y de riesgo, un aumento de la deuda de clientes y de uso de créditos bancarios por el importe de los efectos descontados.

— Las existencias han aumentado considerablemente y, según la facturación de 1992, tienen existencias para efectuar ventas durante 1,5 años. Esto que parece muy desproporcionado puede ser debido, dada la actividad de la sociedad, a que parte de las existencias en almacén lo estén realmente en régimen de depósito, lo que sería coherente con el notable incremento de la deuda reflejada con proveedores y que la compañía estuviera reflejando sus importes en Balance. Otra cuestión que podría afectar al nivel de existencias, es que dada la fecha de los estados financieros (31 de diciembre de cada año), podrían encontrarse almacenadas existencias con un nivel superior al normal, por tratarse de productos (libros, discos, etc.) muy aptos para regalo navideño.

4. Análisis a través de ratios

4.1. Liquidez. Los ratios más significativos son:

	1990	1991	1992
Tesorería / Exigible a C.P.	0,07	0,06	0,02
Tesorería + Clientes / Exigible a C.P.	0,89	0,51	0,34
Tesorería + Clientes + Stocks / Exigible a C.P.	2,01	1,73	1,32

Los dos primeros ratios reflejan la fuerte reducción de la liquidez, especialmente acentuada en el año 92. La reducción del tercer ratio, más suave que los dos primeros, es el reflejo del incremento del stock. (Las existencias crecen un 80 por 100 entre los tres años frente a algo más del doble del pasivo circulante.)

4.2. Apalancamiento

	1990	1991	1992
Exigible / Fondos propios	2,61	2,50	3,35
Exigible bancario / Fondos propios	0,79	0,65	1,18
Gastos financieros / Beneficio explotación	0,24	0,58	0,77
Gastos financieros / Ventas	0,02	0,02	0,03

El incremento del apalancamiento en general, y bancario en particular queda reflejado en los dos primeros ratios. La cobertura para los gastos financieros va siendo cada vez menor y se aproxima peligrosamente al Ratio 1 (actualmente 0,77). Además, los gastos financieros van incrementando del 2 al 3 por 100 su participación en las ventas de la sociedad, reflejo de una insuficiente expansión de las ventas frente al incremento del endeudamiento.

4.3. Rentabilidad

	1990	1991	1992
$\frac{\text{Beneficio neto}}{\text{Ventas}}$	9,98	3,51	2,95
$\frac{\text{Beneficio explotación}}{\text{F.P. + F.A.}}$	10,45	3,78	2,30
$\frac{\text{Beneficio neto}}{\text{F.P.}}$	29,31	15,26	11,10

El deterioro de la rentabilidad queda reflejado en la fuerte caída de todas las tasas de rentabilidad. La fuerte dependencia de los resultados de la compañía de los resultados extraordinarios (¿subvenciones?) queda reflejada en la comparación de los últimos ratios.

4.4. Productividad/Coste por empleado

	1990	1991	1992
Ventas/Empleados	18,5	18,7	19,5
$\frac{\text{Gastos de personal}}{\text{Número de empleados}}$	2,7	3,3	3,6
$\frac{\text{Beneficio operativo}}{\text{Número de empleados}}$	1,5	0,8	0,7

Los gastos de personal por empleado crecen a una tasa media anual acumulativa del 15,47 por 100 frente a un 2,67 por 100 de la facturación por empleado, lo que refleja un deterioro notable de la productividad por empleado.

5. Conclusiones

La compañía está inmersa en un proceso de expansión que ha significado un crecimiento del activo total del 36,86 por 100 (165 por 100 del inmovilizado y 27,71 por 100 del circulante). Esta expansión inicialmente financiada (1991) con recursos propios (cash-flow) y una notable reducción del Fondo de Maniobra, generó tensiones de liquidez que debieron ser cubiertas en 1992 con un incremento del endeudamiento bancario.

Las ventas, que crecieron en 1991 un 13 por 100, muestran un estancamiento en 1992, cuestión que podría significar bien la entrada en un período de maduración de los productos, o bien una saturación del mercado, aspectos ambos que, de confirmarse, deberían cuestionar la continuación del proceso expansivo o bien iniciar la apertura hacia otros mercados aún sin explotar (revistas, vídeos, etc.). El coste de ventas muestra un buen comportamiento (reducción de un 3 por 100 en 1992 frente a 1990) si bien esta mejora junto con la obtenida en ventas han sido absorbidas por el mayor crecimiento de otros gastos variables (los gastos de explotación, fotógrafos, traductores, etc., crecen un 48 por 100) y una notable caída de la productividad por empleado. El efecto conjunto de todos estos factores ha significado una reducción a la mitad, en dos años, del beneficio de explotación por empleado.

El incremento del apalancamiento financiero ha producido un notable incremento de los gastos financieros (63,9 por 100), que consumen en 1992 el 76,8 por 100 del beneficio de explotación y han dado paso a que sean los resultados atípicos los determinantes del resultado neto de la compañía.

En definitiva, nos encontramos ante una situación de crecimiento de la inversión muy rápido, unido a una posible saturación del mercado, circunstancias que aconsejarían:

1. No efectuar nuevas inversiones en activos fijos, consolidando los existentes.
2. Estudiar la situación del mercado y las posibilidades de apertura, aprovechando la estructura actual, a otros productos hasta ahora no explotados.